个人所得税实务操作与合法节税技巧

2023年版

翟继光 姜文新 ◎ 编著

- 政策解读
- 纳税筹划
- 案例分析

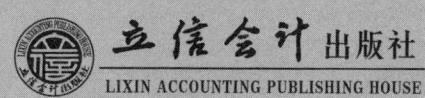

立信会计出版社
LIXIN ACCOUNTING PUBLISHING HOUSE

图书在版编目（CIP）数据

个人所得税实务操作与合法节税技巧：2023年版 / 翟继光，姜文新编著 .-- 上海：立信会计出版社，2023.4
ISBN 978-7-5429-7245-3

Ⅰ.①个… Ⅱ.①翟… ②姜… Ⅲ.①个人所得法—税收管理—研究—中国 Ⅳ.① F812.423

中国国家版本馆 CIP 数据核字（2023）第 068313 号

责任编辑　彭秋龙

个人所得税实务操作与合法节税技巧（2023年版）
GEREN SUODESHUI SHIWU CAOZUO YU HEFA JIESHUI JIQIAO

出版发行	立信会计出版社		
地　　址	上海市中山西路2230号	邮政编码	200235
电　　话	（021）64411389	传　　真	（021）64411325
网　　址	www.lixinaph.com	电子邮箱	lxaph@sh163.net
网上书店	www.shlx.net	电　　话	（021）64411071
经　　销	各地新华书店		

印　　刷	北京鑫海金澳胶印有限公司
开　　本	710毫米×1000毫米　1/16
印　　张	26
字　　数	411千字
版　　次	2023年4月第1版
印　　次	2023年4月第1次
书　　号	ISBN 978-7-5429-7245-3/F
定　　价	86.00元

如有印订差错，请与本社联系调换

前　言

2022年11月3日，国家出台个人养老金个人所得税优惠政策。2022年9月30日，国家出台支持居民换购住房个人所得税优惠政策。

2021年12月29日，时任国务院总理李克强主持召开国务院常务会议，决定延续实施部分个人所得税优惠政策。为持续减轻个人所得税纳税人负担，缓解中低收入群体压力，会议决定，一是将全年一次性奖金不并入当月工资薪金所得、实施按月换算税率单独计税的政策，延续至2023年年底。二是继续对年收入不超过12万元且需补税或年度汇算补税额不超过400元的免予补税，政策延续至2023年年底。三是将上市公司股权激励单独计税的政策，延续至2022年年底。上述三项政策，预计一年可减税1 100亿元。

2018年8月31日，第十三届全国人民代表大会常务委员会第五次会议通过了《关于修改〈中华人民共和国个人所得税法〉的决定》，对《个人所得税法》进行了第七次修正。该次对个人所得税法的修正与前几次小规模修正具有重大区别，我国个人所得税已经从分类所得税制转变为分类综合所得税制，由此导致我国个人所得税在应纳税额的计算、税款的预扣与汇算清缴以及个人所得税的征收管理等方面均发生了重大变化。为帮助广大纳税人及企事业单位掌握个人所得税的最新政策，我们特编写了《个人所得税实务操作与合法节税技巧》一书。

本书分为三个部分，共十一章。第一部分介绍个人所得税最新政策，分为六章。第一章介绍个人所得税的纳税人，分为两节，分别介绍居民个人及其纳税义务和非居民个人及其纳税义务。第二章介绍个人所得税的征税对象，分为三节，分别介绍综合所得、经营所得以及其他所得。第三章介绍个人所得税的税率与税前扣除，分为两节，分别介绍个人所得税的税率以及个人所得税的税前扣除。第四章介绍个人所得税应纳税额的计算，分为四节，分别介绍居民个人综合所得应纳税额的计算、非居民个人综合所得应纳税额的计算、经营所得应纳税额的计算以及其他所得应纳税额的计算。第五章介绍个人所得税的征管与反避税，分为三节，分别介绍个人所得税的反避税制度、个人所得税的征收与管理以及特定领域个人所得税的征收与管理。第六章介绍个人所得税的优惠政策，分为三节，分别介绍减免个人所得税的所得、个人所得税过渡税收优惠以及其他个人所得税税收优惠。

第二部分介绍个人所得税纳税筹划技巧，分为四章。第七章介绍个人综合所得的纳税筹划，分为三节，分别介绍工资薪金所得的纳税筹划、劳务报酬所得的纳税筹划以及稿酬与特许权使用费所得的纳税筹划。第八章介绍个人经营所得的纳税筹划，分为两节，分别介绍个体工商户经营所得的纳税筹划以及合伙企业经营所得的纳税筹划。第九章介绍个人财产转让所得的纳税筹划，分为三节，分别介绍个人不动产转让所得的纳税筹划、个人股权转让所得的纳税筹划以及个人其他财产转让所得的纳税筹划。第十章介绍个人其他所得的纳税筹划，分为两节，分别介绍股息所得的纳税筹划以及财产租赁所得的纳税筹划。

第三部分介绍个人所得税典型诉讼案例分析，为第十一章，分为四节，分别介绍股权转让个人所得税退税案、个人所得税偷税查处违法案、个人所得税举报复议案、个人所得税退税申请不予受理案。

本书附录部分收录了《中华人民共和国个人所得税法》《中华人民共和国个人所得税法实施条例》《个人所得税专项附加扣除暂行办法》三部最重要的个人所得税法律法规以及《新个人所得税法实施条例及过渡期政策纳税人常见疑问30答》《个人所得税专项附加扣除200问》。

本书可作为个人所得税法的培训教材，可作为广大企事业单位扣缴申报个人所得税以及为职工进行纳税筹划的辅导教材，也可作为相关人士进行个人所得税筹划的指导用书。本书所收录的个人所得税法律法规及相关政策截至2022年12月11日。

作　者

目 录

第一章 个人所得税的纳税人 ··· 1
    第一节 居民个人及其纳税义务 ································· 1
    第二节 非居民个人及其纳税义务 ······························· 6

第二章 个人所得税的征税对象 ····································· 9
    第一节 综合所得 ··· 9
    第二节 经营所得 ·· 17
    第三节 其他所得 ·· 19

第三章 个人所得税的税率与税前扣除 ····························· 27
    第一节 个人所得税的税率 ···································· 27
    第二节 个人所得税的税前扣除 ································ 29

第四章 个人所得税应纳税额的计算 ······························· 60
    第一节 居民个人综合所得应纳税额的计算 ······················ 60
    第二节 非居民个人综合所得应纳税额的计算 ···················· 66
    第三节 经营所得应纳税额的计算 ······························ 67
    第四节 其他所得应纳税额的计算 ······························ 74

第五章 个人所得税的征管与反避税 ······························· 92
    第一节 个人所得税的反避税制度 ······························ 92
    第二节 个人所得税的征收与管理 ······························ 93
    第三节 特定领域个人所得税的征收与管理 ······················ 171

第六章 个人所得税的优惠政策 ···································· 182
    第一节 减免个人所得税的所得 ································ 182
    第二节 个人所得税过渡税收优惠 ······························ 196

第三节　其他个人所得税税收优惠 …………………………… 214
第七章　个人综合所得的纳税筹划……………………………………… 272
　　第一节　工资薪金所得的纳税筹划 …………………………… 272
　　第二节　劳务报酬所得的纳税筹划 …………………………… 290
　　第三节　稿酬与特许权使用费所得的纳税筹划 ……………… 293
第八章　个人经营所得的纳税筹划……………………………………… 296
　　第一节　个体工商户经营所得的纳税筹划 …………………… 296
　　第二节　合伙企业经营所得的纳税筹划 ……………………… 298
第九章　个人财产转让所得的纳税筹划………………………………… 300
　　第一节　个人不动产转让所得的纳税筹划 …………………… 300
　　第二节　个人股权转让所得的纳税筹划 ……………………… 304
　　第三节　个人其他财产转让所得的纳税筹划 ………………… 306
第十章　个人其他所得的纳税筹划……………………………………… 309
　　第一节　股息所得的纳税筹划 ………………………………… 309
　　第二节　财产租赁所得的纳税筹划 …………………………… 311
第十一章　个人所得税典型诉讼案例分析……………………………… 313
　　第一节　股权转让个人所得税退税案 ………………………… 313
　　第二节　个人所得税偷税查处违法案 ………………………… 322
　　第三节　个人所得税举报复议案 ……………………………… 328
　　第四节　个人所得税退税申请不予受理案 …………………… 333
附　　录………………………………………………………………………… 340
　　中华人民共和国个人所得税法 ………………………………… 340
　　中华人民共和国个人所得税法实施条例 ……………………… 346
　　个人所得税专项附加扣除暂行办法 …………………………… 353
　　新个人所得税法实施条例及过渡期政策纳税人常见疑问30答 …… 359
　　个人所得税专项附加扣除200问 ……………………………… 372

第一章 个人所得税的纳税人

本章介绍个人所得税的两类纳税人,包括两节。第一节介绍居民个人及其纳税义务,包括居民个人的界定和居民个人的纳税义务。第二节介绍非居民个人及其纳税义务,包括非居民个人的界定和非居民个人的纳税义务。

第一节 居民个人及其纳税义务

一、居民个人的界定

(一)法律对"居民个人"的界定

根据《中华人民共和国个人所得税法》(1980年9月10日第五届全国人民代表大会第三次会议通过,根据1993年10月31日第八届全国人民代表大会常务委员会第四次会议《关于修改〈中华人民共和国个人所得税法〉的决定》第一次修正,根据1999年8月30日第九届全国人民代表大会常务委员会第十一次会议《关于修改〈中华人民共和国个人所得税法〉的决定》第二次修正,根据2005年10月27日第十届全国人民代表大会常务委员会第十八次会议《关于修改〈中华人民共和国个人所得税法〉的决定》第三次修正,根据2007年6月29日第十届全国人民代表大会常务委员会第二十八次会议《关于修改〈中华人民共和国个人所得税法〉的决定》第四次修正，根据2007年12月29日第十届全国人民代表大会常务委员会第三十一次会议《关于修改〈中华人民共和国个人所得税法〉的决定》第五次修正，根据2011年6月30日第十一届全国人民代表大会常务委员会第二十一次会议《关于修改〈中华人民共和国个人所得税法〉的决定》第六次修正，根据2018年8月31日第十三届全国人民代表大会常务委员会第五次会议《关于修改〈中华人民共和国个人所得税法〉的决定》第七次修正，以下简称《个人所得税法》）第一条的规定，在中国境内有住所，或者无住所而一个纳税年度内在中国境内居住累计满183天的个人，为居民个人。纳税年度，自公历1月1日起至12月31日止。

【典型案例分析】

例1-1：王先生在中国境内有住所，2019年7月去日本留学，2022年6月毕业回国。王先生2021年度是否属于中国居民个人？

解析：因王先生在中国境内有住所，王先生一直属于中国居民个人，无论其是否居住在中国境内。即使王先生全年居住在境外，只要其住所位于中国境内，就属于中国居民个人。因此，王先生2021年度属于中国居民个人。

例1-2：布朗先生为英国人，2021年7月10日来中国旅行，一直居住到2022年6月20日离境。布朗先生是否属于2021年度或2022年度中国居民个人？

解析：布朗先生在中国停留时间虽然已经远远超过180天，但居民个人的判断是以纳税年度为单位的。2021年度，布朗先生在中国居住的时间不足183天，不属于中国居民个人。2022年度，布朗先生在中国居住的时间也不足183天，同样不属于中国居民个人。

（二）法规对"住所"的解释

根据《中华人民共和国个人所得税法实施条例》（1994年1月28日中华人民共和国国务院令第142号发布，根据2005年12月19日《国务院关于修改〈中华人民共和国个人所得税法实施条例〉的决定》第一次修订，根据2008年2月18日《国务院关于修改〈中华人民共和国个人所得税法实施条例〉的决定》第二次修订，根据2011年7月19日《国务院关于修改〈中华人民共和国个人所得税法实施条例〉的决定》第三次修订，2018年12月18日中华人民共和国国务院令第707号第四次修订，以下简称《个人所得税法实施条例》）第二条的规定，在中国境内有住所，是指因户籍、家庭、经济利益关系而在中国境内习惯性居住。

【典型案例分析】

例1-3：2019年8月至2022年7月，韩国留学生小李在中国留学三年，在此期间购买了住房。在这三年期间，小李仍保留韩国国籍，大部分时间居住在中国。留学结束后，小李回到韩国工作。在这三年期间，小李是否在中国境内有住所？

解析：在这三年期间，小李因留学而在中国短暂停留，其并未有长期定居中国的打算。小李户籍在韩国，家庭在韩国，主要经济利益关系也在韩国。在中国购买的住房仅为其短暂居住使用或者仅用于投资。因此，在这三年期间，小李在中国没有住所。

（三）规章对"习惯性居住"的解释

根据《征收个人所得税若干问题的规定》（国税发〔1994〕089号）第一条的规定，习惯性居住，是判定纳税义务人是居民或非居民的一个法律意义上的标准，不是指实际居住或在某一个特定时期内的居住地。如因学习、工作、探亲、旅游等而在中国境外居住的，在其原因消除之后，必须回到中国境内居住的个人，则中国为该纳税人习惯性居住地。

【典型案例分析】

例1-4：小刘自15岁起即去美国读高中，随后在美国读大学和研究生，一直到27岁才回到中国工作。在此期间，小刘每年仅利用寒暑假回国两次，总天数不超过30天。在此期间，小刘在中国境内也没有住房，但小刘一直保留中国国籍。在留学期间，是否能认为小刘的习惯性居住地在中国？

解析：住所不等于住房，住所与居住时间也没有必然联系。小刘在美国停留12年的主要目的是求学，而非长期定居美国。留学结束后，小刘仍需返回中国工作。主观意愿是判断习惯性居住地的重要标准，从小刘的国籍、家庭、经济利益关系均在中国来看，其主观意愿仍是以中国为习惯性居住地。因此，在留学期间，小刘的习惯性居住地仍为中国。

二、居民个人的纳税义务

（一）居民个人的基本纳税义务

根据《个人所得税法》第一条的规定，居民个人从中国境内和境外取得的所得，依照《个人所得税法》规定缴纳个人所得税。

（二）法规对境内外所得的解释

根据《个人所得税法实施条例》第二条的规定，从中国境内和境外取得的所得，分别是指来源于中国境内的所得和来源于中国境外的所得。

（三）短期居民个人的税收优惠

根据《个人所得税法实施条例》第四条的规定，在中国境内无住所的个人，在中国境内居住累计满183天的年度连续不满6年的，经向主管税务机关备案，其来源于中国境外且由境外单位或者个人支付的所得，免予缴纳个人所得税；在中国境内居住累计满183天的任一年度中有一次离境超过30天的，其在中国境内居住累计满183天的年度的连续年限重新起算。

【典型案例分析】

例1-5：布朗先生为美国人，在中国境内无住所，因长期在中国投资经营而居住在中国，自2019年1月1日起，其每年在中国停留的时间均为200天左右。布朗先生每年从中国境内取得所得约1 000万元，从中国境外取得境外主体支付的所得约500万元。布朗先生自2019年度起，哪些所得应当在中国缴纳个人所得税？

解析：布朗先生每年在中国境内居住200天，属于中国居民个人，其来自中国境内的1 000万元应当在中国缴纳个人所得税。布朗先生因构成中国居民个人的时间尚不足6年，可以享受短期居民个人的税收优惠，即2019年度至2024年度，布朗先生从中国境外取得境外主体支付的500万元不需要在中国缴纳个人所得税。自2025年度开始，布朗先生从中国境外取得的500万元也需要在中国缴纳个人所得税。

如果布朗先生在2024年一次离境达到31天，则连续6年期限重新计算，即 2024 年度至 2029 年度，布朗先生均可以享受短期居民个人的税收优惠，也就是说，布朗先生可以享受 2019 年度至 2029 年度的短期居民个人税收优惠。

（四）在中国内地无住所的个人居住时间判定标准

根据《财政部　税务总局关于在中国境内无住所的个人居住时间判定标准的公告》（财政部　税务总局公告 2019 年第 34 号）的规定，无住所个人一个纳税年度在中国境内累计居住满 183 天的，如果此前 6 年在中国境内每年累计居住天数都满 183 天而且没有任何一年单次离境超过 30 天，该纳税年度来源于中国境内、境外所得应当缴纳个人所得税；如果此前 6 年的任 1 年在中国境内累计居住天数不满 183 天或者单次离境超过 30 天，该纳税年度来源于中国境外且由境外单位或者个人支付的所得，免予缴纳个人所得税。

上述所称此前 6 年，是指该纳税年度的前 1 年至前 6 年的连续 6 个年度，此前 6 年的起始年度自 2019 年（含）以后年度开始计算。

无住所个人一个纳税年度内在中国境内累计居住天数，按照个人在中国境内累计停留的天数计算。在中国境内停留的当天满 24 小时的，计入中国境内居住天数，在中国境内停留的当天不足 24 小时的，不计入中国境内居住天数。

【典型案例分析】

例 1-6：马先生为中国香港永久居民，在中国内地无住所，2022 年度马先生每周周一早上 6 点从香港到深圳工作，每周周五下午 6 点从深圳返回香港度周末，假设 2022 年度共 52 个整周，请判断马先生 2022 年度是否构成中国居民个人。

解析： 马先生周一早上 6 点入境，周一在境内停留不足 24 小时，不计算境内居住天数，周五下午 6 点离境，在境内停留不足 24 小时，不计算境内居住天数。马先生每周在深圳居住天数为 3 天（周二、周三、周四），52 周合计为 156 天，未达到 183 天的标准。因此，马先生 2022 年度不属于中国居民个人。

（五）福建平潭综合实验区个人所得税的规定

根据《财政部　国家税务总局关于福建平潭综合实验区个人所得税优惠

政策的通知》（财税〔2014〕24号）的规定，在平潭综合实验区工作的台湾居民，应按照《个人所得税法》的有关规定，缴纳个人所得税。台湾居民，是指持有《台湾居民来往大陆通行证》的个人。平潭综合实验区是指国务院2011年11月批复的《平潭综合实验区总体发展规划》规划的平潭综合实验区范围。

第二节 非居民个人及其纳税义务

一、非居民个人的界定

根据《个人所得税法》第一条的规定，在中国境内无住所又不居住，或者无住所而一个纳税年度内在中国境内居住累计不满183天的个人，为非居民个人。纳税年度，自公历1月1日起至12月31日止。

【典型案例分析】

例1-7：玛丽女士为英国人，在中国境内无住所。2021年7月15日至2022年6月15日在中国居住，玛丽女士是否属于中国居民个人？

解析：2021纳税年度为2021年1月1日至2021年12月31日，玛丽女士在中国停留时间不足183天。2022纳税年度为2022年1月1日至2022年12月31日，玛丽女士在中国停留时间不足183天，因此，2021纳税年度和2022纳税年度玛丽女士均不是中国居民个人。

二、非居民个人的纳税义务

（一）基本纳税义务

根据《个人所得税法》第一条的规定，非居民个人从中国境内取得的所得，依照《个人所得税法》规定缴纳个人所得税。

（二）所得来源地的判断

根据《个人所得税法实施条例》第三条的规定，除国务院、财政部、税务局主管部门另有规定外，下列所得，不论支付地点是否在中国境内，均为来源于中国境内的所得：

（1）因任职、受雇、履约等在中国境内提供劳务取得的所得；

（2）将财产出租给承租人在中国境内使用而取得的所得；

（3）许可各种特许权在中国境内使用而取得的所得；

（4）转让中国境内的不动产等财产或者在中国境内转让其他财产取得的所得；

（5）从中国境内企业、事业单位、其他组织以及居民个人取得的利息、股息、红利所得。

根据《财政部 税务总局关于境外所得有关个人所得税政策的公告》（财政部 税务总局公告2020年第3号）的规定，下列所得，为来源于中国境外的所得：

（1）因任职、受雇、履约等在中国境外提供劳务取得的所得；

（2）中国境外企业以及其他组织支付且负担的稿酬所得；

（3）许可各种特许权在中国境外使用而取得的所得；

（4）在中国境外从事生产、经营活动而取得的与生产、经营活动相关的所得；

（5）从中国境外企业、其他组织以及非居民个人取得的利息、股息、红利所得；

（6）将财产出租给承租人在中国境外使用而取得的所得；

（7）转让中国境外的不动产、转让对中国境外企业以及其他组织投资形成的股票、股权以及其他权益性资产（以下称"权益性资产"）或者在中国境外转让其他财产取得的所得。但转让对中国境外企业以及其他组织投资形成的权益性资产，该权益性资产被转让前3年（连续36个公历月份）内的任一时间，被投资企业或其他组织的资产公允价值50%以上直接或间接来自位于中国境内的不动产的，取得的所得为来源于中国境内的所得；

（8）中国境外企业、其他组织以及非居民个人支付且负担的偶然所得；

(9) 财政部、税务总局另有规定的，按照相关规定执行。

【典型案例分析】

例 1-8：玛丽女士为 2022 纳税年度中国非居民个人，其取得以下四类所得：（1）被英国公司派遣到中国工作一个月取得的工资 50 000 元；（2）在中国停留期间收到的英国一所住房的租金 30 000 元；（3）因持有在伦敦证券交易所上市的中国某公司的股票而取得的股息 15 000 元；（4）在伦敦证券交易所转让其持有的中国某上市公司的股票而取得的财产转让所得 23 000 元。请判断上述所得中，哪些所得来源于中国境内。

解析：第一项所得为"因任职、受雇、履约等在中国境内提供劳务取得的所得"，属于来源于中国境内的所得；第二项所得为"将财产出租给承租人在中国境外使用而取得的所得"，属于来源于中国境外的所得；第三项所得为"从中国境内企业、事业单位、其他组织以及居民个人取得的利息、股息、红利所得"，属于来源于中国境内的所得；第四项所得为"在中国境外转让其他财产取得的所得"，属于来源于中国境外的所得。

（三）短期非居民个人的税收优惠

根据《个人所得税法实施条例》第五条的规定，在中国境内无住所的个人，在一个纳税年度内在中国境内居住累计不超过 90 天的，其来源于中国境内的所得，由境外雇主支付并且不由该雇主在中国境内的机构、场所负担的部分，免予缴纳个人所得税。

【典型案例分析】

例 1-9：美国甲公司派遣一位工程师到甲公司位于中国的分公司进行技术指导 1 个月，该工程师的工资由美国甲公司支付。该工程师的工资是否需要在中国缴纳个人所得税？

解析：该工程师属于中国短期非居民个人，其取得的该 1 个月的工资来源于中国境内，但根据中国税法，其可以享受免予缴纳中国个人所得税的优惠政策。

第二章 个人所得税的征税对象

> **导读**
>
> 本章介绍个人所得税的九个征税对象,包括三节。第一节介绍综合所得,包括工资、薪金所得,劳务报酬所得,稿酬所得以及特许权使用费所得。第二节介绍经营所得,包括经营所得的一般规定,个体工商户的生产、经营所得以及对企事业单位的承包经营、承租经营所得。第三节介绍其他所得,包括利息、股息、红利所得,财产租赁所得,财产转让所得以及偶然所得。

第一节 综合所得

一、工资、薪金所得

(一)工资薪金所得的范围

根据《个人所得税法》第二条的规定,工资、薪金所得应当缴纳个人所得税。

根据《个人所得税法实施条例》第六条的规定,工资、薪金所得,是指个人因任职或者受雇取得的工资、薪金、奖金、年终加薪、劳动分红、津贴、补贴以及与任职或者受雇有关的其他所得。

（二）不属于工资薪金所得的收入

根据《征收个人所得税若干问题的规定》（国税发〔1994〕089号）第二条的规定，下列不属于工资、薪金性质的补贴、津贴或者不属于纳税人本人工资、薪金所得项目的收入，不征税。

（1）独生子女补贴；

（2）执行公务员工资制度未纳入基本工资总额的补贴、津贴差额和家属成员的副食品补贴；

（3）托儿补助费；

（4）差旅费津贴、误餐补助。

根据《财政部 国家税务总局关于误餐补助范围确定问题的通知》（财税〔1995〕82号）的规定，国税发〔1994〕089号文件规定不征税的误餐补助，是指按财政部门规定，个人因公在城区、郊区工作，不能在工作单位或返回就餐，确实需要在外就餐的，根据实际误餐顿数，按规定的标准领取的误餐费。一些单位以误餐补助名义发给职工的补贴、津贴，应当并入当月工资、薪金所得计征个人所得税。

（三）个人提供非有形商品推销、代理等服务活动取得收入

根据《财政部 国家税务总局关于个人提供非有形商品推销、代理等服务活动取得收入征收营业税和个人所得税有关问题的通知》（财税〔1997〕103号）的规定，雇员为本企业提供非有形商品推销、代理等服务活动取得佣金、奖励和劳务费等名目的收入，无论该收入采用何种计取方法和支付方式，均应计入该雇员的当期工资、薪金所得，按照《个人所得税法》及其实施条例和其他有关规定计算征收个人所得税。

（四）住房补贴、医疗补助费

根据《财政部 国家税务总局关于住房公积金 医疗保险金 养老保险金征收个人所得税问题的通知》（财税〔1997〕144号）的规定，企业以现金形式发给个人的住房补贴、医疗补助费，应全额计入领取人的当期工资、薪金收入计征个人所得税。但对外籍个人以实报实销形式取得的住房补贴，仍

按照《财政部 国家税务总局关于个人所得税若干政策问题的通知》（财税字〔1994〕020号）的规定，暂免征收个人所得税。

（五）特聘教授岗位津贴

根据《国家税务总局关于"长江学者奖励计划"有关个人收入免征个人所得税的通知》（国税函〔1998〕632号）的规定，为配合211工程建设，吸引和培养杰出人才，加速高校中青年学科带头人队伍建设，教育部和中国香港实业家李嘉诚先生共同筹资建立了长江学者奖励计划。该计划包括实行特聘教授岗位制度和设立长江学者成就奖两项内容。长江学者奖励计划即经过一定审核程序，在全国高等学校国家重点学科中，面向国内、外公开招聘学术造诣深、发展潜力大、具有领导本学科在其前沿领域赶超或保持国际先进水平能力的中青年杰出人才，作为特聘教授，在聘期内享受每年10万元人民币的特聘教授岗位津贴，同时享受学校按照国家有关规定提供的工资、保险、福利等待遇；特聘教授任职期间取得重大成就，作出重大贡献，将获得由教育部会同李嘉诚先生审定并公布的每年一次的长江学者成就奖，每次一等奖1名，奖金为100万元人民币，二等奖30名，每人奖金为50万元人民币。教育部提出对特聘教授岗位津贴和长江学者成就奖的奖金给予免征个人所得税照顾。根据上述情况，按照个人所得税法的规定，特聘教授取得的岗位津贴应并入其当月的工资、薪金所得计征个人所得税，税款由所在学校代扣代缴。

（六）劳动分红

根据《国家税务总局关于联想集团改制员工取得的用于购买企业国有股权的劳动分红征收个人所得税问题的批复》（国税函〔2001〕832号）的规定，该公司职工取得的用于购买企业国有股权的劳动分红，不宜比照国税发〔2000〕60号文的规定暂缓征收个人所得税。理由如下：（1）两者的前提不同。国税发〔2000〕60号文规定暂缓征税的前提，是集体所有制企业改制为股份合作制，而联想集团改制不符合这一前提。（2）两者的分配方式不同。国税发〔2000〕60号文规定暂缓征税的分配方式，是在企业改制时将企业的所有资产一次量化给职工个人，而联想集团仅是分配历年留存的劳动分红。

联想集团控股公司的做法，实际上是将多年留存在企业应分未分的劳动分红在职工之间进行了分配，职工个人再将分得的部分用于购买企业的国有股权。根据前述事实及个人所得税法有关规定，对联想集团控股公司职工取得的用于购买企业国有股权的劳动分红，应按"工资、薪金所得"项目计征个人所得税，税款由联想集团控股公司代扣代缴。

（七）出版单位职员在本单位的刊物上发表作品取得所得

根据《国家税务总局关于个人所得税若干业务问题的批复》（国税函〔2002〕146号）第三条的规定，任职、受雇于报刊、杂志等单位的记者、编辑等专业人员，因在本单位的报刊、杂志上发表作品取得的所得，属于因任职、受雇而取得的所得，应与其当月工资收入合并，按"工资、薪金所得"项目征收个人所得税。除了上述专业人员，其他人员在本单位的报刊、杂志上发表作品取得的所得，应按"稿酬所得"项目征收个人所得税。

（八）在医疗机构任职而取得的所得

根据《财政部 国家税务总局关于医疗机构有关个人所得税政策问题的通知》（财税〔2003〕109号）第二条的规定，个人因在医疗机构（包括营利性医疗机构和非营利性医疗机构）任职而取得的所得，依据《个人所得税法》的规定，应按照"工资、薪金所得"应税项目计征个人所得税。

（九）单位为个人办理补充养老保险

根据《财政部 国家税务总局关于个人所得税有关问题的批复》（财税〔2005〕94号）的规定，单位为职工个人购买商业性补充养老保险等，在办理投保手续时应作为个人所得税的"工资、薪金所得"项目，按税法规定缴纳个人所得税；因各种原因退保，个人未取得实际收入的，已缴纳的个人所得税应予以退回。

（十）单位为员工支付保险

根据《国家税务总局关于单位为员工支付有关保险缴纳个人所得税问题的批复》（国税函〔2005〕318号）的规定，对企业为员工支付各项免税之外的保险金,应在企业向保险公司缴付时(即该保险落到被保险人的保险账户)并入员工当期的工资收入,按"工资、薪金所得"项目计征个人所得税,税款由企业负责代扣代缴。

(十一)退休人员再任职取得的收入

根据《国家税务总局关于个人兼职和退休人员再任职取得收入如何计算征收个人所得税问题的批复》(国税函〔2005〕382号)的规定,退休人员再任职取得的收入,在减除按个人所得税法规定的费用扣除标准后,按"工资、薪金所得"应税项目缴纳个人所得税。

根据《国家税务总局关于离退休人员取得单位发放离退休工资以外奖金补贴征收个人所得税的批复》(国税函〔2008〕723号)的规定,离退休人员除按规定领取离退休工资或养老金外,另从原任职单位取得的各类补贴、奖金、实物,不属于《个人所得税法》规定可以免税的退休工资、离休工资、离休生活补助费。根据《个人所得税法》及其实施条例的有关规定,离退休人员从原任职单位取得的各类补贴、奖金、实物,应在减除费用扣除标准后,按"工资、薪金所得"应税项目缴纳个人所得税。

根据《国家税务总局关于个人提前退休取得补贴收入个人所得税问题的公告》(国家税务总局公告2011年第6号)的规定,机关、企事业单位对未达到法定退休年龄、正式办理提前退休手续的个人,按照统一标准向提前退休工作人员支付一次性补贴,不属于免税的离退休工资收入,应按照"工资、薪金所得"项目征收个人所得税。

二、劳务报酬所得

(一)劳务报酬所得的范围

根据《个人所得税法》第二条的规定,劳务报酬所得应当缴纳个人所得税。

根据《个人所得税法实施条例》第六条的规定,劳务报酬所得,是指个人从事劳务取得的所得,包括从事设计、装潢、安装、制图、化验、测试、医疗、法律、会计、咨询、讲学、翻译、审稿、书画、雕刻、影视、录音、录像、演出、表演、广告、展览、技术服务、介绍服务、经纪服务、代办服务以及其他劳务取得的所得。

（二）董事费收入的判断

根据《征收个人所得税若干问题的规定》（国税发〔1994〕089号）第八条的规定，个人由于担任董事职务所取得的董事费收入，属于劳务报酬所得性质，按照劳务报酬所得项目征收个人所得税。

根据《国家税务总局关于明确个人所得税若干政策执行问题的通知》（国税发〔2009〕121号）的规定，《国家税务总局关于印发〈征收个人所得税若干问题的规定〉的通知》（国税发〔1994〕089号）第八条规定的董事费按劳务报酬所得项目征税方法，仅适用于个人担任公司董事、监事，且不在公司任职、受雇的情形。个人在公司（包括关联公司）任职、受雇，同时兼任董事、监事的，应将董事费、监事费与个人工资收入合并，统一按"工资、薪金所得"项目缴纳个人所得税。

（三）工资与劳务报酬的区分

根据《征收个人所得税若干问题的规定》（国税发〔1994〕089号）第十九条的规定，工资、薪金所得是属于非独立个人劳务活动，即在机关、团体、学校、部队、企事业单位及其他组织中任职、受雇而得到的报酬；劳务报酬所得则是个人独立从事各种技艺、提供各项劳务取得的报酬。两者的主要区别在于，前者存在雇佣与被雇佣关系，后者则不存在这种关系。

（四）个人提供非有形商品推销、代理等服务活动取的收入

根据《财政部 国家税务总局关于个人提供非有形商品推销、代理等服务活动取得收入征收营业税和个人所得税有关问题的通知》（财税〔1997〕103号）的规定，非本企业雇员为企业提供非有形商品推销、代理等服务活动取得的佣金、奖励和劳务费等名目的收入，无论该收入采用何种计取方法和支付方式，均应计入个人的劳务报酬所得，按照《个人所得税法》及其实施条例和其他有关规定计算征收个人所得税。

（五）在校学生参与勤工俭学活动取得的收入

根据《国家税务总局关于个人所得税若干业务问题的批复》（国税函〔2002〕146号）第四条的规定，在校学生因参与勤工俭学活动（包括参与学校组织的勤工俭学活动）而取得属于个人所得税法规定的应税所得项目的所得，应依法缴纳个人所得税。

（六）以免费旅游方式提供对营销人员个人奖励

根据《财政部 国家税务总局关于企业以免费旅游方式提供对营销人员个人奖励有关个人所得税政策的通知》（财税〔2004〕11号）的规定，按照我国现行个人所得税法律法规有关规定，对商品营销活动中，企业和单位对营销业绩突出人员以培训班、研讨会、工作考察等名义组织旅游活动，通过免收差旅费、旅游费对个人实行的营销业绩奖励（包括实物、有价证券等），应根据所发生费用全额计入营销人员应税所得，依法征收个人所得税，并由提供上述费用的企业和单位代扣代缴。其中，对企业雇员享受的此类奖励，应与当期的工资薪金合并，按照"工资、薪金所得"项目征收个人所得税；对其他人员享受的此类奖励，应作为当期的劳务收入，按照"劳务报酬所得"项目征收个人所得税。

（七）个人兼职取得的收入

根据《国家税务总局关于个人兼职和退休人员再任职取得收入如何计算征收个人所得税问题的批复》（国税函〔2005〕382号）的规定，个人兼职取得的收入应按照"劳务报酬所得"应税项目缴纳个人所得税。

三、稿酬所得

（一）稿酬所得的含义

根据《个人所得税法》第二条的规定，稿酬所得应当缴纳个人所得税。

根据《个人所得税法实施条例》第六条的规定，稿酬所得，是指个人因其作品以图书、报刊等形式出版、发表而取得的所得。

（二）出版单位职员在本单位的刊物上发表作品取得所得

根据《国家税务总局关于个人所得税若干业务问题的批复》（国税函〔2002〕146号）第三条的规定，任职、受雇于报刊、杂志等单位的记者、编辑等专业人员，因在本单位的报刊、杂志上发表作品取得的所得，属于因任职、受雇而取得的所得，应与其当月工资收入合并，按"工资、薪金所得"项目征收个人所得税。除上述专业人员以外，其他人员在本单位的报刊、杂志上发表作品取得的所得，应按"稿酬所得"项目征收个人所得税。出版社的专业作者撰写、编写或翻译的作品，由本社以图书形式出版而取得的稿费收入，应按"稿酬所得"项目计算缴纳个人所得税。

四、特许权使用费所得

（一）特许权使用费所得的含义

根据《个人所得税法》第二条的规定，特许权使用费所得应当缴纳个人所得税。

根据《个人所得税法实施条例》第六条的规定，特许权使用费所得，是指个人提供专利权、商标权、著作权、非专利技术以及其他特许权的使用权取得的所得；提供著作权的使用权取得的所得，不包括稿酬所得。

（二）作者将自己的手稿拍卖取得的所得

根据《征收个人所得税若干问题的规定》（国税发〔1994〕089号）第五条的规定，作者将自己的文字作品手稿原件或复印件公开拍卖（竞价）取得的所得，应按特许权使用费所得项目征收个人所得税。

（三）个人取得拍卖收入

根据《国家税务总局关于加强和规范个人取得拍卖收入征收个人所得税有关问题的通知》（国税发〔2007〕38号）的规定，作者将自己的文字作品手稿原件或复印件拍卖取得的所得，按照"特许权使用费"所得项目缴纳个人所得税。对个人财产拍卖所得征收个人所得税时，以该项财产最终拍卖成交价格为其转让收入额。

第二节 经营所得

一、经营所得的一般规定

根据《个人所得税法》第二条的规定，经营所得应当缴纳个人所得税。

根据《个人所得税法实施条例》第六条的规定，经营所得，是指：

（1）个体工商户从事生产、经营活动取得的所得，个人独资企业投资人、合伙企业的个人合伙人来源于境内注册的个人独资企业、合伙企业生产、经营的所得；

（2）个人依法从事办学、医疗、咨询以及其他有偿服务活动取得的所得；

（3）个人对企业、事业单位承包经营、承租经营以及转包、转租取得的所得；

（4）个人从事其他生产、经营活动取得的所得。

二、个体工商户的生产、经营所得

（一）个人举办各类学习班取得的收入

根据《国家税务总局关于个人举办各类学习班取得的收入征收个人所得税问题的批复》（国税函发〔1996〕658号）的规定，个人经政府有关部门批准并取得执照举办学习班、培训班的，其取得的办班收入属于"个体工商户的生产、经营所得"（2019年后属于"经营所得"）应税项目，应按《个人所得税法》规定计征个人所得税。个人无须经政府有关部门批准并取得执照举办学习班、培训班的，其取得的办班收入属于"劳务报酬所得"应税项目，应按《个人所得税法》规定计征个人所得税。其中，办班者每次收入按以下方法确定：一次收取学费的，以一期取得的收入为一次；分次收取学费的，以每月取得的收入为一次。

（二）个人因从事彩票代销业务而取得所得

根据《国家税务总局关于个人所得税若干政策问题的批复》（国税函〔2002〕629号）第三条的规定，个人因从事彩票代销业务而取得所得，应按照"个体工商户的生产、经营所得"项目计征个人所得税。

（三）个人投资开设医院而取得的收入

根据《财政部 国家税务总局关于医疗机构有关个人所得税政策问题的通知》（财税〔2003〕109号）第四条的规定，个人投资或个人合伙投资开设医院（诊所）而取得的收入，应依据个人所得税法规定，按照"个体工商户的生产、经营所得"（2019年后按"经营所得"）应税项目计征个人所得税。

（四）个人投资者以企业资金为本人支付消费性支出

根据《财政部 国家税务总局关于规范个人投资者个人所得税征收管理的通知》（财税〔2003〕158号）第一条的规定，个人独资企业、合伙企业的个人投资者以企业资金为本人、家庭及其相关人员支付与企业生产经营无关的消费性支出及购买汽车、住房等财产性支出，视为企业对个人投资者的利润分配，并入投资者个人的生产经营所得，依照"个体工商户的生产、经营所得"（2019年后按"经营所得"）项目计征个人所得税。企业的上述支出不允许在所得税前扣除。

根据《财政部 国家税务总局关于企业为个人购买房屋或其他财产征收个人所得税问题的批复》（财税〔2008〕83号）的规定，根据《个人所得税法》和《财政部 国家税务总局关于规范个人投资者个人所得税征收管理的通知》（财税〔2003〕158号）的有关规定，符合以下情形的房屋或其他财产，不论所有权人是否将财产无偿或有偿交付企业使用，其实质均为企业对个人进行了实物性质的分配，应依法计征个人所得税。

（1）企业出资购买房屋及其他财产，将所有权登记为投资者个人、投资者家庭成员或企业其他人员的。

（2）企业投资者个人、投资者家庭成员或企业其他人员向企业借款用于购买房屋及其他财产，将所有权登记为投资者、投资者家庭成员或企业其他人员，且借款年度终了后未归还借款的。

对个人独资企业、合伙企业的个人投资者或其家庭成员取得的上述所得，视为企业对个人投资者的利润分配，按照"个体工商户的生产、经营所得"（2019年后按"经营所得"）项目计征个人所得税；对除个人独资企业、合伙企业以外其他企业的个人投资者或其家庭成员取得的上述所得，视为企业对个人投资者的红利分配，按照"利息、股息、红利所得"项目计征个人所得税；对企业其他人员取得的上述所得，按照"工资、薪金所得"项目计征个人所得税。

三、对企事业单位的承包经营、承租经营所得

根据《财政部　国家税务总局关于医疗机构有关个人所得税政策问题的通知》（财税〔2003〕109号）第三条的规定，医生或其他个人承包、承租经营医疗机构，经营成果归承包人所有的，依据个人所得税法规定，承包人取得的所得，应按照"对企事业单位的承包经营、承租经营所得"（2019年后按"经营所得"）应税项目计征个人所得税。

第三节　其他所得

一、利息、股息、红利所得

（一）利息、股息、红利所得的含义

根据《个人所得税法》第二条的规定，利息、股息、红利所得应当缴纳个人所得税。

根据《个人所得税法实施条例》第六条的规定，利息、股息、红利所

得，是指个人拥有债权、股权等而取得的利息、股息、红利所得。

（二）储蓄存款利息

根据《个人所得税法》第十八条的规定，对储蓄存款利息所得开征、减征、停征个人所得税及其具体办法，由国务院规定，并报全国人民代表大会常务委员会备案。

（三）转增股本和派发红股

根据《国家税务总局关于股份制企业转增股本和派发红股征免个人所得税的通知》(国税发〔1997〕198号)的规定，股份制企业用资本公积金转增股本不属于股息、红利性质的分配，对个人取得的转增股本数额，不作为个人所得，不征收个人所得税。股份制企业用盈余公积金派发红股属于股息、红利性质的分配，对个人取得的红股数额，应作为个人所得征税。

根据《国家税务总局关于原城市信用社在转制为城市合作银行过程中个人股增值所得应纳个人所得税的批复》(国税函〔1998〕289号)的规定，在城市信用社改制为城市合作银行过程中，个人以现金或股份及其他形式取得的资产评估增值数额，应当按"利息、股息、红利所得"项目计征个人所得税，税款由城市合作银行负责代扣代缴。《国家税务总局关于股份制企业转增股本和派发红股征免个人所得税的通知》(国税发〔1997〕198号)中所表述的"资本公积金"是指股份制企业股票溢价发行收入所形成的资本公积金。个人取得的转增股本数额，不作为应税所得征收个人所得税。而与此不相符合的其他资本公积金分配个人所得部分，应当依法征收个人所得税。

根据《国家税务总局关于转增注册资本征收个人所得税问题的批复》(国税函发〔1998〕333号)的规定，青岛路邦石油化工有限公司将从税后利润中提取的法定公积金和任意公积金转增注册资本，实际上是该公司将盈余公积金向股东分配了股息、红利，股东再以分得的股息、红利增加注册资本。因此，依据《国家税务总局关于股份制企业转增股本和派发红股征免个人所得税的通知》(国税发〔1997〕198号)精神，对属于个人股东分得再投入公司（转增注册资本）的部分应按照"利息、股息、红利所得"项目征收个人所得税，税款由股份有限公司在有关部门批准增资、公司股东会决议通过后代扣代缴。

（四）个人取得量化资产

根据《国家税务总局关于企业改组改制过程中个人取得的量化资产征收个人所得税问题的通知》（国税发〔2000〕60号）的规定，对职工个人以股份形式取得的仅作为分红依据，不拥有所有权的企业量化资产，不征收个人所得税。对职工个人以股份形式取得的企业量化资产参与企业分配而获得的股息、红利，应按"利息、股息、红利"项目征收个人所得税。

（五）个人投资者以企业资金为本人支付消费性支出

根据《财政部 国家税务总局关于规范个人投资者个人所得税征收管理的通知》（财税〔2003〕158号）第一条的规定，除个人独资企业、合伙企业以外的其他企业的个人投资者，以企业资金为本人、家庭成员及其相关人员支付与企业经营无关的消费性支出及购买汽车、住房等财产性支出，视为企业对个人投资者的红利分配，依照"利息、股息、红利所得"项目计征个人所得税。企业的上述支出不允许在所得税前扣除。

（六）个人投资者从其投资的企业借款长期不还

根据《财政部 国家税务总局关于规范个人投资者个人所得税征收管理的通知》（财税〔2003〕158号）第二条的规定，纳税年度内个人投资者从其投资企业（个人独资企业、合伙企业除外）借款，在该纳税年度终了后即不归还，又未用于企业生产经营的，其未归还的借款可视为企业对个人投资者的红利分配，依照"利息、股息、红利所得"项目计征个人所得税。

二、财产租赁所得

（一）财产租赁所得的含义

根据《个人所得税法》第二条的规定，财产租赁所得应当缴纳个人所得税。

根据《个人所得税法实施条例》第六条的规定，财产租赁所得，是指个人出租不动产、机器设备、车船以及其他财产取得的所得。

根据《财政部　国家税务总局　建设部关于个人出售住房所得征收个人所得税有关问题的通知》（财税〔1999〕278号）第一条的规定，根据《个人所得税法》的规定，个人出售自有住房取得的所得应按照"财产转让所得"项目征收个人所得税。

（二）财产租赁所得收入的确定

根据《财政部　国家税务总局关于营改增后契税　房产税　土地增值税个人所得税计税依据问题的通知》（财税〔2016〕43号）的规定，自2016年5月1日起，个人出租房屋的个人所得税应税收入不含增值税，计算房屋出租所得可扣除的税费不包括本次出租缴纳的增值税。个人转租房屋的，其向房屋出租方支付的租金及增值税额，在计算转租所得时予以扣除。

（三）酒店产权式经营业主

根据《国家税务总局关于酒店产权式经营业主税收问题的批复》（国税函〔2006〕478号）的规定，酒店产权式经营业主（以下简称"业主"）在约定的时间内提供房产使用权与酒店进行合作经营，如房产产权并未归属新的经济实体，业主按照约定取得的固定收入和分红收入均应视为租金收入，根据有关税收法律、行政法规的规定，按照财产租赁所得项目征收个人所得税。

三、财产转让所得

（一）财产转让所得的含义

根据《个人所得税法》第二条的规定，财产转让所得应当缴纳个人所得税。

根据《个人所得税法实施条例》第六条的规定，财产转让所得，是指个人转让有价证券、股权、合伙企业中的财产份额、不动产、机器设备、车船以及其他财产取得的所得。

根据《个人所得税法实施条例》第七条的规定，对股票转让所得征收个人所得税的办法，由国务院另行规定，并报全国人民代表大会常务委员会备案。

（二）财产转让所得收入的确定

根据《财政部 国家税务总局关于营改增后契税 房产税 土地增值税 个人所得税计税依据问题的通知》（财税〔2016〕43号）的规定，自2016年5月1日起，个人转让房屋的个人所得税应税收入不含增值税，其取得房屋时所支付价款中包含的增值税计入财产原值，计算转让所得时可扣除的税费不包括本次转让缴纳的增值税。

【典型案例分析】

例2-1：2022年11月，李先生转让一套二手房，转让价格为500万元（含增值税），该套住房的购买价格为300万元（含增值税），购房时缴纳契税9万元。李先生转让该套二手房计算个人所得税时的应纳税所得额为多少？

解析： 李先生转让二手房的不含增值税收入 =500÷（1+5%）=476.19（万元）。李先生转让二手房计算个人所得税时的应纳税所得额 =476.19-300-9=167.19（万元）。

（三）个人取得量化资产

根据《国家税务总局关于企业改组改制过程中个人取得的量化资产征收个人所得税问题的通知》（国税发〔2000〕60号）的规定，对职工个人以股份形式取得的拥有所有权的企业量化资产，暂缓征收个人所得税；待个人将股份转让时，就其转让收入额，减除个人取得该股份时实际支付的费用支出和合理转让费用后的余额，按"财产转让所得"项目计征个人所得税。

（四）纳税人收回转让的股权

根据《国家税务总局关于纳税人收回转让的股权征收个人所得税问题的批复》（国税函〔2005〕130号）的规定，根据个人所得税法及其实施条例和《中华人民共和国税收征收管理法》（以下简称《税收征收管理法》）的有关规定，股权转让合同履行完毕、股权已作变更登记，且所得已经实现的，转让人取得的股权转让收入应当依法缴纳个人所得税。转让行为结束后，当事人双方签订并执行解除原股权转让合同、退回股权的协议，是另一次股权转让行为，对前次转让行为征收的个人所得税款不予退回。股权转让合同未履行完毕，因执行仲裁委员会作出的解除股权转让合同及补充协议的裁决、停止执行原股权转让合同，并原价收回已转让股权的，由于其股权转让行为尚未完成、收入未完全实现，随着股权转让关系的解除，股权收益不复存在，根据《个人所得税法》和《税收征收管理法》的有关规定，以及从行政行为合理性原则出发，纳税人不应缴纳个人所得税。

（五）个人股权转让过程中取得违约金收入

根据《国家税务总局关于个人股权转让过程中取得违约金收入征收个人所得税问题的批复》（国税函〔2006〕866号）的规定，股权成功转让后，转让方个人因受让方个人未按规定期限支付价款而取得的违约金收入，属于因财产转让而产生的收入。转让方个人取得的该违约金应并入财产转让收入，按照"财产转让所得"项目计算缴纳个人所得税，税款由取得所得的转让方个人向主管税务机关自行申报缴纳。

（六）个人取得拍卖收入

根据《国家税务总局关于加强和规范个人取得拍卖收入征收个人所得税有关问题的通知》（国税发〔2007〕38号）的规定，个人拍卖除文字作品原稿及复印件外的其他财产，应以其转让收入额减除财产原值和合理费用后的余额为应纳税所得额，按照"财产转让所得"项目适用20%税率缴纳个人所得税。对个人财产拍卖所得征收个人所得税时，以该项财产最终拍卖成交价格为其转让收入额。

四、偶然所得

（一）偶然所得的含义

根据《个人所得税法》第二条的规定，偶然所得应当缴纳个人所得税。

根据《个人所得税法实施条例》第六条的规定，偶然所得，是指个人得奖、中奖、中彩以及其他偶然性质的所得。个人取得的所得，难以界定应纳税所得项目的，由国务院税务主管部门确定。

（二）个人提供担保获得的收入

根据《财政部　税务总局关于个人取得有关收入适用个人所得税应税所得项目的公告》（财政部　税务总局公告2019年第74号）的规定，个人为单位或他人提供担保获得收入，按照"偶然所得"项目计算缴纳个人所得税。

（三）受赠人因无偿受赠房屋取得的受赠收入

根据《财政部　税务总局关于个人取得有关收入适用个人所得税应税所得项目的公告》（财政部　税务总局公告2019年第74号）的规定，房屋产权所有人将房屋产权无偿赠与他人的，受赠人因无偿受赠房屋取得的受赠收入，按照"偶然所得"项目计算缴纳个人所得税。

（四）外单位个人取得礼品

根据《财政部　税务总局关于个人取得有关收入适用个人所得税应税所得项目的公告》（财政部　税务总局公告2019年第74号）的规定，企业在业务宣传、广告等活动中，随机向本单位以外的个人赠送礼品（包括网络红包，下同），以及企业在年会、座谈会、庆典以及其他活动中向本单位以外的个人赠送礼品，个人取得的礼品收入，按照"偶然所得"项目计算缴纳个人所得税，但企业赠送的具有价格折扣或折让性质的消费券、代金券、抵用券、优惠券等礼品除外。

（五）个人取得有奖发票奖金

根据《财政部　国家税务总局关于个人取得有奖发票奖金征免个人所得税问题的通知》（财税〔2007〕34号）的规定，个人取得单张有奖发票奖金所得不超过800元（含800元）的，暂免征收个人所得税；个人取得单张有奖发票奖金所得超过800元的，应全额按照个人所得税法规定的"偶然所得"项目征收个人所得税。税务机关或其指定的有奖发票兑奖机构，是有奖发票奖金所得个人所得税的扣缴义务人，应依法认真做好个人所得税代扣代缴工作。

【典型案例分析】

例 2-2：李先生和张先生各自取得 1 张有奖发票，其中，李先生获得奖金 800 元，张先生获得奖金 900 元。请计算两人各自的税后所得。

解析：根据税法规定，李先生可以直接兑取 800 元奖金，不需要缴纳个人所得税。张先生在兑取奖金时，兑付单位应代扣代缴个人所得税 180 元（900×20%），张先生实际取得奖金 720 元。

第三章 个人所得税的税率与税前扣除

> **导读**
>
> 本章介绍个人所得税的税率与税前扣除，包括两节。第一节介绍个人所得税的税率，包括综合所得适用的税率、经营所得适用的税率以及其他所得适用的税率。第二节介绍个人所得税的税前扣除即个人所得税应纳税所得额的计算，包括居民个人综合所得的税前扣除、个人所得税专项附加扣除办法、个人所得税专项附加扣除操作办法、非居民个人综合所得的税前扣除、经营所得的税前扣除、财产租赁所得的税前扣除、财产转让所得的税前扣除、其他所得的税前扣除以及公益捐赠税前扣除。

第一节 个人所得税的税率

一、综合所得适用的税率

（一）综合所得适用的税率表

根据《个人所得税法》第三条的规定，综合所得，适用3%至45%的超额累进税率，具体税率表见表3-1。

表 3-1　个人所得税税率表一　　　　　　　　　　　　　　　　单位：元

级数	全年应纳税所得额	税率	速算扣除数
1	不超过 36 000 元的	3%	0
2	超过 36 000 元至 144 000 元的部分	10%	2 520
3	超过 144 000 元至 300 000 元的部分	20%	16 920
4	超过 300 000 元至 420 000 元的部分	25%	31 920
5	超过 420 000 元至 660 000 元的部分	30%	52 920
6	超过 660 000 元至 960 000 元的部分	35%	85 920
7	超过 960 000 元的部分	45%	181 920

（二）对综合所得税率表的解释

根据《个人所得税法》附录的规定，表 3-1 所称全年应纳税所得额是指依照《个人所得税法》第六条的规定，居民个人取得综合所得以每一纳税年度收入额减除费用 60 000 元以及专项扣除、专项附加扣除和依法确定的其他扣除后的余额。非居民个人取得工资、薪金所得，劳务报酬所得，稿酬所得和特许权使用费所得，依照该表按月换算后计算应纳税额。

二、经营所得适用的税率

（一）经营所得适用的税率表

根据《个人所得税法》第三条的规定，经营所得，适用 5% 至 35% 的超额累进税率，具体税率表见表 3-2。

表 3-2　个人所得税税率表二　　　　　　　　　　　　　　　　单位：元

级数	全年应纳税所得额	税率	速算扣除数
1	不超过 30 000 元的	5%	0
2	超过 30 000 元至 90 000 元的部分	10%	1 500
3	超过 90 000 元至 300 000 元的部分	20%	10 500
4	超过 300 000 元至 500 000 元的部分	30%	40 500
5	超过 500 000 元的部分	35%	65 500

(二)对经营所得税率表的解释

根据《个人所得税法》附录的规定,表 3-2 所称全年应纳税所得额是指依照《个人所得税法》第六条的规定,以每一纳税年度的收入总额减除成本、费用以及损失后的余额。

三、其他所得适用的税率

根据《个人所得税法》第三条的规定,利息、股息、红利所得,财产租赁所得,财产转让所得和偶然所得,适用比例税率,税率为 20%。

第二节 个人所得税的税前扣除

一、居民个人综合所得的税前扣除

(一)税法规定的税前扣除标准

根据《个人所得税法》第六条的规定,居民个人的综合所得,以每一纳税年度的收入额减除费用 60 000 元以及专项扣除、专项附加扣除和依法确定的其他扣除后的余额,为应纳税所得额。

专项扣除,包括居民个人按照国家规定的范围和标准缴纳的基本养老保险、基本医疗保险、失业保险等社会保险费和住房公积金等;专项附加扣除,包括子女教育、继续教育、大病医疗、住房贷款利息或者住房租金、赡养老人等支出。具体范围、标准和实施步骤由国务院确定,并报全国人民代表大会常务委员会备案。

劳务报酬所得、稿酬所得、特许权使用费所得以收入减除 20% 的费用后的余额为收入额。稿酬所得的收入额减按 70% 计算。

【典型案例分析】

例 3-1：李女士 2022 年取得工资薪金 10 万元，缴纳"三险一金"2 万元。李女士有一个上小学的儿子，其子女教育费用由李女士扣除。同时，李女士还取得一笔 5 万元的劳务报酬和一笔 3 000 元的稿酬。请计算李女士各项所得的收入、收入额以及应纳税所得额。

解析：在个人所得税法中，收入、收入额、应纳税所得额是三个不同的概念，收入范围最广，数额最大，收入额是收入做某些调整或扣除之后的金额，而应纳税所得额是收入额进一步调整或扣除之后的金额。李女士工资薪金所得的收入和收入额均为 10 万元；劳务报酬的收入为 5 万元，收入额为 4 万元；稿酬所得的收入为 3 000 元，收入额为 1 680 元。李女士的专项扣除为 2 万元，专项附加扣除为 1.2 万元。李女士综合所得的收入额 = 100 000+40 000+1 680=141 680（元），应纳税所得额 =141 680-60 000-20 000-12 000=49 680（元）。

（二）法规对"其他扣除"等的解释

根据《个人所得税法实施条例》第十三条的规定，依法确定的其他扣除，包括个人缴付符合国家规定的企业年金、职业年金，个人购买符合国家规定的商业健康保险、税收递延型商业养老保险的支出，以及国务院规定可以扣除的其他项目。

专项扣除、专项附加扣除和依法确定的其他扣除，以居民个人一个纳税年度的应纳税所得额为限额；一个纳税年度扣除不完的，不结转以后年度扣除。

（三）专项附加扣除的方法

根据《个人所得税法实施条例》第二十八条的规定，居民个人取得工资、薪金所得时，可以向扣缴义务人提供专项附加扣除有关信息，由扣缴义务人扣缴税款时减除专项附加扣除。

纳税人同时从两处以上取得工资、薪金所得，并由扣缴义务人减除专项附加扣除的，对同一专项附加扣除项目，在一个纳税年度内只能选择从一处取得的所得中减除。

居民个人取得劳务报酬所得、稿酬所得、特许权使用费所得，应当在汇算清缴时向税务机关提供有关信息，减除专项附加扣除。

【典型案例分析】

例 3-2：2022 年度，张先生每月从甲公司取得工资 9 000 元，缴纳"三险一金" 1 000 元，从乙公司取得工资 6 000 元，不缴纳"三险一金"。张先生是独生子女，其父母已经年满 60 周岁。请说明张先生的专项附加扣除应在何时扣除？

解析：张先生每月可以扣除 2 000 元专项附加扣除，该项扣除由张先生选择在甲公司或者乙公司扣除，但不能同时扣除。假设在甲公司扣除，则甲公司每月应为张先生扣除 5 000 元的费用、1 000 元的"三险一金"以及 2 000 元的专项附加扣除，就剩下的 1 000 元代扣代缴个人所得税。乙公司应按照 6 000 元的工资代扣代缴个人所得税。2022 年度结束之后，由张先生本人就其全部工资薪金所得以及其他综合所得进行汇算清缴。

例 3-3：赵先生没有固定工作，在 2022 年度从甲公司取得一笔劳务报酬 2 万元。赵先生是独生子女，其父母已经年满 60 周岁。请说明赵先生的专项附加扣除应在何时扣除？

解析：赵先生每月可以扣除 2 000 元专项附加扣除，该项扣除可以在汇算清缴时扣除。甲公司在向赵先生支付劳务报酬时，应依法代扣代缴个人所得税 $=20\ 000×（1-20\%）×20\%=3\ 200$（元）。2023 年 3 月 1 日至 6 月 30 日，赵先生可以办理 2022 纳税年度个人所得税汇算清缴，如果其仅有这一笔收入，可以从 2 万元劳务报酬中扣除 6 万元费用和 2.4 万元专项附加扣除。由于结果为负数，赵先生不需要缴纳个人所得税，可以申请退税 3 200 元。

（四）"三险一金"的扣除

根据《财政部　国家税务总局关于基本养老保险费　基本医疗保险费　失业保险费　住房公积金有关个人所得税政策的通知》（财税〔2006〕10 号）的规定，企事业单位按照国家或省（自治区、直辖市）人民政府规定的缴费比例或办法实际缴付的基本养老保险费、基本医疗保险费和失业保险费，免征个人所得税；个人按照国家或省（自治区、直辖市）人民政府规定的缴费比例或办法实际缴付的基本养老保险费、基本医疗保险费和失业保险费，允许在个人应纳税所得额中扣除。企事业单位和个人超过规定的比例和标准缴付的基本养老保险费、基本医疗保险费和失业保险费，应将超过部分并入个人当期的工资、薪金收入，计征个人所得税。

根据《住房公积金管理条例》《建设部　财政部　中国人民银行关于住房公积金管理若干具体问题的指导意见》（建金管〔2005〕5号）等规定，单位和个人分别在不超过职工本人上一年度月平均工资12%的幅度内，其实际缴存的住房公积金，允许在个人应纳税所得额中扣除。单位和职工个人缴存住房公积金的月平均工资不得超过职工工作地所在设区城市上一年度职工月平均工资的3倍，具体标准按照各地有关规定执行。单位和个人超过上述规定比例和标准缴付的住房公积金，应将超过部分并入个人当期的工资、薪金收入，计征个人所得税。

个人实际领（支）取原提存的基本养老保险金、基本医疗保险金、失业保险金和住房公积金时，免征个人所得税。

上述职工工资口径按照国家统计局规定列入工资总额统计的项目计算。

二、个人所得税专项附加扣除办法

（一）基本概念

根据国务院发布的《个人所得税专项附加扣除暂行办法》（国发〔2018〕41号）第一章及《国务院关于设立3岁以下婴幼儿照护个人所得税专项附加扣除的通知》（国发〔2022〕8号）的规定，个人所得税专项附加扣除，是指个人所得税法规定的子女教育、继续教育、大病医疗、住房贷款利息或者住房租金、赡养老人、3岁以下婴幼儿照护等7项专项附加扣除。

个人所得税专项附加扣除遵循公平合理、利于民生、简便易行的原则，根据教育、医疗、住房、养老等民生支出变化情况，适时调整专项附加扣除范围和标准。

（二）子女教育

根据《个人所得税专项附加扣除暂行办法》第二章的规定，纳税人的子女接受全日制学历教育的相关支出，按照每个子女每月1 000元的标准定额扣除。

学历教育包括义务教育（小学、初中教育）、高中阶段教育（普通高中、中等职业、技工教育）、高等教育（大学专科、大学本科、硕士研究生、博士研究生教育）。年满3岁至小学入学前处于学前教育阶段的子女，也按上述规定执行。

父母可以选择由其中一方按扣除标准的100%扣除，也可以选择由双方分别按扣除标准的50%扣除，具体扣除方式在一个纳税年度内不能变更。

纳税人子女在中国境外接受教育的，纳税人应当留存境外学校录取通知书、留学签证等相关教育的证明资料备查。

【典型案例分析】

例3-4：刘先生与刘太太有两个孩子：一个4岁，上幼儿园；另一个8岁，上小学三年级。刘先生和刘太太可以享受多少子女教育扣除？扣除额如何分配？

解析：两个孩子均属于允许扣除的范围之内，每月可以扣2 000元专项附加扣除。该2 000元可以全部由刘先生扣除，也可以全部由刘太太扣除，也可以刘先生每月扣除1 000元、刘太太每月扣除1 000元。三种扣除方式可以任意选择，每年度只能选择一种方式，一旦选择，该年度不允许变更，但下一个年度可以变更。

（三）继续教育

根据《个人所得税专项附加扣除暂行办法》第三章的规定，纳税人在中国境内接受学历（学位）继续教育的支出，在学历（学位）教育期间按照每月400元定额扣除。

同一学历（学位）继续教育的扣除期限不能超过48个月。纳税人接受技能人员职业资格继续教育、专业技术人员职业资格继续教育的支出，在取得相关证书的当年，按照3 600元定额扣除。

个人接受本科及以下学历（学位）继续教育，符合规定扣除条件的，可以选择由其父母扣除，也可以选择由本人扣除。

纳税人接受技能人员职业资格继续教育、专业技术人员职业资格继续教育的，应当留存相关证书等资料备查。

(四)大病医疗

根据《个人所得税专项附加扣除暂行办法》第四章的规定,在一个纳税年度内,纳税人发生的与基本医保相关的医药费用支出,扣除医保报销后个人负担(即医保目录范围内的自付部分)累计超过15 000元的部分,由纳税人在办理年度汇算清缴时,在80 000元限额内据实扣除。

纳税人发生的医药费用支出可以选择由本人或者其配偶扣除;未成年子女发生的医药费用支出可以选择由其父母一方扣除。纳税人及其配偶、未成年子女发生的医药费用支出,按上述规定分别计算扣除额。

纳税人应当留存医药服务收费及医保报销相关票据原件(或者复印件)等资料备查。医疗保障部门应当向患者提供在医疗保障信息系统记录的本人年度医药费用信息查询服务。

【典型案例分析】

例3-5:秦先生2022年生病住院,花费医疗费10万元,医保报销8万元,自费2万元。秦先生2022年度可以扣除的大病医疗专项附加扣除是多少?

解析:秦先生自费2万元,超过1.5万元的部分为0.5万元,因此,秦先生可以扣除的大病医疗专项附加扣除为0.5万元。

例3-6:孙女士2022年生病住院,花费医疗费20万元,医保报销10万元,自费10万元。孙女士2022年度可以扣除的大病医疗专项附加扣除是多少?

解析:孙女士自费10万元,超过1.5万元的部分为8.5万元,但大病医疗扣除的限额为8万元,因此,孙女士可以扣除的大病医疗专项附加扣除为8万元。

(五)住房贷款利息

根据《个人所得税专项附加扣除暂行办法》第五章的规定,纳税人本人或者配偶单独或者共同使用商业银行或者住房公积金个人住房贷款为本人或者其配偶购买中国境内住房,发生的首套住房贷款利息支出,在实际发生贷款利息的年度,按照每月1 000元的标准定额扣除,扣除期限最长不超过240个月。纳税人只能享受一次首套住房贷款的利息扣除。首套住房贷款是指购买住房享受首套住房贷款利率的住房贷款。

经夫妻双方约定，可以选择由其中一方扣除，具体扣除方式在一个纳税年度内不能变更。夫妻双方婚前分别购买住房发生的首套住房贷款，其贷款利息支出，婚后可以选择其中一套购买的住房，由购买方按扣除标准的100%扣除，也可以由夫妻双方对各自购买的住房分别按扣除标准的50%扣除，具体扣除方式在一个纳税年度内不能变更。纳税人应当留存住房贷款合同、贷款还款支出凭证备查。

（六）住房租金

根据《个人所得税专项附加扣除暂行办法》第六章的规定，纳税人在主要工作城市没有自有住房而发生的住房租金支出，可以按照以下标准定额扣除：

（1）直辖市、省会（首府）城市、计划单列市以及国务院确定的其他城市，扣除标准为每月1 500元；

（2）除第一项所列城市以外，市辖区户籍人口超过100万的城市，扣除标准为每月1 100元；市辖区户籍人口不超过100万的城市，扣除标准为每月800元。

纳税人的配偶在纳税人的主要工作城市有自有住房的，视同纳税人在主要工作城市有自有住房。市辖区户籍人口，以国家统计局公布的数据为准。

主要工作城市是指纳税人任职受雇的直辖市、计划单列市、副省级城市、地级市（地区、州、盟）全部行政区域范围；纳税人无任职受雇单位的，为受理其综合所得汇算清缴的税务机关所在城市。夫妻双方主要工作城市相同的，只能由一方扣除住房租金支出。

住房租金支出由签订租赁住房合同的承租人扣除。纳税人及其配偶在一个纳税年度内不能同时分别享受住房贷款利息和住房租金专项附加扣除。纳税人应当留存住房租赁合同、协议等有关资料备查。

（七）赡养老人

根据《个人所得税专项附加扣除暂行办法》第七章的规定，纳税人赡养一位及以上被赡养人的赡养支出，统一按照以下标准定额扣除：

（1）纳税人为独生子女的，按照每月2 000元的标准定额扣除；

（2）纳税人为非独生子女的，由其与兄弟姐妹分摊每月2 000元的扣除额度，每人分摊的额度不能超过每月 1 000 元。

可以由赡养人均摊或者约定分摊，也可以由被赡养人指定分摊。约定或者指定分摊的须签订书面分摊协议，指定分摊优先于约定分摊。具体分摊方式和额度在一个纳税年度内不能变更。

被赡养人是指年满 60 岁的父母，以及子女均已去世的年满 60 岁的祖父母、外祖父母。

【典型案例分析】

例 3-7：钱先生已经年满 60 岁，每月领取 3 000 元退休金，其有三个子女，分别为钱一、钱二和钱三。2022 年度，三个子女的赡养老人专项附加扣除应如何分配？

解析：共有三种方案可供选择。方案一：钱一扣除 1 000 元、钱二扣除 1 000 元、钱三扣除 0 元。方案二：钱一扣除 1 000 元、钱二扣除 500 元、钱三扣除 500 元。方案三：钱一、钱二、钱三分别扣除 666.67 元。但是不能采取以下方案：钱一扣除 2 000 元、钱二和钱三均扣除 0 元。

（八）3 岁以下婴幼儿照护

根据《国务院关于设立 3 岁以下婴幼儿照护个人所得税专项附加扣除的通知》的规定，自 2022 年 1 月 1 日起，纳税人照护 3 岁以下婴幼儿子女的相关支出，按照每个婴幼儿每月 1000 元的标准定额扣除。父母可以选择由其中一方按扣除标准的 100% 扣除，也可以选择由双方分别按扣除标准的 50% 扣除，具体扣除方式在一个纳税年度内不能变更。3 岁以下婴幼儿照护个人所得税专项附加扣除涉及的保障措施和其他事项，参照《个人所得税专项附加扣除暂行办法》有关规定执行。

（九）保障措施

根据《个人所得税专项附加扣除暂行办法》第八章的规定，纳税人向收款单位索取发票、财政票据、支出凭证，收款单位不能拒绝提供。

纳税人首次享受专项附加扣除，应当将专项附加扣除相关信息提交扣缴义务人或者税务机关，扣缴义务人应当及时将相关信息报送税务机关，纳税人对所提交信息的真实性、准确性、完整性负责。专项附加扣除信息发生变化的，纳税人应当及时向扣缴义务人或者税务机关提供相关信息。专项附加扣除相关信息，包括纳税人本人、配偶、子女、被赡养人等个人身份信息，以及国务院税务主管部门规定的其他与专项附加扣除相关的信息。纳税人需要留存备查的相关资料应当留存五年。

有关部门和单位有责任和义务向税务部门提供或者协助核实以下与专项附加扣除有关的信息：

（1）公安部门有关户籍人口基本信息、户成员关系信息、出入境证件信息、相关出国人员信息、户籍人口死亡标识等信息；

（2）卫生健康部门有关出生医学证明信息、独生子女信息；

（3）民政部门、外交部门、法院有关婚姻状况信息；

（4）教育部门有关学生学籍信息（包括学历继续教育学生学籍、考籍信息）、在相关部门备案的境外教育机构资质信息；

（5）人力资源社会保障等部门有关技工院校学生学籍信息、技能人员职业资格继续教育信息、专业技术人员职业资格继续教育信息；

（6）住房城乡建设部门有关房屋（含公租房）租赁信息、住房公积金管理机构有关住房公积金贷款还款支出信息；

（7）自然资源部门有关不动产登记信息；

（8）中国人民银行、金融监督管理部门有关住房商业贷款还款支出信息；

（9）医疗保障部门有关在医疗保障信息系统记录的个人负担的医药费用信息；

（10）国务院税务主管部门确定需要提供的其他涉税信息。

上述数据信息的格式、标准、共享方式，由国务院税务主管部门及各省、自治区、直辖市和计划单列市税务局商有关部门确定。有关部门和单位拥有专项附加扣除涉税信息，但未按规定要求向税务部门提供的，拥有涉税信息的部门或者单位的主要负责人及相关人员承担相应责任。

扣缴义务人发现纳税人提供的信息与实际情况不符的，可以要求纳税人修改。纳税人拒绝修改的，扣缴义务人应当报告税务机关，税务机关应当及时处理。税务机关核查专项附加扣除情况时，纳税人任职受雇单位所在地、经常居住地、户籍所在地的公安派出所、居民委员会或者村民委员会等有关单位和个人应当协助核查。

（十）其他规定

根据《个人所得税专项附加扣除暂行办法》第九章的规定，父母，是指生父母、继父母、养父母；子女，是指婚生子女、非婚生子女、继子女、养子女；父母之外的其他人担任未成年人的监护人的，比照上述规定执行。

个人所得税专项附加扣除额一个纳税年度扣除不完的，不能结转以后年度扣除。个人所得税专项附加扣除具体操作办法，由国务院税务主管部门另行制定。

三、个人所得税专项附加扣除操作办法

（一）享受扣除及办理时间

根据国家税务总局发布的《个人所得税专项附加扣除操作办法（试行）》（国家税务总局公告2018年第60号发布，国家税务总局公告2022年第7号修订）第二章的规定，纳税人享受符合规定的专项附加扣除的计算时间分别为：

（1）子女教育。学前教育阶段，为子女年满3周岁当月至小学入学前一月。学历教育，为子女接受全日制学历教育入学的当月至全日制学历教育结束的当月。

（2）继续教育。学历（学位）继续教育，为在中国境内接受学历（学位）继续教育入学的当月至学历（学位）继续教育结束的当月，同一学历（学位）继续教育的扣除期限最长不得超过48个月。技能人员职业资格继续教育、专业技术人员职业资格继续教育，为取得相关证书的当年。

（3）大病医疗。为医疗保障信息系统记录的医药费用实际支出的当年。

（4）住房贷款利息。为贷款合同约定开始还款的当月至贷款全部归还或贷款合同终止的当月，扣除期限最长不得超过240个月。

（5）住房租金。为租赁合同（协议）约定的房屋租赁期开始的当月至租赁期结束的当月。提前终止合同（协议）的，以实际租赁期限为准。

（6）赡养老人。为被赡养人年满60周岁的当月至赡养义务终止的年末。

（7）3岁以下婴幼儿照护。为婴幼儿出生的当月至年满3周岁的前一个月。

上述规定的学历教育和学历（学位）继续教育的期间，包含因病或其他非主观原因休学但学籍继续保留的休学期间，以及施教机构按规定组织实施的寒暑假等假期。

享受子女教育、继续教育、住房贷款利息或者住房租金、赡养老人、3岁以下婴幼儿照护专项附加扣除的纳税人，自符合条件开始，可以向支付工资、薪金所得的扣缴义务人提供上述专项附加扣除有关信息，由扣缴义务人在预扣预缴税款时，按其在本单位本年可享受的累计扣除额办理扣除；也可以在次年3月1日至6月30日，向汇缴地主管税务机关办理汇算清缴申报时扣除。纳税人同时从两处以上取得工资、薪金所得，并由扣缴义务人办理上述专项附加扣除的，对同一专项附加扣除项目，一个纳税年度内，纳税人只能选择从其中一处扣除。享受大病医疗专项附加扣除的纳税人，由其在次年3月1日至6月30日，自行向汇缴地主管税务机关办理汇算清缴申报时扣除。

扣缴义务人办理工资、薪金所得预扣预缴税款时，应当根据纳税人报送的《个人所得税专项附加扣除信息表》（以下简称《扣除信息表》）为纳税人办理专项附加扣除。纳税人在纳税年度中间更换工作单位的，在原单位任职、受雇期间已享受的专项附加扣除金额，不得在新任职、受雇单位扣除。原扣缴义务人应当自纳税人离职不再发放工资薪金所得的当月起，停止为其办理专项附加扣除。

纳税人未取得工资、薪金所得，仅取得劳务报酬所得、稿酬所得、特许权使用费所得需要享受专项附加扣除的，应当在次年3月1日至6月30日，自行向汇缴地主管税务机关报送《扣除信息表》，并在办理汇算清缴申报时扣除。

一个纳税年度内，纳税人在扣缴义务人预扣预缴税款环节未享受或未足额享受专项附加扣除的，可以在当年内向支付工资、薪金的扣缴义务人申请在剩余月份发放工资、薪金时补充扣除，也可以在次年3月1日至6月30日，向汇缴地主管税务机关办理汇算清缴时申报扣除。

（二）报送信息及留存备查资料

根据《个人所得税专项附加扣除操作办法（试行）》第三章的规定，纳税人选择在扣缴义务人发放工资、薪金所得时享受专项附加扣除的，首次享受时应当填写并向扣缴义务人报送《扣除信息表》；纳税年度中间相关信息发生变化的，纳税人应当更新《扣除信息表》相应栏次，并及时报送给扣缴义务人。更换工作单位的纳税人，需要由新任职、受雇扣缴义务人办理专项附加扣除的，应当在入职的当月，填写并向扣缴义务人报送《扣除信息表》。

纳税人次年需要由扣缴义务人继续办理专项附加扣除的，应当于每年12月对次年享受专项附加扣除的内容进行确认，并报送至扣缴义务人。纳税人未及时确认的，扣缴义务人于次年1月起暂停扣除，待纳税人确认后再行办理专项附加扣除。扣缴义务人应当将纳税人报送的专项附加扣除信息，在次月办理扣缴申报时一并报送至主管税务机关。

纳税人选择在汇算清缴申报时享受专项附加扣除的，应当填写并向汇缴地主管税务机关报送《扣除信息表》。

纳税人将需要享受的专项附加扣除项目信息填报至《扣除信息表》相应栏次。填报要素完整的，扣缴义务人或者主管税务机关应当受理；填报要素不完整的，扣缴义务人或者主管税务机关应当及时告知纳税人补正或重新填报。纳税人未补正或重新填报的，暂不办理相关专项附加扣除，待纳税人补正或重新填报后再行办理。

纳税人享受子女教育专项附加扣除，应当填报配偶及子女的姓名、身份证件类型及号码、子女当前受教育阶段及起止时间、子女就读学校以及本人与配偶之间扣除分配比例等信息。子女在境外接受教育的，应当留存境外学校录取通知书、留学签证等境外教育佐证资料。

纳税人享受继续教育专项附加扣除，接受学历（学位）继续教育的，应当填报教育起止时间、教育阶段等信息；接受技能人员或者专业技术人员职业资格继续教育的，应当填报证书名称、证书编号、发证机关、发证（批准）时间等信息。纳税人接受技能人员职业资格继续教育、专业技术人员职业资格继续教育的，应当留存职业资格相关证书等资料。

纳税人享受住房贷款利息专项附加扣除，应当填报住房权属信息、住房坐落地址、贷款方式、贷款银行、贷款合同编号、贷款期限、首次还款日期等信息；纳税人有配偶的，填写配偶姓名、身份证件类型及号码。纳税人需要留存的备查资料包括住房贷款合同、贷款还款支出凭证等资料。

纳税人享受住房租金专项附加扣除，应当填报主要工作城市、租赁住房坐落地址、出租人姓名及身份证件类型和号码或者出租方单位名称及纳税人识别号（社会统一信用代码）、租赁起止时间等信息；纳税人有配偶的，填写配偶姓名、身份证件类型及号码。纳税人需要留存的备查资料包括住房租赁合同或协议等资料。

纳税人享受赡养老人专项附加扣除，应当填报纳税人是否为独生子女、月扣除金额、被赡养人姓名及身份证件类型和号码、与纳税人关系；有共同赡养人的，需填报分摊方式、共同赡养人姓名及身份证件类型和号码等信息。纳税人需要留存的备查资料包括约定或指定分摊的书面分摊协议等资料。

纳税人享受大病医疗专项附加扣除，应当填报患者姓名、身份证件类型及号码、与纳税人关系、与基本医保相关的医药费用总金额、医保目录范围内个人负担的自付金额等信息。纳税人需要留存备查的资料包括大病患者医药服务收费及医保报销相关票据原件或复印件，或者医疗保障部门出具的纳税年度医药费用清单等资料。

纳税人享受3岁以下婴幼儿照护专项附加扣除，应当填报配偶及子女的姓名、身份证件类型（如居民身份证、子女出生医学证明等）及号码以及本人与配偶之间扣除分配比例等信息。纳税人需要留存备查资料包括：子女的出生医学证明等资料。

纳税人应当对报送的专项附加扣除信息的真实性、准确性、完整性负责。

（三）信息报送方式

根据《个人所得税专项附加扣除操作办法（试行）》第四章的规定，纳税人可以通过远程办税端、电子或者纸质报表等方式，向扣缴义务人或者主管税务机关报送个人专项附加扣除信息。

纳税人选择纳税年度内由扣缴义务人办理专项附加扣除的，按下列规定办理。

（1）纳税人通过远程办税端选择扣缴义务人并报送专项附加扣除信息

的，扣缴义务人根据接收的扣除信息办理扣除。

（2）纳税人通过填写电子或者纸质《扣除信息表》直接报送扣缴义务人的，扣缴义务人将相关信息导入或者录入扣缴端软件，并在次月办理扣缴申报时提交给主管税务机关。

《扣除信息表》应当一式两份，纳税人和扣缴义务人签字（章）后分别留存备查。

纳税人选择年度终了后办理汇算清缴申报时享受专项附加扣除的，既可以通过远程办税端报送专项附加扣除信息，也可以将电子或者纸质《扣除信息表》（一式两份）报送给汇缴地主管税务机关。报送电子《扣除信息表》的，主管税务机关受理打印，交由纳税人签字后，一份由纳税人留存备查，一份由税务机关留存；报送纸质《扣除信息表》的，纳税人签字确认、主管税务机关受理签章后，一份退还纳税人留存备查，一份由税务机关留存。

扣缴义务人和税务机关应当告知纳税人办理专项附加扣除的方式和渠道，鼓励并引导纳税人采用远程办税端报送信息。

（四）后续管理

根据《个人所得税专项附加扣除操作办法（试行）》第五章的规定，纳税人应当将《扣除信息表》及相关留存备查资料，自法定汇算清缴期结束后保存五年。纳税人报送给扣缴义务人的《扣除信息表》，扣缴义务人应当自预扣预缴年度的次年起留存五年。

纳税人向扣缴义务人提供专项附加扣除信息的，扣缴义务人应当按照规定予以扣除，不得拒绝。扣缴义务人应当为纳税人报送的专项附加扣除信息保密。

扣缴义务人应当及时按照纳税人提供的信息计算办理扣缴申报，不得擅自更改纳税人提供的相关信息。扣缴义务人发现纳税人提供的信息与实际情况不符，可以要求纳税人修改。纳税人拒绝修改的，扣缴义务人应当向主管税务机关报告，税务机关应当及时处理。除纳税人另有要求外，扣缴义务人应当于年度终了后两个月内，向纳税人提供已办理的专项附加扣除项目及金额等信息。

税务机关定期对纳税人提供的专项附加扣除信息开展抽查。税务机关核查时，纳税人无法提供留存备查资料，或者留存备查资料不能支持相关情况的，税务机关可以要求纳税人提供其他佐证；不能提供其他佐证材料，或者佐证材料仍不足以支持的，不得享受相关专项附加扣除。税务机关核查专项附加扣除情况时，可以提请有关单位和个人协助核查，相关单位和个人应当协助。

纳税人有下列情形之一的，主管税务机关应当责令其改正；情形严重的，应当纳入有关信用信息系统，并按照国家有关规定实施联合惩戒；涉及违反税收征管法等法律法规的，税务机关依法进行处理：

（1）报送虚假专项附加扣除信息。

（2）重复享受专项附加扣除。

（3）超范围或标准享受专项附加扣除。

（4）拒不提供留存备查资料。

（5）税务总局规定的其他情形。

纳税人在任职、受雇单位报送虚假扣除信息的，税务机关责令改正的同时，通知扣缴义务人。

四、非居民个人综合所得的税前扣除

根据《个人所得税法》第六条的规定，非居民个人的工资、薪金所得，以每月收入额减除费用5 000元后的余额为应纳税所得额；劳务报酬所得、稿酬所得、特许权使用费所得，以每次收入额为应纳税所得额。

劳务报酬所得、稿酬所得、特许权使用费所得以收入减除20%的费用后的余额为收入额。稿酬所得的收入额减按70%计算。

【典型案例分析】

例3-8：李先生为中国非居民个人，2022年度在中国工作3个月，每月取得工资8 000元，还取得一笔劳务报酬10 000元，一笔稿酬4 000元。请计算李先生各项所得的应纳税所得额。

解析：李先生每月工资的收入和收入额均为8 000元，应纳税所得额为3 000元；劳务报酬的收入为10 000元，收入额和应纳税所得额均为8 000元；

稿酬所得的收入为 4 000 元，收入额和应纳税所得额均为 2 240 元。上述三类所得应分开计算纳税，不合并纳税。

五、经营所得的税前扣除

（一）一般规定

根据《个人所得税法》第六条的规定，经营所得，以每一纳税年度的收入总额减除成本、费用以及损失后的余额，为应纳税所得额。

（二）法规对各项扣除的解释

根据《个人所得税法实施条例》第十五条的规定，成本、费用，是指生产、经营活动中发生的各项直接支出和分配计入成本的间接费用以及销售费用、管理费用、财务费用；损失，是指生产、经营活动中发生的固定资产和存货的盘亏、毁损、报废损失，转让财产损失，坏账损失，自然灾害等不可抗力因素造成的损失以及其他损失。

取得经营所得的个人，没有综合所得的，计算其每一纳税年度的应纳税所得额时，应当减除费用 6 万元、专项扣除、专项附加扣除以及依法确定的其他扣除。专项附加扣除在办理汇算清缴时减除。

从事生产、经营活动，未提供完整、准确的纳税资料，不能正确计算应纳税所得额的，由主管税务机关核定应纳税所得额或者应纳税额。

【典型案例分析】

例 3-9：周先生经营一家个体工商户，2022 年度的收入总额为 50 万元，根据税法规定允许扣除的成本、费用以及损失为 30 万元。周先生 2022 年度未取得其他所得，其本人为独生子女，其父母均已年满 60 岁。周先生 2022 年度的应纳税所得额是多少？

解析：周先生没有综合所得，因此，可以减除费用 6 万元以及专项附加扣除 2.4 万元。周先生在预缴个人所得税时的应纳税所得额 =50-30-6=14（万元）。在汇算清缴时可以扣除专项附加扣除 2.4 万元，其应纳税所得额 =14-2.4=11.6（万元）。

六、财产租赁所得的税前扣除

（一）一般规定

根据《个人所得税法》第六条的规定，财产租赁所得，每次收入不超过4 000元的，减除费用800元；4 000元以上的，减除20%的费用，其余额为应纳税所得额。

（二）个人转租房屋取得收入

根据《国家税务总局关于个人转租房屋取得收入征收个人所得税问题的通知》（国税函〔2009〕639号）的规定，个人将承租房屋转租取得的租金收入，属于个人所得税应税所得，应按"财产租赁所得"项目计算缴纳个人所得税。

取得转租收入的个人向房屋出租方支付的租金，凭房屋租赁合同和合法支付凭据允许在计算个人所得税时，从该项转租收入中扣除。

有关财产租赁所得个人所得税前扣除税费的扣除次序调整为：

（1）财产租赁过程中缴纳的税费。

（2）向出租方支付的租金。

（3）由纳税人负担的租赁财产实际开支的修缮费用。

（4）税法规定的费用扣除标准。

七、财产转让所得的税前扣除

（一）一般规定

根据《个人所得税法》第六条的规定，财产转让所得，以转让财产的收入额减除财产原值和合理费用后的余额，为应纳税所得额。

（二）财产原值与合理费用

根据《个人所得税法实施条例》第十六条的规定，财产原值，按照下列方法确定：

（1）有价证券，为买入价以及买入时按照规定交纳的有关费用。

（2）建筑物，为建造费或者购进价格以及其他有关费用。

（3）土地使用权，为取得土地使用权所支付的金额、开发土地的费用以及其他有关费用。

（4）机器设备、车船，为购进价格、运输费、安装费以及其他有关费用。

（5）其他财产，参照上述规定的方法确定财产原值。纳税人未提供完整、准确的财产原值凭证，不能按照上述规定的方法确定财产原值的，由主管税务机关核定财产原值。

根据《个人所得税法实施条例》第十六条的规定，合理费用，是指卖出财产时按照规定支付的有关税费。

（三）转让债权原值和费用的确定

根据《征收个人所得税若干问题的规定》（国税发〔1994〕089号）第七条的规定，转让债权，采用"加权平均法"确定其应予减除的财产原值和合理费用，即以纳税人购进的同一种类债券买入价和买进过程中交纳的税费总和，除以纳税人购进的该种类债券数量之和，乘以纳税人卖出的该种类债券数量，再加上卖出的该种类债券过程中交纳的税费。用公式表示：

$$\text{一次卖出某一种类债券允许扣除的买入价和费用} = \frac{\text{纳税人购进的该种类债券买入价和买进过程中交纳的税费总和}}{\text{纳税人购进的该种类债券总数量}} \times \text{一次卖出的该种类债券的数量} + \text{卖出该种类债券过程中缴纳的税费}$$

（四）个人出售自有住房

根据《财政部 国家税务总局 建设部关于个人出售住房所得征收个人所得税有关问题的通知》（财税〔1999〕278号）第二条的规定，个人出售自有住房的应纳税所得额，按下列原则确定。

（1）个人出售除已购公有住房以外的其他自有住房，其应纳税所得额按照个人所得税法的有关规定确定。

（2）个人出售已购公有住房，其应纳税所得额为个人出售已购公有住房的销售价，减除住房面积标准的经济适用住房价款、原支付超过住房面积标准的房价款、向财政或原产权单位缴纳的所得收益以及税法规定的合理费用后的余额。已购公有住房是指城镇职工根据国家和县级（含县级）以上人民政府有关城镇住房制度改革政策规定，按照成本价（或标准价）购买的公有住房。经济适用住房价格按县级（含县级）以上地方人民政府规定的标准确定。

（3）职工以成本价（或标准价）出资的集资合作建房、安居工程住房、经济适用住房以及拆迁安置住房，比照已购公有住房确定应纳税所得额。

（五）个人终止投资经营收回款项

根据《国家税务总局关于个人终止投资经营收回款项征收个人所得税问题的公告》（国家税务总局公告2011年第41号）的规定，个人因各种原因终止投资、联营、经营合作等行为，从被投资企业或合作项目、被投资企业的其他投资者以及合作项目的经营合作人取得股权转让收入、违约金、补偿金、赔偿金及以其他名目收回的款项等，均属于个人所得税应税收入，应按照"财产转让所得"项目适用的规定计算缴纳个人所得税。

应纳税所得额的计算公式如下：

$$应纳税所得额 = 个人取得的股权转让收入、违约金、补偿金、赔偿金及以其他名目收回款项合计数 - （原实际出资额（投入额）及相关税费）$$

有关个人所得税征管问题，按照《国家税务总局关于加强股权转让所得征收个人所得税管理的通知》（国税函〔2009〕285号）执行。

八、其他所得的税前扣除

根据《个人所得税法》第六条的规定，利息、股息、红利所得和偶然所得，以每次收入额为应纳税所得额。

九、公益捐赠税前扣除

（一）法律对公益捐赠扣除的一般规定

根据《个人所得税法》第六条的规定，个人将其所得对教育、扶贫、济困等公益慈善事业进行捐赠，捐赠额未超过纳税人申报的应纳税所得额30%的部分，可以从其应纳税所得额中扣除；国务院规定对公益慈善事业捐赠实行全额税前扣除的，从其规定。

【典型案例分析】

例3-10：吴先生2022年度的应纳税所得额为100万元，其通过教育局向自己的母校捐赠40万元。根据税法规定，可以扣除的限额为应纳税所得额的30%。请计算吴先生个人所得税的应纳税所得额。

解析：吴先生的公益性捐赠超过了扣除限额，只能按限额扣除，因此，吴先生个人所得税的应纳税所得额=100-100×30%=70（万元）。

（二）法规对公益捐赠扣除的解释

根据《个人所得税法实施条例》第十九条的规定，个人将其所得对教育、扶贫、济困等公益慈善事业进行捐赠，是指个人将其所得通过中国境内的公益性社会组织、国家机关向教育、扶贫、济困等公益慈善事业的捐赠。应纳税所得额，是指计算扣除捐赠额之前的应纳税所得额。

（三）向红十字事业捐赠的税前扣除

根据《财政部　国家税务总局关于企业等社会力量向红十字事业捐赠有关所得税政策问题的通知》（财税〔2000〕30号）的规定，个人通过非营利性的社会团体和国家机关（包括中国红十字会）向红十字事业的捐赠，在计算缴纳个人所得税时准予全额扣除。

根据《财政部　国家税务总局关于企业等社会力量向红十字事业捐赠有关问题的通知》（财税〔2001〕28号）的规定，县级以上（含县级）红十字会，按照《中华人民共和国红十字会法》（以下简称《红十字会法》）和《中国红十字会章程》所赋予的职责开展的相关活动为"红十字事业"。具体有以下十项：

（1）红十字会为开展救灾工作兴建和管理备灾救灾设施；自然灾害和突发事件中，红十字会开展的救护和救助活动。

（2）红十字会开展的卫生救护和防病知识的宣传普及；对易发生意外伤害的行业和人群开展的初级卫生救护培训，以及意外伤害、自然灾害的现场救护。

（3）无偿献血的宣传、发动及表彰工作。

（4）中国造血干细胞捐赠者资料库（中华骨髓库）的建设与管理，以及其他有关人道主义服务工作。

（5）各级红十字会兴办的符合红十字会宗旨的社会福利事业；红十字会的人员培训、机关建设等。

（6）红十字青少年工作及其开展的活动。

（7）国际人道主义救援工作。

（8）依法开展的募捐活动。

（9）宣传国际人道主义法、红十字与红新月运动基本原则和《红十字会法》。

（10）县级以上（含县级）人民政府委托红十字会办理的其他"红十字事业"。

县级以上（含县级）红十字会的管理体制及办事机构、编制经同级编制部门核定，由同级政府领导联系者为完全具有受赠者、转赠者资格的红十字会。捐赠给这些红十字会及其"红十字事业"，捐赠者准予享受在计算缴纳企业所得税和个人所得税时全额扣除的优惠政策。

由政府某部门代管或挂靠在政府某一部门的县级以上（含县级）红十字会为部分具有受赠者、转赠者资格的红十字会。这些红十字会及其"红十字事业"，只有在中国红十字会总会号召开展重大活动（以总会文件为准）时接受的捐赠和转赠，捐赠者方可享受在计算缴纳企业所得税和个人所得税时全额扣除的优惠政策。除此之外，接受定向捐赠或转赠，必须经中国红十字会总会认可，捐赠者方可享受在计算缴纳企业所得税和个人所得税时全额扣除的优惠政策。

接受捐赠的红十字会应按照财务隶属关系分别使用由中央或省级财政部门统一印（监）制的捐赠票据，并加盖接受捐赠或转赠的红十字会的财务专用印章。

为增强中国红十字会总会的协调及救助能力，县级以上（含县级）红十字会将接受的捐赠资金（不包括实物部分），按10%的比例逐笔上交中国红十字会总会，上交资金全部用于"红十字事业"。

任何组织和个人不得侵占和挪用红十字事业的捐赠。对违反财税

〔2001〕28号文规定，骗取所得税税前扣除或伪造捐赠票据者，按国家有关法律法规处罚。

（四）向教育事业捐赠的税前扣除

根据《财政部 国家税务总局关于教育税收政策的通知》(财税〔2004〕39号)的规定，纳税人通过中国境内非营利的社会团体、国家机关向教育事业的捐赠，准予在个人所得税前全额扣除。

（五）向廉租住房捐赠的税前扣除

根据《财政部 国家税务总局关于廉租住房经济适用住房和住房租赁有关税收政策的通知》(财税〔2008〕24号)的规定，个人捐赠住房作为廉租住房的，捐赠额未超过其申报的应纳税所得额30%的部分，准予从其应纳税所得额中扣除。

（六）向地震灾区捐赠的税前扣除

根据《财政部 国家税务总局关于认真落实抗震救灾及灾后重建税收政策问题的通知》(财税〔2008〕62号)的规定，个人将其所得向地震灾区的捐赠，按照《个人所得税法》的有关规定从应纳税所得中扣除。

（七）公共租赁住房公益捐赠税前扣除

根据《财政部 税务总局关于公共租赁住房税收优惠政策的公告》(财政部 税务总局公告2019年第61号)的规定，个人捐赠住房作为公租房，符合税收法律法规规定的，对其公益性捐赠支出未超过其申报的应纳税所得额30%的部分，准予从其应纳税所得额中扣除。

享受上述税收优惠政策的公租房是指纳入省、自治区、直辖市、计划单列市人民政府及新疆生产建设兵团批准的公租房发展规划和年度计划，或者市、县人民政府批准建设（筹集），并按照《关于加快发展公共租赁住房的指导意见》(建保〔2010〕87号)和市、县人民政府制定的具体管理办法进行管理的公租房。

(八)新型冠状病毒感染的肺炎疫情防控公益捐赠税前扣除

根据《财政部 税务总局关于支持新型冠状病毒感染的肺炎疫情防控有关捐赠税收政策的公告》(财政部 税务总局公告2020年第9号)的规定,自2020年1月1日起,企业和个人通过公益性社会组织或者县级以上人民政府及其部门等国家机关,捐赠用于应对新型冠状病毒感染的肺炎疫情的现金和物品,允许在计算应纳税所得额时全额扣除。

企业和个人直接向承担疫情防治任务的医院捐赠用于应对新型冠状病毒感染的肺炎疫情的物品,允许在计算应纳税所得额时全额扣除。

捐赠人凭承担疫情防治任务的医院开具的捐赠接收函办理税前扣除事宜。

单位和个体工商户将自产、委托加工或购买的货物,通过公益性社会组织和县级以上人民政府及其部门等国家机关,或者直接向承担疫情防治任务的医院,无偿捐赠用于应对新型冠状病毒感染的肺炎疫情的,免征增值税、消费税、城市维护建设税、教育费附加、地方教育附加。

国家机关、公益性社会组织和承担疫情防治任务的医院接受的捐赠,应专项用于应对新型冠状病毒感染的肺炎疫情工作,不得挪作他用。

根据《国家税务总局关于支持新型冠状病毒感染的肺炎疫情防控有关税收征收管理事项的公告》(国家税务总局公告2020年第4号)的规定,9号公告第一条所称"公益性社会组织",是指依法取得公益性捐赠税前扣除资格的社会组织。个人享受9号公告规定的全额税前扣除政策的,按照《财政部 税务总局关于公益慈善事业捐赠个人所得税政策的公告》(2019年第99号)有关规定执行;其中,适用9号公告第二条规定的,在办理个人所得税税前扣除、填写《个人所得税公益慈善事业捐赠扣除明细表》时,应当在备注栏注明"直接捐赠"。个人取得承担疫情防治任务的医院开具的捐赠接收函,作为税前扣除依据自行留存备查。

(九)公益慈善事业捐赠个人所得税操作规定

根据《财政部 税务总局关于公益慈善事业捐赠个人所得税政策的公告》(财政部 税务总局公告2019年第99号)的规定,自2019年1月1日起,个人通过中华人民共和国境内公益性社会组织、县级以上人民政府及其部门等国家机关,向教育、扶贫、济困等公益慈善事业的捐赠(以下简称"公益捐赠"),发生的公益捐赠支出,可以按照个人所得税法有关规定在计算应纳税所得额时扣除。境内公益性社会组织,包括依法设立或登记并按规定条件和程序取得公益性捐赠税前扣除资格的慈善组织、其他社会组织和群众团体。

个人发生的公益捐赠支出金额,按照以下规定确定:

(1)捐赠货币性资产的,按照实际捐赠金额确定。

(2)捐赠股权、房产的,按照个人持有股权、房产的财产原值确定。

(3)捐赠除股权、房产以外的其他非货币性资产的,按照非货币性资产的市场价格确定。

居民个人按照以下规定扣除公益捐赠支出:

(1)居民个人发生的公益捐赠支出可以在财产租赁所得、财产转让所得、利息股息红利所得、偶然所得(以下统称"分类所得")、综合所得或者经营所得中扣除。在当期一个所得项目扣除不完的公益捐赠支出,可以按规定在其他所得项目中继续扣除。

(2)居民个人发生的公益捐赠支出,在综合所得、经营所得中扣除的,扣除限额分别为当年综合所得、当年经营所得应纳税所得额的30%;在分类所得中扣除的,扣除限额为当月分类所得应纳税所得额的30%。

(3)居民个人根据各项所得的收入、公益捐赠支出、适用税率等情况,自行决定在综合所得、分类所得、经营所得中扣除的公益捐赠支出的顺序。

居民个人在综合所得中扣除公益捐赠支出的,应按照以下规定处理:

(1)居民个人取得工资薪金所得的,可以选择在预扣预缴时扣除,也可以选择在年度汇算清缴时扣除。居民个人选择在预扣预缴时扣除的,应按照累计预扣法计算扣除限额,其捐赠当月的扣除限额为截至当月累计应纳税所得额的30%(全额扣除的从其规定,下同)。个人从两处以上取得工资薪金所得,选择其中一处扣除,选择后当年不得变更。

(2)居民个人取得劳务报酬所得、稿酬所得、特许权使用费所得的,预扣预缴时不扣除公益捐赠支出,统一在汇算清缴时扣除。

(3)居民个人取得全年一次性奖金、股权激励等所得,且按规定采取不并入综合所得而单独计税方式处理的,公益捐赠支出扣除比照分类所得的扣除规定处理。

居民个人发生的公益捐赠支出，可在捐赠当月取得的分类所得中扣除。当月分类所得应扣除未扣除的公益捐赠支出，可以按照以下规定追补扣除：

（1）扣缴义务人已经代扣但尚未解缴税款的，居民个人可以向扣缴义务人提出追补扣除申请，退还已扣税款。

（2）扣缴义务人已经代扣且解缴税款的，居民个人可以在公益捐赠之日起 90 日内提请扣缴义务人向征收税款的税务机关办理更正申报追补扣除，税务机关和扣缴义务人应当予以办理。

（3）居民个人自行申报纳税的，可以在公益捐赠之日起 90 日内向主管税务机关办理更正申报追补扣除。

居民个人捐赠当月有多项多次分类所得的，应先在其中一项一次分类所得中扣除。已经在分类所得中扣除的公益捐赠支出，不再调整到其他所得中扣除。

在经营所得中扣除公益捐赠支出，应按以下规定处理：

（1）个体工商户发生的公益捐赠支出，在其经营所得中扣除。

（2）个人独资企业、合伙企业发生的公益捐赠支出，其个人投资者应当按照捐赠年度合伙企业的分配比例（个人独资企业分配比例为 100%），计算归属于每一个人投资者的公益捐赠支出，个人投资者应将其归属的个人独资企业、合伙企业公益捐赠支出和本人需要在经营所得扣除的其他公益捐赠支出合并，在其经营所得中扣除。

（3）在经营所得中扣除公益捐赠支出的，可以选择在预缴税款时扣除，也可以选择在汇算清缴时扣除。

（4）经营所得采取核定征收方式的，不扣除公益捐赠支出。

非居民个人发生的公益捐赠支出，未超过其在公益捐赠支出发生的当月应纳税所得额 30% 的部分，可以从其应纳税所得额中扣除。扣除不完的公益捐赠支出，可以在经营所得中继续扣除。

非居民个人按规定可以在应纳税所得额中扣除公益捐赠支出而未实际扣除的，可按照规定追补扣除。

国务院规定对公益捐赠全额税前扣除的，按照规定执行。个人同时发生按 30% 扣除和全额扣除的公益捐赠支出，自行选择扣除次序。

公益性社会组织、国家机关在接受个人捐赠时，应当按照规定开具捐赠票据；个人索取捐赠票据的，应予以开具。

个人发生公益捐赠时不能及时取得捐赠票据的，可以暂时凭公益捐赠银行支付凭证扣除，并向扣缴义务人提供公益捐赠银行支付凭证复印件。个人应在捐赠之日起90日内向扣缴义务人补充提供捐赠票据，如果个人未按规定提供捐赠票据的，扣缴义务人应在30日内向主管税务机关报告。

机关、企事业单位统一组织员工开展公益捐赠的，纳税人可以凭汇总开具的捐赠票据和员工明细单扣除。

个人通过扣缴义务人享受公益捐赠扣除政策，应当告知扣缴义务人符合条件可扣除的公益捐赠支出金额，并提供捐赠票据的复印件，其中捐赠股权、房产的还应出示财产原值证明。扣缴义务人应当按照规定在预扣预缴、代扣代缴税款时予扣除，并将公益捐赠扣除金额告知纳税人。

个人自行办理或扣缴义务人为个人办理公益捐赠扣除的，应当在申报时一并报送《个人所得税公益慈善事业捐赠扣除明细表》（表3-3）。个人应留存捐赠票据，留存期限为5年。

表3-3适用于个人发生符合条件的公益慈善事业捐赠，进行个人所得税前扣除时填报。扣缴义务人办理扣缴申报、纳税人办理自行申报时一并报送。以纸质方式报送本表的，应当一式两份，纳税人或者扣缴义务人、税务机关各留存一份。

表3-3表头项目填写说明如下：

（1）捐赠年度：填写个人发生公益慈善事业捐赠支出的所属年度。

（2）纳税人姓名和纳税人识别号：填写个人姓名及其纳税人识别号。有中国居民身份证号码的，填写中华人民共和国居民身份证上载明的"公民身份号码"；没有中国居民身份证号码的，填写税务机关赋予的纳税人识别号。个人通过自行申报进行公益慈善事业捐赠扣除的，填写上述两项。扣缴义务人填报时，无须填写。

（3）扣缴义务人名称及扣缴义务人纳税人识别号：填写扣缴义务人的法定名称全称，以及其纳税人识别号或者统一社会信用代码。扣缴义务人在扣缴申报时为个人办理公益慈善事业捐赠扣除的，填写本项。纳税人自行申报无须填报本项。

表 3-3 个人所得税公益慈善事业捐赠扣除明细表

捐赠年度：　　　年
纳税人姓名：
纳税人识别号：□□□□□□□□□□□□□□□□□□
扣缴义务人名称：
扣缴义务人纳税人识别号：□□□□□□□□□□□□□□□□□□

金额单位：人民币元（列至角分）

序号	捐赠信息								扣除信息			备注
	纳税人姓名	纳税人识别号	受赠单位名称	受赠单位纳税人识别号（统一社会信用代码）	捐赠凭证号	捐赠日期	捐赠金额	扣除比例	扣除所得项目	税款所属期	扣除金额	
1	2	3	4	5	6	7	8	9	10	11	12	13

谨承诺：此表是根据国家税收法律法规及相关规定填报的，是真实的、可靠的、完整的。

纳税人或扣缴义务人负责人签字：

经办人签字：　　　　　　　　　　　　　　　　　受理人：
经办人身份证件号码：　　　　　　　　　　　　　受理税务机关（章）：
代理机构签章：　　　　　　　　　　　　　　　　受理日期：年月日
代理机构统一社会信用代码：

　　　年　　月　　日

国家税务总局监制

表 3-3 表内各列填写说明如下：

（1）第 2 列"纳税人姓名"和第 3 列"纳税人识别号"：扣缴单位为纳税人办理捐赠扣除时，填写本栏。个人自行申报的，无需填写本项。

（2）第 4 列"受赠单位名称"：填写受赠单位的法定名称全称。

（3）第 5 列"受赠单位纳税人识别号（统一社会信用代码）"：填写受赠单位的纳税人识别号或者统一社会信用代码。

（4）第 6 列"捐赠凭证号"：填写捐赠票据的凭证号。

（5）第 7 列"捐赠日期"：填写个人发生的公益慈善事业捐赠的具体日期。

（6）第 8 列"捐赠金额"：填写个人发生的公益慈善事业捐赠的具体金额。

（7）第 9 列"扣除比例"：填写公益慈善事业捐赠支出税前扣除比例。如 30% 或者 100%。

（8）第 10 列"扣除所得项目"：填写扣除公益慈善事业捐赠的所得项目。

（9）第 11 列"税款所属期"：填写"扣除所得项目"对应的税款所属期。

（10）第 12 列"扣除金额"：填写个人取得"扣除所得项目"对应收入办理扣缴申报或者自行申报时，实际扣除的公益慈善事业捐赠支出金额。

（11）第 13 列"备注"：填写个人认为需要特别说明的或者税务机关要求说明的事项。

（十）通过公益性群众团体的公益性捐赠税前扣除

根据《财政部 税务总局关于通过公益性群众团体的公益性捐赠税前扣除有关事项的公告》（财政部 税务总局公告 2021 年第 20 号）的规定，自 2021 年 1 月 1 日起，企业或个人通过公益性群众团体用于符合法律规定的公益慈善事业捐赠支出，准予按税法规定在计算应纳税所得额时扣除。

上述公益慈善事业，应当符合《中华人民共和国公益事业捐赠法》第三条对公益事业范围的规定或者《中华人民共和国慈善法》第三条对慈善活动范围的规定。

上述所称公益性群众团体，包括依照《社会团体登记管理条例》规定不需进行社团登记的人民团体以及经国务院批准免予登记的社会团体（以下统称群众团体），且按规定条件和程序已经取得公益性捐赠税前扣除资格。

群众团体取得公益性捐赠税前扣除资格应当同时符合以下条件：

（1）符合企业所得税法实施条例第五十二条第一项至第八项规定的条件。

（2）县级以上各级机构编制部门直接管理其机构编制。

（3）对接受捐赠的收入以及用捐赠收入进行的支出单独进行核算，且申报前连续3年接受捐赠的总收入中用于公益慈善事业的支出比例不低于70%。

公益性捐赠税前扣除资格的确认按以下规定执行：

（1）由中央机构编制部门直接管理其机构编制的群众团体，向财政部、税务总局报送材料。

（2）由县级以上地方各级机构编制部门直接管理其机构编制的群众团体，向省、自治区、直辖市和计划单列市财政、税务部门报送材料。

（3）对符合条件的公益性群众团体，按照上述管理权限，由财政部、税务总局和省、自治区、直辖市、计划单列市财政、税务部门分别联合公布名单。企业和个人在名单所属年度内向名单内的群众团体进行的公益性捐赠支出，可以按规定进行税前扣除。

（4）公益性捐赠税前扣除资格的确认对象包括：公益性捐赠税前扣除资格将于当年末到期的公益性群众团体，已被取消公益性捐赠税前扣除资格但又重新符合条件的群众团体，尚未取得或资格终止后未取得公益性捐赠税前扣除资格的群众团体。

（5）每年年底前，省级以上财政、税务部门按权限完成公益性捐赠税前扣除资格的确认和名单发布工作，并按本条第（4）项规定的不同审核对象，分别列示名单及其公益性捐赠税前扣除资格起始时间。

上述规定需报送的材料，应在申报年度6月30日前报送，包括：

（1）申报报告。

（2）县级以上各级党委、政府或机构编制部门印发的"三定"规定。

（3）组织章程。

（4）申报前3个年度的受赠资金来源、使用情况，财务报告，公益活动的明细，注册会计师的审计报告或注册会计师、（注册）税务师、律师的纳税审核报告（或鉴证报告）。

公益性捐赠税前扣除资格在全国范围内有效，有效期为3年。

公益性群众团体前3年接受捐赠的总收入中用于公益慈善事业的支出比例低于70%的,应当取消其公益性捐赠税前扣除资格。

公益性群众团体存在以下情形之一的,应当取消其公益性捐赠税前扣除资格,且被取消资格的当年及之后3个年度内不得重新确认资格:

(1)违反规定接受捐赠的,包括附加对捐赠人构成利益回报的条件、以捐赠为名从事营利性活动、利用慈善捐赠宣传烟草制品或法律禁止宣传的产品和事项、接受不符合公益目的或违背社会公德的捐赠等情形。

(2)开展违反组织章程的活动,或者接受的捐赠款项用于组织章程规定用途之外的。

(3)在确定捐赠财产的用途和受益人时,指定特定受益人,且该受益人与捐赠人或公益性群众团体管理人员存在明显利益关系的。

(4)受到行政处罚(警告或单次1万元以下罚款除外)的。

对存在上述第(1)、第(2)、第(3)项情形的公益性群众团体,应对其接受捐赠收入和其他各项收入依法补征企业所得税。

公益性群众团体存在以下情形之一的,应当取消其公益性捐赠税前扣除资格且不得重新确认资格:

(1)从事非法政治活动的。

(2)从事、资助危害国家安全或者社会公共利益活动的。

获得公益性捐赠税前扣除资格的公益性群众团体,应自不符合上述规定条件之一或存在上述规定情形之一之日起15日内向主管税务机关报告。对应当取消公益性捐赠税前扣除资格的公益性群众团体,由省级以上财政、税务部门核实相关信息后,按权限及时向社会发布取消资格名单公告。自发布公告的次月起,相关公益性群众团体不再具有公益性捐赠税前扣除资格。

公益性群众团体在接受捐赠时,应按照行政管理级次分别使用由财政部或省、自治区、直辖市财政部门监(印)制的公益事业捐赠票据,并加盖本单位的印章;对个人索取捐赠票据的,应予以开具。企业或个人将符合条件的公益性捐赠支出进行税前扣除,应当留存相关票据备查。

除另有规定外,公益性群众团体在接受企业或个人捐赠时,按以下原则确认捐赠额:

(1)接受的货币性资产捐赠,以实际收到的金额确认捐赠额。

（2）接受的非货币性资产捐赠，以其公允价值确认捐赠额。捐赠方在向公益性群众团体捐赠时，应当提供注明捐赠非货币性资产公允价值的证明；不能提供证明的，接受捐赠方不得向其开具捐赠票据。

为方便纳税主体查询，省级以上财政、税务部门应当及时在官方网站上发布具备公益性捐赠税前扣除资格的公益性群众团体名单公告。企业或个人可通过上述渠道查询群众团体公益性捐赠税前扣除资格及有效期。

根据《财政部　税务总局关于确认中国红十字会总会等群众团体2021年度—2023年度公益性捐赠税前扣除资格的公告》（财政部　税务总局公告2021年第26号）的规定，中国红十字会总会、中华全国总工会、中国宋庆龄基金会、中国国际人才交流基金会为2021年度—2023年度符合公益性捐赠税前扣除资格的群众团体。

第四章 个人所得税应纳税额的计算

> **导读**
>
> 本章介绍个人所得税应纳税额的计算，包括四节。第一节介绍居民个人综合所得应纳税额的计算，包括居民个人综合所得应纳税额基本计算方法、计税货币与所得的形式以及境外所得应纳税额的计算。第二节介绍非居民个人综合所得应纳税额的计算，包括非居民个人综合所得应纳税额的计算方法以及各项综合所得"次数"的确定。第三节介绍经营所得应纳税额的计算，包括个体工商户个人所得税计税办法以及合伙企业合伙人个人所得税的计算。第四节介绍其他所得应纳税额的计算，包括利息、股息、红利所得应纳税额的计算，财产租赁所得应纳税额的计算，财产转让所得应纳税额的计算，个人转让上市公司限售股所得应纳税额的计算，非货币性资产投资应纳税额的计算，偶然所得应纳税额的计算以及多人取得同一项目收入应纳税额的计算。

第一节 居民个人综合所得应纳税额的计算

一、居民个人综合所得应纳税额基本计算方法

（一）综合所得的计算方法

根据《个人所得税法》第二条的规定，居民个人取得工资、薪金所得，

劳务报酬所得、稿酬所得、特许权使用费所得（即综合所得），按纳税年度合并计算个人所得税。

（二）综合与分项计算的划分

根据《个人所得税法实施条例》第二十条的规定，居民个人从中国境内和境外取得的综合所得、经营所得，应当分别合并计算应纳税额；从中国境内和境外取得的其他所得，应当分别单独计算应纳税额。

二、计税货币与所得的形式

（一）计税货币单位

根据《个人所得税法》第十六条的规定，各项所得的计算，以人民币为单位。所得为人民币以外的货币的，按照人民币汇率中间价折合成人民币缴纳税款。

（二）外汇折算人民币的方法

根据《个人所得税法实施条例》第三十二条的规定，所得为人民币以外货币的，按照办理纳税申报或者扣缴申报的上一月最后一日人民币汇率中间价，折合成人民币计算应纳税所得额。年度终了后办理汇算清缴的，对已经按月、按季或者按次预缴税款的人民币以外货币所得，不再重新折算；对应当补缴税款的所得部分，按照上一纳税年度最后一日人民币汇率中间价，折合成人民币计算应纳税所得额。

（三）所得的形式及其价值的确定

根据《个人所得税法实施条例》第八条的规定，个人所得的形式，包括现金、实物、有价证券和其他形式的经济利益；所得为实物的，应当按照取得的凭证上所注明的价格计算应纳税所得额，无凭证的实物或者凭证上所注明的价格明显偏低的，参照市场价格核定应纳税所得额；所得为有价证券的，根据票面价格和市场价格核定应纳税所得额；所得为其他形式的经济利益的，参照市场价格核定应纳税所得额。

三、境外所得应纳税额的计算

（一）一般规定

根据《个人所得税法》第七条的规定，居民个人从中国境外取得的所得，可以从其应纳税额中抵免已在境外缴纳的个人所得税税额，但抵免额不得超过该纳税人境外所得依照《个人所得税法》规定计算的应纳税额。

（二）外国税款的界定

根据《个人所得税法实施条例》第二十一条的规定，已在境外缴纳的个人所得税税额，是指居民个人来源于中国境外的所得，依照该所得来源国家（地区）的法律应当缴纳并且实际已经缴纳的所得税税额。

（三）外国税收抵免的方法

根据《个人所得税法实施条例》第二十一条的规定，纳税人境外所得依照《个人所得税法》规定计算的应纳税额，是居民个人抵免已在境外缴纳的综合所得、经营所得以及其他所得的所得税税额的限额（以下简称"抵免限额"）。

除国务院财政、税务主管部门另有规定外，来源于中国境外一个国家（地区）的综合所得抵免限额、经营所得抵免限额以及其他所得抵免限额之和，为来源于该国家（地区）所得的抵免限额。居民个人在中国境外一个国家（地区）实际已经缴纳的个人所得税税额，低于依照上述规定计算出的来源于该国家（地区）所得的抵免限额的，应当在中国缴纳差额部分的税款；超过来源于该国家（地区）所得的抵免限额的，其超过部分不得在本纳税年度的应纳税额中抵免，但是可以在以后纳税年度来源于该国家（地区）所得的抵免限额的余额中补扣。补扣期限最长不得超过5年。

（四）外国税收抵免的凭证

根据《个人所得税法实施条例》第二十二条的规定，居民个人申请抵免已在境外缴纳的个人所得税税额，应当提供境外税务机关出具的税款所属年度的有关纳税凭证。

（五）操作性规定

根据《财政部 税务总局关于境外所得有关个人所得税政策的公告》（财政部 税务总局公告 2020 年第 3 号）的规定，居民个人应当依照《个人所得税法》及其实施条例的规定，按照以下方法计算当期境内和境外所得应纳税额。

（1）居民个人来源于中国境外的综合所得，应当与境内综合所得合并计算应纳税额。

（2）居民个人来源于中国境外的经营所得，应当与境内经营所得合并计算应纳税额。居民个人来源于境外的经营所得，按照《个人所得税法》及其实施条例的有关规定计算的亏损，不得抵减其境内或他国（地区）的应纳税所得额，但可以用来源于同一国家（地区）以后年度的经营所得按中国税法规定弥补。

（3）居民个人来源于中国境外的利息、股息、红利所得，财产租赁所得，财产转让所得和偶然所得（以下称"其他分类所得"），不与境内所得合并，应当分别单独计算应纳税额。

居民个人在一个纳税年度内来源于中国境外的所得，依照所得来源国家（地区）税收法律规定在中国境外已缴纳的所得税税额允许在抵免限额内从其该纳税年度应纳税额中抵免。

居民个人来源于一国（地区）的综合所得、经营所得以及其他分类所得项目的应纳税额为其抵免限额，按照下列公式计算：

（1）来源于一国（地区）综合所得的抵免限额 = 中国境内和境外综合所得依照规定计算的综合所得应纳税额 × 来源于该国（地区）的综合所得收入额 ÷ 中国境内和境外综合所得收入额合计

（2）来源于一国（地区）经营所得的抵免限额 = 中国境内和境外经营所得依照规定计算的经营所得应纳税额 × 来源于该国（地区）的经营所得应纳税所得额 ÷ 中国境内和境外经营所得应纳税所得额合计

（3）来源于一国（地区）其他分类所得的抵免限额 = 该国（地区）的其他分类所得依照规定计算的应纳税额

（4）来源于一国（地区）所得的抵免限额＝来源于该国（地区）综合所得抵免限额＋来源于该国（地区）经营所得抵免限额＋来源于该国（地区）其他分类所得抵免限额

可抵免的境外所得税税额，是指居民个人取得境外所得，依照该所得来源国（地区）税收法律应当缴纳且实际已经缴纳的所得税性质的税额。可抵免的境外所得税税额不包括以下情形：

（1）按照境外所得税法律属于错缴或错征的境外所得税税额。

（2）按照我国政府签订的避免双重征税协定以及中国内地与中国香港和中国澳门签订的避免双重征税安排（以下统称"税收协定"）规定不应征收的境外所得税税额。

（3）因少缴或迟缴境外所得税而追加的利息、滞纳金或罚款。

（4）境外所得税纳税人或者其利害关系人从境外征税主体得到实际返还或补偿的境外所得税税款。

（5）按照我国《个人所得税法》及其实施条例规定，已经免税的境外所得负担的境外所得税税款。

居民个人从与我国签订税收协定的国家（地区）取得的所得，按照该国（地区）税收法律享受免税或减税待遇，且该免税或减税的数额按照税收协定饶让条款规定应视同已缴税额在中国的应纳税额中抵免的，该免税或减税数额可作为居民个人实际缴纳的境外所得税税额按规定申报税收抵免。

居民个人一个纳税年度内来源于一国（地区）的所得实际已经缴纳的所得税税额，低于依照规定计算出的来源于该国（地区）该纳税年度所得的抵免限额的，应以实际缴纳税额作为抵免额进行抵免；超过来源于该国（地区）该纳税年度所得的抵免限额的，应在限额内进行抵免，超过部分可以在以后五个纳税年度内结转抵免。

居民个人从中国境外取得所得的，应当在取得所得的次年3月1日至6月30日申报纳税。

居民个人取得境外所得，应当向中国境内任职、受雇单位所在地主管税务机关办理纳税申报；在中国境内没有任职、受雇单位的，向户籍所在地或中国境内经常居住地主管税务机关办理纳税申报；户籍所在地与中国境内经常居住地不一致的，选择其中一地主管税务机关办理纳税申报；在中国境内没有户籍的，向中国境内经常居住地主管税务机关办理纳税申报。

居民个人取得境外所得的境外纳税年度与公历年度不一致的，取得境外所得的境外纳税年度最后一日所在的公历年度，为境外所得对应的我国纳税年度。

居民个人申报境外所得税收抵免时，除另有规定外，应当提供境外征税主体出具的税款所属年度的完税证明、税收缴款书或者纳税记录等纳税凭证，未提供符合要求的纳税凭证，不予抵免。居民个人已申报境外所得、未进行税收抵免，在以后纳税年度取得纳税凭证并申报境外所得税收抵免的，可以追溯至该境外所得所属纳税年度进行抵免，但追溯年度不得超过五年。自取得该项境外所得的五个年度内，境外征税主体出具的税款所属纳税年度纳税凭证载明的实际缴纳税额发生变化的，按实际缴纳税额重新计算并办理补退税，不加收税收滞纳金，不退还利息。纳税人确实无法提供纳税凭证的，可同时凭境外所得纳税申报表（或者境外征税主体确认的缴税通知书）以及对应的银行缴款凭证办理境外所得抵免事宜。

居民个人被境内企业、单位、其他组织（以下称"派出单位"）派往境外工作，取得的工资薪金所得或者劳务报酬所得，由派出单位或者其他境内单位支付或负担的，派出单位或者其他境内单位应按照个人所得税法及其实施条例规定预扣预缴税款。

居民个人被派出单位派往境外工作，取得的工资薪金所得或者劳务报酬所得，由境外单位支付或负担的，如果境外单位为境外任职、受雇的中方机构（以下称"中方机构"）的，可以由境外任职、受雇的中方机构预扣税款，并委托派出单位向主管税务机关申报纳税。中方机构未预扣税款的或者境外单位不是中方机构的，派出单位应当于次年2月28日前向其主管税务机关报送外派人员情况，其报送情况包括外派人员的姓名、身份证件类型及身份证件号码、职务、派往国家和地区、境外工作单位名称和地址、派遣期限、境内外收入及缴税情况等。

中方机构包括中国境内企业、事业单位、其他经济组织以及国家机关所属的境外分支机构、子公司、使（领）馆、代表处等。

居民个人取得来源于境外的所得或者实际已经在境外缴纳的所得税税额为人民币以外货币，应当按照《个人所得税法实施条例》第三十二条折合计算。

纳税人和扣缴义务人未按规定申报缴纳、扣缴境外所得个人所得税以及报送资料的，按照《税收征收管理法》和《个人所得税法》及其实施条例等有关规定处理，并按规定纳入个人纳税信用管理。

【典型案例分析】

例 4-1：2022 年度马先生从中国境内取得工资薪金所得 20 万元，从境外甲国取得工资薪金所得 10 万元，从中国境内取得财产转让所得 50 万元，从境外甲国取得财产转让所得 30 万元，马先生在甲国合计纳税 6 万元。假设马先生综合所得各项扣除合计为 9 万元，马先生应在中国补缴多少个人所得税？

解析：马先生综合所得合计为 30 万元，综合所得应纳个人所得税=（30-9）×20%-1.692=2.508（万元）；马先生来自甲国的综合所得的抵免限额 =2.508×10÷30=0.836（万元）。

马先生财产转让所得的抵免限额 =30×20%=6（万元）。

马先生来自甲国所得的抵免限额 =0.836+6=6.836（万元）。

马先生来自甲国的所得应当补缴个人所得税 =6.836-6=0.836（万元）。

第二节　非居民个人综合所得应纳税额的计算

一、非居民个人综合所得应纳税额的计算方法

根据《个人所得税法》第二条的规定，非居民个人取得工资、薪金所得，劳务报酬所得，稿酬所得，特许权使用费所得，按月或者按次分项计算个人所得税。

二、各项综合所得"次数"的确定

（一）法规对"次数"的一般规定

根据《个人所得税法实施条例》第十四条的规定，劳务报酬所得、稿酬

所得、特许权使用费所得，属于一次性收入的，以取得该项收入为一次；属于同一项目连续性收入的，以一个月内取得的收入为一次。

（二）劳务报酬所得"次数"的确定

根据《征收个人所得税若干问题的规定》（国税发〔1994〕089号）第九条的规定，"同一项目"，是指劳务报酬所得列举具体劳务项目中的某一单项，个人兼有不同的劳务报酬所得，应当分别减除费用，计算缴纳个人所得税。

（三）稿酬所得"次数"的确定

根据《征收个人所得税若干问题的规定》（国税发〔1994〕089号）第四条的规定，个人每次以图书、报刊方式出版、发表同一作品（文字作品、书画作品、摄影作品以及其他作品），不论出版单位是预付还是分笔支付稿酬，或者加印该作品后再付稿酬，均应合并其稿酬所得按一次计征个人所得税。在两处或两处以上出版、发表或再版同一作品而取得稿酬所得，则可将各处取得的所得或再版所得按分次所得计征个人所得税。个人的同一作品在报刊上连载，应合并其因连载而取得的所有稿酬所得为一次，按税法规定计征个人所得税。在其连载之后又出书取得稿酬所得，或先出书后连载取得稿酬所得，应视同再版稿酬分次计征个人所得税。作者去世后，对取得其遗作稿酬的个人，按稿酬所得征收个人所得税。

第三节　经营所得应纳税额的计算

一、个体工商户个人所得税计税办法

（一）一般规定

根据《个体工商户个人所得税计税办法》（2014年12月27日国家税务总

局令第 35 号公布,根据 2018 年 6 月 15 日《国家税务总局关于修改部分税务部门规章的决定》修正)第一章的规定,实行查账征收的个体工商户应当按照该办法的规定,计算并申报缴纳个人所得税。个体工商户以业主为个人所得税纳税义务人。

个体工商户包括:

(1)依法取得个体工商户营业执照,从事生产经营的个体工商户;

(2)经政府有关部门批准,从事办学、医疗、咨询等有偿服务活动的个人;

(3)其他从事个体生产、经营的个人。

个体工商户应纳税所得额的计算,以权责发生制为原则,属于当期的收入和费用,不论款项是否收付,均作为当期的收入和费用;不属于当期的收入和费用,即使款项已经在当期收付,均不作为当期收入和费用。该办法和财政部、国家税务总局另有规定的除外。在计算应纳税所得额时,个体工商户会计处理办法与该办法和财政部、国家税务总局相关规定不一致的,应当依照该办法和财政部、国家税务总局的相关规定计算。

(二)计税基本规定

根据《个体工商户个人所得税计税办法》第二章的规定,个体工商户的生产、经营所得,以每一纳税年度的收入总额,减除成本、费用、税金、损失、其他支出以及允许弥补的以前年度亏损后的余额,为应纳税所得额。

个体工商户从事生产经营以及与生产经营有关的活动(以下简称"生产经营")取得的货币形式和非货币形式的各项收入,为收入总额。其包括:销售货物收入、提供劳务收入、转让财产收入、利息收入、租金收入、接受捐赠收入、其他收入。上述所称其他收入包括个体工商户资产溢余收入、逾期一年以上的未退包装物押金收入、确实无法偿付的应付款项、已作坏账损失处理后又收回的应收款项、债务重组收入、补贴收入、违约金收入、汇兑收益等。

成本是指个体工商户在生产经营活动中发生的销售成本、销货成本、业务支出以及其他耗费。

费用是指个体工商户在生产经营活动中发生的销售费用、管理费用和财务费用,已经计入成本的有关费用除外。

税金是指个体工商户在生产经营活动中发生的除个人所得税和允许抵扣的增值税以外的各项税金及其附加。

损失是指个体工商户在生产经营活动中发生的固定资产和存货的盘亏、毁损、报废损失、转让财产损失、坏账损失、自然灾害等不可抗力因素造成的损失以及其他损失。个体工商户发生的损失，减除责任人赔偿和保险赔款后的余额，参照财政部、国家税务总局有关企业资产损失税前扣除的规定扣除。个体工商户已经作为损失处理的资产，在以后纳税年度又全部收回或者部分收回时，应当计入收回当期的收入。

其他支出是指除成本、费用、税金、损失外，个体工商户在生产经营活动中发生的与生产经营活动有关的、合理的支出。

个体工商户发生的支出应当区分收益性支出和资本性支出。收益性支出在发生当期直接扣除；资本性支出应当分期扣除或者计入有关资产成本，不得在发生当期直接扣除。上述所称支出，是指与取得收入直接相关的支出。除税收法律法规另有规定外，个体工商户实际发生的成本、费用、税金、损失和其他支出，不得重复扣除。

个体工商户的下列支出不得扣除：

（1）个人所得税税款。

（2）税收滞纳金。

（3）罚金、罚款和被没收财物的损失。

（4）不符合扣除规定的捐赠支出。

（5）赞助支出。

（6）用于个人和家庭的支出。

（7）与取得生产经营收入无关的其他支出。

（8）国家税务总局规定不准扣除的支出。

上述所称赞助支出，是指个体工商户发生的与生产经营活动无关的各种非广告性质支出。

个体工商户生产经营活动中，应当分别核算生产经营费用和个人、家庭费用。对于生产经营与个人、家庭生活混用难以分清的费用，其40%视为与生产经营有关费用，准予扣除。

个体工商户纳税年度发生的亏损，准予向以后年度结转，用以后年度的生产经营所得弥补，但结转年限最长不得超过 5 年。上述所称亏损，是指个体工商户依照该办法规定计算的应纳税所得额小于零的数额。

个体工商户使用或者销售存货，按照规定计算的存货成本，准予在计算应纳税所得额时扣除。个体工商户转让资产，该项资产的净值，准予在计算应纳税所得额时扣除。

（三）扣除项目及标准

根据《个体工商户个人所得税计税办法》第三章的规定，个体工商户实际支付给从业人员的、合理的工资薪金支出，准予扣除。个体工商户业主的费用扣除标准，依照相关法律、法规和政策规定执行。个体工商户业主的工资薪金支出不得税前扣除。

个体工商户按照国务院有关主管部门或者省级人民政府规定的范围和标准为其业主和从业人员缴纳的基本养老保险费、基本医疗保险费、失业保险费、生育保险费、工伤保险费和住房公积金，准予扣除。个体工商户为从业人员缴纳的补充养老保险费、补充医疗保险费，分别在不超过从业人员工资总额 5% 标准内的部分据实扣除；超过部分，不得扣除。个体工商户业主本人缴纳的补充养老保险费、补充医疗保险费，以当地（地级市）上一年度社会平均工资的 3 倍为计算基数，分别在不超过该计算基数 5% 标准内的部分据实扣除；超过部分，不得扣除。

除个体工商户依照国家有关规定为特殊工种从业人员支付的人身安全保险费和财政部、国家税务总局规定可以扣除的其他商业保险费外，个体工商户业主本人或者为从业人员支付的商业保险费，不得扣除。

个体工商户在生产经营活动中发生的合理的不需要资本化的借款费用，准予扣除。个体工商户为购置、建造固定资产、无形资产和经过 12 个月以上的建造才能达到预定可销售状态的存货发生借款的，在有关资产购置、建造期间发生的合理的借款费用，应当作为资本性支出计入有关资产的成本，并依照本办法的规定扣除。

个体工商户在生产经营活动中发生的下列利息支出，准予扣除：

（1）向金融企业借款的利息支出。

（2）向非金融企业和个人借款的利息支出，不超过按照金融企业同期同类贷款利率计算的数额的部分。

个体工商户在货币交易中，以及纳税年度终了时将人民币以外的货币性资产、负债按照期末即期人民币汇率中间价折算为人民币时产生的汇兑损失，除已经计入有关资产成本部分外，准予扣除。

个体工商户向当地工会组织拨缴的工会经费、实际发生的职工福利费支出、职工教育经费支出分别在工资薪金总额的 2%、14%、2.5% 的标准内据实扣除。工资薪金总额是指允许在当期税前扣除的工资薪金支出数额。职工教育经费的实际发生数额超出规定比例当期不能扣除的数额，准予在以后纳税年度结转扣除。个体工商户业主本人向当地工会组织缴纳的工会经费、实际发生的职工福利费支出、职工教育经费支出，以当地（地级市）上一年度社会平均工资的 3 倍为计算基数，在上述规定比例内据实扣除。

个体工商户发生的与生产经营活动有关的业务招待费，按照实际发生额的 60% 扣除，但最高不得超过当年销售（营业）收入的 5‰。业主自申请营业执照之日起至开始生产经营之日止所发生的业务招待费，按照实际发生额的 60% 计入个体工商户的开办费。

个体工商户每一纳税年度发生的与其生产经营活动直接相关的广告费和业务宣传费不超过当年销售（营业）收入 15% 的部分，可以据实扣除；超过部分，准予在以后纳税年度结转扣除。

个体工商户代其从业人员或者他人负担的税款，不得税前扣除。个体工商户按照规定缴纳的摊位费、行政性收费、协会会费等，按实际发生数额扣除。

个体工商户根据生产经营活动的需要租入固定资产支付的租赁费，按照以下方法扣除：

（1）以经营租赁方式租入固定资产发生的租赁费支出，按照租赁期限均匀扣除。

（2）以融资租赁方式租入固定资产发生的租赁费支出，按照规定构成融资租入固定资产价值的部分应当提取折旧费用，分期扣除。

个体工商户参加财产保险，按照规定缴纳的保险费，准予扣除。个体工商户发生的合理的劳动保护支出，准予扣除。个体工商户自申请营业执照之日起至开始生产经营之日止所发生符合本办法规定的费用，除为取得固定资产、无形资产的支出,以及应计入资产价值的汇兑损益、利息支出外,作为开办费,个体工商户可以选择在开始生产经营的当年一次性扣除,也可自生产经营月份起在不短于3年期限内摊销扣除,但一经选定,不得改变。开始生产经营之日为个体工商户取得第一笔销售(营业)收入的日期。

个体工商户通过公益性社会团体或者县级以上人民政府及其部门,用于《中华人民共和国公益事业捐赠法》规定的公益事业的捐赠,捐赠额不超过其应纳税所得额30%的部分可以据实扣除。财政部、国家税务总局规定可以全额在税前扣除的捐赠支出项目,按有关规定执行。个体工商户直接对受益人的捐赠不得扣除。公益性社会团体的认定,按照财政部、国家税务总局、民政部有关规定执行。

个体工商户研究开发新产品、新技术、新工艺所发生的开发费用,以及研究开发新产品、新技术而购置单台价值在10万元以下的测试仪器和试验性装置的购置费准予直接扣除;单台价值在10万元以上(含10万元)的测试仪器和试验性装置,按固定资产管理,不得在当期直接扣除。

(四)其他规定

根据《个体工商户个人所得税计税办法》第四章的规定,个体工商户资产的税务处理,参照企业所得税相关法律、法规和政策规定执行。个体工商户有两处或两处以上经营机构的,选择并固定向其中一处经营机构所在地主管税务机关申报缴纳个人所得税。个体工商户终止生产经营的,应当在注销工商登记或者向政府有关部门办理注销前向主管税务机关结清有关纳税事宜。

二、合伙企业合伙人个人所得税的计算

根据《财政部 国家税务总局关于合伙企业合伙人所得税问题的通知》(财税〔2008〕159号)的规定,合伙企业是指依照中国法律、行政法规成立的合伙企业。合伙企业以每一个合伙人为纳税义务人。合伙企业合伙人是自然人的,缴纳个人所得税;合伙人是法人和其他组织的,缴纳企业所得税。

合伙企业生产经营所得和其他所得采取"先分后税"的原则。具体应纳税所得额的计算按照《关于个人独资企业和合伙企业投资者征收个人所得

的规定》(财税〔2000〕91号)及《财政部 国家税务总局关于调整个体工商户个人独资企业和合伙企业个人所得税税前扣除标准有关问题的通知》(财税〔2008〕65号)的有关规定执行。生产经营所得和其他所得,包括合伙企业分配给所有合伙人的所得和企业当年留存的所得(利润)。

合伙企业的合伙人按照下列原则确定应纳税所得额:

(1)合伙企业的合伙人以合伙企业的生产经营所得和其他所得,按照合伙协议约定的分配比例确定应纳税所得额。

(2)合伙协议未约定或者约定不明确的,以全部生产经营所得和其他所得,按照合伙人协商决定的分配比例确定应纳税所得额。

(3)协商不成的,以全部生产经营所得和其他所得,按照合伙人实缴出资比例确定应纳税所得额。

(4)无法确定出资比例的,以全部生产经营所得和其他所得,按照合伙人数量平均计算每个合伙人的应纳税所得额。

合伙协议不得约定将全部利润分配给部分合伙人。

根据《财政部 税务总局关于权益性投资经营所得个人所得税征收管理的公告》(财政部 税务总局公告2021年第41号)的规定,自2022年1月1日起,持有股权、股票、合伙企业财产份额等权益性投资的个人独资企业、合伙企业(以下简称"独资合伙企业"),一律适用查账征收方式计征个人所得税。独资合伙企业应自持有上述权益性投资之日起30日内,主动向税务机关报送持有权益性投资的情况;2022年1月1日前独资合伙企业已持有权益性投资的,应当在2022年1月30日前向税务机关报送持有权益性投资的情况。税务机关接到核定征收独资合伙企业报送持有权益性投资情况的,调整其征收方式为查账征收。

【典型案例分析】

例4-2:甲合伙企业共有赵先生、钱先生和乙公司三个合伙人,各占三分之一份额。甲合伙企业2022年度的总收入为800万元,按税法规定减除成本、费用、税金、损失、其他支出以及允许弥补的以前年度亏损后的余额为300万元,已知赵先生未取得其他形式的所得且有一个上初中的儿子,钱先生从其工作单位取得了工资薪金所得,乙公司本身取得应纳税所得额(未考虑甲合伙企业利润分配)300万元。请说明三位合伙人从合伙企业取得的利润如何缴纳所得税？

解析：赵先生从甲合伙企业取得100万元利润，由于其没有取得其他形式的综合所得，可以扣除6万元的费用。如果赵先生选择由其本人扣除全部子女教育费用，则赵先生的应纳税所得额=100-6-1.2=92.8（万元）。应纳个人所得税=92.8×45%-18.19=23.57（万元）。

钱先生从甲合伙企业取得100万元利润，由于其取得了工资薪金所得性质的综合所得，无法扣除6万元的费用。钱先生的应纳税所得额为100万元，应纳个人所得税=100×45%-18.19=26.81（万元）。

乙公司从甲合伙企业取得100万元利润，应并入其他所得之中合并缴纳企业所得税。乙公司应纳企业所得税=（100+300）×25%=100（万元）。

第四节　其他所得应纳税额的计算

一、利息、股息、红利所得应纳税额的计算

（一）次数的确定

根据《个人所得税法实施条例》第十四条的规定，利息、股息、红利所得，以支付利息、股息、红利时取得的收入为一次。

（二）派发红股的征税问题

根据《征收个人所得税若干问题的规定》（国税发〔1994〕089号）第十一条的规定，股份制企业在分配股息、红利时，以股票形式向股东个人支付应得的股息、红利（即派发红股），应以派发红股的股票票面金额为收入额，按利息、股息、红利项目计征个人所得税。

（三）证券投资基金征税问题

根据《财政部　国家税务总局关于证券投资基金税收问题的通知》（财税

字〔1998〕55号）的规定，对投资者从基金分配中获得的股票的股息、红利收入以及企业债券的利息收入，由上市公司和发行债券的企业在向基金派发股息、红利、利息时代扣代缴20%的个人所得税，基金向个人投资者分配股息、红利、利息时，不再代扣代缴个人所得税。对个人投资者从基金分配中获得的企业债券差价收入，应按税法法规对个人投资者征收个人所得税，税款由基金在分配时依法代扣代缴。

（四）个人投资者收购企业股权后将原盈余积累转增股本

根据《国家税务总局关于个人投资者收购企业股权后将原盈余积累转增股本个人所得税问题的公告》（国家税务总局公告2013年第23号）的规定，一名或多名个人投资者以股权收购方式取得被收购企业100%股权，股权收购前，被收购企业原账面金额中的"资本公积、盈余公积、未分配利润"等盈余积累未转增股本，而在股权交易时将其一并计入股权转让价格并履行了所得税纳税义务。股权收购后，企业将原账面金额中的盈余积累向个人投资者（新股东，下同）转增股本，有关个人所得税问题区分以下情形处理：

（1）新股东以不低于净资产价格收购股权的，企业原盈余积累已全部计入股权交易价格，新股东取得盈余积累转增股本的部分，不征收个人所得税。

（2）新股东以低于净资产价格收购股权的，企业原盈余积累中，对于股权收购价格减去原股本的差额部分已经计入股权交易价格，新股东取得盈余积累转增股本的部分，不征收个人所得税；对于股权收购价格低于原所有者权益的差额部分未计入股权交易价格，新股东取得盈余积累转增股本的部分，应按照"利息、股息、红利所得"项目征收个人所得税。新股东以低于净资产价格收购企业股权后转增股本，应按照下列顺序进行：先转增应税的盈余积累部分，再转增免税的盈余积累部分。

新股东将所持股权转让时，其财产原值为其收购企业股权实际支付的对价及相关税费。企业发生股权交易及转增股本等事项后，应在次月15日内，将股东及其股权变化情况、股权交易前原账面记载的盈余积累数额、转增股本数额及扣缴税款情况报告主管税务机关。

【典型案例分析】

例4-3：甲企业原账面资产总额8 000万元，负债3 000万元，所有者权益 5 000 万元，其中，实收资本（股本）1 000 万元，资本公积、盈余公积、未分配利润等盈余积累合计 4 000 万元。假定多名自然人投资者（新股东）向甲企业原股东购买该企业 100% 股权，股权收购价 4 500 万元。新股东收购企业后，甲企业将资本公积、盈余公积、未分配利润等盈余积累 4 000 万元向新股东转增实收资本，如何缴纳个人所得税？

解析： 在新股东 4 500 万元股权收购价格中，除了实收资本 1 000 万元，实际上相当于以 3 500 万元购买了原股东 4 000 万元的盈余积累，即 4 000 万元盈余积累中，有 3 500 万元计入了股权交易价格，剩余 500 万元未计入股权交易价格。甲企业向新股东转增实收资本时，其中所转增的 3 500 万元不征收个人所得税，所转增的 500 万元应按"利息、股息、红利所得"项目缴纳个人所得税。

（五）内地个人投资者通过深港通投资 H 股取得的股息红利

根据《财政部　国家税务总局　证监会关于深港股票市场交易互联互通机制试点有关税收政策的通知》（财税〔2016〕127 号）的规定，对内地个人投资者通过深港股票市场交易互联互通机制试点（深港通）投资香港联交所上市 H 股取得的股息红利，H 股公司应向中国证券登记结算有限责任公司（以下简称"中国结算"）提出申请，由中国结算向 H 股公司提供内地个人投资者名册，H 股公司按照 20% 的税率代扣个人所得税。内地个人投资者通过深港通投资香港联交所上市的非 H 股取得的股息红利，由中国结算按照 20% 的税率代扣个人所得税。个人投资者在国外已缴纳的预提税，可持有效扣税凭证到中国结算的主管税务机关申请税收抵免。对内地证券投资基金通过深港通投资香港联交所上市股票取得的股息红利所得，按照上述规定计征个人所得税。

二、财产租赁所得应纳税额的计算

（一）法规对财产租赁所得"次数"的规定

根据《个人所得税法实施条例》第十四条的规定，财产租赁所得，以一个月内取得的收入为一次。

（二）财产租赁所得的扣除项目

根据《征收个人所得税若干问题的规定》（国税发〔1994〕089号）第六条的规定，纳税义务人在出租财产过程中缴纳的税金和国家能源交通重点建设基金、国家预算调节基金、教育费附加，可持完税（缴款）凭证，从其财产租赁收入中扣除。纳税义务人出租财产取得财产租赁收入，在计算征税时，除可依法减除规定费用和有关税费外，还准予扣除能够提供有效、准确凭证，证明由纳税义务人负担的该出租财产实际开支的修缮费用。允许扣除的修缮费用，以每次800元为限，一次扣除不完的，准予在下一次继续扣除，直至扣完为止。

【典型案例分析】

例4-4：2022年1月，周女士出租一套住房，合同约定每月租金4 800元（不含增值税），周女士为此每月缴纳房产税200元（个人出租住房适用4%的优惠税率缴纳房产税），2022年1月支付修缮费1 000元。周女士2022年1月、2月和3月分别缴纳多少个人所得税？（个人出租住房个人所得税适用10%的优惠税率。）

解析：2022年1月，周女士应纳个人所得税=（4 800-200-800-800）×10%=300（元）。

2022年2月，周女士应纳个人所得税=（4 800-200-200）×（1-20%）×10%=352（元）。

2022年3月，周女士应纳个人所得税=（4 800-200）×（1-20%）×10%=368（元）。

（三）财产租赁所得纳税人的确定

根据《征收个人所得税若干问题的规定》（国税发〔1994〕089号）第六条的规定，确认财产租赁所得的纳税义务人，应以产权凭证为依据。无产权凭证的，由主管税务机关根据实际情况确定纳税义务人。产权所有人死亡，在未办理产权继承手续期间，该财产出租而有租金收入的，以领取租金的个人为纳税义务人。

三、财产转让所得应纳税额的计算

（一）一般规定

根据《个人所得税法实施条例》第十七条的规定，财产转让所得，按照一次转让财产的收入额减除财产原值和合理费用后的余额计算纳税。

（二）个人因购买和处置债权取得所得

根据《国家税务总局关于个人因购买和处置债权取得所得征收个人所得税问题的批复》（国税函〔2005〕655号）的规定，个人通过招标、竞拍或其他方式购置债权以后，通过相关司法或行政程序主张债权而取得的所得，应按照"财产转让所得"项目缴纳个人所得税。

个人通过上述方式取得"打包"债权，只处置部分债权的，其应纳税所得额按以下方式确定。

（1）以每次处置部分债权的所得，作为一次财产转让所得征税。

（2）其应税收入按照个人取得的货币资产和非货币资产的评估价值或市场价值的合计数确定。

（3）所处置债权成本费用（即财产原值），按下列公式计算：

$$\text{当次处置债权成本费用} = \text{个人购置"打包"债权实际支出} \times \frac{\text{当次处置债权账面价值（或拍卖机构公布价值）}}{\text{"打包"债权账面价值（或拍卖机构公布价值）}}$$

（4）个人购买和处置债权过程中发生的拍卖招标手续费、诉讼费、审计评估费以及缴纳的税金等合理税费，在计算个人所得税时允许扣除。

（三）个人住房转让所得

根据《国家税务总局关于个人住房转让所得征收个人所得税有关问题的通知》（国税发〔2006〕108号）的规定，对住房转让所得征收个人所得税时，以实际成交价格为转让收入。纳税人申报的住房成交价格明显低于市场价格且无正当理由的，征收机关依法有权根据有关信息核定其转让收入，但必须保证各税种计税价格一致。

对转让住房收入计算个人所得税应纳税所得额时，纳税人可凭原购房合同、发票等有效凭证，经税务机关审核后，允许从其转让收入中减除房屋原值、转让住房过程中缴纳的税金及有关合理费用。

房屋原值的核定方式如下：

商品房，其原值为购置该房屋时实际支付的房价款及交纳的相关税费。

自建住房，其原值为实际发生的建造费用及建造和取得产权时实际交纳的相关税费。

经济适用房（含集资合作建房、安居工程住房），其原值为原购房人实际支付的房价款及相关税费，以及按规定交纳的土地出让金。

已购公有住房，其原值为原购公有住房标准面积按当地经济适用房价格计算的房价款，加上原购公有住房超标准面积实际支付的房价款以及按规定向财政部门（或原产权单位）交纳的所得收益及相关税费。已购公有住房是指城镇职工根据国家和县级（含县级）以上人民政府有关城镇住房制度改革政策规定，按照成本价（或标准价）购买的公有住房。经济适用房价格按县级（含县级）以上地方人民政府规定的标准确定。

城镇拆迁安置住房，根据《城市房屋拆迁管理条例》（国务院令第305号）和《建设部关于印发〈城市房屋拆迁估价指导意见〉的通知》（建住房〔2003〕234号）等有关规定，其原值分别为：

（1）房屋拆迁取得货币补偿后购置房屋的，为购置该房屋实际支付的房价款及交纳的相关税费。

（2）房屋拆迁采取产权调换方式的，所调换房屋原值为《房屋拆迁补偿安置协议》注明的价款及交纳的相关税费。

（3）房屋拆迁采取产权调换方式，被拆迁人除取得所调换房屋，又取得部分货币补偿的，所调换房屋原值为《房屋拆迁补偿安置协议》注明的价款和交纳的相关税费，减去货币补偿后的余额。

（4）房屋拆迁采取产权调换方式，被拆迁人取得所调换房屋，又支付部分货币的，所调换房屋原值为《房屋拆迁补偿安置协议》注明的价款，加上所支付的货币及交纳的相关税费。

转让住房过程中缴纳的税金是指纳税人在转让住房时实际缴纳的营业税、城市维护建设税、教育费附加、土地增值税、印花税等税金。

合理费用是指纳税人按照规定实际支付的住房装修费用、住房贷款利息、手续费、公证费等费用。

支付的住房装修费用，是指纳税人能提供实际支付装修费用的税务统一发票，并且发票上所列付款人姓名与转让房屋产权人一致的，经税务机关审核，其转让的住房在转让前实际发生的装修费用。该费用可在以下规定比例内扣除：

（1）已购公有住房、经济适用房：最高扣除限额为房屋原值的15%。

（2）商品房及其他住房：最高扣除限额为房屋原值的10%。

纳税人原购房为装修房，即合同注明房价款中含有装修费（铺装了地板、装配了洁具、厨具等）的，不得再重复扣除装修费用。

支付的住房贷款利息，是指纳税人出售以按揭贷款方式购置的住房，其向贷款银行实际支付的住房贷款利息。该利息可凭贷款银行出具的有效证明据实扣除。

纳税人按照有关规定实际支付的手续费、公证费等，凭有关部门出具的有效证明据实扣除。

纳税人未提供完整、准确的房屋原值凭证，不能正确计算房屋原值和应纳税额的，税务机关可根据《税收征收管理法》的规定，对其实行核定征税，即按纳税人住房转让收入的一定比例核定应纳个人所得税额。具体比例由省级地方税务局或者省级地方税务局授权的地市级地方税务局根据纳税人出售住房的所处区域、地理位置、建造时间、房屋类型、住房平均价格水平等因素，在住房转让收入1%—3%的幅度内确定。

（四）个人取得拍卖收入

根据《国家税务总局关于加强和规范个人取得拍卖收入征收个人所得税有关问题的通知》（国税发〔2007〕38号）的规定，个人财产拍卖所得适用"财产转让所得"项目计算应纳税所得额时，纳税人凭合法有效凭证（税务机关监制的正式发票、相关境外交易单据或海关报关单据、完税证明等），从其转让收入额中减除相应的财产原值、拍卖财产过程中缴纳的税金及有关合理费用。

财产原值，是指售出方个人取得该拍卖品的价格（以合法有效凭证为准）。具体为：

（1）通过商店、画廊等途径购买的，为购买该拍卖品时实际支付的价款。

（2）通过拍卖行拍得的，为拍得该拍卖品实际支付的价款及交纳的相关税费。

（3）通过祖传收藏的，为其收藏该拍卖品而发生的费用。

（4）通过赠送取得的，为其受赠该拍卖品时发生的相关税费。

（5）通过其他形式取得的，参照以上原则确定财产原值。

拍卖财产过程中缴纳的税金，是指在拍卖财产时纳税人实际缴纳的相关税金及附加。

有关合理费用，是指拍卖财产时纳税人按照规定实际支付的拍卖费（佣金）、鉴定费、评估费、图录费、证书费等费用。

纳税人如不能提供合法、完整、准确的财产原值凭证，不能正确计算财产原值的，按转让收入额的3%征收率计算缴纳个人所得税；拍卖品为经文物部门认定是海外回流文物的，按转让收入额的2%征收率计算缴纳个人所得税。

纳税人的财产原值凭证内容填写不规范，或者一份财产原值凭证包括多件拍卖品且无法确认每件拍卖品一一对应的原值的，不得将其作为扣除财产原值的计算依据，应视为不能提供合法、完整、准确的财产原值凭证，并按上述规定的征收率计算缴纳个人所得税。

纳税人能够提供合法、完整、准确的财产原值凭证，但不能提供有关税费凭证的，不得按征收率计算纳税，应当就财产原值凭证上注明的金额据实扣除，并按照税法规定计算缴纳个人所得税。

个人财产拍卖所得应纳的个人所得税税款，由拍卖单位负责代扣代缴，并按规定向拍卖单位所在地主管税务机关办理纳税申报。

拍卖单位代扣代缴个人财产拍卖所得应纳的个人所得税税款时，应给纳税人填开完税凭证，并详细标明每件拍卖品的名称、拍卖成交价格、扣缴税款额。

主管税务机关应加强对个人财产拍卖所得的税收征管工作，在拍卖单位举行拍卖活动期间派工作人员进入拍卖现场，了解拍卖的有关情况，宣传辅导有关税收政策，审核鉴定原值凭证和费用凭证，督促拍卖单位依法代扣代缴个人所得税。

(五)个人取得房屋拍卖收入

根据《国家税务总局关于个人取得房屋拍卖收入征收个人所得税问题的批复》(国税函〔2007〕1145号)的规定,个人通过拍卖市场取得的房屋拍卖收入在计征个人所得税时,其房屋原值应按照纳税人提供的合法、完整、准确的凭证予以扣除;不能提供完整、准确的房屋原值凭证,不能正确计算房屋原值和应纳税额的,统一按转让收入全额的3%计算缴纳个人所得税。

(六)个人通过网络买卖虚拟货币取得收入

根据《国家税务总局关于个人通过网络买卖虚拟货币取得收入征收个人所得税问题的批复》(国税函〔2008〕818号)的规定,个人通过网络收购玩家的虚拟货币,加价后向他人出售取得的收入,属于个人所得税应税所得,应按照"财产转让所得"项目计算缴纳个人所得税。个人销售虚拟货币的财产原值为其收购网络虚拟货币所支付的价款和相关税费。对于个人不能提供有关财产原值凭证的,由主管税务机关核定其财产原值。

四、个人转让上市公司限售股所得应纳税额的计算

(一)财税〔2009〕167号文的规定

根据《财政部 国家税务总局 证监会关于个人转让上市公司限售股所得征收个人所得税有关问题的通知》(财税〔2009〕167号)的规定,自2010年1月1日起,对个人转让限售股取得的所得,按照"财产转让所得",适用20%的比例税率征收个人所得税。

上述所称限售股,包括:

(1)上市公司股权分置改革完成后股票复牌日之前股东所持原非流通股股份,以及股票复牌日至解禁日期间由上述股份孳生的送、转股(以下统称"股改限售股")。

(2)2006年股权分置改革新老划断后,首次公开发行股票并上市的公司形成的限售股,以及上市首日至解禁日期间由上述股份孳生的送、转股(以下统称"新股限售股")。

（3）财政部、税务总局、法制办和证监会共同确定的其他限售股。

个人转让限售股，以每次限售股转让收入，减除股票原值和合理税费后的余额，为应纳税所得额。

应纳税所得额 = 限售股转让收入 −（限售股原值 + 合理税费）

应纳税额 = 应纳税所得额 × 20%

上述所称的限售股转让收入，是指转让限售股股票实际取得的收入。限售股原值，是指限售股买入时的买入价及按照规定缴纳的有关费用。合理税费，是指转让限售股过程中发生的印花税、佣金、过户费等与交易相关的税费。如果纳税人未能提供完整、真实的限售股原值凭证的，不能准确计算限售股原值的，主管税务机关一律按限售股转让收入的 15% 核定限售股原值及合理税费。

限售股转让所得个人所得税，以限售股持有者为纳税义务人，以个人股东开户的证券机构为扣缴义务人。限售股个人所得税由证券机构所在地主管税务机关负责征收管理。

限售股转让所得个人所得税，采取证券机构预扣预缴、纳税人自行申报清算和证券机构直接扣缴相结合的方式征收。证券机构预扣预缴的税款，于次月 7 日内以纳税保证金形式向主管税务机关缴纳。主管税务机关在收取纳税保证金时，应向证券机构开具《中华人民共和国纳税保证金收据》，并纳入专户存储。根据证券机构技术和制度准备完成情况，对不同阶段形成的限售股，采取不同的征收管理办法。

证券机构技术和制度准备完成前形成的限售股，证券机构按照股改限售股股改复牌日收盘价，或新股限售股上市首日收盘价计算转让收入，按照计算出的转让收入的 15% 确定限售股原值和合理税费，以转让收入减去原值和合理税费后的余额，适用 20% 税率，计算预扣预缴个人所得税额。纳税人按照实际转让收入与实际成本计算出的应纳税额，与证券机构预扣预缴税额有差异的，纳税人应自证券机构代扣并解缴税款的次月 1 日起 3 个月内，持加盖证券机构印章的交易记录和相关完整、真实凭证，向主管税务机关提出清算申报并办理清算事宜。主管税务机关审核确认后，按照重新计算的应纳税额，办理退（补）税手续。纳税人在规定期限内未到主管税务机关办理清算事宜的，税务机关不再办理清算事宜，已预扣预缴的税款从纳税保证金账户全额缴入国库。

证券机构技术和制度准备完成后新上市公司的限售股，按照证券机构事先植入结算系统的限售股成本原值和发生的合理税费，以实际转让收入减去原值和合理税费后的余额，适用20%税率，计算直接扣缴个人所得税额。

纳税人同时持有限售股及该股流通股的，其股票转让所得，按照限售股优先原则，即转让股票视同为先转让限售股，按规定计算缴纳个人所得税。

证券机构等应积极配合税务机关做好各项征收管理工作，并于每月15日前，将上月限售股减持的有关信息传递至主管税务机关。限售股减持信息包括股东姓名、居民身份证号码、开户证券公司名称及地址、限售股股票代码、本期减持股数及减持取得的收入总额。证券机构有义务向纳税人提供加盖印章的限售股交易记录。

对个人在上海证券交易所、深圳证券交易所转让从上市公司公开发行和转让市场取得的上市公司股票所得，继续免征个人所得税。

（二）财税〔2010〕70号文的规定

根据《财政部 国家税务总局证监会关于个人转让上市公司限售股所得征收个人所得税有关问题的补充通知》（财税〔2010〕70号）的规定，限售股，包括：

（1）财税〔2009〕167号文件规定的限售股。

（2）个人从机构或其他个人受让的未解禁限售股。

（3）个人因依法继承或家庭财产依法分割取得的限售股。

（4）个人持有的从代办股份转让系统转到主板市场（或中小板、创业板市场）的限售股。

（5）上市公司吸收合并中，个人持有的原被合并方公司限售股所转换的合并方公司股份。

（6）上市公司分立中，个人持有的被分立方公司限售股所转换的分立后公司股份。

（7）其他限售股。

根据《个人所得税法实施条例》的规定，个人转让限售股或发生具有转让限售股实质的其他交易，取得现金、实物、有价证券和其他形式的经济利益均应缴纳个人所得税。限售股在解禁前被多次转让的,转让方对每一次转让所得均应按规定缴纳个人所得税。

对具有下列情形的,应按规定征收个人所得税:

(1)个人通过证券交易所集中交易系统或大宗交易系统转让限售股。

(2)个人用限售股认购或申购交易型开放式指数基金(ETF)份额。

(3)个人用限售股接受要约收购。

(4)个人行使现金选择权将限售股转让给提供现金选择权的第三方。

(5)个人协议转让限售股。

(6)个人持有的限售股被司法扣划。

(7)个人因依法继承或家庭财产分割让渡限售股所有权。

(8)个人用限售股偿还上市公司股权分置改革中由大股东代其向流通股股东支付的对价。

(9)其他具有转让实质的情形。

应纳税所得额的计算方法如下:

(1)个人转让限售股,限售股所对应的公司在证券机构技术和制度准备完成前上市的,应纳税所得额的计算按照财税〔2009〕167号文件第五条第(1)项规定执行;在证券机构技术和制度准备完成后上市的,应纳税所得额的计算按照财税〔2009〕167号文件第五条第(2)项规定执行。

(2)个人发生上述第(1)、第(2)、第(3)、第(4)项转让情形、由证券机构扣缴税款的,扣缴税款的计算按照财税〔2009〕167号文件规定执行。纳税人申报清算时,实际转让收入按照下列原则计算:第(1)项的转让收入以转让当日该股份实际转让价格计算,证券公司在扣缴税款时,佣金支出统一按照证券主管部门规定的行业最高佣金费率计算;第(2)项的转让收入,通过认购ETF份额方式转让限售股的,以股份过户日的前一交易日该股份收盘价计算,通过申购ETF份额方式转让限售股的,以申购日的前一交易日该股份收盘价计算;第(3)项的转让收入以要约收购的价格计算;第(4)项的转让收入以实际行权价格计算。

(3)个人发生上述第(5)、第(6)、第(7)、第(8)项转让情形、需向主管税务机关申报纳税的,转让收入按照下列原则计算:第(5)项的转让收入按照实际转让收入计算,转让价格明显偏低且无正当理由的,主管税务机关可以依据协议签订日的前一交易日该股收盘价或其他合理方式核定其转让收入；第（6）项的转让收入以司法执行日的前一交易日该股收盘价计算；第（7）、第（8）项的转让收入以转让方取得该股时支付的成本计算。

（4）个人转让因协议受让、司法扣划等情形取得未解禁限售股的，成本按照主管税务机关认可的协议受让价格、司法扣划价格核定，无法提供相关资料的，按照财税〔2009〕167号文件第五条第（1）项规定执行；个人转让因依法继承或家庭财产依法分割取得的限售股的，按财税〔2009〕167号文件规定缴纳个人所得税，成本按照该限售股前一持有人取得该股时实际成本及税费计算。

（5）在证券机构技术和制度准备完成后形成的限售股，自股票上市首日至解禁日期间发生送、转、缩股的，证券登记结算公司应依据送、转、缩股比例对限售股成本原值进行调整；而对于其他权益分派的情形（如现金分红、配股等），不对限售股的成本原值进行调整。

（6）因个人持有限售股中存在部分限售股成本原值不明确，导致无法准确计算全部限售股成本原值的，证券登记结算公司一律以实际转让收入的15%作为限售股成本原值和合理税费。

纳税人发生上述第（1）、第（2）、第（3）、第（4）项转让情形的，对其应纳个人所得税按照财税〔2009〕167号文件规定，采取证券机构预扣预缴、纳税人自行申报清算和证券机构直接扣缴相结合的方式征收。上述所称的证券机构，包括证券登记结算公司、证券公司及其分支机构。其中，证券登记结算公司以证券账户为单位计算个人应纳税额，证券公司及其分支机构依据证券登记结算公司提供的数据负责对个人应缴纳的个人所得税以证券账户为单位进行预扣预缴。纳税人对证券登记结算公司计算的应纳税额有异议的，可持相关完整、真实凭证，向主管税务机关提出清算申报并办理清算事宜。主管税务机构审核确认后，按照重新计算的应纳税额，办理退（补）税手续。

纳税人发生上述第（5）、第（6）、第（7）、第（8）项转让情形的，采取纳税人自行申报纳税的方式。纳税人转让限售股后，应在次月7日内到主管税务机关填报《限售股转让所得个人所得税清算申报表》，自行申报纳税。主管税务机关审核确认后应开具完税凭证，纳税人应持完税凭证、《限售股转让所得个人所得税清算申报表》复印件到证券登记结算公司办理限售股过户手续。纳税人未提供完税凭证和《限售股转让所得个人所得税清算申报表》复印件的，证券登记结算公司不予办理过户。

纳税人自行申报的，应一次办结相关涉税事宜，不再执行财税〔2009〕167号文件中有关纳税人自行申报清算的规定。对上述第（6）项转让情形，如国家有权机关要求强制执行的，证券登记结算公司在履行告知义务后予以协助执行，并报告相关主管税务机关。

个人持有在证券机构技术和制度准备完成后形成的拟上市公司限售股，在公司上市前，个人应委托拟上市公司向证券登记结算公司提供有关限售股成本原值详细资料，以及会计师事务所或税务师事务所对该资料出具的鉴证报告。逾期未提供的，证券登记结算公司以实际转让收入的15%核定限售股原值和合理税费。

个人转让限售股所得需由证券机构预扣预缴税款的，应在客户资金账户留足资金供证券机构扣缴税款，依法履行纳税义务。证券机构应采取积极、有效措施依法履行扣缴税款义务，对纳税人资金账户暂无资金或资金不足的，证券机构应当及时通知个人投资者补足资金，并扣缴税款。个人投资者未补足资金的，证券机构应当及时报告相关主管税务机关，并依法提供纳税人相关资料。

（三）财税〔2011〕108号文的规定

根据《财政部 国家税务总局关于证券机构技术和制度准备完成后个人转让上市公司限售股有关个人所得税问题的通知》（财税〔2011〕108号）的规定，自2012年3月1日起，网上发行资金申购日在2012年3月1日（含）之后的首次公开发行上市公司（以下简称"新上市公司"）按照证券登记结算公司业务规定做好各项资料准备工作，在向证券登记结算公司申请办理股份初始登记时一并申报由个人限售股股东提供的有关限售股成本原值详细资料，以及会计师事务所或税务师事务所对该资料出具的鉴证报告。限售股成本原值，是指限售股买入时的买入价及按照规定缴纳的有关税费。

新上市公司提供的成本原值资料和鉴证报告中应包括但不限于以下内容：证券持有人名称、有效身份证照号码、证券账户号码、新上市公司全称、持有新上市公司限售股数量、持有新上市公司限售股每股成本原值等。

新上市公司每位持有限售股的个人股东应仅申报一个成本原值。个人取得的限售股有不同成本的,应对所持限售股以每次取得股份数量为权重进行成本加权平均以计算出每股的成本原值,即:

$$\text{分次取得限售股的加权平均成本} = \frac{\text{第一次取得限售股的每股成本原值} \times \text{第一次取得限售股的股份数量} + \cdots + \text{第n次取得限售股的每股成本原值} \times \text{第n次取得限售股的股份数量}}{\text{累计取得限售股的股份数量}}$$

证券登记结算公司收到新上市公司提供的相关资料后,应及时将有关成本原值数据植入证券结算系统。个人转让新上市公司限售股的,证券登记结算公司根据实际转让收入和植入证券结算系统的标的限售股成本原值,以实际转让收入减去成本原值和合理税费后的余额,适用20%税率,直接计算需扣缴的个人所得税额。合理税费是指转让限售股过程中发生的印花税、佣金、过户费等与交易相关的税费。

新上市公司在申请办理股份初始登记时,确实无法提供有关成本原值资料和鉴证报告的,证券登记结算公司在完成股份初始登记后,将不再接受新上市公司申报有关成本原值资料和鉴证报告,并按规定以实际转让收入的15%核定限售股成本原值和合理税费。

个人在证券登记结算公司以非交易过户方式办理应纳税未解禁限售股过户登记的,受让方所取得限售股的成本原值按照转让方完税凭证、《限售股转让所得个人所得税清算申报表》等材料确定的转让价格进行确定;如转让方证券账户为机构账户,在受让方再次转让该限售股时,以受让方实际转让收入的15%核定其转让限售股的成本原值和合理税费。

对采取自行纳税申报方式的纳税人,其个人转让限售股不需要纳税或应纳税额为零的,纳税人应持经主管税务机关审核确认并加盖受理印章的《限售股转让所得个人所得税清算申报表》原件,到证券登记结算公司办理限售股过户手续。未提供原件的,证券登记结算公司不予办理过户手续。

对于个人持有的新上市公司未解禁限售股被司法扣划至其他个人证券账户,如国家有权机关要求强制执行但未能提供完税凭证等材料,证券登记结算公司在履行告知义务后予以协助执行,并在受让方转让该限售股时,以其实际转让收入的15%核定其转让限售股的成本原值和合理税费。

证券公司应将每月所扣个人所得税款,于次月15日内缴入国库,并向当地主管税务机关报送《限售股转让所得扣缴个人所得税报告表》及税务机关要求报送的其他资料。对个人转让新上市公司限售股,按财税〔2010〕70号文件规定,需纳税人自行申报纳税的,继续按照原规定以及上述相关规定执行。

五、非货币性资产投资应纳税额的计算

(一)财税〔2015〕41号文的规定

根据《财政部　国家税务总局关于个人非货币性资产投资有关个人所得税政策的通知》(财税〔2015〕41号)的规定,个人以非货币性资产投资,属于个人转让非货币性资产和投资同时发生。对个人转让非货币性资产的所得,应按照"财产转让所得"项目,依法计算缴纳个人所得税。

个人以非货币性资产投资,应按评估后的公允价值确认非货币性资产转让收入。非货币性资产转让收入减除该资产原值及合理税费后的余额为应纳税所得额。个人以非货币性资产投资,应于非货币性资产转让、取得被投资企业股权时,确认非货币性资产转让收入的实现。

个人应在发生上述应税行为的次月15日内向主管税务机关申报纳税。纳税人一次性缴税有困难的,可合理确定分期缴纳计划并报主管税务机关备案后,自发生上述应税行为之日起不超过5个公历年度内(含)分期缴纳个人所得税。

个人以非货币性资产投资交易过程中取得现金补价的,现金部分应优先用于缴税;现金不足以缴纳的部分,可分期缴纳。个人在分期缴税期间转让其持有的上述全部或部分股权,并取得现金收入的,该现金收入应优先用于缴纳尚未缴清的税款。

上述所称非货币性资产,是指现金、银行存款等货币性资产以外的资产,包括股权、不动产、技术发明成果以及其他形式的非货币性资产。上述所称非货币性资产投资,包括以非货币性资产出资设立新的企业,以及以非货币性资产出资参与企业增资扩股、定向增发股票、股权置换、重组改制等投资行为。

上述规定的分期缴税政策自2015年4月1日起施行。对2015年4月1日之前发生的个人非货币性资产投资,尚未进行税收处理且自发生上述应税行

为之日起期限未超过 5 年的,可在剩余的期限内分期缴纳其应纳税款。

【典型案例分析】

例 4-5:郑先生将一套商铺投资设立甲有限责任公司,已知该套商铺的购置成本为 300 万元,评估后的公允价值为 500 万元,不考虑其他税费,郑先生应如何缴纳个人所得税?

解析:郑先生应在办理不动产过户手续后的 15 日内向不动产所在地的税务机关办理纳税申报,缴纳个人所得税=(500-300)×20%=40(万元)。如果郑先生一次性缴税有困难,可合理确定分期缴纳计划并报主管税务机关备案后,在不超过 5 个公历年度内分期缴纳个人所得税,比如,第 1 年至第 4 年每年纳税 1 万元,第 5 年纳税 36 万元。

(二)国家税务总局公告 2015 年第 20 号文的规定

根据《国家税务总局关于个人非货币性资产投资有关个人所得税征管问题的公告》(国家税务总局公告 2015 年第 20 号)的规定,非货币性资产投资个人所得税以发生非货币性资产投资行为并取得被投资企业股权的个人为纳税人。非货币性资产投资个人所得税由纳税人向主管税务机关自行申报缴纳。

纳税人以不动产投资的,以不动产所在地地税机关为主管税务机关;纳税人以其持有的企业股权对外投资的,以该企业所在地地税机关为主管税务机关;纳税人以其他非货币资产投资的,以被投资企业所在地地税机关为主管税务机关。

纳税人非货币性资产投资应纳税所得额为非货币性资产转让收入减除该资产原值及合理税费后的余额。非货币性资产原值为纳税人取得该项资产时实际发生的支出。纳税人无法提供完整、准确的非货币性资产原值凭证,不能正确计算非货币性资产原值的,主管税务机关可依法核定其非货币性资产原值。合理税费是指纳税人在非货币性资产投资过程中发生的与资产转移相关的税金及合理费用。纳税人以股权投资的,该股权原值确认等相关问题依照《股权转让所得个人所得税管理办法(试行)》(国家税务总局公告 2014 年第 67 号)有关规定执行。

纳税人非货币性资产投资需要分期缴纳个人所得税的,应于取得被投资企业股权之日的次月 15 日内,自行制定缴税计划并向主管税务机关报送《非货币性资产投资分期缴纳个人所得税备案表》、纳税人身份证明、投资协议、非货币性资产评估价格证明材料、能够证明非货币性资产原值及合理税费的相关资料。

纳税人分期缴税期间提出变更原分期缴税计划的,应重新制定分期缴税计划并向主管税务机关重新报送《非货币性资产投资分期缴纳个人所得税备案表》。纳税人按分期缴税计划向主管税务机关办理纳税申报时,应提供已在主管税务机关备案的《非货币性资产投资分期缴纳个人所得税备案表》和本期之前各期已缴纳个人所得税的完税凭证。纳税人在分期缴税期间转让股权的,应于转让股权之日的次月15日内向主管税务机关申报纳税。被投资企业应将纳税人以非货币性资产投入本企业取得股权和分期缴税期间纳税人股权变动情况,分别于相关事项发生后15日内向主管税务机关报告,并协助税务机关执行公务。纳税人和被投资企业未按规定备案、缴税和报送资料的,按照《税收征收管理法》及有关规定处理。

六、偶然所得应纳税额的计算

根据《个人所得税法实施条例》第十四条的规定,偶然所得,以每次取得该项收入为一次。

七、多人取得同一项目收入应纳税额的计算

根据《个人所得税法实施条例》第十八条的规定,两个以上的个人共同取得同一项目收入的,应当对每个人取得的收入分别按照个人所得税法的规定计算纳税。

第五章　个人所得税的征管与反避税

> **导读**　本章介绍个人所得税的征管与反避税，包括三节。第一节介绍个人所得税的反避税制度，包括税法关于个人所得税反避税的规定以及法规关于个人所得税反避税利息的规定。第二节介绍个人所得税的征收与管理，包括个人所得税的源泉扣缴、纳税人自行纳税申报、个人所得税的基础管理、个人所得税汇算清缴制度、2019年个人所得税汇算清缴操作制度以及涉及个人所得税的其他征管制度。第三节介绍特定领域个人所得税的征收与管理，包括股权转让所得个人所得税的征管、个人独资企业和合伙企业投资者个人所得税的征管以及律师事务所个人所得税的征管。

第一节　个人所得税的反避税制度

一、税法关于个人所得税反避税的规定

根据《个人所得税法》第八条的规定，有下列情形之一的，税务机关有权按照合理方法进行纳税调整：

（1）个人与其关联方之间的业务往来不符合独立交易原则而减少本人或者其关联方应纳税额，且无正当理由；

（2）居民个人控制的，或者居民个人和居民企业共同控制的设立在实际

税负明显偏低的国家（地区）的企业，无合理经营需要，对应当归属于居民个人的利润不作分配或者减少分配；

（3）个人实施其他不具有合理商业目的的安排而获取不当税收利益。

税务机关依照上述规定作出纳税调整，需要补征税款的，应当补征税款，并依法加收利息。

二、法规关于个人所得税反避税利息的规定

根据《个人所得税法实施条例》第二十三条的规定，利息，应当按照税款所属纳税申报期最后一日中国人民银行公布的与补税期间同期的人民币贷款基准利率计算，自税款纳税申报期满次日起至补缴税款期限届满之日止按日加收。纳税人在补缴税款期限届满前补缴税款的，利息加收至补缴税款之日。

第二节　个人所得税的征收与管理

一、个人所得税的源泉扣缴

（一）纳税人与扣缴义务人

根据《个人所得税法》第九条的规定，个人所得税以所得人为纳税人，以支付所得的单位或者个人为扣缴义务人。纳税人有中国居民身份证号码的，以中国居民身份证号码为纳税人识别号；纳税人没有中国居民身份证号码的，由税务机关赋予其纳税人识别号。扣缴义务人扣缴税款时，纳税人应当向扣缴义务人提供纳税人识别号。

根据《征收个人所得税若干问题的规定》（国税发〔1994〕089号）第十八条的规定，利息、股息、红利所得实行源泉扣缴的征收方式，其扣缴义务人应是直接向纳税义务人支付利息、股息、红利的单位。

（二）代扣代缴义务

根据《个人所得税法》第十一条的规定，居民个人向扣缴义务人提供专项附加扣除信息的，扣缴义务人按月预扣预缴税款时应当按照规定予以扣除，不得拒绝。非居民个人取得工资、薪金所得，劳务报酬所得，稿酬所得和特许权使用费所得，有扣缴义务人的，由扣缴义务人按月或者按次代扣代缴税款，不办理汇算清缴。

根据《个人所得税法》第十四条的规定，扣缴义务人每月或者每次预扣、代扣的税款，应当在次月15日内缴入国库，并向税务机关报送扣缴个人所得税申报表。纳税人办理汇算清缴退税或者扣缴义务人为纳税人办理汇算清缴退税的，税务机关审核后，按照国库管理的有关规定办理退税。

根据《个人所得税法实施条例》第二十四条的规定，扣缴义务人向个人支付应税款项时，应当依照个人所得税法规定预扣或者代扣税款，按时缴库，并专项记载备查。支付，包括现金支付、汇拨支付、转账支付和以有价证券、实物以及其他形式的支付。

根据《个人所得税法实施条例》第三十条的规定，扣缴义务人应当按照纳税人提供的信息计算办理扣缴申报，不得擅自更改纳税人提供的信息。纳税人发现扣缴义务人提供或者扣缴申报的个人信息、所得、扣缴税款等与实际情况不符的，有权要求扣缴义务人修改。扣缴义务人拒绝修改的，纳税人应当报告税务机关，税务机关应当及时处理。纳税人、扣缴义务人应当按照规定保存与专项附加扣除相关的资料。税务机关可以对纳税人提供的专项附加扣除信息进行抽查，具体办法由国务院税务主管部门另行规定。税务机关发现纳税人提供虚假信息的，应当责令改正并通知扣缴义务人；情节严重的，有关部门应当依法予以处理，纳入信用信息系统并实施联合惩戒。

（三）扣缴义务人手续费

根据《个人所得税法》第十七条的规定，对扣缴义务人按照所扣缴的税款，付给2%的手续费。

根据《个人所得税法实施条例》第三十三条的规定,税务机关按照《个人所得税法》第十七条的规定付给扣缴义务人手续费,应当填开退还书;扣缴义务人凭退还书,按照国库管理有关规定办理退库手续。

纳税人申请代扣代缴个人所得税的手续费需要填写《代扣代缴手续费申请表》(表5-1)。

表5-1 代扣代缴手续费申请表

金额单位:人民币元(列至角分)

扣缴义务人名称		统一社会信用代码(纳税人识别号)	
联系人姓名		联系电话	
原完税情况	品目名称	税款所属时期	税票号码	实缴金额
	合计(小写)			
申请手续费金额(小写)				
声明	此表是根据国家税收法律法规及相关规定填写的,本人(单位)对填报内容(附带资料)的真实性、可靠性、完整性负责。 扣缴义务人签章:			
授权声明	如果您已委托代理人申请,请填写下列资料: 为代理个人所得税扣缴手续费申请相关事宜,现授权 _____(地址) _____为代理申请人,任何与本申请有关的往来文件,都可寄予此人。 授权人签章:		税务机关填写	受理人: 受理税务机关(章): 受理日期:

续上

《代扣代缴手续费申请表》填表说明

一、本表适用于申请个人所得税扣缴手续费的办理。

二、扣缴义务人退付账户与原缴税账户不一致的,须另行提交资料,并经税务机关确认。

三、本表一式四联,扣缴义务人一联、税务机关三联。

四、扣缴义务人名称:填写扣缴义务人法定名称的全称。

五、统一社会信用代码(纳税人识别号):填写扣缴义ww务人的统一社会信用代码或者纳税人识别号。

六、联系人名称:填写联系人姓名。

七、联系电话:填写联系人固定电话号码或手机号码。

八、品目名称:填写扣缴个人所得税的各项应税所得名称。如:工资、薪金所得。

九、原完税情况:填写退个人所得税代扣代缴手续费相关信息。分品目名称、税款所属时期、税票号码、实缴金额等项目,填写申请办理的已入库信息,上述信息应与完税费(缴款)凭证或完税电子信息一致。

十、申请手续费金额:填写申请年度计算的手续费金额。填写金额按照申请年度代扣代缴(含预扣预缴)个人所得税实际入库税额的2%计算。

(四)个人所得税扣缴申报管理办法

根据国家税务总局发布的《个人所得税扣缴申报管理办法(试行)》(国家税务总局公告2018年第61号)的规定,扣缴义务人,是指向个人支付所得的单位或者个人。扣缴义务人应当依法办理全员全额扣缴申报。全员全额扣缴申报,是指扣缴义务人应当在代扣税款的次月15日内,向主管税务机关报送其支付所得的所有个人的有关信息、支付所得数额、扣除事项和数额、扣缴税款的具体数额和总额以及其他相关涉税信息资料。

扣缴义务人每月或者每次预扣、代扣的税款,应当在次月15日内缴入国库,并向税务机关报送《个人所得税扣缴申报表》(表5-2)。

表5-2 个人所得税扣缴申报表

税款所属期：　年　月　日至　年　月　日

扣缴义务人名称：　　　　　　扣缴义务人纳税人识别号（统一社会信用代码）：□□□□□□□□□□□□□□□□□□

金额单位：人民币元（列至角分）

序号	姓名	身份证件类型	身份证件号码	是否为非居民个人	所得项目	本月（次）情况											累计情况													税款计算					备注
						收入额计算			专项扣除				其他扣除				累计收入额	累计减除费用	累计专项扣除	累计专项附加扣除					累计其他扣除	准予扣除的捐赠额	应纳税所得额	税率/预扣率	速算扣除数	应纳税额	减免税额	已缴税额	应补/退税额	
						收入	免税收入	减除费用	基本养老保险费	基本医疗保险费	失业保险费	住房公积金	年金	商业健康保险	税延养老保险	财产原值	允许扣除的税费	其他					子女教育	赡养老人	住房贷款利息	住房租金	继续教育	减按计税比例								
1	2	3	4	5	6	7	8	9	10	11	12	13	14	15	16	17	18	19	20	21	22	23	24	25	26	27	28	29	30	31	32	33	34	35	36	37	38	39	40
合计合计																																							

谨声明：本表是根据国家税收法律法规及相关规定填报的，是真实的、可靠的、完整的。

经办人签字：　　　　　　　　　　　　　　　　　扣缴义务人（签章）：　　　　　　　　　　　　　受理人：

经办人身份证件号码：　　　　　　　　　　　　　　　　　　　　　　年　月　日　　　　　　　　　受理税务机关（章）：

代理机构签章：　　　　　　　　　　　　　　　　　　　　　　　　　　　　　　　　　　　　　　　受理日期：　年　月　日

代理机构统一社会信用代码：

国家税务总局监制

续上

填表说明

一、适用范围

本表适用于扣缴义务人向居民个人支付工资、薪金所得，劳务报酬所得，稿酬所得和特许权使用费所得的个人所得税全员全额预扣预缴申报；向非居民个人支付工资、薪金所得，劳务报酬所得，稿酬所得和特许权使用费所得的个人所得税全员全额扣缴申报；以及向纳税人（居民个人和非居民个人）支付利息、股息、红利所得，财产租赁所得，财产转让所得和偶然所得的个人所得税全员全额扣缴申报。

二、报送期限

扣缴义务人应当在每月或者每次预扣、代扣税款的次月15日内，将已扣税款缴入国库，并向税务机关报送本表。

三、本表各栏填写

（一）表头项目

1. 税款所属期：填写扣缴义务人预扣、代扣税款当月的第1日至最后1日。如：2019年3月20日发放工资时代扣的税款，税款所属期填写"2019年3月1日至2019年3月31日"。

2. 扣缴义务人名称：填写扣缴义务人的法定名称全称。

3. 扣缴义务人纳税人识别号（统一社会信用代码）：填写扣缴义务人的纳税人识别号或者统一社会信用代码。

（二）表内各栏

1. 第2列"姓名"：填写纳税人姓名。

2. 第3列"身份证件类型"：填写纳税人有效的身份证件名称。中国公民有中华人民共和国居民身份证的，填写居民身份证；没有居民身份证的，填写中华人民共和国护照、港澳居民来往内地通行证或者港澳居民居住证、台湾居民通行证或者台湾居民居住证、外国人永久居留身份证、外国人工作许可证或者护照等。

3. 第4列"身份证件号码"：填写纳税人有效身份证件上载明的证件号码。

4. 第5列"纳税人识别号"：有中国居民身份证号码的，填写中华人民共和国居民身份证上载明的"公民身份号码"；没有中国居民身份证号码的，填写税务机关赋予的纳税人识别号。

5. 第6列"是否为非居民个人"：纳税人为居民个人的填"否"。为非居民个人的，根据合同、任职期限、预期工作时间等不同情况，填写"是，且不超过90天"或者"是，且超过90天不超过183天"。不填默认为"否"。

其中，纳税人为非居民个人的，填写"是，且不超过90天"的，当年在境内实际居住超过90天的次月15日内，填写"是，且超过90天不超过183天"。

6. 第7列"所得项目"：填写纳税人取得的个人所得税法第二条规定的应税所得项目名称。同一纳税人取得多项或者多次所得的，应分行填写。

7. 第8~21列"本月（次）情况"：填写扣缴义务人当月（次）支付给纳税人的所得，以及按规定各所得项目当月（次）可扣除的减除费用、专项扣除、其他扣除等。其中，工资、薪金所得预扣预缴个人所得税时扣除的专项附加扣除，按照纳税年度内纳税人在该任职受雇单位截至当月可享受的各专项附加扣除项目的扣除总额，填写至"累计情况"中第25~29列相应栏，本月情况中则无须填写。

（1）"收入额计算"：包含"收入""费用""免税收入"。收入额 = 第8列 − 第9列 − 第10列。

①第8列"收入"：填写当月（次）扣缴义务人支付给纳税人所得的总额。

第五章 个人所得税的征管与反避税

续上

②第 9 列"费用":取得劳务报酬所得、稿酬所得、特许权使用费所得时填写,取得其他各项所得时无须填写本列。居民个人取得上述所得,每次收入不超过 4 000 元的,费用填写"800"元;每次收入 4 000 元以上的,费用按收入的 20% 填写。非居民个人取得劳务报酬所得、稿酬所得、特许权使用费所得,费用按收入的 20% 填写。

③第 10 列"免税收入":填写纳税人各所得项目收入总额中,包含的税法规定的免税收入金额。其中,税法规定"稿酬所得的收入额减按 70% 计算",对稿酬所得的收入额减计的 30% 部分,填入本列。

(2)第 11 列"减除费用":按税法规定的减除费用标准填写。如,2019 年纳税人取得工资、薪金所得按月申报时,填写 5 000 元。纳税人取得财产租赁所得,每次收入不超过 4 000 元的,填写 800 元;每次收入 4 000 元以上的,按收入的 20% 填写。

(3)第 12~15 列"专项扣除":分别填写按规定允许扣除的基本养老保险费、基本医疗保险费、失业保险费、住房公积金(以下简称"三险一金")的金额。

(4)第 16~21 列"其他扣除":分别填写按规定允许扣除的项目金额。

8. 第 22~30 列"累计情况":本栏适用于居民个人取得工资、薪金所得,保险营销员、证券经纪人取得佣金收入等按规定采取累计预扣法预扣预缴税款时填报。

(1)第 22 列"累计收入额":填写本纳税年度截至当前月份,扣缴义务人支付给纳税人的工资、薪金所得,或者支付给保险营销员、证券经纪人的劳务报酬所得的累计收入额。

(2)第 23 列"累计减除费用":按照 5 000 元/月乘以纳税人当年在本单位的任职受雇或者从业的月份数计算。

(3)第 24 列"累计专项扣除":填写本年度截至当前月份,按规定允许扣除的"三险一金"的累计金额。

(4)第 25~29 列"累计专项附加扣除":分别填写截至当前月份,纳税人按规定可享受的子女教育、赡养老人、住房贷款利息或者住房租金、继续教育扣除的累计金额。大病医疗扣除由纳税人在年度汇算清缴时办理,此处无须填报。

(5)第 30 列"累计其他扣除":填写本年度截至当前月份,按规定允许扣除的年金(包括企业年金、职业年金)、商业健康保险、税延养老保险及其他扣除项目的累计金额。

9. 第 31 列"减按计税比例":填写按规定实行应纳税所得额减计税收优惠的减计比例。无减计规定的,可不填,系统默认为 100%。如,某项税收政策实行减按 60% 计入应纳税所得额,则本列填 60%。

10. 第 32 列"准予扣除的捐赠额":是指按照税法及相关法规、政策规定,可以在税前扣除的捐赠额。

11. 第 33~39 列"税款计算":填写扣缴义务人当月扣缴个人所得税款的计算情况。

(1)第 33 列"应纳税所得额":根据相关列次计算填报。

①居民个人取得工资、薪金所得,填写累计收入额减除累计减除费用、累计专项扣除、累计专项附加扣除、累计其他扣除后的余额。

②非居民个人取得工资、薪金所得,填写收入额减去减除费用后的余额。

③居民个人或者非居民个人取得劳务报酬所得、稿酬所得、特许权使用费所得,填写本月(次)收入额减除其他扣除后的余额。

保险营销员、证券经纪人取得的佣金收入,填写累计收入额减除累计减除费用、累计其他扣除后的余额。

④居民个人或者非居民个人取得利息、股息、红利所得和偶然所得,填写本月(次)收入额。

⑤居民个人或者非居民个人取得财产租赁所得,填写本月(次)收入额减去减除费用、其他扣除后的余额。

续上

> ⑥居民个人或者非居民个人取得财产转让所得，填写本月（次）收入额减除财产原值、允许扣除的税费后的余额。
>
> 其中，适用"减按计税比例"的所得项目，其应纳税所得额按上述方法计算后乘以减按计税比例的金额填报。
>
> 按照税法及相关法规、政策规定，可以在税前扣除的捐赠额，可以按上述方法计算后从应纳税所得额中扣除。
>
> （2）第34~35列"税率/预扣率""速算扣除数"：填写各所得项目按规定适用的税率（或预扣率）和速算扣除数。没有速算扣除数的，则不填。
>
> （3）第36列"应纳税额"：根据相关列次计算填报。第36列 = 第33列 × 第34列 − 第35列。
>
> （4）第37列"减免税额"：填写符合税法规定可减免的税额，并附报《个人所得税减免税事项报告表》。居民个人工资、薪金所得，以及保险营销员、证券经纪人取得佣金收入，填写本年度累计减免税额；居民个人取得工资、薪金以外的所得或非居民个人取得各项所得，填写本月（次）减免税额。
>
> （5）第38列"已缴税额"：填写本年或本月（次）纳税人同一所得项目，已由扣缴义务人实际扣缴的税款金额。
>
> （6）第39列"应补/退税额"：根据相关列次计算填报。第39列 = 第36列 − 第37列 − 第38列。
>
> 四、其他事项说明
>
> 以纸质方式报送本表的，应当一式两份，扣缴义务人、税务机关各留存一份。

实行个人所得税全员全额扣缴申报的应税所得包括：

（1）工资、薪金所得。

（2）劳务报酬所得。

（3）稿酬所得。

（4）特许权使用费所得。

（5）利息、股息、红利所得。

（6）财产租赁所得。

（7）财产转让所得。

（8）偶然所得。

扣缴义务人首次向纳税人支付所得时，应当按照纳税人提供的纳税人识别号等基础信息，填写《个人所得税基础信息表（A表）》（表5-3），并于次月扣缴申报时向税务机关报送。扣缴义务人对纳税人向其报告的相关基础信息变化情况，应当于次月扣缴申报时向税务机关报送。

第五章　个人所得税的征管与反避税

表5-3　个人所得税基础信息表（A表）

（适用于扣缴义务人填报）

扣缴义务人名称：

扣缴义务人纳税人识别号（统一社会信用代码）：□□□□□□□□□□□□□□□□□□

序号	纳税人基本信息						任职受雇从业信息				联系方式				银行账户		投资信息		其他信息		华侨、港澳台、外籍个人信息（带*必填）				备注
	*纳税人姓名	*身份证件类型	*身份证件号码	*出生日期	*国籍/地区	类型	职务	学历	任职受雇从业日期	离职日期	手机号码	户籍所在地	经常居住地	电子联系地址	开户银行	银行账号	投资额(元)	投资比例	是否残疾/孤老/烈属	残疾/烈属证号	*出生地	*性别	*首次入境时间	*预计离境时间	*涉税事由	
1	2	3	4	5	6	7	8	9	10	11	12	13	14	15	16	17	18	19	20	21	22	23	24	25	26	27	28	29

谨声明：本表是根据国家税收法律法规及相关规定填报的，是真实的、可靠的、完整的。

扣缴义务人（签章）：

经办人签字：

经办人身份证件号码：

代理机构签章：

代理机构统一社会信用代码：

受理人：

受理税务机关（章）：

受理日期：　年　月　日

国家税务总局监制

续上

填表说明

一、适用范围

本表由扣缴义务人填报。适用于扣缴义务人办理全员全额扣缴申报时,填报其支付所得的纳税人的基础信息。

二、报送期限

扣缴义务人首次向纳税人支付所得,或者纳税人相关基础信息发生变化的,应当填写本表,并于次月扣缴申报时向税务机关报送。

三、本表各栏填写

本表带"*"项目分为必填和条件必填,其余项目为选填。

(一)表头项目

1.扣缴义务人名称:填写扣缴义务人的法定名称全称。

2.扣缴义务人纳税人识别号(统一社会信用代码):填写扣缴义务人的纳税人识别号或者统一社会信用代码。

(二)表内各栏

1.第2~8列"纳税人基本信息":填写纳税人姓名、证件等基本信息。

(1)第2列"纳税人识别号":有中国居民身份证号码的,填写中华人民共和国居民身份证上载明的"公民身份号码";没有中国居民身份证号码的,填写税务机关赋予的纳税人识别号。

(2)第3列"纳税人姓名":填写纳税人姓名。外籍个人英文姓名按照"先姓(surname)后名(given name)"的顺序填写,确实无法区分姓和名的,按照证件上的姓名顺序填写。

(3)第4列"身份证件类型":根据纳税人实际情况填写。

①有中国公民身份号码的,应当填写《中华人民共和国居民身份证》(简称"居民身份证")。

②华侨应当填写《中华人民共和国护照》(简称"中国护照")。

③港澳居民可选择填写《港澳居民来往内地通行证》(简称"港澳居民通行证")或者《中华人民共和国港澳居民居住证》(简称"港澳居民居住证");台湾居民可选择填写《台湾居民来往大陆通行证》(简称"台湾居民通行证")或者《中华人民共和国台湾居民居住证》(简称"台湾居民居住证")。

④外籍人员可选择填写《中华人民共和国外国人永久居留身份证》(简称"外国人永久居留证")、《中华人民共和国外国人工作许可证》(简称"外国人工作许可证")或者"外国护照"。

⑤其他符合规定的情形填写"其他证件"。

身份证件类型选择"港澳居民居住证"的,应当同时填写"港澳居民通行证";身份证件类型选择"台湾居民居住证"的,应当同时填写"台湾居民通行证";身份证件类型选择"外国人永久居留证"或者"外国人工作许可证"的,应当同时填写"外国护照"。

(4)第5~6列"身份证件号码""出生日期":根据纳税人身份证件上的信息填写。

(5)第7列"国籍/地区":填写纳税人所属的国籍或者地区。

2.第8~12列"任职受雇从业信息":填写纳税人与扣缴义务人之间的任职受雇从业信息。

(1)第8列"类型":根据实际情况填写"雇员""保险营销员""证券经纪人"或者"其他"。

(2)第9~12列"职务""学历""任职受雇从业日期""离职日期":其中,当第9列"类型"选择"雇员""保险营销员"或者"证券经纪人"时,填写纳税人与扣缴义务人建立或者解除相应劳动或者劳务关系的日期。

3.第13~17列"联系方式":

(1)第13列"手机号码":填写纳税人境内有效手机号码。

(2)第14~16列"户籍所在地""经常居住地""联系地址":填写纳税人境内有效户籍所在地、经常居住地或者联系地址,按以下格式填写(具体到门牌号): 省(区、市) 市 区(县) 街道(乡、镇)。

(3)第17列"电子邮箱":填写有效的电子邮箱。

4.第18~19列"银行账户":填写个人境内有效银行账户信息,开户银行填写到银行总行。

第五章 个人所得税的征管与反避税

续上

> 5. 第 20~21 列"投资信息":纳税人为扣缴单位的股东、投资者的,填写本栏。
> 6. 第 22~23 列"其他信息":如纳税人有"残疾、孤老、烈属"情况的,填写本栏。
> 7. 第 24~28 列"华侨、港澳台、外籍个人信息":纳税人为华侨、港澳台居民、外籍个人的填写本栏。
> (1) 第 24 列"出生地":填写华侨、港澳台居民、外籍个人的出生地,具体到国家或者地区。
> (2) 第 26~27 列"首次入境时间""预计离境时间":填写华侨、港澳台居民、外籍个人首次入境和预计离境的时间,具体到年月日。预计离境时间发生变化的,应及时进行变更。
> (3) 第 28 列"涉税事由":填写华侨、港澳台居民、外籍个人在境内涉税的具体事由,包括"任职受雇""提供临时劳务""转让财产""从事投资和经营活动""其他"。如有多项事由的,应同时填写。
> 四、其他事项说明
> 以纸质方式报送本表的,应当一式两份,扣缴义务人、税务机关各留存一份。

扣缴义务人向居民个人支付工资、薪金所得时,应当按照累计预扣法计算预扣税款,并按月办理扣缴申报。累计预扣法,是指扣缴义务人在一个纳税年度内预扣预缴税款时,以纳税人在本单位截至当前月份工资、薪金所得累计收入减除累计免税收入、累计减除费用、累计专项扣除、累计专项附加扣除和累计依法确定的其他扣除后的余额为累计预扣预缴应纳税所得额,适用个人所得税预扣率表一(表 5-4),计算累计应预扣预缴税额,再减除累计减免税额和累计已预扣预缴税额,其余额为本期应预扣预缴税额。余额为负值时,暂不退税。纳税年度终了后余额仍为负值时,由纳税人通过办理综合所得年度汇算清缴,税款多退少补。

具体计算公式如下:

$$本期应预扣预缴税额 = (累计预扣预缴应纳税所得额 \times 预扣率 - 速算扣除数) - 累计减免税额 - 累计已预扣预缴税额$$

$$累计预扣预缴应纳税所得额 = 累计收入 - 累计免税收入 - 累计减除费用 - 累计专项扣除 - 累计专项附加扣除 - 累计依法确定的其他扣除$$

其中,累计减除费用,按照 5 000 元/月乘以纳税人当年截至本月在本单位的任职受雇月份数计算。

表 5-4 个人所得税预扣率表一

(居民个人工资、薪金所得预扣预缴适用) 单位:元

级数	累计预扣预缴应纳税所得额	预扣率	速算扣除数
1	不超过 36 000 元的	3%	0
2	超过 36 000 元至 144 000 元的部分	10%	2 520
3	超过 144 000 元至 300 000 元的部分	20%	16 920
4	超过 300 000 元至 420 000 元的部分	25%	31 920

续上

级数	累计预扣预缴应纳税所得额	预扣率	速算扣除数
5	超过420 000元至660 000元的部分	30%	52 920
6	超过660 000元至960 000元的部分	35%	85 920
7	超过960 000元的部分	45%	181 920

【典型案例分析】

例5-1：2022年1月份孙先生工资明细如下：（1）工资15 000元。（2）缴纳社保金1 000元。（3）缴纳公积金1 000元。（4）附加扣除2 000元。孙先生2022年1月工资所得应预扣税款=（15 000-5 000-1 000-1 000-2 000）×3%=180（元）。该笔个人所得税在2022年2月23日之前申报缴纳。

2022年2月份孙先生工资明细如下：（1）工资16 000元。（2）缴纳社保金1 100元。（3）缴纳公积金1 000元。（4）附加扣除3 000元。孙先生2022年2月工资所得应预扣税款=（15 000+16 000-5 000×2-1 000-1 100-1 000×2-2 000-3 000）×3%-180=177（元）。该笔个人所得税在2022年3月15日之前申报缴纳。

2022年3月及以后月份预扣税款的计算以此类推，如果中间计算的余额为负值时，暂不退税，在孙先生办理2022年度综合所得年度汇算清缴时，再多退少补。

居民个人向扣缴义务人提供有关信息并依法要求办理专项附加扣除的，扣缴义务人应当按照规定在工资、薪金所得按月预扣预缴税款时予以扣除，不得拒绝。

扣缴义务人向居民个人支付劳务报酬所得、稿酬所得、特许权使用费所得时，应当按照以下方法按次或者按月预扣预缴税款：

（1）劳务报酬所得、稿酬所得、特许权使用费所得：以收入减除费用后的余额为收入额，其中，稿酬所得的收入额减按70%计算。

（2）减除费用：预扣预缴税款时，劳务报酬所得、稿酬所得、特许权使用费所得每次收入不超过4 000元的，减除费用按800元计算；每次收入4 000元以上的，减除费用按收入的20%计算。

（3）应纳税所得额：劳务报酬所得、稿酬所得、特许权使用费所得，以每次收入额为预扣预缴应纳税所得额，计算应预扣预缴税额。劳务报酬所得适用个人所得税预扣率表二（表 5-5），稿酬所得、特许权使用费所得适用 20% 的比例预扣率。

（4）居民个人办理年度综合所得汇算清缴时，应当依法计算劳务报酬所得、稿酬所得、特许权使用费所得的收入额，并入年度综合所得计算应纳税款，税款多退少补。

表 5-5　个人所得税预扣率表二

（居民个人劳务报酬所得预扣预缴适用）　　　　　　　　　　　　单位：元

级数	预扣预缴应纳税所得额	预扣率	速算扣除数
1	不超过 20 000 元的	20%	0
2	超过 20 000 元至 50 000 元的部分	30%	2 000
3	超过 50 000 元的部分	40%	7 000

【典型案例分析】

例 5-2：王先生在甲公司上班，每月领取工资，同时还在乙公司兼职，每月领取 800 元劳务报酬。乙公司每月给王先生发放劳务报酬时，应预扣预缴多少个人所得税？

解析：劳务报酬预扣预缴个人所得税时，每次收入不超过 4 000 元的，减除费用按 800 元计算，因此，每次取得收入不超过 800 元的，不需要预扣预缴个人所得税。但年度结束后，王先生应将其取得的全部劳务报酬并入综合所得，重新计算个人所得税并多退少补。

扣缴义务人向非居民个人支付工资、薪金所得，劳务报酬所得，稿酬所得和特许权使用费所得时，应当按照以下方法按月或者按次代扣代缴税款：

非居民个人的工资、薪金所得，以每月收入额减除费用 5 000 元后的余额为应纳税所得额；劳务报酬所得、稿酬所得、特许权使用费所得，以每次收入额为应纳税所得额，适用个人所得税税率表三（表 5-6）计算应纳税额。

劳务报酬所得、稿酬所得、特许权使用费所得以收入减除 20% 的费用后的余额为收入额；其中，稿酬所得的收入额减按 70% 计算。

非居民个人在一个纳税年度内税款扣缴方法保持不变，达到居民个人条件时，应当告知扣缴义务人基础信息变化情况，年度终了后按照居民个人有关规定办理汇算清缴。

表 5-6　个人所得税税率表三

（非居民个人工资、薪金所得，劳务报酬所得，稿酬所得，特许权使用费所得适用）

级数	应纳税所得额	税率	速算扣除数
1	不超过 3 000 元的	3%	0
2	超过 3 000 元至 12 000 元的部分	10%	210
3	超过 12 000 元至 25 000 元的部分	20%	1 410
4	超过 25 000 元至 35 000 元的部分	25%	2 660
5	超过 35 000 元至 55 000 元的部分	30%	4 410
6	超过 55 000 元至 80 000 元的部分	35%	7 160
7	超过 80 000 元的部分	45%	15 160

扣缴义务人支付利息、股息、红利所得，财产租赁所得，财产转让所得或者偶然所得时，应当依法按次或者按月代扣代缴税款。

劳务报酬所得、稿酬所得、特许权使用费所得，属于一次性收入的，以取得该项收入为一次；属于同一项目连续性收入的，以一个月内取得的收入为一次。财产租赁所得，以一个月内取得的收入为一次。利息、股息、红利所得，以支付利息、股息、红利时取得的收入为一次。偶然所得，以每次取得该项收入为一次。

纳税人需要享受税收协定待遇的，应当在取得应税所得时主动向扣缴义务人提出，并提交相关信息、资料，扣缴义务人代扣代缴税款时按照享受税收协定待遇有关办法办理。

支付工资、薪金所得的扣缴义务人应当于年度终了后两个月内，向纳税人提供其个人所得和已扣缴税款等信息。纳税人年度中间需要提供上述信息的，扣缴义务人应当提供。纳税人取得除工资、薪金所得以外的其他所得，扣缴义务人应当在扣缴税款后，及时向纳税人提供其个人所得和已扣缴税款等信息。

扣缴义务人应当按照纳税人提供的信息计算税款、办理扣缴申报，不得擅自更改纳税人提供的信息。扣缴义务人发现纳税人提供的信息与实际情况不符的，可以要求纳税人修改。纳税人拒绝修改的，扣缴义务人应当报告税务机关，税务机关应当及时处理。纳税人发现扣缴义务人提供或者扣缴申报的个人信息、支付所得、扣缴税款等信息与实际情况不符的，有权要求扣缴义务人修改。扣缴义务人拒绝修改的，纳税人应当报告税务机关，税务机关应当及时处理。

扣缴义务人对纳税人提供的《个人所得税专项附加扣除信息表》，应当按照规定妥善保存备查。扣缴义务人应当依法对纳税人报送的专项附加扣除等相关涉税信息和资料保密。

对扣缴义务人按照规定扣缴的税款，按年付给2%的手续费，不包括税务机关、司法机关等查补或者责令补扣的税款。扣缴义务人领取的扣缴手续费可用于提升办税能力、奖励办税人员。

扣缴义务人依法履行代扣代缴义务，纳税人不得拒绝。纳税人拒绝的，扣缴义务人应当及时报告税务机关。扣缴义务人有未按照规定向税务机关报送资料和信息、未按照纳税人提供信息虚报虚扣专项附加扣除、应扣未扣税款、不缴或少缴已扣税款、借用或冒用他人身份等行为的，依照《税收征收管理法》等相关法律、行政法规处理。

（四）完善调整部分纳税人个人所得税预扣预缴方法

根据《国家税务总局关于完善调整部分纳税人个人所得税预扣预缴方法的公告》（国家税务总局公告2020年第13号）的规定，自2020年7月1日起，对一个纳税年度内首次取得工资、薪金所得的居民个人，扣缴义务人在预扣预缴个人所得税时，可按照5 000元/月乘以纳税人当年截至本月月份数计算累计减除费用。首次取得工资、薪金所得的居民个人，是指自纳税年度首月起至新入职时，未取得工资、薪金所得或者未按照累计预扣法预扣预缴过连续性劳务报酬所得个人所得税的居民个人。

正在接受全日制学历教育的学生因实习取得劳务报酬所得的，扣缴义务人预扣预缴个人所得税时，可按照《国家税务总局关于发布〈个人所得税扣缴申报管理办法（试行）〉的公告》（国家税务总局2018年第61号，以下简称"公告"）规定的累计预扣法计算并预扣预缴税款。

符合上述规定并可按上述条款预扣预缴个人所得税的纳税人，应当及时向扣缴义务人申明并如实提供相关佐证资料或承诺书，并对相关资料及承诺书的真实性、准确性、完整性负责。相关资料或承诺书，纳税人及扣缴义务人需留存备查。

【典型案例分析】

例 5-3：纳税人小赵 2022 年 1 月至 8 月一直未找到工作，没有取得过工资、薪金所得，仅有过一笔 8 000 元的劳务报酬且按照单次收入适用 20% 的预扣率预扣预缴了税款。9 月初小赵找到新工作并开始领薪。那么新入职单位在为小赵计算并预扣 9 月份工资、薪金所得个人所得税时，可以扣除自年初开始计算的累计减除费用 45 000 元（9 个月 ×5 000 元/月）。

【典型案例分析】

例 5-4：李先生 2022 年 7 月 1 日到甲公司工作，月工资 4 万元，社保与住房公积金为 3 000 元，没有专项附加扣除。按照旧政策，甲公司应为李先生 7 月工资预扣预缴个人所得税 =（40 000-5 000-3 000）×3%=960（元）；甲公司应为李先生 8 月工资预扣预缴个人所得税 =（40 000×2-5 000×2-3 000×2）×10%-2 520-960=2 920（元）。按照新政策，甲公司应为李先生 7 月工资预扣预缴个人所得税 =（40 000-5 000×7-3 000）×3%=60（元）；甲公司应为李先生 8 月工资预扣预缴个人所得税 =（40 000×2-5 000×8-3 000×2）×3%-60=960（元）。李先生 7 月工资少预扣预缴个人所得税 900 元，李先生 8 月工资少预扣预缴个人所得税 1 960 元。

【典型案例分析】

例 5-5：学生小张 2022 年 7 月份在某公司实习取得劳务报酬 3 000 元。扣缴单位在为其预扣预缴劳务报酬所得个人所得税时，可采取累计预扣法预扣预缴税款。如果采用该方法，那么小张 7 月份劳务报酬扣除 5 000 元减除费用后则无需预缴税款，比预扣预缴方法完善调整前少预缴 440 元。如果小张年内再无其他综合所得，也就无需办理年度汇算退税。

纳税人可根据自身情况判断是否符合公告规定的条件。符合条件并按照公告规定的方法预扣预缴税款的，应及时向扣缴义务人申明并如实提供相关佐证资料或者承诺书。如新入职的毕业大学生，可以向单位出示毕业证或者派遣证等佐证资料；实习生取得实习单位支付的劳务报酬所得，如采取累计预扣法预扣税款的，可以向单位出示学生证等佐证资料；其他年中首次取得工资、薪金所得的纳税人，如确实没有其他佐证资料的，可以提供承诺书。扣缴义务人收到相关佐证资料或承诺书后，即可按照完善调整后的预扣预缴方法为纳税人预扣预缴个人所得税。同时，纳税人需就向扣缴义务人提供的佐证资料及承诺书的真实性、准确性、完整性负责。相关佐证资料及承诺书的原件或复印件，纳税人及扣缴义务人需留存备查。

【典型案例分析】

例5-6：正在接受全日制学历教育的学生小王2022年7月到甲公司实习，每月取得劳务报酬5 000元。按照旧政策，甲公司应每月为小王预扣预缴个人所得税=5 000×（1-20%）×20%=800（元）。按照新政策，小王每月的应纳税所得额=5 000-5 000=0（元），甲公司每月为小王预扣预缴个人所得税为0。

方法一：在一个纳税年度内首次取得工资的居民个人，应及时向所在单位提供相应证明以享受公告规定的预扣预缴个人所得税方法。

方法二：在与用人单位协商工资福利待遇时，尽量将货币工资转化为福利待遇。如月工资8 000元，与月工资6 000元但提供住宿相比，即使劳动者每月需要支付的住宿费也是2 000元，也应选择后者。因为前者有可能需要缴纳720元个人所得税（假设社保为1 000元，无其他扣除项目），而后者基本上不需要缴纳个人所得税。

方法三：如果用人单位能够报销一些日常开支的费用，则可以选择将工资转化为报销费用。如果月工资20 000元与月工资15 000元加5 000元的费用报销（交通费、通信费、快递费、办公用品、油费、过路费等），则应尽量选择后者。假设劳动者每月社保为2 000元，专项附加扣除为每月2 000元。前者应纳个人所得税=（20 000-9 000）×12×10%-2520=10 680（元）。后者应纳个人所得税=（15 000-9 000）×12×3%=2 160（元）。节税8 520元。

方法四：在工资总额一定的前提下，尽量要求用人单位设置适当年终奖。如果工资总额为200 000元，各项扣除为84 000元，应纳税所得额为116 000万元，应纳个人所得税=116 000×10%-2 520=9 080（元）。如能设置适用最低档税率的年终奖即36 000元，工资应纳个人所得税=（116 000-36 000）×10%-2 520=5 480（元）。年终奖纳税=36 000×3%=1 080（元）。合计纳税6 560元，节税2 520万元。

（五）进一步简便优化部分纳税人个人所得税预扣预缴方法

根据《国家税务总局关于进一步简便优化部分纳税人个人所得税预扣

预缴方法的公告》（国家税务总局公告2020年第19号）的规定，自2021年1月1日起，对上一完整纳税年度内每月均在同一单位预扣预缴工资、薪金所得个人所得税且全年工资、薪金收入不超过6万元的居民个人，扣缴义务人在预扣预缴本年度工资、薪金所得个人所得税时，累计减除费用自1月份起直接按照全年6万元计算扣除。即，在纳税人累计收入不超过6万元的月份，暂不预扣预缴个人所得税；在其累计收入超过6万元的当月及年内后续月份，再预扣预缴个人所得税。扣缴义务人应当按规定办理全员全额扣缴申报，并在《个人所得税扣缴申报表》相应纳税人的备注栏注明"上年各月均有申报且全年收入不超过6万元"字样。对按照累计预扣法预扣预缴劳务报酬所得个人所得税的居民个人，扣缴义务人比照上述规定执行。

二、纳税人自行纳税申报

（一）取得综合所得

根据《个人所得税法》第十条的规定，取得综合所得需要办理汇算清缴的，纳税人应当依法办理纳税申报。

根据《个人所得税法实施条例》第二十五条的规定，取得综合所得需要办理汇算清缴的情形包括：

（1）从两处以上取得综合所得，且综合所得年收入额减除专项扣除的余额超过6万元。

（2）取得劳务报酬所得、稿酬所得、特许权使用费所得中一项或者多项所得，且综合所得年收入额减除专项扣除的余额超过6万元。

（3）纳税年度内预缴税额低于应纳税额。

（4）纳税人申请退税。纳税人申请退税，应当提供其在中国境内开设的银行账户，并在汇算清缴地就地办理税款退库。

根据《个人所得税法》第十一条的规定，居民个人取得综合所得，按年计算个人所得税；有扣缴义务人的，由扣缴义务人按月或者按次预扣预缴税款；需要办理汇算清缴的，应当在取得所得的次年3月1日至6月30日内办理汇算清缴。预扣预缴办法由国务院税务主管部门制定。

根据《个人所得税法》第十条的规定，扣缴义务人应当按照国家规定办理全员全额扣缴申报，并向纳税人提供其个人所得和已扣缴税款等信息。

根据《个人所得税法实施条例》第二十六条的规定，全员全额扣缴申报，是指扣缴义务人在代扣税款的次月 15 日内，向主管税务机关报送其支付所得的所有个人的有关信息、支付所得数额、扣除事项和数额、扣缴税款的具体数额和总额以及其他相关涉税信息资料。

根据《个人所得税法实施条例》第三十一条的规定，纳税人申请退税时提供的汇算清缴信息有错误的，税务机关应当告知其更正；纳税人更正的，税务机关应当及时办理退税。扣缴义务人未将扣缴的税款解缴入库的，不影响纳税人按照规定申请退税，税务机关应当凭纳税人提供的有关资料办理退税。

根据《国家税务总局关于个人所得税自行纳税申报有关问题的公告》（国家税务总局公告 2018 年第 62 号）第一条的规定，取得综合所得且符合下列情形之一的纳税人，应当依法办理汇算清缴：

（1）从两处以上取得综合所得，且综合所得年收入额减除专项扣除后的余额超过 6 万元。

（2）取得劳务报酬所得、稿酬所得、特许权使用费所得中一项或者多项所得，且综合所得年收入额减除专项扣除的余额超过 6 万元。

（3）纳税年度内预缴税额低于应纳税额。

（4）纳税人申请退税。需要办理汇算清缴的纳税人，应当在取得所得的次年 3 月 1 日至 6 月 30 日内，向任职、受雇单位所在地主管税务机关办理纳税申报，并报送《个人所得税年度自行纳税申报表（A 表）》（表 5-7）、《个人所得税年度自行纳税申报表（简易版）》（表 5-8）或者《个人所得税年度自行纳税申报表（问答版）》（表 5-9）。

纳税人有两处以上任职、受雇单位的，选择向其中一处任职、受雇单位所在地主管税务机关办理纳税申报；纳税人没有任职、受雇单位的，向户籍所在地或经常居住地主管税务机关办理纳税申报。纳税人办理综合所得汇算清缴，应当准备与收入、专项扣除、专项附加扣除、依法确定的其他扣除、捐赠、享受税收优惠等相关的资料，并按规定留存备查或报送。

表5-7 个人所得税年度自行纳税申报表（A表）

（仅取得境内综合所得年度汇算适用）

税款所属期： 年 月 日至 年 月 日

纳税人姓名：

纳税人识别号：□□□□□□□□□□□□□□□□□□－□□　　金额单位：人民币元（列至角分）

基本情况				
手机号码		电子邮箱	邮政编码	□□□□□□
联系地址				＿＿＿省（区、市）＿＿＿市＿＿＿区（县）＿＿＿街道（乡、镇）＿＿＿
纳税地点（单选）				
1.有任职受雇单位的，需选本项并填写"任职受雇单位信息"：				□任职受雇单位所在地
任职受雇单位信息	名称			
	纳税人识别号			□□□□□□□□□□□□□□□□□□
2.没有任职受雇单位的，可以从本栏次选择一地：			□户籍所在地	□经常居住地
户籍所在地/经常居住地				＿＿＿省（区、市）＿＿＿市＿＿＿区（县）＿＿＿街道（乡、镇）＿＿＿
申报类型（单选）				
□首次申报				□更正申报
综合所得个人所得税计算				
项目			行次	金额
一、收入合计（第1行=第2行+第3行+第4行+第5行）			1	
（一）工资、薪金			2	
（二）劳务报酬			3	
（三）稿酬			4	
（四）特许权使用费			5	
二、费用合计[第6行=（第3行+第4行+第5行）×20%]			6	
三、免税收入合计（第7行=第8行+第9行）			7	
（一）稿酬所得免税部分[第8行=第4行×（1-20%）×30%]			8	
（二）其他免税收入（附报《个人所得税减免税事项报告表》）			9	
四、减除费用			10	
五、专项扣除合计（第11行=第12行+第13行+第14行+第15行）			11	
（一）基本养老保险费			12	
（二）基本医疗保险费			13	
（三）失业保险费			14	
（四）住房公积金			15	
六、专项附加扣除合计（附报《个人所得税专项附加扣除信息表》）（第16行=第17行+第18行+第19行+第20行+第21行+第22行）			16	

续表

（一）子女教育	17	
（二）继续教育	18	
（三）大病医疗	19	
（四）住房贷款利息	20	
（五）住房租金	21	
（六）赡养老人	22	
七、其他扣除合计（第23行＝第24行＋第25行＋第26行＋第27行＋第28行）	23	
（一）年金	24	
（二）商业健康保险（附报《商业健康保险税前扣除情况明细表》）	25	
（三）税延养老保险（附报《个人税收递延型商业养老保险税前扣除情况明细表》）	26	
（四）允许扣除的税费	27	
（五）其他	28	
八、准予扣除的捐赠额（附报《个人所得税公益慈善事业捐赠扣除明细表》）	29	
九、应纳税所得额 （第30行＝第1行－第6行－第7行－第10行－第11行－第16行－第23行－第29行）	30	
十、税率	31	
十一、速算扣除数	32	
十二、应纳税额（第33行＝第30行×第31行－第32行）	33	
全年一次性奖金个人所得税计算		
（无住所居民个人预判为非居民个人取得的数月奖金，选择按全年一次性奖金计税的填写本部分）		
一、全年一次性奖金收入	34	
二、准予扣除的捐赠额（附报《个人所得税公益慈善事业捐赠扣除明细表》）	35	
三、税率	36	
四、速算扣除数	37	
五、应纳税额[第38行＝（第34行－第35行）×第36行－第37行]	38	
税额调整		
一、综合所得收入调整额（需在"备注"栏说明调整具体原因、计算方式等）	39	
二、应纳税额调整额	40	
应补/退个人所得税计算		
一、应纳税额合计（第41行＝第33行＋第38行＋第40行）	41	
二、减免税额（附报《个人所得税减免税事项报告表》）	42	
三、已缴税额	43	
四、应补/退税额（第44行＝第41行－第42行－第43行）	44	

续表

无住所个人附报信息			
纳税年度内在中国境内居住天数		已在中国境内居住年数	
退税申请 （应补/退税额小于 0 的填写本部分）			
□ 申请退税（需填写"开户银行名称""开户银行省份""银行账号"） □ 放弃退税			
开户银行名称		开户银行省份	
银行账号			
备注			
谨声明：本表是根据国家税收法律法规及相关规定填报的，本人对填报内容（附带资料）的真实性、可靠性、完整性负责。			
	纳税人签字：	年　月　日	
经办人签字： 经办人身份证件类型： 经办人身份证件号码： 代理机构签章： 代理机构统一社会信用代码：		受理人： 受理税务机关（章）： 受理日期：　年　月　日	

国家税务总局监制

续上

《个人所得税年度自行纳税申报表》（A 表）填表说明
（仅取得境内综合所得年度汇算适用）

一、适用范围

本表适用于居民个人纳税年度内仅从中国境内取得工资薪金所得、劳务报酬所得、稿酬所得、特许权使用费所得（以下称"综合所得"），按照税法规定进行个人所得税综合所得汇算清缴。居民个人纳税年度内取得境外所得的，不适用本表。

二、报送期限

居民个人取得综合所得需要办理汇算清缴的，应当在取得所得的次年 3 月 1 日至 6 月 30 日内，向主管税务机关办理个人所得税综合所得汇算清缴申报，并报送本表。

三、本表各栏填写

（一）表头项目

1. 税款所属期：填写居民个人取得综合所得当年的第 1 日至最后 1 日。如：2019 年 1 月 1 日至 2019 年 12 月 31 日。

续上

2. 纳税人姓名：填写居民个人姓名。
3. 纳税人识别号：有中国居民身份证号码的，填写中华人民共和国居民身份证上载明的"公民身份号码"；没有中国居民身份证号码的，填写税务机关赋予的纳税人识别号。

（二）基本情况
1. 手机号码：填写居民个人中国境内的有效手机号码。
2. 电子邮箱：填写居民个人有效电子邮箱地址。
3. 联系地址：填写居民个人能够接收信件的有效地址。
4. 邮政编码：填写居民个人"联系地址"对应的邮政编码。

（三）纳税地点
居民个人根据任职受雇情况，在选项1和选项2之间选择其一，并填写相应信息。若居民个人逾期办理汇算清缴申报被指定主管税务机关的，无需填写本部分。
1. 任职受雇单位信息：勾选"任职受雇单位所在地"并填写相关信息。
（1）名称：填写任职受雇单位的法定名称全称。
（2）纳税人识别号：填写任职受雇单位的纳税人识别号或者统一社会信用代码。
2. 户籍所在地/经常居住地：勾选"户籍所在地"的，填写居民户口簿中登记的住址。勾选"经常居住地"的，填写居民个人申领居住证上登载的居住地址；没有申领居住证的，填写居民个人实际居住地；实际居住地不在中国境内的，填写支付或者实际负担综合所得的境内单位或个人所在地。

（四）申报类型
未曾办理过年度汇算申报，勾选"首次申报"；已办理过年度汇算申报，但有误需要更正的，勾选"更正申报"。

（五）综合所得个人所得税计算
1. 第1行"收入合计"：填写居民个人取得的综合所得收入合计金额。
第1行 = 第2行 + 第3行 + 第4行 + 第5行。
2. 第2~5行"工资、薪金""劳务报酬""稿酬""特许权使用费"：填写居民个人取得的需要并入综合所得计税的"工资、薪金""劳务报酬""稿酬""特许权使用费"所得收入金额。
3. 第6行"费用合计"：根据相关行次计算填报。
第6行 =（第3行 + 第4行 + 第5行）× 20%。
4. 第7行"免税收入合计"：填写居民个人取得的符合税法规定的免税收入合计金额。
第7行 = 第8行 + 第9行。
5. 第8行"稿酬所得免税部分"：根据相关行次计算填报。
第8行 = 第4行 ×（1-20%）× 30%。
6. 第9行"其他免税收入"：填写居民个人取得的除第8行以外的符合税法规定的免税收入合计，并按规定附报《个人所得税减免税事项报告表》。
7. 第10行"减除费用"：填写税法规定的减除费用。
8. 第11行"专项扣除合计"：根据相关行次计算填报。
第11行 = 第12行 + 第13行 + 第14行 + 第15行。
9. 第12~15行"基本养老保险费""基本医疗保险费""失业保险费""住房公积金"：填写居民个人按规定可以在税前扣除的基本养老保险费、基本医疗保险费、失业保险费、住房公积金金额。
10. 第16行"专项附加扣除合计"：根据相关行次计算填报，并按规定附报《个人所得税专项附加扣除信息表》。
第16行 = 第17行 + 第18行 + 第19行 + 第20行 + 第21行 + 第22行。
11. 第17~22行"子女教育""继续教育""大病医疗""住房贷款利息""住房租金""赡养老人"：填写居民个人按规定可以在税前扣除的子女教育、继续教育、大病医疗、住房贷款利息、住房租金、赡养老人等专项附加扣除的金额。
12. 第23行"其他扣除合计"：根据相关行次计算填报。
第23行 = 第24行 + 第25行 + 第26行 + 第27行 + 第28行。

续上

13. 第 24~28 行"年金""商业健康保险""税延养老保险""允许扣除的税费""其他":填写居民个人按规定可在税前扣除的年金、商业健康保险、税延养老保险、允许扣除的税费和其他扣除项目的金额。其中,填写商业健康保险的,应当按规定附报《商业健康保险税前扣除情况明细表》;填写税延养老保险的,应当按规定附报《个人税收递延型商业养老保险税前扣除情况明细表》。

14. 第 29 行"准予扣除的捐赠额":填写居民个人按规定准予在税前扣除的公益慈善事业捐赠金额,并按规定附报《个人所得税公益慈善事业捐赠扣除明细表》。

15. 第 30 行"应纳税所得额":根据相关行次计算填报。

第 30 行 = 第 1 行 – 第 6 行 – 第 7 行 – 第 10 行 – 第 11 行 – 第 16 行 – 第 23 行 – 第 29 行。

16. 第 31、32 行"税率""速算扣除数":填写按规定适用的税率和速算扣除数。

17. 第 33 行"应纳税额":按照相关行次计算填报。

第 33 行 = 第 30 行 × 第 31 行 – 第 32 行。

(六)全年一次性奖金个人所得税计算

无住所居民个人预缴时因预判为非居民个人而按取得数月奖金计算缴税的,汇缴时可以根据自身情况,将一笔数月奖金按照全年一次性奖金单独计算。

1. 第 34 行"全年一次性奖金收入":填写无住所的居民个人纳税年度内预判为非居民个人时取得的一笔数月奖金收入金额。

2. 第 35 行"准予扣除的捐赠额":填写无住所的居民个人按规定准予在税前扣除的公益慈善事业捐赠金额,并按规定附报《个人所得税公益慈善事业捐赠扣除明细表》。

3. 第 36、37 行"税率""速算扣除数":填写按照全年一次性奖金政策规定适用的税率和速算扣除数。

4. 第 38 行"应纳税额":按照相关行次计算填报。

第 38 行 =(第 34 行 – 第 35 行)× 第 36 行 – 第 37 行。

(七)税额调整

1. 第 39 行"综合所得收入调整额":填写居民个人按照税法规定可以办理的除第 39 行之前所填报内容之外的其他可以进行调整的综合所得收入的调整金额,并在"备注"栏说明调整的具体原因、计算方式等信息。

2. 第 40 行"应纳税额调整额":填写居民个人按照税法规定调整综合所得收入后所应调整的应纳税额。

(八)应补/退个人所得税计算

1. 第 41 行"应纳税额合计":根据相关行次计算填报。

第 41 行 = 第 33 行 + 第 38 行 + 第 40 行。

2. 第 42 行"减免税额":填写符合税法规定的可以减免的税额,并按规定附报《个人所得税减免税事项报告表》。

3. 第 43 行"已缴税额":填写居民个人取得在本表中已填报的收入对应的已经缴纳或者被扣缴的个人所得税。

4. 第 44 行"应补/退税额":根据相关行次计算填报。

第 44 行 = 第 41 行 – 第 42 行 – 第 43 行。

(九)无住所个人附报信息

本部分由无住所居民个人填写。不是,则不填。

1. 纳税年度内在中国境内居住天数:填写纳税年度内,无住所居民个人在中国境内居住的天数。

2. 已在中国境内居住年数:填写无住所居民个人已在中国境内连续居住的年份数。其中,年份数自 2019 年(含)开始计算且不包含本纳税年度。

(十)退税申请

本部分由应补/退税额小于 0 且勾选"申请退税"的居民个人填写。

1. "开户银行名称":填写居民个人在中国境内开立银行账户的银行名称。

续上

2."开户银行省份":填写居民个人在中国境内开立的银行账户的开户银行所在省、自治区、直辖市或者计划单列市。

3."银行账号":填写居民个人在中国境内开立的银行账户的银行账号。

(十一)备注

填写居民个人认为需要特别说明的或者按照有关规定需要说明的事项。

四、其他事项说明

以纸质方式报送本表的,建议通过计算机填写打印,一式两份,纳税人、税务机关各留存一份。

表 5-8　个人所得税年度自行纳税申报表(简易版)

(纳税年度:20___)

一、填表须知

填写本表前,请仔细阅读以下内容:

1. 如果您年综合所得收入额不超过 6 万元且在纳税年度内未取得境外所得的,可以填写本表;

2. 您可以在纳税年度的次年 3 月 1 日至 5 月 31 日使用本表办理汇算清缴申报,并在该期限内申请退税;

3. 建议您下载并登录个人所得税 App,或者直接登录税务机关官方网站在线办理汇算清缴申报,体验更加便捷的申报方式;

4. 如果您对于申报填写的内容有疑问,您可以参考相关办税指引,咨询您的扣缴单位、专业人士,或者拨打 12366 纳税服务热线。

5. 以纸质方式报送本表的,建议通过计算机填写打印,一式两份,纳税人、税务机关各留存一份。

二、个人基本情况

1. 姓名	
2. 居民身份证号码/纳税人识别号	□□□□□□□□□□□□□□□□□□-□□ (无校验码不填后两位)
说明:有中国居民身份证号码的,填写中华人民共和国居民身份证上载明的"公民身份号码";没有中国居民身份证号码的,填写税务机关赋予的纳税人识别号。	
3. 手机号码	□□□□□□□□□□□
提示:中国境内有效手机号码,请准确填写,以方便与您联系。	
4. 电子邮箱	
5. 联系地址	___省(区、市)___市___区(县)___街道(乡、镇)
提示:能够接收信件的有效通信地址。	
6. 邮政编码	□□□□□□

三、纳税地点(单选)

1. 有任职受雇单位的,需选本项并填写"任职受雇单位信息":		□任职受雇单位所在地
任职受雇单位信息	名称	
	纳税人识别号	□□□□□□□□□□□□□□□□□□
2. 没有任职受雇单位的,可以从本栏次选择一地:		□户籍所在地 □经常居住地
户籍所在地/经常居住地		___省(区、市)___市___区(县)___街道(乡、镇)

续表

四、申报类型

请您选择本次申报类型，未曾办理过年度汇算申报，勾选"首次申报"；已办理过年度汇算申报，但有误需要更正的，勾选"更正申报"：
□首次申报　　　　　　□更正申报

五、纳税情况

已缴税额	□□,□□□.□□（元）
纳税年度内取得综合所得时，扣缴义务人预扣预缴以及个人自行申报缴纳的个人所得税。	

六、退税申请

1.是否申请退税？	□申请退税【选择此项的，填写个人账户信息】　　□放弃退税
2.个人账户信息	开户银行名称：＿＿＿＿＿＿＿　开户银行省份：＿＿＿＿＿＿＿ 银行账号：＿＿＿＿＿＿＿＿＿＿＿＿＿＿
说明：开户银行名称填写居民个人在中国境内开立银行账户的银行名称。	

七、备注

如果您有需要特别说明或者税务机关要求说明的事项，请在本栏填写：

八、承诺及申报受理

谨声明： 1.本人纳税年度内取得的综合所得收入额合计不超过6万元。 2.本表是根据国家税收法律法规及相关规定填报的，本人对填报内容（附带资料）的真实性、可靠性、完整性负责。 　　　　　　　　　　　　　　　　　　　　　　　纳税人签名：＿＿＿年＿＿＿月＿＿＿日

经办人签字： 经办人身份证件类型： 经办人身份证件号码： 代理机构签章： 代理机构统一社会信用代码：	受理人： 受理税务机关（章）： 受理日期：　　年　月　日

国家税务总局监制

表 5-9　个人所得税年度自行纳税申报表（问答版）

（纳税年度：20____）

一、填表须知

> 填写本表前，请仔细阅读以下内容：
> 1. 如果您需要办理个人所得税综合所得汇算清缴，并且未在纳税年度内取得境外所得的，可以填写本表；
> 2. 您需要在纳税年度的次年 3 月 1 日至 6 月 30 日办理汇算清缴申报，并在该期限内补缴税款或者申请退税；
> 3. 建议您下载并登录个人所得税 App，或者直接登录税务机关官方网站在线办理汇算清缴申报，体验更加便捷的申报方式；
> 4. 如果您对于申报填写的内容有疑问，您可以参考相关办税指引，咨询您的扣缴单位、专业人士，或者拨打 12366 纳税服务热线。
> 5. 以纸质方式报送本表的，建议通过计算机填写打印，一式两份，纳税人、税务机关各留存一份。

二、基本情况

1. 姓　名	
2. 居民身份证号码/纳税人识别号	□□□□□□□□□□□□□□□□□□ - □□（无校验码不填后两位）
说明：有中国居民身份证号码的，填写中华人民共和国居民身份证上载明的"公民身份号码"；没有中国居民身份证号码的，填写税务机关赋予的纳税人识别号。	
3. 手机号码	□□□□□□□□□□□
提示：中国境内有效手机号码，请准确填写，以方便与您联系。	
4. 电子邮箱	
5. 联系地址	_____省（区、市）____市____区（县）_____街道（乡、镇）_____
提示：能够接收信件的有效通信地址。	
6. 邮政编码	□□□□□□

三、纳税地点

7. 您是否有任职受雇单位，并取得工资薪金？（单选）

□有任职受雇单位（需要回答问题 8）　　□没有任职受雇单位（需要回答问题 9）

8. 如果您有任职受雇单位，您可以选择一处任职受雇单位所在地办理汇算清缴，请提供该任职受雇单位的具体情况：

任职受雇单位名称（全称）：_____

任职受雇单位纳税人识别号：□□□□□□□□□□□□□□□□□□

9. 如果您没有任职受雇单位，您可以选择以下地点办理汇算清缴：（单选）

□户籍所在地　　　　　　　　□经常居住地

具体地址：_____省（区、市）____市____区（县）_____街道（乡、镇）_____

说明：1. 户籍所在地是指居民户口簿中登记的地址。

2. 经常居住地是指居民个人申领居住证上登载的居住地址，若没有申领居住证，指居民个人当前实际居住的地址；若居民个人不在中国境内的，指支付或者实际负担综合所得的境内单位或个人所在地。

续表

四、申报类型

10. 未曾办理过年度汇算申报，勾选"首次申报"；已办理过年度汇算申报，但有误需要更正的，勾选"更正申报"：

☐ 首次申报　　　　　　　　　　☐ 更正申报

五、收入–A（工资薪金）

11. 您在纳税年度内取得的工资薪金收入有多少？

（A1）工资薪金收入（包括并入综合所得计算的全年一次性奖金）：□□,□□□,□□□,□□□.□□（元）　　☐ 无此类收入

说明：
（1）工资薪金是指，个人因任职或者受雇，取得的工资薪金收入。包括工资、薪金、奖金、年终加薪、劳动分红、津贴、补贴以及与任职或者受雇有关的其他收入。全年一次性奖金是指，行政机关、企事业单位等扣缴义务人根据其全年经济效益和对雇员全年工作业绩的综合考核情况，向雇员发放的一次性奖金。包括年终加薪、实行年薪制和绩效工资办法的单位根据考核情况兑现的年薪和绩效工资。
（2）全年一次性奖金可以单独计税，也可以并入综合所得计税。具体方法请查阅财税〔2018〕164号文件规定。选择何种方式计税对您更为有利，可以咨询专业人士。
（3）工资薪金收入不包括单独计税的全年一次性奖金。

六、收入–A（劳务报酬）

12. 您在纳税年度内取得的劳务报酬收入有多少？

（A2）劳务报酬收入：□□,□□□,□□□,□□□.□□（元）　　☐ 无此类收入

说明：劳务报酬收入是指，个人从事设计、装潢、安装、制图、化验、测试、医疗、法律、会计、咨询、讲学、翻译、审稿、书画、雕刻、影视、录音、录像、演出、表演、广告、展览、技术服务、介绍服务、经纪服务、代办服务以及其他劳务取得的收入。

七、收入–A（稿酬）

13. 您在纳税年度内取得的稿酬收入有多少？

（A3）稿酬收入：□□,□□□,□□□,□□□.□□（元）　　☐ 无此类收入

说明：稿酬收入是指，个人作品以图书、报刊等形式出版、发表而取得的收入。

八、收入–A（特许权使用费）

14. 您在纳税年度内取得的特许权使用费收入有多少？

（A4）特许权使用费收入：□□,□□□,□□□,□□□.□□（元）　　☐ 无此类收入

说明：特许权使用费收入是指，个人提供专利权、商标权、著作权、非专利技术以及其他特许权的使用权取得的收入。

九、免税收入–B

15. 您在纳税年度内取得的综合所得收入中，免税收入有多少？（需附报《个人所得税减免税事项报告表》）

（B1）免税收入：□□,□□□,□□□,□□□.□□（元）　　☐ 无此类收入

提示：免税收入是指按照税法规定免征个人所得税的收入。其中，税法规定"稿酬所得的收入额按70%计算"，对稿酬所得的收入额减计30%的部分无需填入本项，将在后续计算中扣减该部分。

续表

十、专项扣除 –C

16. 您在纳税年度内个人负担的，按规定可以在税前扣除的基本养老保险费、基本医疗保险费、失业保险费、住房公积金是多少？

（C1）基本养老保险费：□□□，□□□.□□（元）　　　　　□无此类扣除

（C2）基本医疗保险费：□□□，□□□.□□（元）　　　　　□无此类扣除

（C3）失业保险费：□□□，□□□.□□（元）　　　　　　　□无此类扣除

（C4）住房公积金：□□□，□□□.□□（元）　　　　　　　□无此类扣除

说明：个人实际负担的三险一金可以扣除。

十一、专项附加扣除 –D

17. 您在纳税年度内可以扣除的子女教育支出是多少？（需附报《个人所得税专项附加扣除信息表》）

（D1）子女教育：□□□，□□□.□□（元）　　　　　　　　□无此类扣除

说明：

子女教育支出可扣除金额（D1）= 每一子女可扣除金额合计；

每一子女可扣除金额 = 纳税年度内符合条件的扣除月份数 × 1 000 元 × 扣除比例。

纳税年度内符合条件的扣除月份数包括子女年满3周岁当月起至受教育前一月、实际受教育月份以及寒暑假休假月份等。

扣除比例：由夫妻双方协商确定，每一子女可以在本人或配偶处按照100%扣除，也可由双方分别按照50%扣除。

18. 您在纳税年度内可以扣除的继续教育支出是多少？（需附报《个人所得税专项附加扣除信息表》）

（D2）继续教育：□□□，□□□.□□（元）　　　　　　　　□无此类扣除

说明：

继续教育支出可扣除金额（D2）= 学历（学位）继续教育可扣除金额 + 职业资格继续教育可扣除金额；

学历（学位）继续教育可扣除金额 = 纳税年度内符合条件的扣除月份数 × 400 元；

纳税年度内符合条件的扣除月份数包括受教育月份、寒暑假休假月份等，但同一学历（学位）教育扣除期限不能超过 48 个月。

纳税年度内，个人取得符合条件的技能人员、专业技术人员相关职业资格证书的，职业资格继续教育可扣除金额 = 3 600 元。

19. 您在纳税年度内可以扣除的大病医疗支出是多少？（需附报《个人所得税专项附加扣除信息表》）

（D3）大病医疗：□，□□□，□□□.□□（元）　　　　　　□无此类扣除

说明：

大病医疗支出可扣除金额（D3）= 选择由您扣除的每一家庭成员的大病医疗可扣除金额合计；

某一家庭成员的大病医疗可扣除金额（不超过 80 000 元）= 纳税年度内医保目录范围内的自付部分 – 15 000 元；

家庭成员包括个人本人、配偶、未成年子女。

20. 您在纳税年度内可以扣除的住房贷款利息支出是多少？（需附报《个人所得税专项附加扣除信息表》）

（D4）住房贷款利息：□□，□□□.□□（元）　　　　　　　□无此类扣除

说明：

住房贷款利息支出可扣除金额（D4）= 符合条件的扣除月份数 × 扣除定额。

符合条件的扣除月份数为纳税年度内实际贷款月份数。

扣除定额：正常情况下，由夫妻双方协商确定，由其中1人扣除 1 000 元/月；婚前各自购房，均符合扣除条件的，婚后可选择由其中1人扣除 1 000 元/月，也可以选择各自扣除 500 元/月。

续表

21.您在纳税年度内可以扣除的住房租金支出是多少？（需附报《个人所得税专项附加扣除信息表》）
（D5）住房租金：□□，□□□.□□（元）　　　　　　　　　　□无此类扣除
说明： 住房租金支出可扣除金额（D5）＝纳税年度内租房月份的月扣除定额之和 月扣除定额：直辖市、省会（首府）城市、计划单列市以及国务院确定的其他城市，扣除标准为1 500元/月；市辖区户籍人口超过100万的城市，扣除标准为1 100元/月；市辖区户籍人口不超过100万的城市，扣除标准为800元/月。
22.您在纳税年度内可以扣除的赡养老人支出是多少？（需附报《个人所得税专项附加扣除信息表》）
（D6）赡养老人：□□，□□□.□□（元）　　　　　　　　　　□无此类扣除
说明： 赡养老人支出可扣除金额（D6）＝纳税年度内符合条件的月份数 × 月扣除定额 符合条件的月份数：纳税年度内满60岁的老人，自满60岁当月起至12月份计算；纳税年度前满60岁的老人，按照12个月计算。 月扣除定额：独生子女，月扣除定额2 000元/月；非独生子女，月扣除定额由被赡养人指定分摊，也可由赡养人均摊或约定分摊，但每月不超过1 000元/月。
十二、其他扣除 –E
23.您在纳税年度内可以扣除的企业年金、职业年金是多少？
（E1）年金：□□□，□□□.□□（元）　　　　　　　　　　□无此类扣除
24.您在纳税年度内可以扣除的商业健康保险是多少？（需附报《商业健康保险税前扣除情况明细表》）
（E2）商业健康保险：□，□□□.□□（元）　　　　　　　　　□无此类扣除
25.您在纳税年度内可以扣除的税收递延型商业养老保险是多少？（需附报《个人税收递延型商业养老保险税前扣除情况明细表》）
（E3）税延养老保险：□□，□□□.□□（元）　　　　　　　　□无此类扣除
26.您在纳税年度内可以扣除的税费是多少？
（E4）允许扣除的税费：□□，□□□，□□□.□□（元）　　　□无此类扣除
说明：允许扣除的税费是指，个人取得劳务报酬、稿酬、特许权使用费收入时，发生的合理税费支出。
27.您在纳税年度内发生的除上述扣除以外的其他扣除是多少？
（E5）其他扣除：□□，□□□，□□□.□□（元）　　　　　　□无此类扣除
提示：其他扣除（其他）包括保险营销员、证券经纪人佣金收入的展业成本。
十三、捐赠 –F
28.您在纳税年度内可以扣除的捐赠支出是多少？（需附报《个人所得税公益慈善事业捐赠扣除明细表》）
（F1）准予扣除的捐赠额：□□，□□□，□□□.□□（元）　　□无此类扣除
十四、全年一次性奖金 –G
29.您在纳税年度内取得的一笔要转换为全年一次性奖金的数月奖金是多少？
（G1）全年一次性奖金：□□，□□□，□□□.□□（元）　　　□无此类情况
（G2）全年一次性奖金应纳个人所得税 ＝G1 × 适用税率 – 速算扣除数 ＝□□，□□□，□□□.□□（元）
说明：仅适用于无住所居民个人预缴时因预判为非居民个人而按取得数月奖金计算缴税，汇缴时可以根据自身情况，将一笔数月奖金按照全年一次性奖金单独计算。

第五章　个人所得税的征管与反避税

续表

十五、税额计算 –H（使用纸质申报的居民个人需要自行计算填写本项）

30.综合所得应纳个人所得税计算

（H1）综合所得应纳个人所得税 =[（A1+A2×80%+A3×80%×70%+A4×80%）–B1–60 000–（C1+C2+C3+C4）–（D1+D2+D3+D4+D5+D6）–（E1+E2+E3+E4+E5）–F1]×适用税率–速算扣除数 = □□，□□□，□□□，□□□.□□（元）

说明：适用税率和速算扣除数如下

级数	全年应纳税所得额	税率	速算扣除数
1	不超过 36 000 元的	3%	0
2	超过 36 000 元至 144 000 元的	10%	2 520
3	超过 144 000 元至 300 000 元的	20%	16 920
4	超过 300 000 元至 420 000 元的	25%	31 920
5	超过 420 000 元至 660 000 元的	30%	52 920
6	超过 660 000 元至 960 000 元的	35%	85 920
7	超过 960 000 元的	45%	181 920

十六、减免税额 –J

31.您可以享受的减免税类型有哪些？

□残疾　□孤老　□烈属　□其他（需附报《个人所得税减免税事项报告表》）　　　　□无此类情况

32.您可以享受的减免税金额是多少？

（J1）减免税额：□□，□□□，□□□，□□□.□□（元）　　　　□无此类情况

十七、已缴税额 –K

33.您在纳税年度内取得本表填报的各项收入时，已经缴纳的个人所得税是多少？

（K1）已纳税额：□□，□□□，□□□，□□□.□□（元）　　　　□无此类情况

十八、应补/退税额 –L（使用纸质申报的居民个人需要自行计算填写本项）

34.您本次汇算清缴应补/退的个人所得税税额是：

（L1）应补/退税额 =G2+H1–J1–K1= □□，□□□，□□□，□□□.□□（元）

十九、无住所个人附报信息（有住所个人无需填写本项）

35.您在纳税年度内，在中国境内的居住天数是多少？

纳税年度内在中国境内居住天数：＿＿＿＿天。

36.您在中国境内的居住年数是多少？

中国境内居住年数：＿＿＿年。

说明：境内居住年数自 2019 年（含）以后年度开始计算。境内居住天数和年数的具体计算方法参见财政部、税务总局公告 2019 年第 34 号。

续表

二十、退税申请（应补/退税额小于0的填写本项）

37. 您是否申请退税？
□申请退税　　　　□放弃退税
38. 如果您申请退税，请提供您的有效银行账户。
开户银行名称：_____　开户银行省份：_____
银行账号：_____
说明：开户银行名称填写居民个人在中国境内开立银行账户的银行名称。

二十一、备注

如果您有需要特别说明或者税务机关要求说明的事项，请在本栏填写：

二十二、申报受理

谨声明：本表是根据国家税收法律法规及相关规定填报的，本人对填报内容（附带资料）的真实性、可靠性、完整性负责。	
个人签名：_____　　　　____年____月____日	
经办人签字：	受理人：
经办人身份证件类型：	
经办人身份证件号码：	受理税务机关（章）：
代理机构签章：	
代理机构统一社会信用代码：	受理日期：　年　月　日

国家税务总局监制

（二）没有扣缴义务人

根据《个人所得税法》第十条的规定，取得应税所得没有扣缴义务人的，纳税人应当依法办理纳税申报。

根据《个人所得税法》第十二条的规定，纳税人取得经营所得，按年计算个人所得税，由纳税人在月度或者季度终了后15日内向税务机关报送纳税申报表，并预缴税款；在取得所得的次年3月31日前办理汇算清缴。纳税人取得利息、股息、红利所得，财产租赁所得，财产转让所得和偶然所得，按月或者按次计算个人所得税，有扣缴义务人的，由扣缴义务人按月或者按次代扣代缴税款。

根据《个人所得税法》第十三条的规定，纳税人取得应税所得没有扣缴义务人的，应当在取得所得的次月十五日内向税务机关报送纳税申报表，并缴纳税款。

根据《国家税务总局关于个人所得税自行纳税申报有关问题的公告》（国家税务总局公告 2018 年第 62 号）第二条的规定，个体工商户业主、个人独资企业投资者、合伙企业个人合伙人、承包承租经营者个人以及其他从事生产、经营活动的个人取得经营所得，包括以下情形：

（1）个体工商户从事生产、经营活动取得的所得，个人独资企业投资人、合伙企业的个人合伙人来源于境内注册的个人独资企业、合伙企业生产、经营的所得。

（2）个人依法从事办学、医疗、咨询以及其他有偿服务活动取得的所得。

（3）个人对企业、事业单位承包经营、承租经营以及转包、转租取得的所得。

（4）个人从事其他生产、经营活动取得的所得。

纳税人取得经营所得，按年计算个人所得税，由纳税人在月度或季度终了后 15 日内，向经营管理所在地主管税务机关办理预缴纳税申报，并报送《个人所得税经营所得纳税申报表（A 表）》（表 5–10）。在取得所得的次年 3 月 31 日前，向经营管理所在地主管税务机关办理汇算清缴，并报送《个人所得税经营所得纳税申报表（B 表）》（表 5–11）；从两处以上取得经营所得的，选择向其中一处经营管理所在地主管税务机关办理年度汇总申报，并报送《个人所得税经营所得纳税申报表（C 表）》（表 5–12）。

表 5–10　个人所得税经营所得纳税申报表（A 表）

税款所属期：＿＿年＿＿月＿＿日至＿＿年＿＿月＿＿日
纳税人姓名：
纳税人识别号：□□□□□□□□□□□□□□□□□□　　金额单位：人民币元（列至角分）

被投资单位信息	
名称	
纳税人识别号（统一社会信用代码）	□□□□□□□□□□□□□□□□□□

续表

征收方式（单选）		
□查账征收（据实预缴）	□查账征收（按上年应纳税所得额预缴）	□核定应税所得率征收
□核定应纳税所得额征收	□税务机关认可的其他方式 _____	

个人所得税计算		
项目	行次	金额/比例
一、收入总额	1	
二、成本费用	2	
三、利润总额（第3行=第1行－第2行）	3	
四、弥补以前年度亏损	4	
五、应税所得率	5	
六、合伙企业个人合伙人分配比例	6	
七、允许扣除的个人费用及其他扣除（第7行=第8行+第9行+第14行）	7	
（一）投资者减除费用	8	
（二）专项扣除（第9行=第10行+第11行+第12行+第13行）	9	
1.基本养老保险费	10	
2.基本医疗保险费	11	
3.失业保险费	12	
4.住房公积金	13	
（三）依法确定的其他扣除（第14行=第15行+第16行+第17行）	14	
1.	15	
2.	16	
3.	17	
八、准予扣除的捐赠额（附报《个人所得税公益慈善事业捐赠扣除明细表》）	18	
九、应纳税所得额	19	
十、税率	20	
十一、速算扣除数	21	
十二、应纳税额（第22行=第19行×第20行－第21行）	22	
十三、减免税额（附报《个人所得税减免税事项报告表》）	23	
十四、已缴税额	24	
十五、应补/退税额（第25行=第22行－第23行－第24行）	25	
备注		

第五章 个人所得税的征管与反避税

续表

谨声明：本表是根据国家税收法律法规及相关规定填报的，本人对填报内容（附带资料）的真实性、可靠性、完整性负责。	
	纳税人签字：___年___月___日
经办人签字：	受理人：
经办人身份证件类型：	
经办人身份证件号码：	受理税务机关（章）：
代理机构签章：	
代理机构统一社会信用代码：	受理日期：　年　月　日

国家税务总局监制

续上

《个人所得税经营所得纳税申报表（A表）》填表说明

一、适用范围

本表适用于查账征收和核定征收的个体工商户业主、个人独资企业投资人、合伙企业个人合伙人、承包承租经营者个人以及其他从事生产、经营活动的个人在中国境内取得经营所得，办理个人所得税预缴纳税申报时，向税务机关报送。

合伙企业有两个或者两个以上个人合伙人的，应分别填报本表。

二、报送期限

纳税人取得经营所得，应当在月度或者季度终了后15日内，向税务机关办理预缴纳税申报。

三、本表各栏填写

（一）表头项目

1. 税款所属期：填写纳税人取得经营所得应纳个人所得税款的所属期间，应填写具体的起止年月日。

2. 纳税人姓名：填写自然人纳税人姓名。

3. 纳税人识别号：有中国居民身份证号码的，填写中华人民共和国居民身份证上载明的"公民身份号码"；没有中国居民身份证号码的，填写税务机关赋予的纳税人识别号。

（二）被投资单位信息

1. 名称：填写被投资单位法定名称的全称。

2. 纳税人识别号（统一社会信用代码）：填写被投资单位的纳税人识别号或者统一社会信用代码。

（三）征收方式

根据税务机关核定的征收方式，在对应框内打"√"。采用税务机关认可的其他方式的，应在下划线填写具体征收方式。

（四）个人所得税计算

1. 第1行"收入总额"：填写本年度开始经营月份起截至本期从事经营以及与经营有关的活动取得的货币形式和非货币形式的各项收入总额。包括：销售货物收入、提供劳务收入、转让财产收入、利息收入、租金收入、接受捐赠收入、其他收入。

2. 第2行"成本费用"：填写本年度开始经营月份起截至本期实际发生的成本、费用、税金、损失及其他支出的总额。

3. 第3行"利润总额"：填写本年度开始经营月份起截至本期的利润总额。

4. 第4行"弥补以前年度亏损"：填写可在税前弥补的以前年度尚未弥补的亏损额。

5. 第5行"应税所得率"：按核定应税所得率方式纳税的纳税人，填写税务机关确定的核定征收应税所得率。按其他方式纳税的纳税人不填本行。

续上

6.第6行"合伙企业个人合伙人分配比例":纳税人为合伙企业个人合伙人的,填写本行;其他则不填。分配比例按照合伙协议约定的比例填写;合伙协议未约定或不明确的,按合伙人协商决定的比例填写;协商不成的,按合伙人实缴出资比例填写;无法确定出资比例的,按合伙人平均分配。

7.第7~17行"允许扣除的个人费用及其他扣除":

(1)第8行"投资者减除费用":填写根据本年实际经营月份数计算的可在税前扣除的投资者本人每月5 000元减除费用的合计金额。

(2)第9~13行"专项扣除":填写按规定允许扣除的基本养老保险费、基本医疗保险费、失业保险费、住房公积金的金额。

(3)第14~17行"依法确定的其他扣除":填写商业健康保险、税延养老保险以及其他按规定允许扣除项目的金额。

8.第18行"准予扣除的捐赠额":填写按照税法及相关法规、政策规定,可以在税前扣除的捐赠额,并按规定附报《个人所得税公益慈善事业捐赠扣除明细表》。

9.第19行"应纳税所得额":根据相关行次计算填报。

(1)查账征收(据实预缴):第19行=(第3行−第4行)×第6行−第7行−第18行。

(2)查账征收(按上年应纳税所得额预缴):第19行=上年度的应纳税所得额÷12×月份数。

(3)核定应税所得率征收(能准确核算收入总额的):第19行=第1行×第5行×第6行。

(4)核定应税所得率征收(能准确核算成本费用的):第19行=第2行÷(1−第5行)×第5行×第6行。

(5)核定应纳税所得额征收:直接填写应纳税所得额;

(6)税务机关认可的其他方式:直接填写应纳税所得额。

10.第20~21行"税率"和"速算扣除数":填写按规定适用的税率和速算扣除数。

11.第22行"应纳税额":根据相关行次计算填报。第22行=第19行×第20行−第21行。

12.第23行"减免税额":填写符合税法规定可以减免的税额,并附报《个人所得税减免税事项报告表》。

13.第24行"已缴税额":填写本年度在月(季)度申报中累计已预缴的经营所得个人所得税的金额。

14.第25行"应补/退税额":根据相关行次计算填报。第25行=第22行−第23行−第24行。

(五)备注

填写个人认为需要特别说明的或者税务机关要求说明的事项。

四、其他事项说明

以纸质方式报送本表的,建议通过计算机填写打印,一式两份,纳税人、税务机关各留存一份。

表5-11 个人所得税经营所得纳税申报表(B表)

税款所属期:___年___月___日至___年___月___日

纳税人姓名:

纳税人识别号:□□□□□□□□□□□□□□□□□□ 金额单位:人民币元(列至角分)

被投资单位信息	名称		纳税人识别号(统一社会信用代码)		
项目				行次	金额/比例
一、收入总额				1	
其中:国债利息收入				2	
二、成本费用(3=4+5+6+7+8+9+10)				3	
(一)营业成本				4	
(二)营业费用				5	

续表

（三）管理费用	6	
（四）财务费用	7	
（五）税金	8	
（六）损失	9	
（七）其他支出	10	
三、利润总额（11=1-2-3）	11	
四、纳税调整增加额（12=13+27）	12	
（一）超过规定标准的扣除项目金额 （13=14+15+16+17+18+19+20+21+22+23+24+25+26）	13	
1. 职工福利费	14	
2. 职工教育经费	15	
3. 工会经费	16	
4. 利息支出	17	
5. 业务招待费	18	
6. 广告费和业务宣传费	19	
7. 教育和公益事业捐赠	20	
8. 住房公积金	21	
9. 社会保险费	22	
10. 折旧费用	23	
11. 无形资产摊销	24	
12. 资产损失	25	
13. 其他	26	
（二）不允许扣除的项目金额（27=28+29+30+31+32+33+34+35+36）	27	
1. 个人所得税税款	28	
2. 税收滞纳金	29	
3. 罚金、罚款和被没收财物的损失	30	
4. 不符合扣除规定的捐赠支出	31	
5. 赞助支出	32	
6. 用于个人和家庭的支出	33	

续表

7. 与取得生产经营收入无关的其他支出	34	
8. 投资者工资薪金支出	35	
9. 其他不允许扣除的支出	36	
五、纳税调整减少额	37	
六、纳税调整后所得（38=11+12-37）	38	
七、弥补以前年度亏损	39	
八、合伙企业个人合伙人分配比例	40	
九、允许扣除的个人费用及其他扣除（41=42+43+48+55）	41	
（一）投资者减除费用	42	
（二）专项扣除（43=44+45+46+47）	43	
1. 基本养老保险费	44	
2. 基本医疗保险费	45	
3. 失业保险费	46	
4. 住房公积金	47	
（三）专项附加扣除（48=49+50+51+52+53+54）	48	
1. 子女教育	49	
2. 继续教育	50	
3. 大病医疗	51	
4. 住房贷款利息	52	
5. 住房租金	53	
6. 赡养老人	54	
（四）依法确定的其他扣除（55=56+57+58+59）	55	
1. 商业健康保险	56	
2. 税延养老保险	57	
3.	58	
4.	59	
十、投资抵扣	60	
十一、准予扣除的个人捐赠支出	61	
十二、应纳税所得额（62=38-39-41-60-61）或〔62=(38-39)×40-41-60-61〕	62	
十三、税率	63	
十四、速算扣除数	64	

续表

十五、应纳税额（65=62×63-64）	65	
十六、减免税额（附报《个人所得税减免税事项报告表》）	66	
十七、已缴税额	67	
十八、应补/退税额（68=65-66-67）	68	

谨声明：本表是根据国家税收法律法规及相关规定填报的，是真实的、可靠的、完整的。

纳税人签字： 年 月 日

经办人： 经办人身份证件号码： 代理机构签章： 代理机构统一社会信用代码：	受理人： 受理税务机关（章）： 受理日期： 年 月 日

国家税务总局监制

续上

填表说明

一、适用范围

本表适用于个体工商户业主、个人独资企业投资人、合伙企业个人合伙人、承包承租经营者个人以及其他从事生产、经营活动的个人在中国境内取得经营所得，且实行查账征收的，在办理个人所得税汇算清缴纳税申报时，向税务机关报送。

合伙企业有两个或者两个以上个人合伙人的，应分别填报本表。

二、报送期限

纳税人在取得经营所得的次年3月31日前，向税务机关办理汇算清缴。

三、本表各栏填写

（一）表头项目

1. 税款所属期：填写纳税人取得经营所得应纳个人所得税款的所属期间，应填写具体的起止年月日。

2. 纳税人姓名：填写自然人纳税人姓名。

3. 纳税人识别号：有中国居民身份证号码的，填写中华人民共和国居民身份证上载明的"公民身份号码"；没有中国居民身份证号码的，填写税务机关赋予的纳税人识别号。

（二）被投资单位信息

1. 名称：填写被投资单位法定名称的全称。

2. 纳税人识别号（统一社会信用代码）：填写被投资单位的纳税人识别号或统一社会信用代码。

（三）表内各行填写

1. 第1行"收入总额"：填写本年度从事生产经营以及与生产经营有关的活动取得的货币形式和非货币形式的各项收入总金额。包括：销售货物收入、提供劳务收入、转让财产收入、利息收入、租金收入、接受捐赠收入、其他收入。

2. 第2行"国债利息收入"：填写本年度已计入收入的因购买国债而取得的应予免税的利息金额。

3. 第3~10行"成本费用"：填写本年度实际发生的成本、费用、税金、损失及其他支出的总额。

（1）第4行"营业成本"：填写在生产经营活动中发生的销售成本、销货成本、业务支出以及其他耗费的金额。

（2）第5行"营业费用"：填写在销售商品和材料、提供劳务的过程中发生的各种费用。

（3）第6行"管理费用"：填写为组织和管理企业生产经营发生的管理费用。

续上

（4）第7行"财务费用"：填写为筹集生产经营所需资金等发生的筹资费用。

（5）第8行"税金"：填写在生产经营活动中发生的除个人所得税和允许抵扣的增值税以外的各项税金及其附加。

（6）第9行"损失"：填写生产经营活动中发生的固定资产和存货的盘亏、毁损、报废损失，转让财产损失，坏账损失，自然灾害等不可抗力因素造成的损失以及其他损失。

（7）第10行"其他支出"：填写除成本、费用、税金、损失外，生产经营活动中发生的与之有关的、合理的支出。

4. 第11行"利润总额"：根据相关行次计算填报。第11行 = 第1行 – 第2行 – 第3行。

5. 第12行"纳税调整增加额"：根据相关行次计算填报。第12行 = 第13行 + 第27行。

6. 第13行"超过规定标准的扣除项目金额"：填写扣除的成本、费用和损失中，超过税法规定的扣除标准应予调增的应纳税所得额。

7. 第27行"不允许扣除的项目金额"：填写按规定不允许扣除但被投资单位已将其扣除的各项成本、费用和损失，应予调增应纳税所得额的部分。

8. 第37行"纳税调整减少额"：填写在计算利润总额时已计入收入或未列入成本费用，但在计算应纳税所得额时应予扣除的项目金额。

9. 第38行"纳税调整后所得"：根据相关行次计算填报。第38行 = 第11行 + 第12行 – 第37行。

10. 第39行"弥补以前年度亏损"：填写本年度可在税前弥补的以前年度亏损额。

11. 第40行"合伙企业个人合伙人分配比例"：纳税人为合伙企业个人合伙人的，填写本栏；其他则不填。分配比例按照合伙协议约定的比例填写；合伙协议未约定或不明确的，按合伙人协商决定的比例填写；协商不成，按合伙人实缴出资比例填写；无法确定出资比例的，按合伙人平均分配。

12. 第41行"允许扣除的个人费用及其他扣除"：填写按税法规定可以税前扣除的各项费用、支出，包括：

（1）第42行"投资者减除费用"：填写按税法规定的减除费用金额。

（2）第43~47行"专项扣除"：分别填写本年度按规定允许扣除的基本养老保险费、基本医疗保险费、失业保险费、住房公积金的合计金额。

（3）第48~54行"专项附加扣除"：分别填写本年度纳税人按规定可享受的子女教育、继续教育、大病医疗、住房贷款利息、住房租金、赡养老人等专项附加扣除的合计金额。

（4）第55~59行"依法确定的其他扣除"：分别填写按规定允许扣除的商业健康保险、税延养老保险，以及国务院规定其他可以扣除项目的合计金额。

13. 第60行"投资抵扣"：填写按照税法规定可以税前抵扣的投资金额。

14. 第61行"准予扣除的个人捐赠支出"：填写本年度按照税法及相关法规、政策规定，可以在税前扣除的个人捐赠合计额。

15. 第62行"应纳税所得额"：根据相关行次计算填报。

（1）纳税人为非合伙企业个人合伙人的：第62行 = 第38行 – 第39行 – 第41行 – 第60行 – 第61行。

（2）纳税人为合伙企业个人合伙人的：第62行 =（第38行 – 第39行）× 第40行 – 第41行 – 第60行 – 第61行。

16. 第63~64行"税率""速算扣除数"：填写按规定适用的税率和速算扣除数。

17. 第65行"应纳税额"：根据相关行次计算填报。第65行 = 第62行 × 第63行 – 第64行。

18. 第66行"减免税额"：填写符合税法规定可以减免的税额，并附报《个人所得税减免税事项报告表》。

19. 第67行"已缴税额"：填写本年度累计已预缴的经营所得个人所得税金额。

20. 第68行"应补/退税额"：根据相关行次计算填报。第68行 = 第65行 – 第66行 – 第67行。

四、其他事项说明

以纸质方式报送本表的，应当一式两份，纳税人、税务机关各留存一份。

第五章　个人所得税的征管与反避税

表5-12　个人所得税经营所得纳税申报表（C表）

税款所属期：　　年　月　日至　　年　月　日

纳税人姓名：

纳税人识别号：□□□□□□□□□□□□□□□□□□　　　　金额单位：人民币元（列至角分）

被投资单位信息		单位名称	纳税人识别号 （统一社会信用代码）	投资者应纳税所得额
	汇总地			
	非汇总地	1		
		2		
		3		
		4		
		5		

项目	行次	金额/比例
一、投资者应纳税所得额合计	1	
二、应调整的个人费用及其他扣除（2=3+4+5+6）	2	
（一）投资者减除费用	3	
（二）专项扣除	4	
（三）专项附加扣除	5	
（四）依法确定的其他扣除	6	
三、应调整的其他项目	7	
四、调整后应纳税所得额（8=1+2+7）	8	
五、税率	9	
六、速算扣除数	10	
七、应纳税额（11=8×9-10）	11	
八、减免税额（附报《个人所得税减免税事项报告表》）	12	
九、已缴税额	13	
十、应补/退税额（14=11-12-13）	14	

谨声明：本表是根据国家税收法律法规及相关规定填报的，是真实的、可靠的、完整的。

纳税人签字：　　年　月　日

经办人：	受理人：
经办人身份证件号码：	
代理机构签章：	受理税务机关（章）：
代理机构统一社会信用代码：	受理日期：　年　月　日

国家税务总局监制

续上

填表说明

一、适用范围

本表适用于个体工商户业主、个人独资企业投资人、合伙企业个人合伙人、承包承租经营者个人以及其他从事生产、经营活动的个人在中国境内两处以上取得经营所得,办理合并计算个人所得税的年度汇总纳税申报时,向税务机关报送。

二、报送期限

纳税人从两处以上取得经营所得,应当于取得所得的次年3月31日前办理年度汇总纳税申报。

三、本表各栏填写

(一)表头项目

1. 税款所属期:填写纳税人取得经营所得应纳个人所得税款的所属期间,应填写具体的起止年月日。

2. 纳税人姓名:填写自然人纳税人姓名。

3. 纳税人识别号:有中国居民身份证号码的,填写中华人民共和国居民身份证上载明的"公民身份号码";没有中国居民身份证号码的,填写税务机关赋予的纳税人识别号。

(二)被投资单位信息

1. 名称:填写被投资单位法定名称的全称。

2. 纳税人识别号(统一社会信用代码):填写被投资单位的纳税人识别号或者统一社会信用代码。

3. 投资者应纳税所得额:填写投资者从其各投资单位取得的年度应纳税所得额。

(三)表内各行填写

1. 第1行"投资者应纳税所得额合计":填写投资者从其各投资单位取得的年度应纳税所得额的合计金额。

2. 第2~6行"应调整的个人费用及其他扣除":填写按规定需调整增加或者减少应纳税所得额的项目金额。调整减少应纳税所得额的,用负数表示。

(1)第3行"投资者减除费用":填写需调整增加或者减少应纳税所得额的投资者减除费用的金额。

(2)第4行"专项扣除":填写需调整增加或者减少应纳税所得额的"三险一金"(基本养老保险费、基本医疗保险费、失业保险费、住房公积金)的合计金额。

(3)第5行"专项附加扣除":填写需调整增加或者减少应纳税所得额的专项附加扣除(子女教育、继续教育、大病医疗、住房贷款利息、住房租金、赡养老人)的合计金额。

(4)第6行"依法确定的其他扣除":填写需调整增加或者减少应纳税所得额的商业健康保险、税延养老保险以及国务院规定其他可以扣除项目的合计金额。

3. 第7行"应调整的其他项目":填写按规定应予调整的其他项目的合计金额。调整减少应纳税所得额的,用负数表示。

4. 第8行"调整后应纳税所得额":根据相关行次计算填报。第8行 = 第1行 + 第2行 + 第7行。

5. 第9~10行"税率""速算扣除数":填写按规定适用的税率和速算扣除数。

6. 第11行"应纳税额":根据相关行次计算填报。第11行 = 第8行 × 第9行 − 第10行。

7. 第12行"减免税额":填写符合税法规定可以减免的税额,并附报《个人所得税减免税事项报告表》。

8. 第13行"已缴税额":填写纳税人本年度累计已缴纳的经营所得个人所得税的金额。

9. 第14行"应补/退税额":按相关行次计算填报。第14行 = 第11行 − 第12行 − 第13行。

四、其他事项说明

以纸质方式报送本表的,应当一式两份,纳税人、税务机关各留存一份。

（三）未扣缴税款

根据《个人所得税法》第十条的规定，取得应税所得，扣缴义务人未扣缴税款的，纳税人应当依法办理纳税申报。

根据《个人所得税法》第十三条的规定，纳税人取得应税所得，扣缴义务人未扣缴税款的，纳税人应当在取得所得的次年6月30日前，缴纳税款；税务机关通知限期缴纳的，纳税人应当按照期限缴纳税款。

根据《国家税务总局关于个人所得税自行纳税申报有关问题的公告》（国家税务总局公告2018年第62号）第三条的规定，纳税人取得应税所得，扣缴义务人未扣缴税款的，应当区别以下情形办理纳税申报：

（1）居民个人取得综合所得的，按照该公告第一条办理。

（2）非居民个人取得工资、薪金所得，劳务报酬所得，稿酬所得，特许权使用费所得的，应当在取得所得的次年6月30日前，向扣缴义务人所在地主管税务机关办理纳税申报，并报送《个人所得税自行纳税申报表（A表）》。有两个以上扣缴义务人均未扣缴税款的，选择向其中一处扣缴义务人所在地主管税务机关办理纳税申报。非居民个人在次年6月30日前离境（临时离境除外）的，应当在离境前办理纳税申报。

（3）纳税人取得利息、股息、红利所得，财产租赁所得，财产转让所得和偶然所得的，应当在取得所得的次年6月30日前，按相关规定向主管税务机关办理纳税申报，并报送《个人所得税自行纳税申报表（A表）》（表5-13）。税务机关通知限期缴纳的，纳税人应当按照期限缴纳税款。

表5-13 个人所得税自行纳税申报表（A表）

税款所属期：　年　月　日至　年　月　日

纳税人姓名：

纳税人识别号：□□□□□□□□□□□□□□□□□□

金额单位：人民币元（列至角分）

自行申报情形：
- □居民个人取得应税所得，扣缴义务人未扣缴税款
- □非居民个人从中国境内两处以上取得工资、薪金所得
- □非居民个人取得应税所得，扣缴义务人未扣缴税款
- □其他＿＿＿＿

是否为非居民个人：□是　□否

非居民个人本年度境内居住天数：□不超过90天　□超过90天不超过183天

序号	所得项目	收入额计算				专项扣除				其他扣除			减按计税比例	准予扣除的捐赠额	税款计算							备注
		收入	费用	免税收入	减除费用	基本养老保险费	基本医疗保险费	失业保险费	住房公积金	财产原值	允许扣除的税费	其他			应纳税所得额	税率	速算扣除数	应纳税额	减免税额	已缴税额	应补/退税额	
1	2	3	4	5	6	7	8	9	10	11	12	13	14	15	16	17	18	19	20	21	22	23

谨声明：本表是根据国家税收法律法规及相关规定填报的，是真实的、可靠的、完整的。

纳税人签字：

经办人签字：

经办人身份证件号码：

代理机构签章：

代理机构统一社会信用代码：

受理人：

受理税务机关（章）：

受理日期：　年　月　日

纳税人签字：　年　月　日

国家税务总局监制

续上

填表说明

一、适用范围

本表适用于居民个人取得应税所得,扣缴义务人未扣缴税款,非居民个人取得应税所得扣缴义务人未扣缴税款,非居民个人在中国境内从两处以上取得工资、薪金所得等情形在办理自行纳税申报时,向税务机关报送。

二、报送期限

(一)居民个人取得应税所得扣缴义务人未扣缴税款,应当在取得所得的次年 6 月 30 日前办理纳税申报。税务机关通知限期缴纳的,纳税人应当按照期限缴纳税款。

(二)非居民个人取得应税所得,扣缴义务人未扣缴税款的,应当在取得所得的次年 6 月 30 日前办理纳税申报。非居民个人在次年 6 月 30 日前离境(临时离境除外)的,应当在离境前办理纳税申报。

(三)非居民个人在中国境内从两处以上取得工资、薪金所得的,应当在取得所得的次月 15 日内办理纳税申报。

(四)其他需要纳税人办理自行申报的情形,按规定的申报期限办理。

三、本表各栏填写

(一)表头项目

1. 税款所属期:填写纳税人取得所得应纳个人所得税款的所属期间,填写具体的起止年月日。

2. 纳税人姓名:填写自然人纳税人姓名。

3. 纳税人识别号:有中国居民身份证号码的,填写中华人民共和国居民身份证上载明的"公民身份号码";没有中国居民身份证号码的,填写税务机关赋予的纳税人识别号。

(二)表内各栏

1."自行申报情形":纳税人根据自身情况在对应框内打"√"。选择"其他"的,应当填写具体自行申报情形。

2."是否为非居民个人":非居民个人选"是",居民个人选"否"。不填默认为"否"。

3."非居民个人本年度境内居住天数":非居民个人根据合同、任职期限、预期工作时间等不同情况,填写"不超过 90 天"或者"超过 90 天不超过 183 天"。

4. 第 2 列"所得项目":按照个人所得税法第二条规定的项目填写。纳税人取得多项所得或者多次取得所得的,分行填写。

5. 第 3—5 列"收入额计算":包含"收入""费用""免税收入"。收入额=第 3 列-第 4 列-第 5 列。

(1)第 3 列"收入":填写纳税人实际取得所得的收入总额。

(2)第 4 列"费用":取得劳务报酬所得、稿酬所得、特许权使用费所得时填写,取得其他各项所得时无须填写本列。非居民个人取得劳务报酬所得、稿酬所得、特许权使用费所得,费用按收入的 20% 填写。

(3)第 5 列"免税收入":填写符合税法规定的免税收入金额。其中,税法规定"稿酬所得的收入额减按 70% 计算",对减计的 30% 部分,填入本列。

6. 第 6 列"减除费用":按税法规定的减除费用标准填写。

7. 第 7~10 列"专项扣除":分别填写按规定允许扣除的基本养老保险费、基本医疗保险费、失业保险费、住房公积金的金额。

8. 第 11~13 列"其他扣除":包含"财产原值""允许扣除的税费""其他",分别填写按照税法规定当月(次)允许扣除的金额。

(1)第 11 列"财产原值":纳税人取得财产转让所得时填写本栏。

(2)第 12 列"允许扣除的税费":填写按规定可以在税前扣除的税费。

①纳税人取得劳务报酬所得时,填写劳务发生过程中实际缴纳的可依法扣除的税费。

续上

> ②纳税人取得特许权使用费所得时,填写提供特许权过程中发生的中介费和实际缴纳的可依法扣除的税费。
>
> ③纳税人取得财产租赁所得时,填写修缮费和出租财产过程中实际缴纳的可依法扣除的税费。
>
> ④纳税人取得财产转让所得时,填写转让财产过程中实际缴纳的可依法扣除的税费。
>
> (3)第13列"其他":填写按规定其他可以在税前扣除的项目。
>
> 9. 第14列"减按计税比例":填写按规定实行应纳税所得额减计税收优惠的减计比例。无减计规定的,则不填,系统默认为100%。如,某项税收政策实行减按60%计入应纳税所得额,则本列填60%。
>
> 10. 第15列"准予扣除的捐赠额":是指按照税法及相关法规、政策规定,可以在税前扣除的捐赠额。
>
> 11. 第16列"应纳税所得额":根据相关列次计算填报。
>
> 12. 第17~18列"税率""速算扣除数":填写所得项目按规定适用的税率和速算扣除数。所得项目没有速算扣除数的,则不填。
>
> 13. 第19列"应纳税额":根据相关列次计算填报。第19列 = 第16列 × 第17列 − 第18列。
>
> 14. 第20列"减免税额":填写符合税法规定的可以减免的税额,并附报《个人所得税减免税事项报告表》。
>
> 15. 第21列"已缴税额":填写纳税人当期已实际缴纳或者被扣缴的个人所得税税款。
>
> 16. 第22列"应补/退税额":根据相关列次计算填报。第22列 = 第19列 − 第20列 − 第21列。
>
> 四、其他事项说明
>
> 以纸质方式报送本表的,应当一式两份,纳税人、税务机关各留存一份。

(四)取得境外所得

根据《个人所得税法》第十条的规定,取得境外所得的,纳税人应当依法办理纳税申报。

根据《个人所得税法》第十三条的规定,居民个人从中国境外取得所得的,应当在取得所得的次年3月1日至6月30日申报纳税。

根据《国家税务总局关于个人所得税自行纳税申报有关问题的公告》(国家税务总局公告2018年第62号)第四条的规定,居民个人从中国境外取得所得的,应当在取得所得的次年3月1日至6月30日,向中国境内任职、受雇单位所在地主管税务机关办理纳税申报;在中国境内没有任职、受雇单位的,向户籍所在地或中国境内经常居住地主管税务机关办理纳税申报;户籍所在地与中国境内经常居住地不一致的,选择其中一地主管税务机关办理纳税申报;在中国境内没有户籍的,向中国境内经常居住地主管税务机关办理纳税申报。

纳税人取得境外所得,应报送《个人所得税年度自行纳税申报表(B表)》(表5-14)以及《境外所得个人所得税抵免明细表》(表5-15)。

表5-14 个人所得税年度自行纳税申报表（B表）

（居民个人取得境外所得适用）

税款所属期： 年 月 日至 年 月 日

纳税人姓名：_____

纳税人识别号：□□□□□□□□□□□□□□□□□-□□　　金额单位：人民币元（列至角分）

基本情况					
手机号码		电子邮箱		邮政编码	□□□□□□
联系地址	_____省（区、市）____市____区（县）_____街道（乡、镇）_____				
纳税地点（单选）					
1.有任职受雇单位的，需选本项并填写"任职受雇单位信息"：			□任职受雇单位所在地		
任职受雇单位信息	名称				
	纳税人识别号				
2.没有任职受雇单位的，可以从本栏次选择一地：			□户籍所在地　□经常居住地		
户籍所在地/经常居住地	_____省（区、市）____市____区（县）_____街道（乡、镇）_____				
申报类型（单选）					
□首次申报			□更正申报		

综合所得个人所得税计算		
项目	行次	金额
一、境内收入合计（第1行＝第2行＋第3行＋第4行＋第5行）	1	
（一）工资、薪金	2	
（二）劳务报酬	3	
（三）稿酬	4	
（四）特许权使用费	5	
二、境外收入合计（附报《境外所得个人所得税抵免明细表》）（第6行＝第7行＋第8行＋第9行＋第10行）	6	
（一）工资、薪金	7	
（二）劳务报酬	8	
（三）稿酬	9	
（四）特许权使用费	10	
三、费用合计[第11行＝（第3行＋第4行＋第5行＋第8行＋第9行＋第10行）×20%]	11	
四、免税收入合计（第12行＝第13行＋第14行）	12	
（一）稿酬所得免税部分[第13行＝（第4行＋第9行）×（1-20%）×30%]	13	
（二）其他免税收入（附报《个人所得税减免税事项报告表》）	14	
五、减除费用	15	

续表

六、专项扣除合计（第16行=第17行+第18行+第19行+第20行）	16	
（一）基本养老保险费	17	
（二）基本医疗保险费	18	
（三）失业保险费	19	
（四）住房公积金	20	
七、专项附加扣除合计（附报《个人所得税专项附加扣除信息表》）（第21行=第22行+第23行+第24行+第25行+第26行+第27行）	21	
（一）子女教育	22	
（二）继续教育	23	
（三）大病医疗	24	
（四）住房贷款利息	25	
（五）住房租金	26	
（六）赡养老人	27	
八、其他扣除合计（第28行=第29行+第30行+第31行+第32行+第33行）	28	
（一）年金	29	
（二）商业健康保险（附报《商业健康保险税前扣除情况明细表》）	30	
（三）税延养老保险（附报《个人税收递延型商业养老保险税前扣除情况明细表》）	31	
（四）允许扣除的税费	32	
（五）其他	33	
九、准予扣除的捐赠额（附报《个人所得税公益慈善事业捐赠扣除明细表》）	34	
十、应纳税所得额 （第35行=第1行+第6行−第11行−第12行−第15行−第16行−第21行−第28行−第34行）	35	
十一、税率	36	
十二、速算扣除数	37	
十三、应纳税额（第38行=第35行×第36行−第37行）	38	

除综合所得外其他境外所得个人所得税计算 （无相应所得不填本部分，有相应所得另需附报《境外所得个人所得税抵免明细表》）			
一、经营所得	（一）经营所得应纳税所得额（第39行=第40行+第41行）	39	
	其中：境内经营所得应纳税所得额	40	
	境外经营所得应纳税所得额	41	
	（二）税率	42	
	（三）速算扣除数	43	
	（四）应纳税额（第44行=第39行×第42行−第43行）	44	

续表

二、利息、股息、红利所得	（一）境外利息、股息、红利所得应纳税所得额	45	
	（二）税率	46	
	（三）应纳税额（第47行＝第45行×第46行）	47	
三、财产租赁所得	（一）境外财产租赁所得应纳税所得额	48	
	（二）税率	49	
	（三）应纳税额（第50行＝第48行×第49行）	50	
四、财产转让所得	（一）境外财产转让所得应纳税所得额	51	
	（二）税率	52	
	（三）应纳税额（第53行＝第51行×第52行）	53	
五、偶然所得	（一）境外偶然所得应纳税所得额	54	
	（二）税率	55	
	（三）应纳税额（第56行＝第54行×第55行）	56	
六、其他所得	（一）其他境内、境外所得应纳税所得额合计（需在"备注"栏说明具体项目）	57	
	（二）应纳税额	58	
股权激励个人所得税计算 （无境外股权激励所得不填本部分，有相应所得另需附报《境外所得个人所得税抵免明细表》）			
一、境内、境外单独计税的股权激励收入合计		59	
二、税率		60	
三、速算扣除数		61	
四、应纳税额（第62行＝第59行×第60行－第61行）		62	
全年一次性奖金个人所得税计算 （无住所个人预判为非居民个人取得的数月奖金，选择按全年一次性奖金计税的填写本部分）			
一、全年一次性奖金收入		63	
二、准予扣除的捐赠额（附报《个人所得税公益慈善事业捐赠扣除明细表》）		64	
三、税率		65	
四、速算扣除数		66	
五、应纳税额［第67行＝（第63行－第64行）×第65行－第66行］		67	
税额调整			
一、综合所得收入调整额（需在"备注"栏说明调整具体原因、计算方法等）		68	
二、应纳税额调整额		69	
应补/退个人所得税计算			
一、应纳税额合计 （第70行＝第38行＋第44行＋第47行＋第50行＋第53行＋第56行＋第58行＋第62行＋第67行＋第69行）		70	

续表

二、减免税额（附报《个人所得税减免税事项报告表》）	71	
三、已缴税额（境内）	72	
其中：境外所得境内支付部分已缴税额	73	
境外所得境外支付部分预缴税额	74	
四、境外所得已纳所得税抵免额（附报《境外所得个人所得税抵免明细表》）	75	
五、应补/退税额（第76行 = 第70行 – 第71行 – 第72行 – 第75行）	76	
无住所个人附报信息		
纳税年度内在中国境内居住天数	已在中国境内居住年数	

退税申请
（应补/退税额小于0的填写本部分）

□ 申请退税（需填写"开户银行名称""开户银行省份""银行账号"）□ 放弃退税

开户银行名称	开户银行省份	
银行账号		

备注

谨声明：本表是根据国家税收法律法规及相关规定填报的，本人对填报内容（附带资料）的真实性、可靠性、完整性负责。

　　　　　　　　　　　　　　　　　　纳税人签字：　　　　年　月　日

经办人签字：	受理人：
经办人身份证件类型：	
经办人身份证件号码：	受理税务机关（章）：
代理机构签章：	
代理机构统一社会信用代码：	受理日期：　　年　月　日

国家税务总局监制

续上

《个人所得税年度自行纳税申报表》(B表)填表说明
(居民个人取得境外所得适用)

一、适用范围

本表适用于居民个人纳税年度内取得境外所得，按照税法规定办理取得境外所得个人所得税自行申报。申报本表时应当一并附报《境外所得个人所得税抵免明细表》。

二、报送期限

居民个人取得境外所得需要办理自行申报的，应当在取得所得的次年3月1日至6月30日内，向主管税务机关办理纳税申报，并报送本表。

三、本表各栏填写

(一) 表头项目

1. 税款所属期：填写居民个人取得所得当年的第1日至最后1日。如：2019年1月1日至2019年12月31日。

2. 纳税人姓名：填写居民个人姓名。

3. 纳税人识别号：有中国居民身份证号码的，填写中华人民共和国居民身份证上载明的"公民身份号码"；没有中国居民身份证号码的，填写税务机关赋予的纳税人识别号。

(二) 基本情况

1. 手机号码：填写居民个人中国境内的有效手机号码。

2. 电子邮箱：填写居民个人有效电子邮箱地址。

3. 联系地址：填写居民个人能够接收信件的有效地址。

4. 邮政编码：填写居民个人"联系地址"所对应的邮政编码。

(三) 纳税地点

居民个人根据任职受雇情况，在选项1和选项2之间选择其一，并填写相应信息。若居民个人逾期办理汇算清缴申报被指定主管税务机关的，无需填写本部分。

1. 任职受雇单位信息：勾选"任职受雇单位所在地"并填写相关信息。

(1) 名称：填写任职受雇单位的法定名称全称。

(2) 纳税人识别号：填写任职受雇单位的纳税人识别号或者统一社会信用代码。

2. 户籍所在地/经常居住地：勾选"户籍所在地"的，填写居民户口簿中登记的住址。勾选"经常居住地"的，填写居民个人申领居住证上登载的居住地址；没有申领居住证的，填写居民个人实际居住地；实际居住地不在中国境内的，填写支付或者实际负担综合所得的境内单位或个人所在地。

(四) 申报类型

未曾办理过年度汇算申报，勾选"首次申报"；已办理过年度汇算申报，但有误需要更正的，勾选"更正申报"。

(五) 综合所得个人所得税计算

1. 第1行"境内收入合计"：填写居民个人取得的境内综合所得收入合计金额。

第1行 = 第2行 + 第3行 + 第4行 + 第5行。

2. 第2~5行"工资、薪金""劳务报酬""稿酬""特许权使用费"：填写居民个人取得的需要并入境内综合所得计税的"工资、薪金""劳务报酬""稿酬""特许权使用费"所得收入金额。

3. 第6行"境外收入合计"：填写居民个人取得的境外综合所得收入合计金额，并按规定附报《境外所得个人所得税抵免明细表》。

第6行 = 第7行 + 第8行 + 第9行 + 第10行。

4. 第7~10行"工资、薪金""劳务报酬""稿酬""特许权使用费"：填写居民个人取得的需要并入境外综合所得计税的"工资、薪金""劳务报酬""稿酬""特许权使用费"所得收入金额。

5. 第11行"费用合计"：根据相关行次计算填报。

第11行 = (第3行 + 第4行 + 第5行 + 第8行 + 第9行 + 第10行) × 20%

6. 第12行"免税收入合计"：填写居民个人取得的符合税法规定的免税收入合计金额。

第12行 = 第13行 + 第14行。

7. 第13行"稿酬所得免税部分"：根据相关行次计算填报。

第13行 = (第4行 + 第9行) × (1–20%) × 30%。

续上

8. 第 14 行"其他免税收入":填写居民个人取得的除第 13 行以外的符合税法规定的免税收入合计,并按规定附报《个人所得税减免税事项报告表》。

9. 第 15 行"减除费用":填写税法规定的减除费用。

10. 第 16 行"专项扣除合计":根据相关行次计算填报。

第 16 行 = 第 17 行 + 第 18 行 + 第 19 行 + 第 20 行。

11. 第 17~20 行"基本养老保险费""基本医疗保险费""失业保险费""住房公积金":填写居民个人按规定可以在税前扣除的基本养老保险费、基本医疗保险费、失业保险费、住房公积金金额。

12. 第 21 行"专项附加扣除合计":根据相关行次计算填报,并按规定附报《个人所得税专项附加扣除信息表》。

第 21 行 = 第 22 行 + 第 23 行 + 第 24 行 + 第 25 行 + 第 26 行 + 第 27 行。

13. 第 22~27 行"子女教育""继续教育""大病医疗""住房贷款利息""住房租金""赡养老人":填写居民个人按规定可以在税前扣除的子女教育、继续教育、大病医疗、住房贷款利息、住房租金、赡养老人等专项附加扣除的金额。

14. 第 28 行"其他扣除合计":根据相关行次计算填报。

第 28 行 = 第 29 行 + 第 30 行 + 第 31 行 + 第 32 行 + 第 33 行。

15. 第 29~33 行"年金""商业健康保险""税延养老保险""允许扣除的税费""其他":填写居民个人按规定可在税前扣除的年金、商业健康保险、税延养老保险、允许扣除的税费和其他扣除项目的金额。其中,填写商业健康保险的,应当按规定附报《商业健康保险税前扣除情况明细表》;填写税延养老保险的,应当按规定附报《个人税收递延型商业养老保险税前扣除情况明细表》。

16. 第 34 行"准予扣除的捐赠额":填写居民个人按规定准予在税前扣除的公益慈善事业捐赠金额,并按规定附报《个人所得税公益慈善事业捐赠扣除明细表》。

17. 第 35 行"应纳税所得额":根据相应行次计算填报。

第 35 行 = 第 1 行 + 第 6 行 − 第 11 行 − 第 12 行 − 第 15 行 − 第 16 行 − 第 21 行 − 第 28 行 − 第 34 行。

18. 第 36、37 行"税率""速算扣除数":填写按规定适用的税率和速算扣除数。

19. 第 38 行"应纳税额":按照相关行次计算填报。

第 38 行 = 第 35 行 × 第 36 行 − 第 37 行。

(六)除综合所得外其他境外所得个人所得税计算

居民个人取得除综合所得外其他境外所得的,填写本部分,并按规定附报《境外所得个人所得税抵免明细表》。

1. 第 39 行"经营所得应纳税所得额":根据相应行次计算填报。

第 39 行 = 第 40 行 + 第 41 行。

2. 第 40 行"境内经营所得应纳税所得额":填写居民个人取得的境内经营所得应纳税所得额合计金额。

3. 第 41 行"境外经营所得应纳税所得额":填写居民个人取得的境外经营所得应纳税所得额合计金额。

4. 第 42、43 行"税率""速算扣除数":填写按规定适用的税率和速算扣除数。

5. 第 44 行"应纳税额":按照相关行次计算填报。

第 44 行 = 第 39 行 × 第 42 行 − 第 43 行。

6. 第 45 行"境外利息、股息、红利所得应纳税所得额":填写居民个人取得的境外利息、股息、红利所得应纳税所得额合计金额。

7. 第 46 行"税率":填写按规定适用的税率。

8. 第 47 行"应纳税额":按照相关行次计算填报。

第 47 行 = 第 45 行 × 第 46 行。

9. 第 48 行"境外财产租赁所得应纳税所得额":填写居民个人取得的境外财产租赁所得应纳税所得额合计金额。

10. 第 49 行"税率":填写按规定适用的税率。

续上

11. 第50行"应纳税额"：按照相关行次计算填报。
第50行 = 第48行 × 第49行。
12. 第51行"境外财产转让所得应纳税所得额"：填写居民个人取得的境外财产转让所得应纳税所得额合计金额。
13. 第52行"税率"：填写按规定适用的税率。
14. 第53行"应纳税额"：按照相关行次计算填报。
第53行 = 第51行 × 第52行。
15. 第54行"境外偶然所得应纳税所得额"：填写居民个人取得的境外偶然所得应纳税所得额合计金额。
16. 第55行"税率"：填写按规定适用的税率。
17. 第56行"应纳税额"：按照相关行次计算填报。
第56行 = 第54行 × 第55行。
18. 第57行"其他境内、境外所得应纳税所得额"：填写居民个人取得的其他境内、境外所得应纳税所得额合计金额，并在"备注"栏说明具体项目、计算方法等信息。
19. 第58行"应纳税额"：根据适用的税率计算填报。

（七）境外股权激励个人所得税计算

居民个人取得境外股权激励，填写本部分，并按规定附报《境外所得个人所得税抵免明细表》。
1. 第59行"境内、境外单独计税的股权激励收入合计"：填写居民个人取得的境内、境外单独计税的股权激励收入合计金额。
2. 第60、61行"税率""速算扣除数"：根据单独计税的股权激励政策规定适用的税率和速算扣除数。
3. 第62行"应纳税额"：按照相关行次计算填报。
第62行 = 第59行 × 第60行 – 第61行。

（八）全年一次性奖金个人所得税计算

无住所居民个人预缴时因预判为非居民个人而按取得数月奖金计算缴税的，汇缴时可以根据自身情况，将一笔数月奖金按照全年一次性奖金单独计算。
1. 第63行"全年一次性奖金收入"：填写无住所的居民个人纳税年度内预判为非居民个人时取得的一笔数月奖金收入金额。
2. 第64行"准予扣除的捐赠额"：填写无住所的居民个人按规定准予在税前扣除的公益慈善事业捐赠金额，并按规定附报《个人所得税公益慈善事业捐赠扣除明细表》。
3. 第65、66行"税率""速算扣除数"：填写按照全年一次性奖金政策规定适用的税率和速算扣除数。
4. 第67行"应纳税额"：按照相关行次计算填报。
第67行 =（第63行 – 第64行）× 第65行 – 第66行。

（九）税额调整

1. 第68行"综合所得收入调整额"：填写居民个人按照税法规定可以办理的除第68行之前所填报内容之外的其他可以进行调整的综合所得收入的调整金额，并在"备注"栏说明调整的具体原因、计算方式等信息。
2. 第69行"应纳税额调整额"：填写居民个人按照税法规定调整综合所得收入后所应调整的应纳税额。

（十）应补/退个人所得税计算

1. 第70行"应纳税额合计"：根据相关行次计算填报。
第70行 = 第38行 + 第44行 + 第47行 + 第50行 + 第53行 + 第56行 + 第58行 + 第62行 + 第67行 + 第69行。
2. 第71行"减免税额"：填写符合税法规定的可以减免的税额，并按规定附报《个人所得税减免税事项报告表》。
3. 第72行"已缴税额（境内）"：填写居民个人取得在本表中已填报的收入对应的在境内已经缴纳或者被扣缴的个人所得税。

4. 第 75 行"境外所得已纳所得税抵免额"：根据《境外所得个人所得税抵免明细表》计算填写居民个人符合税法规定的个人所得税本年抵免额。

5. 第 76 行"应补/退税额"：根据相关行次计算填报。

第 76 行 = 第 70 行 – 第 71 行 – 第 72 行 – 第 75 行。

（十一）无住所个人附报信息

本部分由无住所个人填写。不是，则不填。

1. 纳税年度内在中国境内居住天数：填写本纳税年度内，无住所居民个人在中国境内居住的天数。

2. 已在中国境内居住年数：填写无住所个人已在中国境内连续居住的年份数。其中，年份数自 2019 年（含）开始计算且不包含本纳税年度。

（十二）退税申请

本部分由应补/退税额小于 0 且勾选"申请退税"的居民个人填写。

1. "开户银行名称"：填写居民个人在中国境内开立银行账户的银行名称。

2. "开户银行省份"：填写居民个人在中国境内开立的银行账户的开户银行所在省、自治区、直辖市或者计划单列市。

3. "银行账号"：填写居民个人在中国境内开立的银行账户的银行账号。

（十三）备注

填写居民个人认为需要特别说明的或者按照有关规定需要说明的事项。

四、其他事项说明

以纸质方式报送本表的，建议通过计算机填写打印，一式两份，纳税人、税务机关各留存一份。

表 5–15 境外所得个人所得税抵免明细表

税款所属期： 年 月 日 至 年 月 日

纳税人姓名：

纳税人识别号：☐☐☐☐☐☐☐☐☐☐☐☐☐☐☐☐☐–☐☐   金额单位：人民币元（列至角分）

本期境外所得抵免限额计算							
列次			A	B	C	D	E
项目		行次	金额				
国家（地区）		1	境内	境外			合计
一、综合所得	（一）收入	2					
	其中：工资、薪金	3					
	劳务报酬	4					
	稿酬	5					
	特许权使用费	6					
	（二）费用	7					
	（三）收入额	8					
	（四）应纳税额	9	—				
	（五）减免税额	10	—				
	（六）抵免限额	11	—				

续表

二、经营所得	（一）收入总额	12	—			
	（二）成本费用	13	—			
	（三）应纳税所得额	14				
	（四）应纳税额	15	—	—	—	—
	（五）减免税额	16	—	—	—	—
	（六）抵免限额	17	—			
三、利息、股息、红利所得	（一）应纳税所得额	18	—			
	（二）应纳税额	19				
	（三）减免税额	20				
	（四）抵免限额	21				
四、财产租赁所得	（一）应纳税所得额	22				
	（二）应纳税额	23				
	（三）减免税额	24				
	（四）抵免限额	25				
五、财产转让所得	（一）收入	26				
	（二）财产原值	27				
	（三）合理税费	28				
	（四）应纳税所得额	29				
	（五）应纳税额	30				
	（六）减免税额	31				
	（七）抵免限额	32				
六、偶然所得	（一）应纳税所得额	33				
	（二）应纳税额	34				
	（三）减免税额	35				
	（四）抵免限额	36				
七、股权激励	（一）应纳税所得额	37				
	（二）应纳税额	38	—	—	—	—
	（三）减免税额	39	—	—	—	—
	（四）抵免限额	40				
八、其他境内、境外所得	（一）应纳税所得额	41				
	（二）应纳税额	42				
	（三）减免税额	43				
	（四）抵免限额	44	—			

续表

项目	行次					
九、本年可抵免限额合计 （第45行 = 第11行 + 第17行 + 第21行 + 第25行 + 第32行 + 第36行 + 第40行 + 第44行）	45	—				
本期实际可抵免额计算						
一、以前年度结转抵免额 （第46行 = 第47行 + 第48行 + 第49行 + 第50行 + 第51行）	46	—				
其中：前5年	47	—				
前4年	48	—				
前3年	49	—				
前2年	50	—				
前1年	51	—				
二、本年境外已纳税额	52	—				
其中：享受税收饶让抵免税额（视同境外已纳）	53	—				
三、本年抵免额（境外所得已纳所得税抵免额）	54	—				
四、可结转以后年度抵免额 （第55行 = 第56行 + 第57行 + 第58行 + 第59行 + 第60行）	55	—				—
其中：前4年	56	—				—
前3年	57	—				—
前2年	58	—				—
前1年	59	—				—
本年	60	—				—
备注						

谨声明：本表是根据国家税收法律法规及相关规定填报的，本人对填报内容（附带资料）的真实性、可靠性、完整性负责。

纳税人签字：　　　　　年　月　日

经办人签字： 经办人身份证件类型： 经办人身份证件号码： 代理机构签章： 代理机构统一社会信用代码：	受理人： 受理税务机关（章）： 受理日期：　年　月　日

国家税务总局监制

续上

《境外所得个人所得税抵免明细表》填表说明

一、适用范围

本表适用于居民个人纳税年度内取得境外所得，并按税法规定进行年度自行纳税申报时，应填报本表，计算其本年抵免额。

二、报送期限

本表随《个人所得税年度自行纳税申报表（B表）》一并报送。

三、本表各栏填写

（一）表头项目

1. 税款所属期：填写居民个人取得境外所得当年的第1日至最后1日。如2019年1月1日至2019年12月31日。

2. 纳税人姓名：填写居民个人姓名。

3. 纳税人识别号：有中国居民身份证号码的，填写中华人民共和国居民身份证上载明的"公民身份号码"；没有中国居民身份证号码的，填写税务机关赋予的纳税人识别号。

（二）第A、B、C、D、E列次

1. 第A列"境内"：填写个人取得境内所得相关内容。

2. 第B~D列"境外"：填写个人取得境外所得相关内容。

3. 第E列"合计"：按照相关列次计算填报。

第E列 = 第A列 + 第B列 + 第C列 + 第D列

（三）本期境外所得抵免限额计算

1. 第1行"国家（地区）"：按"境外"列分别填写居民个人取得的境外收入来源国家（地区）名称。

2. 第2行"收入"：按列分别填写居民个人取得的综合所得收入合计金额。

3. 第3~6行"工资、薪金""劳务报酬""稿酬""特许权使用费"：按列分别填写居民个人取得的需要并入综合所得计税的"工资、薪金""劳务报酬""稿酬""特许权使用费"所得收入金额。

4. 第7行"费用"：根据相关行次计算填报。

第7行 =（第4行 + 第5行 + 第6行）×20%。

5. 第8行"收入额"：根据相关行次计算填报。

第8行 = 第2行 – 第7行 – 第5行 × 80% × 30%。

6. 第9行"应纳税额"：按我国法律法规计算应纳税额，并填报本行"合计"列。

7. 第10行"减免税额"：填写符合税法规定的可以减免的税额，并按规定附报《个人所得税减免税事项报告表》。

8. 第11行"抵免限额"：根据相应行次按列分别计算填报。

第11行"境外"列 =（第9行"合计"列 – 第10行"合计"列）× 第8行"境外"列 ÷ 第8行"合计"列。

第11行"合计列" = ∑第11行"境外"列。

9. 第12、13、14行"收入总额""成本费用""应纳税所得额"：按列分别填写居民个人取得的经营所得收入、成本费用及应纳税所得额合计金额。

10. 第15行"应纳税额"：根据相关行次计算填报"合计"列。

第15行 = 第14行 × 适用税率 – 速算扣除数。

11. 第16行"减免税额"：填写符合税法规定的可以减免的税额，并按规定附报《个人所得税减免税事项报告表》。

12. 第17行"抵免限额"：根据相应行次按列分别计算填报。

第17行"境外"列 =（第15行"合计"列 – 第16行"合计"列）× 第14行"境外"列 ÷ 第14行"合计"列。

第17行"合计列" = ∑第17行"境外"列。

续上

13. 第 18、22、33、41 行"应纳税所得额"：按列分别填写居民个人取得的利息、股息、红利所得，财产租赁所得，偶然所得，其他境内、境外所得应纳税所得额合计金额。

14. 第 19、23、34、42 行"应纳税额"：按列分别计算填报。

第 19 行 = 第 18 行 × 适用税率；

第 23 行 = 第 22 行 × 适用税率；

第 34 行 = 第 33 行 × 适用税率；

第 42 行 = 第 41 行 × 适用税率。

15. 第 20、24、35、43 行"减免税额"：填写符合税法规定的可以减免的税额，并附报《个人所得税减免税事项报告表》。

16. 第 21、25、36、44 行"抵免限额"：根据相应行次按列分别计算填报。

第 21 行 = 第 19 行 – 第 20 行；

第 25 行 = 第 23 行 – 第 24 行；

第 36 行 = 第 34 行 – 第 35 行；

第 44 行 = 第 42 行 – 第 43 行。

17. 第 26 行"收入"：按列分别填写居民个人取得的财产转让所得收入合计金额。

18. 第 27 行"财产原值"：按列分别填写居民个人取得的财产转让所得对应的财产原值合计金额。

19. 第 28 行"合理税费"：按列分别填写居民个人取得财产转让所得对应的合理税费合计金额。

20. 第 29 行"应纳税所得额"：按列分别填写居民个人取得的财产转让所得应纳税所得额合计金额。

第 29 行 = 第 26 行 – 第 27 行 – 第 28 行。

21. 第 30 行"应纳税额"：根据相应行按列分别计算填报。

第 30 行 = 第 29 行 × 适用税率。

22. 第 31 行"减免税额"：填写符合税法规定的可以减免的税额，并按规定附报《个人所得税减免税事项报告表》。

23. 第 32 行"抵免限额"：根据相应行次按列分别计算填报。

第 32 行 = 第 30 行 – 第 31 行。

24. 第 37 行"应纳税所得额"：按列分别填写居民个人取得的股权激励应纳税所得额合计金额。

25. 第 38 行"应纳税额"：按我国法律法规计算应纳税额填报本行"合计"列。

第 38 行 = 第 37 行 × 适用税率 – 速算扣除数

26. 第 39 行"减免税额"：填写符合税法规定的可以减免的税额，并附报《个人所得税减免税事项报告表》。

27. 第 40 行"抵免限额"：根据相应行次按列分别计算填报。

第 40 行"境外"列 =（第 38 行"合计"列 – 第 39 行"合计"列）× 第 37 行"境外"列 ÷ 第 37 行"合计"列。

28. 第 45 行"本年可抵免限额合计"：根据相应行次按列分别计算填报。

第 45 行 = 第 11 行 + 第 17 行 + 第 21 行 + 第 25 行 + 第 32 行 + 第 36 行 + 第 40 行 + 第 44 行。

（四）本期实际可抵免额计算

1. 第 46 行"以前年度结转抵免额"：根据相应行次按列分别计算填报。

第 46 行 = 第 47 列 + 第 48 列 + 第 49 列 + 第 50 列 + 第 51 列。

2. 第 52 行"本年境外已纳税额"：按列分别填写居民个人在境外已经缴纳或者被扣缴的税款合计金额，包括第 53 行"享受税收饶让抵免税额"。

3. 第 53 行"享受税收饶让抵免税额"：按列分别填写居民个人享受税收饶让政策而视同境外已缴纳而实际未缴纳的税款合计金额。

4. 第 54 行"本年抵免额"：按"境外"列分别计算填写可抵免税额。

第 54 行"合计"列 = Σ第 54 行"境外"列。

续上

> 5. 第 55 行"可结转以后年度抵免额":根据相应行次按列分别计算填报。
> 第 55 行 = 第 56 列 + 第 57 列 + 第 58 列 + 第 59 列 + 第 60 列。
> (五)备注
> 填写居民个人认为需要特别说明的或者税务机关要求说明的事项。
> 四、其他事项说明
> 以纸质方式报送本表的,建议通过计算机填写打印,一式两份,纳税人、税务机关各留存一份。

(五)移居境外注销中国户籍

根据《个人所得税法》第十条的规定,因移居境外注销中国户籍的,纳税人应当依法办理纳税申报。

根据《个人所得税法》第十三条的规定,纳税人因移居境外注销中国户籍的,应当在注销中国户籍前办理税款清算。

根据《国家税务总局关于个人所得税自行纳税申报有关问题的公告》(国家税务总局公告 2018 年第 62 号)第五条的规定,纳税人因移居境外注销中国户籍的,应当在申请注销中国户籍前,向户籍所在地主管税务机关办理纳税申报,进行税款清算。

(1)纳税人在注销户籍年度取得综合所得的,应当在注销户籍前,办理当年综合所得的汇算清缴,并报送《个人所得税年度自行纳税申报表》。尚未办理上一年度综合所得汇算清缴的,应当在办理注销户籍纳税申报时一并办理。

(2)纳税人在注销户籍年度取得经营所得的,应当在注销户籍前,办理当年经营所得的汇算清缴,并报送《个人所得税经营所得纳税申报表(B 表)》。从两处以上取得经营所得的,还应当一并报送《个人所得税经营所得纳税申报表(C 表)》。尚未办理上一年度经营所得汇算清缴的,应当在办理注销户籍纳税申报时一并办理。

(3)纳税人在注销户籍当年取得利息、股息、红利所得,财产租赁所得,财产转让所得和偶然所得的,应当在注销户籍前,申报当年上述所得的完税情况,并报送《个人所得税自行纳税申报表(A 表)》。

(4)纳税人有未缴或者少缴税款的,应当在注销户籍前,结清欠缴或未缴的税款。纳税人存在分期缴税且未缴纳完毕的,应当在注销户籍前,结清尚未缴纳的税款。

（5）纳税人办理注销户籍纳税申报时，需要办理专项附加扣除、依法确定的其他扣除的，应当向税务机关报送《个人所得税专项附加扣除信息表》《商业健康保险税前扣除情况明细表》《个人税收递延型商业养老保险税前扣除情况明细表》等。

（六）非居民个人从两处以上取得工资

根据《个人所得税法》第十条的规定，非居民个人在中国境内从两处以上取得工资、薪金所得的，纳税人应当依法办理纳税申报。

根据《个人所得税法》第十三条的规定，非居民个人在中国境内从两处以上取得工资、薪金所得的，应当在取得所得的次月15日内申报纳税。

根据《国家税务总局关于个人所得税自行纳税申报有关问题的公告》（国家税务总局公告2018年第62号）第六条的规定，非居民个人在中国境内从两处以上取得工资、薪金所得的，应当在取得所得的次月15日内，向其中一处任职、受雇单位所在地主管税务机关办理纳税申报，并报送《个人所得税自行纳税申报表（A表）》。

（七）国务院规定的其他情形

根据《个人所得税法》第十条的规定，有国务院规定的其他情形的，纳税人应当依法办理纳税申报。

（八）其他共性规定

根据《个人所得税法实施条例》第二十七条的规定，纳税人办理纳税申报的地点以及其他有关事项的具体办法，由国务院税务主管部门制定。

根据《个人所得税法实施条例》第二十九条的规定，纳税人可以委托扣缴义务人或者其他单位和个人办理汇算清缴。

根据《个人所得税法实施条例》第三十四条的规定，个人所得税纳税申报表、扣缴个人所得税报告表和个人所得税完税凭证式样，由国务院税务主管部门统一制定。

根据《国家税务总局关于个人所得税自行纳税申报有关问题的公告》（国家税务总局公告2018年第62号）第七条的规定，纳税人可以采用远程办税端、邮寄等方式申报,也可以直接到主管税务机关申报。纳税人办理自行纳税申报时,应当一并报送税务机关要求报送的其他有关资料。首次申报或者个人基础信息发生变化的,还应报送《个人所得税基础信息表(B表)》(见表5–16)。纳税人在办理纳税申报时需要享受税收协定待遇的,按照享受税收协定待遇有关办法办理。

表5–16 个人所得税基础信息表(B表)

个人所得税基础信息表(B表)
(适用于自然人填报)

纳税人识别号:□□□□□□□□□□□□□□□□□□

基本信息(带*必填)								
基本信息	*纳税人姓名	中文名			英文名			
	*身份证件	证件类型一			证件号码			
		证件类型二			证件号码			
	*国籍/地区				*出生日期		年 月 日	
联系方式	户籍所在地	___省(区、市)___市___区(县)___街道(乡、镇)						
	经常居住地	___省(区、市)___市___区(县)___街道(乡、镇)						
	联系地址	___省(区、市)___市___区(县)___街道(乡、镇)						
	*手机号码				电子邮箱			
其他信息	开户银行				银行账号			
	学历	□研究生 □大学本科 □大学本科以下						
	特殊情形	□残疾 残疾证号_____ □烈属 烈属证号_____ □孤老						
任职、受雇、从业信息								
任职受雇从业单位一	名称				国家/地区			
	纳税人识别号(统一社会信用代码)				任职受雇从业日期	年 月	离职日期	年 月
	类型	□雇员 □保险营销员 □证券经纪人 □其他			职务		□高层 □其他	
任职受雇从业单位二	名称				国家/地区			
	纳税人识别号(统一社会信用代码)				任职受雇从业日期	年 月	离职日期	年 月
	类型	□雇员 □保险营销员 □证券经纪人 □其他			职务		□高层 □其他	

续表

该栏仅由投资者纳税人填写					
被投资单位一	名称		国家/地区		
	纳税人识别号（统一社会信用代码）		投资额（元）		投资比例
被投资单位二	名称		国家/地区		
	纳税人识别号（统一社会信用代码）		投资额（元）		投资比例
该栏仅由华侨、港澳台、外籍个人填写（带*必填）					
*出生地			*首次入境时间		年 月 日
*性别			*预计离境时间		年 月 日
*涉税事由	□任职受雇　□提供临时劳务　□转让财产　□从事投资和经营活动　□其他				
谨声明：本表是根据国家税收法律法规及相关规定填报的，是真实的、可靠的、完整的。					
		纳税人（签字）：		年 月 日	
经办人签字：经办人身份证件号码：代理机构签章：代理机构统一社会信用代码：			受理人： 受理税务机关（章）： 受理日期：　年　月　日		

国家税务总局监制

续上

填表说明

一、适用范围

本表适用于自然人纳税人基础信息的填报。

二、报送期限

自然人纳税人初次向税务机关办理相关涉税事宜时填报本表；初次申报后，以后仅需在信息发生变化时填报。

三、本表各栏填写

本表带"*"的项目为必填或者条件必填，其余项目为选填。

（一）表头项目

纳税人识别号：有中国居民身份证号码的，填写中华人民共和国居民身份证上载明的"公民身份号码"；没有中国居民身份证号码的，填写税务机关赋予的纳税人识别号。

（二）表内各栏

1. 基本信息：

（1）纳税人姓名：填写纳税人姓名。外籍个人英文姓名按照"先姓（surname）后名（given name）"的顺序填写，确实无法区分姓和名的，按照证件上的姓名顺序填写。

（2）身份证件：填写纳税人有效的身份证件类型及号码。

续上

> "证件类型一"按以下原则填写：
> ①有中国公民身份号码的，应当填写《中华人民共和国居民身份证》(简称"居民身份证")。
> ②华侨应当填写《中华人民共和国护照》(简称"中国护照")。
> ③港澳居民可选择填写《港澳居民来往内地通行证》(简称"港澳居民通行证")或者《中华人民共和国港澳居民居住证》(简称"港澳居民居住证")；台湾居民可选择填写《台湾居民来往大陆通行证》(简称"台湾居民通行证")或者《中华人民共和国台湾居民居住证》(简称"台湾居民居住证")。
> ④外籍个人可选择填写《中华人民共和国外国人永久居留身份证》(简称"外国人永久居留证")、《中华人民共和国外国人工作许可证》(简称"外国人工作许可证")或者"外国护照"。
> ⑤其他符合规定的情形填写"其他证件"。
> "证件类型二"按以下原则填写：证件类型一选择"港澳居民居住证"的，证件类型二应当填写"港澳居民通行证"；证件类型一选择"台湾居民居住证"的，证件类型二应当填写"台湾居民通行证"；证件类型一选择"外国人永久居留证"或者"外国人工作许可证"的，证件类型二应当填写"外国护照"。证件类型一已选择"居民身份证""中国护照""港澳居民通行证""台湾居民通行证"或"外国护照"，证件类型二可不填。
> （3）国籍/地区：填写纳税人所属的国籍或地区。
> （4）出生日期：根据纳税人身份证件上的信息填写。
> （5）户籍所在地、经常居住地、联系地址：填写境内地址信息，至少填写一项。有居民身份证的，"户籍所在地""经常居住地"必须填写其中之一。
> （6）手机号码、电子邮箱：填写境内有效手机号码，港澳台、外籍个人可以选择境内有效手机号码或电子邮箱中的一项填写。
> （7）开户银行、银行账号：填写有效的个人银行账户信息，开户银行填写到银行总行。
> （8）特殊情形：纳税人为残疾、烈属、孤老的，填写本栏。残疾、烈属人员还需填写残疾/烈属证件号码。
> 2. 任职、受雇、从业信息：填写纳税人任职受雇从业的有关信息。其中，中国境内无住所个人有境外派遣单位的，应在本栏除填写境内任职受雇从业单位、境内受聘签约单位情况外，还应一并填写境外派遣单位相关信息。填写境外派遣单位时，其纳税人识别号（社会统一信用代码）可不填。
> 3. 投资者纳税人填写栏：由自然人股东、投资者填写。没有，则不填。
> （1）名称：填写被投资单位名称全称。
> （2）纳税人识别号（统一社会信用代码）：填写被投资单位纳税人识别号或者统一社会信用代码。
> （3）投资额：填写自然人股东、投资者在被投资单位投资的投资额（股本）。
> （4）投资比例：填写自然人股东、投资者的投资额占被投资单位投资（股本）的比例。
> 4. 华侨、港澳台、外籍个人信息：华侨、港澳台居民、外籍个人填写本栏。
> （1）出生地：填写华侨、港澳台居民、外籍个人的出生地，具体到国家或者地区。
> （2）首次入境时间、预计离境时间：填写华侨、港澳台居民、外籍个人首次入境和预计离境的时间，具体到年月日。预计离境时间发生变化的，应及时进行变更。
> （3）涉税事由：填写华侨、港澳台居民、外籍个人在境内涉税的具体事由，在相应事由处划"√"。如有多项事由的，同时勾选。
> 四、其他事项说明
> 以纸质方式报送本表的，应当一式两份，纳税人、税务机关各留存一份。

根据《国家税务总局关于修订部分个人所得税申报表的公告》（国家税务总局公告2019年第46号）的规定，纳税人如果要享受个人所得税的优惠政策，需要填写《个人所得税减免税事项报告表》(表5-17)，纳税人在办理2019年度个人所得税综合所得汇算清缴填写免税收入时，暂不附报《个人所得税减免税事项报告表》。

表 5–17 个人所得税减免税事项报告表

税款所属期：　年　月　日至　年　月　日

纳税人姓名：

纳税人识别号：□□□□□□□□□□□□□□□–□□

扣缴义务人名称：

扣缴义务人纳税人识别号：□□□□□□□□□□□□□□□　　　金额单位：人民币元（列至角分）

减免税情况							
编号	勾选	减免税事项		减免人数	免税收入	减免税额	备注
1	□	残疾、孤老、烈属减征个人所得税					
2	□	个人转让5年以上唯一住房免征个人所得税			—		
3	□	随军家属从事个体经营免征个人所得税			—		
4	□	军转干部从事个体经营免征个人所得税			—		
5	□	退役士兵从事个体经营免征个人所得税			—		
6	□	建档立卡贫困人口从事个体经营扣减个人所得税			—		
7	□	登记失业半年以上人员，零就业家庭、享受城市低保登记失业人员，毕业年度内高校毕业生从事个体经营扣减个人所得税			—		
8	□	取消农业税从事"四业"所得暂免征收个人所得税			—		
9	□	符合条件的房屋赠与免征个人所得税			—		
10	□	科技人员取得职务科技成果转化现金奖励				—	
11	□	外籍个人出差补贴、探亲费、语言训练费、子女教育费等津补贴				—	
12	□	税收协定	股息	税收协定名称及条款：		—	
13	□		利息	税收协定名称及条款：		—	
14	□		特许权使用费	税收协定名称及条款：		—	
15	□		财产收益	税收协定名称及条款：		—	
16	□		受雇所得	税收协定名称及条款：		—	
17	□		其他	税收协定名称及条款：		—	
18		其他	减免税事项名称及减免性质代码：				
19	□		减免税事项名称及减免性质代码：				
20			减免税事项名称及减免性质代码：				
合计							
减免税人员名单							

第五章　个人所得税的征管与反避税

续表

序号	姓名	纳税人识别号	减免税事项（编号或减免性质代码）	所得项目	免税收入	减免税额	备注

谨声明：本表是根据国家税收法律法规及相关规定填报的，本人（单位）对填报内容（附带资料）的真实性、可靠性、完整性负责。

纳税人或扣缴单位负责人签字：　　　　年　月　日

经办人签字：	受理人：
经办人身份证件类型：	
经办人身份证件号码：	受理税务机关（章）：
代理机构签章：	
代理机构统一社会信用代码：	受理日期：　　年　月　日

国家税务总局监制

续上

《个人所得税减免税事项报告表》填表说明

一、适用范围

本表适用于个人纳税年度内发生减免税事项，需要在纳税申报时享受的，向税务机关报送。

二、报送期限

1. 个人需要享受减免税事项的，应当及时向扣缴义务人提交本表做信息采集。

2. 扣缴义务人扣缴申报时，个人需要享受减免税事项的，扣缴义务人应当一并报送本表。

3. 个人需要享受减免税事项并采取自行纳税申报方式的，应按照税法规定的自行纳税申报时间，在自行纳税申报时一并报送本表。

三、本表各栏填写

（一）表头项目

1. 税款所属期：填写个人发生减免税事项的所属期间，应填写具体的起止年月日。

2. 纳税人姓名：个人自行申报并报送本表或向扣缴义务人提交本表做信息采集的，由个人填写纳税人姓名。

续上

3. 纳税人识别号：个人自行申报并报送本表或向扣缴义务人提交本表做信息采集的，由个人填写纳税人识别号。纳税人识别号为个人有中国居民身份证号码的，填写中华人民共和国居民身份证上载明的"公民身份号码"；没有中国居民身份证号码的，填写税务机关赋予的纳税人识别号。

4. 扣缴义务人名称：扣缴义务人扣缴申报并报送本表的，由扣缴义务人填写扣缴义务人名称。

5. 扣缴义务人纳税人识别号：扣缴义务人扣缴申报并报送本表的，由扣缴义务人填写扣缴义务人统一社会信用代码。

（二）减免税情况

1. "减免税事项"：个人或扣缴义务人勾选享受的减免税事项。

个人享受税收协定待遇的，应勾选"税收协定"项目，并填写具体税收协定名称及条款。

个人享受列示项目以外的减免税事项的，应勾选"其他"项目，并填写减免税事项名称及减免性质代码。

2. "减免人数"：填写享受该行次减免税政策的人数。

3. "免税收入"：填写享受该行次减免税政策的免税收入合计金额。

4. "减免税额"：填写享受该行次减免税政策的减免税额合计金额。

5. "备注"：填写个人或扣缴义务人需要特别说明的或者税务机关要求说明的事项。

（三）减免税人员名单栏

1. "姓名"：填写个人姓名。

2. "纳税人识别号"：填写个人的纳税人识别号。

3. "减免税事项（编号或减免性质代码）"：填写"减免税情况栏"列示的减免税事项对应的编号或税务机关要求填报的其他信息。

4. "所得项目"：填写适用减免税事项的所得项目名称。例如：工资、薪金所得。

5. "免税收入"：填写个人享受减免税政策的免税收入金额。

6. "减免税额"：填写个人享受减免税政策的减免税额金额。

7. "备注"：填写个人或扣缴义务人需要特别说明的或者税务机关要求说明的事项。

四、其他事项说明

以纸质方式报送本表的，建议通过计算机填写打印，一式两份，纳税人（扣缴义务人）、税务机关各留存一份。

三、个人所得税的基础管理

（一）部门协助与信息共享

根据《个人所得税法》第十五条的规定，公安、人民银行、金融监督管理等相关部门应当协助税务机关确认纳税人的身份、金融账户信息。教育、卫生、医疗保障、民政、人力资源社会保障、住房和城乡建设、公安、人民银行、金融监督管理等相关部门应当向税务机关提供纳税人子女教育、继续教育、大病医疗、住房贷款利息、住房租金、赡养老人等专项附加扣除信息。

个人转让不动产的,税务机关应当根据不动产登记等相关信息核验应缴的个人所得税,登记机构办理转移登记时,应当查验与该不动产转让相关的个人所得税的完税凭证。个人转让股权办理变更登记的,市场主体登记机关应当查验与该股权交易相关的个人所得税的完税凭证。有关部门依法将纳税人、扣缴义务人遵守《个人所得税法》的情况纳入信用信息系统,并实施联合激励或者惩戒。

(二)个人所得税纳税记录

根据《国家税务总局关于将个人所得税〈税收完税证〉(文书式)调整为〈纳税记录〉有关事项的公告》(国家税务总局公告2018年第55号),为配合个人所得税制度改革,进一步落实国务院减证便民要求,优化纳税服务,国家税务总局决定将个人所得税《税收完税证明》(文书式)调整为《纳税记录》。

从2019年1月1日起,纳税人申请开具税款所属期为2019年1月1日(含)以后的个人所得税缴(退)税情况证明的,税务机关不再开具《税收完税证明》(文书式),调整为开具《纳税记录》;纳税人申请开具税款所属期为2018年12月31日(含)以前个人所得税缴(退)税情况证明的,税务机关继续开具《税收完税证明》(文书式)。

纳税人2019年1月1日以后取得应税所得并由扣缴义务人向税务机关办理了全员全额扣缴申报,或根据税法规定自行向税务机关办理纳税申报的,不论是否实际缴纳税款,均可以申请开具《纳税记录》。

纳税人可以通过电子税务局、手机App申请开具本人的个人所得税《纳税记录》,也可到办税服务厅申请开具。纳税人可以委托他人持下列证件和资料到办税服务厅代为开具个人所得税《纳税记录》:

(1)委托人及受托人有效身份证件原件。

(2)委托人书面授权资料。

纳税人对个人所得税《纳税记录》存在异议的,可以向该项记录中列明的税务机关申请核实。税务机关提供个人所得税《纳税记录》的验证服务,支持通过电子税务局、手机App等方式进行验证。具体验证方法见个人所得税《纳税记录》中的相关说明。

（三）法律责任

根据《个人所得税法》第十九条的规定，纳税人、扣缴义务人和税务机关及其工作人员违反《个人所得税法》规定的，依照《税收征收管理法》和有关法律法规的规定追究法律责任。

根据《税收征收管理法》第三十二条的规定，纳税人未按照规定期限缴纳税款的，扣缴义务人未按照规定期限解缴税款的，税务机关除责令限期缴纳外，从滞纳税款之日起，按日加收滞纳税款万分之五的滞纳金。

根据《税收征收管理法》第六十一条的规定，扣缴义务人未按照规定设置、保管代扣代缴、代收代缴税款账簿或者保管代扣代缴、代收代缴税款记账凭证及有关资料的，由税务机关责令限期改正，可以处二千元以下的罚款；情节严重的，处二千元以上五千元以下的罚款。

根据《税收征收管理法》第六十二条的规定，纳税人未按照规定的期限办理纳税申报和报送纳税资料的，或者扣缴义务人未按照规定的期限向税务机关报送代扣代缴、代收代缴税款报告表和有关资料的，由税务机关责令限期改正，可以处二千元以下的罚款；情节严重的，可以处二千元以上一万元以下的罚款。

（四）其他征管事项

根据《个人所得税法》第二十条的规定，个人所得税的征收管理，依照《个人所得税法》和《税收征收管理法》的规定执行。

根据《个人所得税法实施条例》第三十五条的规定，军队人员个人所得税征收事宜，按照有关规定执行。

四、个人所得税汇算清缴制度

根据《财政部 税务总局关于个人所得税综合所得汇算清缴涉及有关政策问题的公告》（财政部 税务总局公告2019年第94号）的规定，2019年1月1日至2020年12月31日居民个人取得的综合所得，年度综合所得收入不超过12万元且需要汇算清缴补税的，或者年度汇算清缴补税金额不超过 400 元的，居民个人可免于办理个人所得税综合所得汇算清缴。居民个人取得综合所得时存在扣缴义务人未依法预扣预缴税款的情形除外。根据 2021 年 12 月 29 日国务院常务会议的决定，上述优惠政策延长至 2023 年 12 月 31 日。

残疾、孤老人员和烈属取得综合所得办理汇算清缴时，汇算清缴地与预扣预缴地规定不一致的，用预扣预缴地规定计算的减免税额与用汇算清缴地规定计算的减免税额相比较，按照孰高值确定减免税额。

居民个人填报专项附加扣除信息存在明显错误，经税务机关通知，居民个人拒不更正或者不说明情况的，税务机关可暂停纳税人享受专项附加扣除。居民个人按规定更正相关信息或者说明情况后，经税务机关确认，居民个人可继续享受专项附加扣除，以前月份未享受扣除的，可按规定追补扣除。

五、2022 年度个人所得税综合所得汇算清缴事项

根据个人所得税法及其实施条例、税收征收管理法及其实施细则等有关规定，办理 2022 年度个人所得税综合所得汇算清缴（以下简称"汇算"）执行以下制度：

（一）汇算的主要内容

2022 年度终了后，居民个人（以下称"纳税人"）需要汇总 2022 年 1 月 1 日至 12 月 31 日取得的工资薪金、劳务报酬、稿酬、特许权使用费等四项综合所得的收入额，减除费用 6 万元以及专项扣除、专项附加扣除、依法确定的其他扣除和符合条件的公益慈善事业捐赠后，适用综合所得个人所得税税率并减去速算扣除数，计算最终应纳税额，再减去 2022 年已预缴税额，得出应退或应补税额，向税务机关申报并办理退税或补税。具体计算公式如下：

$$\text{应退或应补税额} = \left[(\text{综合所得收入额} - 60\,000\text{元} - \text{"三险一金"等专项扣除} - \text{子女教育等专项附加扣除} - \text{依法确定的其他扣除} - \text{符合条件的公益慈善事业捐赠}) \times \text{适用税率} - \text{速算扣除数} \right] - \text{已预缴税额}$$

汇算不涉及纳税人的财产租赁等分类所得，以及按规定不并入综合所得计算纳税的所得。

（二）无需办理汇算的情形

纳税人在 2022 年已依法预缴个人所得税且符合下列情形之一的，无需办理汇算：

（1）汇算需补税但综合所得收入全年不超过 12 万元的。

（2）汇算需补税金额不超过 400 元的。

（3）已预缴税额与汇算应纳税额一致的。

（4）符合汇算退税条件但不申请退税的。

（三）需要办理汇算的情形

符合下列情形之一的，纳税人需办理汇算：

（1）已预缴税额大于汇算应纳税额且申请退税的。

（2）2022 年取得的综合所得收入超过 12 万元且汇算需要补税金额超过 400 元的。

因适用所得项目错误或者扣缴义务人未依法履行扣缴义务，造成 2022 年少申报或者未申报综合所得的，纳税人应当依法据实办理汇算。

（四）可享受的税前扣除

下列在 2022 年发生的税前扣除，纳税人可在汇算期间填报或补充扣除：

（1）纳税人及其配偶、未成年子女符合条件的大病医疗支出。

（2）符合条件的 3 岁以下婴幼儿照护、子女教育、继续教育、住房贷款利息或住房租金、赡养老人等专项附加扣除，以及减除费用、专项扣除、依法确定的其他扣除。

（3）符合条件的公益慈善事业捐赠。

（4）符合条件的个人养老金扣除。

同时取得综合所得和经营所得的纳税人，可在综合所得或经营所得中申报减除费用 6 万元、专项扣除、专项附加扣除以及依法确定的其他扣除，但不得重复申报减除。

（五）办理时间

2022 年度汇算办理时间为 2023 年 3 月 1 日至 6 月 30 日。在中国境内无住所的纳税人在 3 月 1 日前离境的，可以在离境前办理。

（六）办理方式

纳税人可自主选择下列办理方式：

（1）自行办理。

（2）通过任职受雇单位（含按累计预扣法预扣预缴其劳务报酬所得个人所得税的单位）代为办理。

纳税人提出代办要求的，单位应当代为办理，或者培训、辅导纳税人完成汇算申报和退（补）税。

由单位代为办理的，纳税人应在 2023 年 4 月 30 日前与单位以书面或者电子等方式进行确认，补充提供 2022 年在本单位以外取得的综合所得收入、相关扣除、享受税收优惠等信息资料，并对所提交信息的真实性、准确性、完整性负责。纳税人未与单位确认请其代为办理的，单位不得代办。

（3）委托受托人（含涉税专业服务机构或其他单位及个人）办理，纳税人需与受托人签订授权书。

单位或受托人为纳税人办理汇算后，应当及时将办理情况告知纳税人。纳税人发现汇算申报信息存在错误的，可以要求单位或受托人更正申报，也可自行更正申报。

（七）办理渠道

为便利纳税人，税务机关为纳税人提供高效、快捷的网络办税渠道。纳税人可优先通过手机个人所得税 APP、自然人电子税务局网站办理汇算，税务机关将为纳税人提供申报表项目预填服务；不方便通过上述方式办理的，也可以通过邮寄方式或到办税服务厅办理。

选择邮寄申报的，纳税人需将申报表寄送至按本公告第九条确定的主管税务机关所在省、自治区、直辖市和计划单列市税务局公告的地址。

(八）申报信息及资料留存

纳税人办理汇算，适用个人所得税年度自行纳税申报表，如需修改本人相关基础信息，新增享受扣除或者税收优惠的，还应按规定一并填报相关信息。纳税人需仔细核对，确保所填信息真实、准确、完整。

纳税人、代办汇算的单位，需各自将专项附加扣除、税收优惠材料等汇算相关资料，自汇算期结束之日起留存 5 年。

存在股权（股票）激励（含境内企业以境外企业股权为标的对员工进行的股权激励）、职务科技成果转化现金奖励等情况的单位，应当按照相关规定报告、备案。

（九）受理申报的税务机关

按照方便就近原则，纳税人自行办理或受托人为纳税人代为办理的，向纳税人任职受雇单位的主管税务机关申报；有两处及以上任职受雇单位的，可自主选择向其中一处申报。

纳税人没有任职受雇单位的，向其户籍所在地、经常居住地或者主要收入来源地的主管税务机关申报。主要收入来源地，是指 2022 年向纳税人累计发放劳务报酬、稿酬及特许权使用费金额最大的扣缴义务人所在地。

单位为纳税人代办汇算的，向单位的主管税务机关申报。

为方便纳税服务和征收管理，汇算期结束后，税务部门将为尚未办理申报的纳税人确定其主管税务机关。

（十）退（补）税

1.办理退税

纳税人申请汇算退税，应当提供其在中国境内开设的符合条件的银行账户。税务机关按规定审核后，按照国库管理有关规定办理税款退库。纳税人未提供本人有效银行账户，或者提供的信息资料有误的，税务机关将通知纳税人更正，纳税人按要求更正后依法办理退税。

为方便办理退税，2022 年综合所得全年收入额不超过 6 万元且已预缴个人所得税的纳税人，可选择使用个税 APP 及网站提供的简易申报功能，便捷办理汇算退税。

申请 2022 年度汇算退税的纳税人，如存在应当办理 2021 及以前年度汇算补税但未办理，或者经税务机关通知 2021 及以前年度汇算申报存在疑点但未更正或说明情况的，需在办理 2021 及以前年度汇算申报补税、更正申报或者说明有关情况后依法申请退税。

2. 办理补税

纳税人办理汇算补税的，可以通过网上银行、办税服务厅 POS 机刷卡、银行柜台、非银行支付机构等方式缴纳。邮寄申报并补税的，纳税人需通过个税 APP 及网站或者主管税务机关办税服务厅及时关注申报进度并缴纳税款。

汇算需补税的纳税人，汇算期结束后未足额补缴税款的，税务机关将依法加收滞纳金，并在其个人所得税《纳税记录》中予以标注。

纳税人因申报信息填写错误造成汇算多退或少缴税款的，纳税人主动或经税务机关提醒后及时改正的，税务机关可以按照"首违不罚"原则免予处罚。

（十一）汇算服务

税务机关推出系列优化服务措施，加强汇算的政策解读和操作辅导力度，分类编制办税指引，通俗解释政策口径、专业术语和操作流程，多渠道、多形式开展提示提醒服务，并通过个税 APP 及网站、12366 纳税缴费服务平台等渠道提供涉税咨询，帮助纳税人解决疑难问题，积极回应纳税人诉求。

汇算开始前，纳税人可登录个税 APP 及网站，查看自己的综合所得和纳税情况，核对银行卡、专项附加扣除涉及人员身份信息等基础资料，为汇算做好准备。

为合理有序引导纳税人办理汇算，提升纳税人办理体验，主管税务机关将分批分期通知提醒纳税人在确定的时间段内办理。同时，税务部门推出预约办理服务，有汇算初期（3 月 1 日至 3 月 20 日）办理需求的纳税人，可以根据自身情况，在 2 月 16 日后通过个税 APP 及网站预约上述时间段中的任意一天办理。3 月 21 日至 6 月 30 日，纳税人无需预约，可以随时办理。

对符合汇算退税条件且生活负担较重的纳税人，税务机关提供优先退税服务。独立完成汇算存在困难的年长、行动不便等特殊人群提出申请，税务机关可提供个性化便民服务。

（十二）其他事项

《国家税务总局关于个人所得税自行纳税申报有关问题公告》（2018年第62号）第一条、第四条与上述规定不一致的，依照上述规定执行。

六、涉及个人所得税的其他征管制度

（一）加强个人所得税纳税信用建设

根据《国家发展改革委办公厅 国家税务总局办公厅关于加强个人所得税纳税信用建设的通知》（发改办财金规〔2019〕860号）的规定，2019年1月1日起全面施行的《个人所得税法》及其实施条例，是党中央、国务院着眼于优化税收制度、推动经济发展、惠及百姓民生作出的一项重大决策部署。各地区、各部门要以习近平新时代中国特色社会主义思想为指导，全面贯彻党的十九大和十九届二中、三中全会精神，按照党中央、国务院关于社会信用体系建设的总体要求和部署，以培育诚信意识、践行社会主义核心价值观为根本，建立健全个人所得税纳税信用记录，完善守信激励与失信惩戒机制，加强个人信息安全和权益维护，有效引导纳税人诚信纳税，公平享受减税红利，推动税务领域信用体系建设迈上新台阶。开展个人所得税纳税信用建设，要坚持依法推进原则，严格依照法律法规建立健全个人所得税纳税信用机制；要坚持业务协同原则，充分发挥各业务主管部门在个人所得税纳税信用建设中的组织引导和示范推动作用，形成个人所得税纳税信用建设合力；要坚持权益保护原则，注重纳税人信息安全和隐私保护，健全信用修复机制，维护纳税人合法权益。

建立个人所得税纳税信用管理机制包括以下内容：

（1）全面实施个人所得税申报信用承诺制。税务部门在个人所得税自行纳税申报表、个人所得税专项附加扣除信息表等表单中设立格式规范、标准统一的信用承诺书，纳税人需对填报信息的真实性、准确性、完整性作出守信承诺。信用承诺的履行情况纳入个人信用记录，提醒和引导纳税人重视自身纳税信用,并视情况予以失信惩戒。

(2)建立健全个人所得税纳税信用记录。税务总局以自然人纳税人识别号为唯一标识,以个人所得税纳税申报记录、专项附加扣除信息报送记录、违反信用承诺和违法违规行为记录为重点,研究制定自然人纳税信用管理的制度办法,全面建立自然人纳税信用信息采集、记录、查询、应用、修复、安全管理和权益维护机制,依法依规采集和评价自然人纳税信用信息,形成全国自然人纳税信用信息库,并与全国信用信息共享平台建立数据共享机制。

(3)建立自然人失信行为认定机制。对于违反《税收征收管理法》《个人所得税法》以及其他法律法规和规范性文件,违背诚实信用原则,存在偷税、骗税、骗抵、冒用他人身份信息、恶意举报、虚假申诉等失信行为的当事人,税务部门将其列入重点关注对象,依法依规采取行政性约束和惩戒措施;对于情节严重、达到重大税收违法失信案件标准的,税务部门将其列为严重失信当事人,依法对外公示,并与全国信用信息共享平台共享。

完善守信联合激励和失信联合惩戒机制包括以下内容:

(1)对个人所得税守信纳税人提供更多便利和机会。探索将个人所得税守信情况纳入自然人诚信积分体系管理机制。对个人所得税纳税信用记录持续优良的纳税人,相关部门应提供更多服务便利,依法实施绿色通道、容缺受理等激励措施;鼓励行政管理部门在颁发荣誉证书、嘉奖和表彰时将其作为参考因素予以考虑。

(2)对个人所得税严重失信当事人实施联合惩戒。税务部门与有关部门合作,建立个人所得税严重失信当事人联合惩戒机制,对经税务部门依法认定,在个人所得税自行申报、专项附加扣除和享受优惠等过程中存在严重违法失信行为的纳税人和扣缴义务人,向全国信用信息共享平台推送相关信息并建立信用信息数据动态更新机制,依法依规实施联合惩戒。

加强信息安全和权益维护有以下内容:

(1)强化信息安全和隐私保护。税务部门依法保护自然人纳税信用信息,积极引导社会各方依法依规使用自然人纳税信用信息。各地区、各部门要按最小授权原则设定自然人纳税信用信息管理人员权限。加大对信用信息系统、信用服务机构数据库的监管力度,保护纳税人合法权益和个人隐私,确保国家信息安全。

（2）建立异议解决和失信修复机制。对个人所得税纳税信用记录存在异议的，纳税人可向税务机关提出异议申请，税务机关应及时回复并反馈结果。自然人在规定期限内纠正失信行为、消除不良影响的，可以通过主动做出信用承诺、参与信用知识学习、税收公益活动或信用体系建设公益活动等方式开展信用修复，对完成信用修复的自然人，税务部门按照规定修复其纳税信用。对因政策理解偏差或办税系统操作失误导致轻微失信，且能够按照规定履行涉税义务的自然人，税务部门将简化修复程序，及时对其纳税信用进行修复。

强化组织实施包括以下内容：

（1）加强组织领导和统筹协调。各地区、各部门要统筹实施个人所得税纳税信用管理工作，完善配套制度建设，建立联动机制，实现跨部门信用信息共享，构建税收共治管理、信用协同监管格局。要建立工作考核推进机制，对本地区、本部门个人所得税纳税信用建设工作要定期进行督促、指导和检查。

（2）加强纳税人诚信教育。各地区、各部门要充分利用报纸、广播、电视、网络等渠道，做好个人所得税改革的政策解读和舆论引导，加大依法诚信纳税的宣传力度；依托街道、社区、居委会，引导社会力量广泛参与，褒扬诚信、惩戒失信，提升全社会诚信意识，形成崇尚诚信、践行诚信的良好风尚。

（二）税务文书电子送达制度

根据《国家税务总局关于发布〈税务文书电子送达规定（试行）〉的公告》（国家税务总局公告2019年第39号）的规定，自2020年4月1日起，经受送达人同意，税务机关可以采用电子送达方式送达税务文书。电子送达与其他送达方式具有同等法律效力。受送达人可以据此办理涉税事宜，行使权利、履行义务。

电子送达，是指税务机关通过电子税务局等特定系统（以下简称"特定系统"）向纳税人、扣缴义务人（以下简称"受送达人"）送达电子版式税务文书。

受送达人同意采用电子送达的，签订《税务文书电子送达确认书》

（图 5-1）。《税务文书电子送达确认书》包括电子送达的文书范围、效力、渠道和其他需要明确的事项。受送达人可以登录特定系统直接签订电子版《税务文书电子送达确认书》，也可以到税务机关办税服务厅签订纸质版《税务文书电子送达确认书》，由税务机关及时录入相关系统。

税务机关采用电子送达方式送达税务文书的，以电子版式税务文书到达特定系统受送达人端的日期为送达日期，特定系统自动记录送达情况。

税务机关向受送达人送达电子版式税务文书后，通过电话、短信等方式发送提醒信息。提醒服务不影响电子文书送达的效力。受送达人及时登录特定系统查阅电子版式税务文书。

受送达人需要纸质税务文书的，可以通过特定系统自行打印，也可以到税务机关办税服务厅打印。

税务处理决定书、税务行政处罚决定书（不含简易程序处罚）、税收保全措施决定书、税收强制执行决定书、阻止出境决定书以及税务稽查、税务行政复议过程中使用的税务文书等暂不适用本规定。

税务文书电子送达确认书

为进一步便利纳税人办税，保护纳税人合法权益，税务机关自 2020 年 4 月 1 日起在全国范围内推行税务文书电子送达。签订本确认书前，请您知悉以下内容：

一、电子送达税务文书的范围为税务机关税收征收管理中出具的各类文书，暂不包括税务处理决定书、税务行政处罚决定书（不含简易程序处罚）、税收保全措施决定书、税收强制执行决定书、阻止出境决定书以及税务稽查、税务行政复议过程中使用的税务文书。

二、纳税人、扣缴义务人签订本确认书后，税务机关可以通过电子税务局送达电子税务文书。电子版式税务文书到达电子税务局纳税人端的日期为送达日期。

三、电子版式税务文书与纸质税务文书具有同等法律效力。纳税人、扣缴义务人需要纸质文书的，可自行下载打印，也可以到税务机关办税服务厅打印。

□我已认真阅读并理解《税务文书电子送达确认书》全部内容，同意税务机关通过电子税务局送达电子税务文书。

纳税人／扣缴义务人签字（印章）
年　月　日

图 5-1　税务文书电子送达确认书

（三）无欠税证明开具制度

根据《国家税务总局关于开具〈无欠税证明〉有关事项的公告》（国家税

务总局公告 2019 年第 47 号）规定，《无欠税证明》是指税务机关依纳税人申请，根据税收征管信息系统所记载的信息，为纳税人开具的表明其不存在欠税情形的证明。

上述所称"不存在欠税情形"，是指纳税人在税收征管信息系统中，不存在应申报未申报记录且无下列应缴未缴的税款：

（1）办理纳税申报后，纳税人未在税款缴纳期限内缴纳的税款。

（2）经批准延期缴纳的税款期限已满，纳税人未在税款缴纳期限内缴纳的税款。

（3）税务机关检查已查定纳税人的应补税额，纳税人未缴纳的税款。

（4）税务机关根据《税收征收管理法》第二十七条、第三十五条核定纳税人的应纳税额，纳税人未在税款缴纳期限内缴纳的税款。

（5）纳税人的其他未在税款缴纳期限内缴纳的税款。

自 2020 年 3 月 1 日起，纳税人因境外投标、企业上市等需要，确需开具《无欠税证明》（图 5-2）的，可以向主管税务机关申请办理。

已实行实名办税的纳税人到主管税务机关申请开具《无欠税证明》的，办税人员持有效身份证件直接申请开具，无需提供登记证照副本或税务登记证副本。

未办理实名办税的纳税人到主管税务机关申请开具《无欠税证明》的，区分以下情况提供相关有效证件：

（1）单位纳税人和个体工商户，提供市场监管部门或其他登记机关发放的登记证照副本或税务登记证副本，以及经办人有效身份证件。

（2）自然人纳税人，提供本人有效身份证件；委托他人代为申请开具的，还需一并提供委托书、委托人及受托人有效身份证件。

对申请开具《无欠税证明》的纳税人，证件齐全的，主管税务机关应当受理其申请。经查询税收征管信息系统，符合开具条件的，主管税务机关应当即时开具《无欠税证明》；不符合开具条件的，不予开具并向纳税人告知未办结涉税事宜。

纳税人办结相关涉税事宜后，符合开具条件的，主管税务机关应当即时开具《无欠税证明》。

```
                          无欠税证明
                    X 税 无欠税证〔0000〕00 号

    纳税人名称:                ,纳税人识别号:              ,
    有效证件类型:              ,有效证件号码:              ,
    截至    年   月   日,在税收征管信息系统未发现有欠税情形。
    特此证明。


                                      国家税务总局 XXXX 税务局
                                          (盖业务专用章)
                                             年  月  日

    注:①此证明根据税务机关税收征管信息系统记载信息出具。
        ②总公司开具的《无欠税证明》一并关联其下属分公司的欠税情形。
        ③自然人开具的《无欠税证明》一并关联其名下个体工商户和登记注册类型为私营独资企业的欠税
          情形。
```

图 5-2　无欠税证明

第三节　特定领域个人所得税的征收与管理

一、股权转让所得个人所得税的征管

(一)基本制度

根据《股权转让所得个人所得税管理办法(试行)》(国家税务总局公告 2014 年第 67 号)第一章和第六章的规定,股权是指自然人股东(以下简称"个人")投资于在中国境内成立的企业或组织(以下统称"被投资企业",不包括个人独资企业和合伙企业)的股权或股份。

股权转让是指个人将股权转让给其他个人或法人的行为,包括以下情形:
(1)出售股权。
(2)公司回购股权。

（3）发行人首次公开发行新股时，被投资企业股东将其持有的股份以公开发行方式一并向投资者发售。

（4）股权被司法或行政机关强制过户。

（5）以股权对外投资或进行其他非货币性交易。

（6）以股权抵偿债务。

（7）其他股权转移行为。

个人转让股权，以股权转让收入减除股权原值和合理费用后的余额为应纳税所得额，按"财产转让所得"缴纳个人所得税。合理费用是指股权转让时按照规定支付的有关税费。

个人股权转让所得个人所得税，以股权转让方为纳税人，以受让方为扣缴义务人。扣缴义务人应于股权转让相关协议签订后5个工作日内，将股权转让的有关情况报告主管税务机关。被投资企业应当详细记录股东持有本企业股权的相关成本，如实向税务机关提供与股权转让有关的信息，协助税务机关依法执行公务。

个人在上海证券交易所、深圳证券交易所转让从上市公司公开发行和转让市场取得的上市公司股票，转让限售股，以及其他有特别规定的股权转让，不适用该办法。该办法自2015年1月1日起施行。

（二）股权转让收入的确认

根据《股权转让所得个人所得税管理办法（试行）》第二章的规定，股权转让收入是指转让方因股权转让而获得的现金、实物、有价证券和其他形式的经济利益。转让方取得与股权转让相关的各种款项，包括违约金、补偿金以及其他名目的款项、资产、权益等，均应当并入股权转让收入。纳税人按照合同约定，在满足约定条件后取得的后续收入，应当作为股权转让收入。

股权转让收入应当按照公平交易原则确定。符合下列情形之一的，主管税务机关可以核定股权转让收入：

（1）申报的股权转让收入明显偏低且无正当理由的。

（2）未按照规定期限办理纳税申报，经税务机关责令限期申报，逾期仍不申报的。

（3）转让方无法提供或拒不提供股权转让收入的有关资料。

（4）其他应核定股权转让收入的情形。

符合下列情形之一，视为股权转让收入明显偏低：

（1）申报的股权转让收入低于股权对应的净资产份额的。其中，被投资企业拥有土地使用权、房屋、房地产企业未销售房产、知识产权、探矿权、采矿权、股权等资产的，申报的股权转让收入低于股权对应的净资产公允价值份额的。

（2）申报的股权转让收入低于初始投资成本或低于取得该股权所支付的价款及相关税费的。

（3）申报的股权转让收入低于相同或类似条件下同一企业同一股东或其他股东股权转让收入的。

（4）申报的股权转让收入低于相同或类似条件下同类行业的企业股权转让收入的。

（5）不具合理性的无偿让渡股权或股份。

（6）主管税务机关认定的其他情形。

符合下列条件之一的股权转让收入明显偏低，视为有正当理由：

（1）能出具有效文件，证明被投资企业因国家政策调整，生产经营受到重大影响，导致低价转让股权。

（2）继承或将股权转让给其能提供具有法律效力身份关系证明的配偶、父母、子女、祖父母、外祖父母、孙子女、外孙子女、兄弟姐妹以及对转让人承担直接抚养或者赡养义务的抚养人或者赡养人。

（3）相关法律、政府文件或企业章程规定，并有相关资料充分证明转让价格合理且真实的本企业员工持有的不能对外转让股权的内部转让。

（4）股权转让双方能够提供有效证据证明其合理性的其他合理情形。

主管税务机关应依次按照下列方法核定股权转让收入：

（1）净资产核定法。股权转让收入按照每股净资产或股权对应的净资产份额核定。被投资企业的土地使用权、房屋、房地产企业未销售房产、知识产权、探矿权、采矿权、股权等资产占企业总资产比例超过20%的，主管税务机关可参照纳税人提供的具有法定资质的中介机构出具的资产评估报告核定股权转让收入。6个月内再次发生股权转让且被投资企业净资产未发生重大变化的，主管税务机关可参照上一次股权转让时被投资企业的资产评估报告核定此次股权转让收入。

（2）类比法。参照相同或类似条件下同一企业同一股东或其他股东股权转让收入核定；参照相同或类似条件下同类行业企业股权转让收入核定。

（3）其他合理方法。主管税务机关采用以上方法核定股权转让收入存在困难的，可以采取其他合理方法核定。

（三）股权原值的确认

根据《股权转让所得个人所得税管理办法（试行）》第三章的规定，个人转让股权的原值依照以下方法确认：

（1）以现金出资方式取得的股权，按照实际支付的价款与取得股权直接相关的合理税费之和确认股权原值。

（2）以非货币性资产出资方式取得的股权，按照税务机关认可或核定的投资入股时非货币性资产价格与取得股权直接相关的合理税费之和确认股权原值。

（3）通过无偿让渡方式取得股权，具备该办法第十三条第二项所列情形的，按取得股权发生的合理税费与原持有人的股权原值之和确认股权原值。

（4）被投资企业以资本公积、盈余公积、未分配利润转增股本，个人股东已依法缴纳个人所得税的，以转增额和相关税费之和确认其新转增股本的股权原值。

（5）除以上情形外，由主管税务机关按照避免重复征收个人所得税的原则合理确认股权原值。

股权转让人已被主管税务机关核定股权转让收入并依法征收个人所得税的，该股权受让人的股权原值以取得股权时发生的合理税费与股权转让人被主管税务机关核定的股权转让收入之和确认。个人转让股权未提供完整、准确的股权原值凭证，不能正确计算股权原值的，由主管税务机关核定其股权原值。对个人多次取得同一被投资企业股权的，转让部分股权时，采用"加权平均法"确定其股权原值。

（四）纳税申报

根据《股权转让所得个人所得税管理办法（试行）》第四章的规定，个人股权转让所得个人所得税以被投资企业所在地税务机关为主管税务机关。具有下列情形之一的，扣缴义务人、纳税人应当依法在次月 15 日内向主管税务机关申报纳税：

（1）受让方已支付或部分支付股权转让价款的。

（2）股权转让协议已签订生效的。

（3）受让方已经实际履行股东职责或者享受股东权益的。

（4）国家有关部门判决、登记或公告生效的。

（5）该办法第三条第 4 至第 7 项行为已完成的。

（6）税务机关认定的其他有证据表明股权已发生转移的情形。

纳税人、扣缴义务人向主管税务机关办理股权转让纳税（扣缴）申报时，还应当报送以下资料：

（1）股权转让合同（协议）。

（2）股权转让双方身份证明。

（3）按规定需要进行资产评估的，需提供具有法定资质的中介机构出具的净资产或土地房产等资产价值评估报告。

（4）计税依据明显偏低但有正当理由的证明材料。

（5）主管税务机关要求报送的其他材料。

被投资企业应当在董事会或股东会结束后 5 个工作日内，向主管税务机关报送与股权变动事项相关的董事会或股东会决议、会议纪要等资料。被投资企业发生个人股东变动或者个人股东所持股权变动的，应当在次月 15 日内向主管税务机关报送含有股东变动信息的《个人所得税基础信息表（A 表）》及股东变更情况说明。主管税务机关应当及时向被投资企业核实其股权变动情况，并确认相关转让所得，及时督促扣缴义务人和纳税人履行法定义务。

转让的股权以人民币以外的货币结算的，按照结算当日人民币汇率中间价，折算成人民币计算应纳税所得额。

（五）征收管理

根据《股权转让所得个人所得税管理办法（试行）》第五章的规定，税务机关应加强与市场监督管理部门合作，落实和完善股权信息交换制度，积极开展股权转让信息共享工作。税务机关应当建立股权转让个人所得税电子台账，将个人股东的相关信息录入征管信息系统，强化对每次股权转让间股权转让收入和股权原值的逻辑审核，对股权转让实施链条式动态管理。

税务机关应当加强对股权转让所得个人所得税的日常管理和税务检查，积极推进股权转让各税种协同管理。

纳税人、扣缴义务人及被投资企业未按照规定期限办理纳税（扣缴）申报和报送相关资料的，依照《税收征收管理法》及其实施细则有关规定处理。各地可通过政府购买服务的方式，引入中介机构参与股权转让过程中相关资产的评估工作。

二、个人独资企业和合伙企业投资者个人所得税的征管

（一）基本制度

根据《关于个人独资企业和合伙企业投资者征收个人所得税的规定》（财税〔2000〕91号）的规定，该规定所称个人独资企业和合伙企业是指：

（1）依照《中华人民共和国个人独资企业法》和《中华人民共和国合伙企业法》登记成立的个人独资企业、合伙企业。

（2）依照《中华人民共和国私营企业暂行条例》登记成立的独资、合伙性质的私营企业。

（3）依照《中华人民共和国律师法》登记成立的合伙制律师事务所。

（4）经政府有关部门依照法律法规批准成立的负无限责任和无限连带责任的其他个人独资、个人合伙性质的机构或组织。

个人独资企业以投资者为纳税义务人，合伙企业以每一个合伙人为纳税义务人（以下简称"投资者"）。

（二）查账征税应纳税额的计算

根据《关于个人独资企业和合伙企业投资者征收个人所得税的规定》（财税〔2000〕91号）的规定，个人独资企业和合伙企业（以下简称"企业"）每一纳税年度的收入总额减除成本、费用以及损失后的余额，作为投资者个人

的生产经营所得，计算征收个人所得税。上述所称收入总额，是指企业从事生产经营以及与生产经营有关的活动所取得的各项收入，包括商品（产品）销售收入、营运收入、劳务服务收入、工程价款收入、财产出租或转让收入、利息收入、其他业务收入和营业外收入。

个人独资企业的投资者以全部生产经营所得为应纳税所得额；合伙企业的投资者按照合伙企业的全部生产经营所得和合伙协议约定的分配比例确定应纳税所得额，合伙协议没有约定分配比例的，以全部生产经营所得和合伙人数量平均计算每个投资者的应纳税所得额。上述所称生产经营所得，包括企业分配给投资者个人的所得和企业当年留存的所得（利润）。

凡实行查账征税办法的，生产经营所得比照《个体工商户个人所得税计税办法》的规定确定。

（三）核定征税

根据《关于个人独资企业和合伙企业投资者征收个人所得税的规定》（财税〔2000〕91号）的规定，有下列情形之一的，主管税务机关应采取核定征收方式征收个人所得税：

（1）企业依照国家有关规定应当设置但未设置账簿的。

（2）企业虽设置账簿，但账目混乱或者成本资料、收入凭证、费用凭证残缺不全，难以查账的。

（3）纳税人发生纳税义务，未按照规定的期限办理纳税申报，经税务机关责令限期申报，逾期仍不申报的。

核定征收方式，包括定额征收、核定应税所得率征收以及其他合理的征收方式。

实行核定应税所得率征收方式的，应纳所得税额的计算公式如下：

$$应纳所得税额 = 应纳税所得额 \times 适用税率$$

$$应纳所得税额 = 收入总额 \times 应税所得率$$

$$或 = 成本费用支出额 \div (1 - 应税所得率) \times 应税所得率$$

应税所得率应按表5-18规定的标准执行：

表 5-18　应税所得率表

行业	应税所得率
工业、交通运输业、商业	5%~20%
建筑业、房地产开发业	7%~20%
饮食服务业	7%~25%
娱乐业	20%~40%
其他行业	10%~30%

企业经营多业的，无论其经营项目是否单独核算，均应根据其主营项目确定其适用的应税所得率。

实行核定征税的投资者，不能享受个人所得税的优惠政策。

（四）征管制度

根据《关于个人独资企业和合伙企业投资者征收个人所得税的规定》（财税〔2000〕91号）的规定，企业与其关联企业之间的业务往来，应当按照独立企业之间的业务往来收取或者支付价款、费用。不按照独立企业之间的业务往来收取或者支付价款、费用，而减少其应纳税所得额的，主管税务机关有权进行合理调整。上述所称关联企业，其认定条件及税务机关调整其价款、费用的方法，按照《税收征收管理法》及其实施细则的有关规定执行。

投资者兴办两个或两个以上企业的（包括参与兴办，下同），年度终了时，应汇总从所有企业取得的应纳税所得额，据此确定适用税率并计算缴纳应纳税款。投资者兴办两个或两个以上企业的，根据规定准予扣除的个人费用，由投资者选择在其中一个企业的生产经营所得中扣除。

企业的年度亏损，允许用本企业下一年度的生产经营所得弥补，下一年度所得不足弥补的，允许逐年延续弥补，但最长不得超过5年。投资者兴办两个或两个以上企业的，企业的年度经营亏损不能跨企业弥补。

投资者来源于中国境外的生产经营所得，已在境外缴纳所得税的，可以按照个人所得税法的有关规定计算扣除已在境外缴纳的所得税。

企业进行清算时，投资者应当在注销工商登记之前，向主管税务机关结清有关税务事宜。企业的清算所得应当视为年度生产经营所得，由投资者依法缴纳个人所得税。上述所称清算所得，是指企业清算时的全部资产或者财产的公允价值扣除各项清算费用、损失、负债、以前年度留存的利润后，超过实缴资本的部分。

投资者应纳的个人所得税税款，按年计算，分月或者分季预缴，由投资者在每月或者每季度终了后15日内预缴，年度终了后3个月内汇算清缴，多退少补。企业在年度中间合并、分立、终止时，投资者应当在停止生产经营之日起60日内，向主管税务机关办理当期个人所得税汇算清缴。企业在纳税年度的中间开业，或者由于合并、关闭等原因，使该纳税年度的实际经营期不足12个月的，应当以其实际经营期为一个纳税年度。

投资者应向企业实际经营管理所在地主管税务机关申报缴纳个人所得税。投资者从合伙企业取得的生产经营所得，由合伙企业向企业实际经营管理所在地主管税务机关申报缴纳投资者应纳的个人所得税，并将个人所得税申报表抄送投资者。投资者兴办两个或两个以上企业的，应分别向企业实际经营管理所在地主管税务机关预缴税款。年度终了后办理汇算清缴时，区别不同情况分别处理：

（1）投资者兴办的企业全部是个人独资性质的，分别向各企业的实际经营管理所在地主管税务机关办理年度纳税申报，并依所有企业的经营所得总额确定适用税率，以本企业的经营所得为基础，计算应缴税款，办理汇算清缴。

（2）投资者兴办的企业中含有合伙性质的，投资者应向经常居住地主管税务机关申报纳税，办理汇算清缴，但经常居住地与其兴办企业的经营管理所在地不一致的，应选定其参与兴办的某一合伙企业的经营管理所在地为办理年度汇算清缴所在地，并在5年内不得变更。5年后需要变更的，须经原主管税务机关批准。

投资者在预缴个人所得税时，应向主管税务机关报送《个人独资企业和合伙企业投资者个人所得税申报表》，并附送会计报表。年度终了后30日内，投资者应向主管税务机关报送《个人独资企业和合伙企业投资者个人所得税申报表》，并附送年度会计决算报表和预缴个人所得税纳税凭证。

投资者兴办两个或两个以上企业的，向企业实际经营管理所在地主管税务机关办理年度纳税申报时，应附注从其他企业取得的年度应纳税所得额；其中含有合伙企业的，应报送汇总从所有企业取得的所得情况的《合伙企业投资者个人所得税汇总申报表》，同时附送所有企业的年度会计决算报表和当年度已缴个人所得税纳税凭证。

三、律师事务所个人所得税的征管

（一）国税发〔2000〕149号文规定

根据《国家税务总局关于律师事务所从业人员取得收入征收个人所得税有关业务问题的通知》（国税发〔2000〕149号）的规定，律师个人出资兴办的独资和合伙性质的律师事务所的年度经营所得，从2000年1月1日起，停止征收企业所得税，作为出资律师的个人经营所得，按照有关规定，比照"个体工商户的生产、经营所得"（2019年后按"经营所得"）应税项目征收个人所得税。在计算其经营所得时，出资律师本人的工资、薪金不得扣除。

合伙制律师事务所应将年度经营所得全额作为基数，按出资比例或者事先约定的比例计算各合伙人应分配的所得，据以征收个人所得税。

律师事务所支付给雇员（包括律师及行政辅助人员，但不包括律师事务所的投资者，下同）的所得，按"工资、薪金所得"应税项目征收个人所得税。

作为律师事务所雇员的律师与律师事务所按规定的比例对收入分成，律师事务所不负担律师办理案件支出的费用（如交通费、资料费、通讯费及聘请人员等费用），律师当月的分成收入按规定扣除办理案件支出的费用后，余额与律师事务所发给的工资合并，按"工资、薪金所得"应税项目计征个人所得税。

律师从其分成收入中扣除办理案件支出费用的标准，由各省级地方税务局根据当地律师办理案件费用支出的一般情况、律师与律师事务所之间的收入分成比例及其他相关参考因素，在律师当月分成收入的30%比例内确定。

兼职律师从律师事务所取得工资、薪金性质的所得，律师事务所在代扣代缴其个人所得税时，不再减除个人所得税法规定的费用扣除标准，以收入全额（取得分成收入的为扣除办理案件支出费用后的余额）直接确定适用税率，计算扣缴个人所得税。兼职律师应于次月15日内自行向主管税务机关申报两处或两处以上取得的工资、薪金所得，合并计算缴纳个人所得税。兼职律师是指取得律师资格和律师执业证书，不脱离本职工作从事律师职业的人员。

律师以个人名义再聘请其他人员为其工作而支付的报酬，应由该律师按"劳务报酬所得"应税项目负责代扣代缴个人所得税。为了便于操作，税款可由其任职的律师事务所代为缴入国库。

（二）国家税务总局公告 2012 年第 53 号文规定

根据《国家税务总局关于律师事务所从业人员有关个人所得税问题的公告》（国家税务总局公告 2012 年第 53 号）的规定，律师个人承担的按照律师协会规定参加的业务培训费用，可据实扣除。律师事务所和律师个人发生的其他费用和列支标准，按照《个体工商户个人所得税计税办法》（国家税务总局令第 35 号）等文件的规定执行。

第六章 个人所得税的优惠政策

> **导读**
>
> 本章介绍个人所得税的税收优惠，包括三节。第一节介绍减免个人所得税的所得，包括法律规定的免税所得、法律规定的减税所得、国务院及部委规定的减免税所得以及个人所得税减免税的管理。第二节介绍个人所得税过渡税收优惠，包括年终奖过渡优惠政策，上市公司股权激励过渡优惠政策，保险营销员、证券经纪人佣金收入过渡优惠政策，个人领取企业年金、职业年金过渡优惠政策，解除劳动关系、提前退休、内部退养的一次性补偿收入过渡优惠政策，单位低价向职工售房过渡优惠政策以及外籍个人有关津补贴过渡优惠政策。第三节介绍其他个人所得税税收优惠，包括综合所得税收优惠政策，经营所得税收优惠政策，不动产转让所得税收优惠政策，股票、期货与基金转让所得税收优惠政策，利息、股息、红利所得税收优惠政策，偶然所得税收优惠政策，地区性个人所得税优惠政策以及其他个人所得税收优惠政策。

第一节 减免个人所得税的所得

一、法律规定的免税所得

（一）一定级别以上的奖金

根据《个人所得税法》第四条的规定，省级人民政府、国务院部委和中国人民解放军军以上单位,以及外国组织、国际组织颁发的科学、教育、技术、文化、卫生、体育、环境保护等方面的奖金,免征个人所得税。

根据《国家税务总局关于曾宪梓教育基金会教师奖免征个人所得税的函》(国税函发〔1994〕376号)的规定,曾宪梓教育基金会致力于发展中国的教育事业,评选教师奖具有严格的程序,奖金由国家教委颁发,根据《个人所得税法》第四条的规定,对个人获得曾宪梓教育基金会教师奖的奖金,可视为国务院部委颁发的教育方面的奖金,免予征收个人所得税。

根据《财政部 国家税务总局关于国际青少年消除贫困奖免征个人所得税的通知》(财税字〔1997〕51号)的规定,"国际青少年消除贫困奖"是由联合国开发计划署和中国青少年发展基金会共同设立,旨在表彰奖励在与贫困做斗争中取得突出成绩的青少年,根据《个人所得税法》第四条第1款的规定,特对个人取得的"国际青少年消除贫困奖",视同从国际组织取得的教育、文化方面的奖金,免予征收个人所得税。

根据《国家税务总局关于"长江学者奖励计划"有关个人收入免征个人所得税的通知》(国税函〔1998〕632号)的规定,为了鼓励特聘教授积极履行岗位职责,带领本学科在其前沿领域赶超或保持国际先进水平,对特聘教授获得长江学者成就奖的奖金,可视为国务院部委颁发的教育方面的奖金,免予征收个人所得税。

根据《国家税务总局关于"特聘教授奖金"免征个人所得税的通知》(国税函〔1999〕525号)的规定,由教育部与中国香港实业家李嘉诚先生及其领导的长江基建(集团)有限公司合作建立的"长江学者奖励计划"实施高等教育特聘教授岗位制度,根据教育部1999年6月10日印发的《高等学校特聘教授岗位制度实施办法》规定,"特聘教授在聘期内享受特聘教授奖金",标准为每人每年10万元人民币。根据《个人所得税法》第四条第1款的有关规定,对教育部颁发的"特聘教授奖金"免予征收个人所得税。

根据《国家税务总局关于"长江小小科学家"奖金免征个人所得税的通知》(国税函〔2000〕688号)的规定,由教育部和李嘉诚基金会主办、中国科协承办"长江小小科学家"活动,奖励全国(包括香港、澳门特别行政区)初中、高中、中等师范学校、中等专业学校、职业中学、技工学校的在校学生近年来完成的,并申报参加全国评选和展示的获奖优秀科技创新和科学研究项目。每次活动评出一等奖1名，奖金为25万元人民币（其中奖励学生个人5万元人民币，奖励学生所在学校20万元人民币）；二等奖25名，奖金为6万元人民币（其中奖励学生个人1万元人民币，奖励学生所在学校5万元人民币）；三等奖50名，奖金为3.5万元人民币（其中奖励学生个人5 000元人民币，奖励学生所在学校3万元人民币）；提名奖100名，奖金为9 000元人民币（其中奖励学生个人1 500元人民币，奖励学生所在学校7 500元人民币）。根据《个人所得税法》第四条第1款关于国务院部委颁发的科学等方面的奖金免税的规定，对学生个人参与"长江小小科学家"活动并获得的奖金，免予征收个人所得税。

根据《国家税务总局关于个人取得"母亲河（波司登）奖"奖金所得免征个人所得税问题的批复》（国税函〔2003〕961号）的规定，中国青年乡镇企业家协会是共青团中央直属的社会团体，其组织评选的"母亲河（波司登）奖"是经共青团中央、全国人大环资委、原国家环保总局等九部门联合批准设立的环境保护方面的奖项。依据《个人所得税法》第四条规定，该奖项可以认定为国务院部委颁发的环境保护方面的奖金。个人取得的上述奖金收入，免予征收个人所得税。

根据《财政部 国家税务总局关于教育税收政策的通知》（财税〔2004〕39号）的规定，对省级人民政府、国务院各部委和中国人民解放军军以上单位，以及外国组织、国际组织颁布的教育方面的奖学金，免征个人所得税。

根据《国家税务总局关于陈嘉庚科学奖获奖个人取得的奖金收入免征个人所得税的通知》（国税函〔2006〕561号）的规定，陈嘉庚基金会由中国科学院为业务主管部门，实行理事会负责制，由科技部、财政部、教育部、中国科学院、中国工程院、国家自然科学基金委员会、中国科学技术协会、中国银行等部门及中国科学院各学部主任和院士组成理事会，下设评选委员会。该基金会的主要职责是设立陈嘉庚科学奖，以奖励取得杰出科技成果的我国优秀科学家，促进中国科学技术事业的发展。该奖共设6个奖项，每个奖项奖金30万元人民币。目前，该奖已评选出2006年度陈嘉庚数理、生命、地球和信息技术科学4个奖项，共4人。根据《个人所得税法》第四条的规定，对陈嘉庚科学奖2006年度获奖者个人取得的奖金收入，免予征收个人所得税。在陈嘉庚科学奖业务主管、组织结构、评选办法不变的情况下，以后年度的陈嘉庚科学奖获奖个人的奖金收入，可根据《个人所得税法》第四条的规定，免征个人所得税。

根据《国家税务总局关于刘东生青年科学家奖和刘东生地球科学奖学金获奖者奖金免征个人所得税的通知》（国税函〔2010〕74号）的规定，为推动地球科学发展，中国科学院设立了刘东生地球科学基金，用于奖励在第四纪、新生代古生物、青藏高原和环境地质研究领域做出创新性学术成果和取得优秀学术成果的国内青年科学家。2009年组织了第一次评奖活动，评选出刘东生青年科学家奖1人，奖金2万元；评选出刘东生地球科学奖学金3人，每人奖学金5 000元。根据《个人所得税法》第四条规定，对中国科学院首届"刘东生青年科学家奖""刘东生地球科学奖学金"的奖金收入免予征收个人所得税。为了贯彻行政审批制度改革精神，对中国科学院严格按照刘东生地球科学基金章程及评奖办法，在以后年度评选出的上述奖项奖金收入，一律按照个人所得税法的有关规定直接免予征收个人所得税，无须报送审批；如果主办单位和评奖办法以后年度发生变化的，主办单位应重新报国家税务总局审核确认。

根据《国家税务总局关于全国职工职业技能大赛奖金免征个人所得税的通知》（国税函〔2010〕78号）的规定，为进一步激发广大职工学技术、练技能的热情，提高职工技术水平，中华全国总工会、科学技术部、人力资源和社会保障部联合举办了第三届全国职工职业技能大赛，分设钳工、焊工、维修电工、数控机床装调维修工、数控铣工、数控车工、加工中心操作工、速录师等8个工种的比赛；对第三届全国职工职业技能大赛每个工种决赛前20名选手分别给予不同数额的奖金，总计52.8万元，全部由全国总工会承担。根据《个人所得税法》第四条有关国务院部委颁发的技术方面奖金免征个人所得税的规定，对第三届全国职工职业技能大赛获奖者取得的奖金免征个人所得税。为了贯彻行政审批制度改革精神，对中华全国总工会、科学技术部、人力资源和社会保障部严格按照规定评奖办法，在以后年度评选出的上述奖项奖金收入，一律按照个人所得税法的有关规定直接免予征收个人所得税，无须报送审批；如果主办单位和评奖办法以后年度发生变化的，主办单位应重新报国家税务总局审核确认。

根据《国家税务总局关于中华宝钢环境优秀奖奖金免征个人所得税问题

的通知》（国税函〔2010〕130号）的规定，为表彰和奖励为我国环境保护事业做出重大贡献者，促进环境保护事业的发展，经生态环境部批准，中华环境保护基金会设立了中华环境奖（现冠名为中华宝钢环境奖）。由全国人大环境与资源保护委员会、全国政协人口资源环境委员会、教育部、民政部、生态环境部、文化和旅游部、国家广播电影电视总局、中华全国总工会、共青团中央、全国妇联等13家单位组成组织委员会，对其评选工作进行指导。该奖评选办公室设在中华环境保护基金会。目前第六届中华宝钢环境奖评选工作已经结束，评选出中华宝钢环境优秀奖获奖者个人7名，每人奖金5万元。根据《个人所得税法》第四条有关规定，对第六届中华宝钢环境优秀奖获奖者个人所获奖金，免予征收个人所得税。为贯彻行政审批制度改革精神，对中华环境保护基金会严格按照中华环境奖评奖办法，在以后年度评选出的上述奖项奖金收入，一律按照个人所得税法的有关规定直接免予征收个人所得税，无须报送审批。主办单位和评奖办法以后年度发生变化的，主办单位应重新报国家税务总局审核确认。

根据《国家税务总局关于2011年度李四光地质科学奖奖金免征个人所得税的公告》（国家税务总局公告2011年第68号）的规定，为奖励长期奋战在工作环境恶劣、生活条件艰苦的地质工作第一线并做出突出贡献的地质科技工作者，自然资源部根据《李四光地质科学奖章程》，经过专家初评、评奖委员会终评和社会公示，2011年共评出15位获奖者，每人奖金10万元人民币。根据《个人所得税法》第四条关于国务院部委颁发的科学、教育、技术等方面的奖金免征个人所得税的规定，对2011年度李四光地质科学奖获奖者个人所获奖金，免予征收个人所得税。同时，为了贯彻落实国家行政审批制度改革有关要求，对自然资源部和李四光地质科学奖基金会严格按照李四光地质科学奖章程和评奖办法，在以后年度评选出的上述奖项奖金收入，一律按照个人所得税法的有关规定直接免予征收个人所得税，无须报送审批；如果主办单位和评奖办法以后年度发生变化，主办单位应重新报国家税务总局审核确认。

根据《国家税务总局关于第五届黄汲清青年地质科学技术奖奖金免征个人所得税问题的公告》（国家税务总局公告2012年第4号）的规定，为奖励在我国地质学领域做出重要贡献的杰出青年地质工作者，由自然资源部主管的黄汲清青年地质科学技术奖基金管理委员会根据《黄汲清青年地质科学技术奖基金章程》《黄汲清青年地质科学技术奖奖励条例》规定,经过专家初评、社会公示和评奖委员会终评,第五届黄汲清青年地质科学技术奖共评出15位获奖者,每人奖金1万元人民币。根据《个人所得税法》第四条关于国务院部委颁发的科学、教育、技术等方面的奖金免征个人所得税的规定,对第五届黄汲清青年地质科学技术奖获奖者所获奖金,免予征收个人所得税。同时,为了贯彻落实国家行政审批制度改革有关要求,对国土资源部和黄汲清青年地质科学技术奖基金管理委员会严格按照黄汲清青年地质科学技术奖基金章程、奖励条例和评奖办法,在以后年度评选出的上述奖项奖金收入,一律按照个人所得税法的有关规定直接免予征收个人所得税,无须报送审批;如果主办单位和评奖办法以后年度发生变化的,主办单位应重新报国家税务总局审核确认。

根据《国家税务总局关于明天小小科学家奖金免征个人所得税问题的公告》(国家税务总局公告2012年第28号)的规定,为贯彻科教兴国和可持续发展战略,加强对青少年创新精神和实践能力的培养,在青少年科技爱好者中选拔和培养科技后备人才,教育部、中国科学技术协会和中国香港周凯旋基金会自2001年起每年开展一次"明天小小科学家"奖励活动,对内地各省、自治区、直辖市以及香港特别行政区、澳门特别行政区的高中三年级学生在近年来完成的优秀科技项目和科学研究项目进行奖励,所需奖金由中国香港周凯旋基金会提供。2011年度,第十一届"明天小小科学家"奖励活动已评选结束。评出一等奖13名,其中前3名获"明天小小科学家"称号,每名奖金10万元人民币,其中奖励学生个人5万元人民币,学生所在学校和辅导机构5万元人民币;其余10名每名奖金4万元人民币,其中奖励学生个人2万元人民币,学生所在学校和辅导机构2万元人民币;二等奖35名,每名奖金2万元人民币,其中奖励学生个人1万元人民币,学生所在学校和辅导机构1万元人民币;三等奖47名,奖励学生个人1 000元人民币。根据《个人所得税法》第四条关于国务院部委颁发的教育等方面的奖金免征个人所得税的规定,对学生个人参与"明天小小科学家"活动获得的奖金,免予征收个人所得税。同时,为贯彻落实国家行政审批制度改革有关要求,对教育部、中国科学技术协会和香港周凯旋基金会依照"明天小小科学家"评奖办法，在以后年度评选出的"明天小小科学家"奖金收入，按照个人所得税法的有关规定直接免予征收个人所得税，无须报送审批；如主办单位和评奖办法以后年度发生变化，主办单位应重新报国家税务总局审核确认。

（二）国债和国家发行的金融债券利息

根据《个人所得税法》第四条的规定，国债和国家发行的金融债券利息，免征个人所得税。

根据《个人所得税法实施条例》第九条的规定，国债利息，是指个人持有中华人民共和国财政部发行的债券而取得的利息。国家发行的金融债券利息，是指个人持有经国务院批准发行的金融债券而取得的利息。

（三）国家规定的补贴、津贴

根据《个人所得税法》第四条的规定，按照国家统一规定发给的补贴、津贴，免征个人所得税。

根据《个人所得税法实施条例》第十条的规定，按照国家统一规定发给的补贴、津贴，是指按照国务院规定发给的政府特殊津贴、院士津贴，以及国务院规定免予缴纳个人所得税的其他补贴、津贴。

根据《财政部 税务总局关于法律援助补贴有关税收政策的公告》（财政部 税务总局公告2022年第25号）的规定，自2022年1月1日起，对法律援助人员按照《中华人民共和国法律援助法》规定获得的法律援助补贴，免征个人所得税。法律援助机构向法律援助人员支付法律援助补贴时，应当为获得补贴的法律援助人员办理个人所得税劳务报酬所得免税申报。司法行政部门与税务部门建立信息共享机制，每一年度个人所得税综合所得汇算清缴开始前，交换法律援助补贴获得人员的涉税信息。法律援助机构是指按照《中华人民共和国法律援助法》第十二条规定设立的法律援助机构。群团组织参照《中华人民共和国法律援助法》第六十八条规定开展法律援助工作的，按照上述规定为法律援助人员办理免税申报，并将法律援助补贴获得人员的相关信息报送司法行政部门。

(四)福利费、抚恤金、救济金

根据《个人所得税法》第四条的规定,福利费、抚恤金、救济金,免征个人所得税。

根据《个人所得税法实施条例》第十一条的规定,福利费,是指根据国家有关规定,从企业、事业单位、国家机关、社会组织提留的福利费或者工会经费中支付给个人的生活补助费。救济金,是指各级人民政府民政部门支付给个人的生活困难补助费。

根据《国家税务总局关于生活补助费范围确定问题的通知》(国税发〔1998〕155号)的规定,上述所称生活补助费,是指由于某些特定事件或原因而给纳税人或其家庭的正常生活造成一定困难,其任职单位按国家规定从提留的福利费或者工会经费中向其支付的临时性生活困难补助。

下列收入不属于免税的福利费范围,应当并入纳税人的工资、薪金收入计征个人所得税:

(1)从超出国家规定的比例或基数计提的福利费、工会经费中支付给个人的各种补贴、补助。

(2)从福利费和工会经费中支付给单位职工的人人有份的补贴、补助。

(3)单位为个人购买汽车、住房、电子计算机等不属于临时性生活困难补助性质的支出。

根据《财政部 国家税务总局关于认真落实抗震救灾及灾后重建税收政策问题的通知》(财税〔2008〕62号)的规定,对受灾地区个人取得的抚恤金、救济金,免征个人所得税。

(五)保险赔款

根据《个人所得税法》第四条的规定,保险赔款,免征个人所得税。

(六)军人的转业费、复员费、退役金

根据《个人所得税法》第四条的规定,军人的转业费、复员费、退役金,免征个人所得税。

（七）安家费、退职费、离休费、离休生活补助费

根据《个人所得税法》第四条的规定，按照国家统一规定发给干部、职工的安家费、退职费、基本养老金或者退休费、离休费、离休生活补助费，免征个人所得税。

（八）外交人员所得

根据《个人所得税法》第四条的规定，依照有关法律规定应予免税的各国驻华使馆、领事馆的外交代表、领事官员和其他人员的所得，免征个人所得税。

根据《个人所得税法实施条例》第十二条的规定，依照有关法律规定应予免税的各国驻华使馆、领事馆的外交代表、领事官员和其他人员的所得，是指依照《中华人民共和国外交特权与豁免条例》和《中华人民共和国领事特权与豁免条例》规定免税的所得。

根据《国家税务总局关于国际组织驻华机构、外国政府驻华使领馆和驻华新闻机构雇员个人所得税征收方式的通知》（国税函〔2004〕808号）的规定，根据《维也纳外交关系公约》和国际组织有关章程规定，对于在国际组织驻华机构、外国政府驻华使领馆中工作的中方雇员和在外国驻华新闻机构的中外籍雇员，均应按照《个人所得税法》规定缴纳个人所得税。

根据国际惯例，在国际组织驻华机构、外国政府驻华使领馆中工作的非外交官身份的外籍雇员，如是"永久居留"者，亦应在驻在国缴纳个人所得税，但由于我国税法对"永久居留"者尚未作出明确的法律定义和解释，因此，对于仅在国际组织驻华机构和外国政府驻华使领馆中工作的外籍雇员，暂不征收个人所得税。在中国境内，若国际驻华机构和外国政府驻华使领馆中工作的外交人员、外籍雇员在该机构或使领馆之外，从事非公务活动所取得的收入，应缴纳个人所得税。

根据《个人所得税法》规定，对于在国际组织驻华机构和外国政府驻华使领馆中工作的中方雇员的个人所得税，应以直接支付所得的单位或者个人作为代扣代缴义务人，考虑到国际组织驻华机构和外国政府驻华使领馆的特殊性，各级地方税务机关可暂不要求国际组织驻华机构和外国政府驻华使领

馆履行个人所得税代扣代缴义务。

鉴于北京外交人员服务局和各省（市）省级人民政府指定的外事服务单位等机构，通过一定途径能够掌握在国际组织驻华机构、外国政府驻华使领馆工作的中方雇员受雇情况，根据《中华人民共和国税收征收管理法实施细则》第四十四条规定，各主管税务机关可委托外交人员服务机构代征上述中方雇员的个人所得税。各主管税务机关要加强与外事服务单位联系，及时办理国际组织驻华机构和外国政府驻华使领馆中方雇员个人所得税委托代征手续。

接受委托代征个人所得税的各外事服务单位应采取有效措施，掌握国际组织驻华机构和外国政府驻华使领馆中方雇员受雇及收入情况，严格依照法律规定征收解缴税款，并按月向主管税务机关通报有关信息。

北京、上海、广东、四川等有外国驻当地新闻媒体机构的省（市）地方税务局应定期向省级人民政府外事办公室索要《外国驻华新闻媒体名册》，了解、掌握外国驻当地新闻媒体机构以及外籍人员变动情况，并据此要求上述驻华新闻机构做好中外籍记者、雇员个人所得税扣缴工作。

（九）条约中的免税所得

根据《个人所得税法》第四条的规定，中国政府参加的国际公约、签订的协议中规定免税的所得，免征个人所得税。

根据《财政部 国家税务总局关于〈建立亚洲开发银行协定〉有关个人所得税问题的补充通知》（财税〔2007〕93号）的规定，《建立亚洲开发银行协定》（以下简称《协定》）第五十六条第二款规定："对亚行付给董事、副董事、官员和雇员（包括为亚行执行任务的专家）的薪金和津贴不得征税。除非成员在递交批准书或接受书时，声明对亚行向其本国公民或国民支付的薪金和津贴该成员及其行政部门保留征税的权力。"鉴于我国在加入亚洲开发银行时，未做相关声明，因此，对由亚洲开发银行支付给我国公民或国民（包括为亚行执行任务的专家）的薪金和津贴，凡经亚洲开发银行确认这些人员为亚洲开发银行雇员或执行项目专家的，其取得的符合我国税法规定的有关薪金和津贴等报酬，应依《协定》的约定，免征个人所得税。

(十)国务院规定的其他免税所得

根据《个人所得税法》第四条的规定,国务院规定的其他免税所得,免征个人所得税。

根据《财政部 国家税务总局关于退役士兵退役金和经济补助免征个人所得税问题的通知》(财税〔2011〕109号)的规定,为贯彻落实《中华人民共和国兵役法》《退役士兵安置条例》(国务院、中央军委令第608号)和国务院有关文件精神,根据《个人所得税法》第四条规定,对退役士兵按照《退役士兵安置条例》(国务院、中央军委令第608号)规定,取得的一次性退役金以及地方政府发放的一次性经济补助,免征个人所得税。

根据《财政部 税务总局关于支持新型冠状病毒感染的肺炎疫情防控有关个人所得税政策的公告》(财政部 税务总局公告2020年第10号)以及《财政部 税务总局关于延长部分税收优惠政策执行期限的公告》(财政部 税务总局公告2022年第4号)的规定,自2020年1月1日至2023年12月31日,对参加疫情防治工作的医务人员和防疫工作者按照政府规定标准取得的临时性工作补助和奖金,免征个人所得税。政府规定标准包括各级政府规定的补助和奖金标准。对省级及省级以上人民政府规定的对参与疫情防控人员的临时性工作补助和奖金,比照执行。单位发给个人用于预防新型冠状病毒感染的肺炎的药品、医疗用品和防护用品等实物(不包括现金),不计入工资、薪金收入,免征个人所得税。

根据《财政部 税务总局关于法律援助补贴有关税收政策的公告》(财政部 税务总局公告2022年第25号)的规定,对法律援助人员按照《中华人民共和国法律援助法》规定获得的法律援助补贴,免征个人所得税。法律援助机构向法律援助人员支付法律援助补贴时,应当为获得补贴的法律援助人员办理个人所得税劳务报酬所得免税申报。司法行政部门与税务部门建立信息共享机制,每一年度个人所得税综合所得汇算清缴开始前,交换法律援助补贴获得人员的涉税信息。上述所称法律援助机构是指按照《中华人民共和国法律援助法》第十二条规定设立的法律援助机构。群团组织参照《中华人民共和国法律援助法》第六十八条规定开展法律援助工作的,按照上述规定为法律援助人员办理免税申报,并将法律援助补贴获得人员的相关信息报送司法行政部门。

二、法律规定的减税所得

（一）一般规定

根据《个人所得税法》第五条的规定，有下列情形之一的，可以减征个人所得税，具体幅度和期限，由省、自治区、直辖市人民政府规定，并报同级人民代表大会常务委员会备案：
（1）残疾、孤老人员和烈属的所得。
（2）因自然灾害遭受重大损失的。

（二）其他规定

根据《财政部　国家税务总局关于认真落实抗震救灾及灾后重建税收政策问题的通知》（财税〔2008〕62号）的规定，因地震灾害造成重大损失的个人，可减征个人所得税。具体减征幅度和期限由受灾地区省、自治区、直辖市人民政府确定。

三、国务院及部委规定的减免税所得

（一）法律的授权

根据《个人所得税法》第四条的规定，国务院有权规定其他免税所得。国务院规定的其他免税规定，由国务院报全国人民代表大会常务委员会备案。

根据《个人所得税法》第五条的规定，国务院可以规定其他减税情形，报全国人民代表大会常务委员会备案。

（二）教育储蓄存款利息所得个人所得税优惠

根据《财政部　国家税务总局关于教育税收政策的通知》（财税〔2004〕39号）的规定，对个人取得的教育储蓄存款利息所得，免征个人所得税。

（三）储蓄存款利息所得个人所得税优惠

根据《财政部 国家税务总局关于储蓄存款利息所得有关个人所得税政策的通知》（财税〔2008〕132号）的规定，为配合国家宏观调控政策需要，经国务院批准，自2008年10月9日起，对储蓄存款利息所得暂免征收个人所得税。即储蓄存款在1999年10月31日前孳生的利息所得，不征收个人所得税；储蓄存款在1999年11月1日至2007年8月14日孳生的利息所得，按照20%的比例税率征收个人所得税；储蓄存款在2007年8月15日至2008年10月8日孳生的利息所得，按照5%的比例税率征收个人所得税；储蓄存款在2008年10月9日后（含10月9日）孳生的利息所得，暂免征收个人所得税。

（四）粤港澳大湾区个人所得税优惠

根据《财政部 税务总局关于粤港澳大湾区个人所得税优惠政策的通知》（财税〔2019〕31号）的规定，自2019年1月1日起至2023年12月31日，广东省、深圳市按内地与香港个人所得税税负差额，对在大湾区工作的境外（含港澳台，下同）高端人才和紧缺人才给予补贴，该补贴免征个人所得税。在大湾区工作的境外高端人才和紧缺人才的认定和补贴办法，按照广东省、深圳市的有关规定执行。本政策适用范围包括广东省广州市、深圳市、珠海市、佛山市、惠州市、东莞市、中山市、江门市和肇庆市等大湾区珠三角九市。

（五）铁路债券利息个人所得税优惠

根据《财政部 税务总局关于铁路债券利息收入所得税政策的公告》（财政部 税务总局公告2019年第57号）的规定，对个人投资者持有2019—2023年发行的铁路债券取得的利息收入，减按50%计入应纳税所得额计算征收个人所得税。税款由兑付机构在向个人投资者兑付利息时代扣代缴。铁路债券是指以中国铁路总公司为发行和偿还主体的债券，包括中国铁路建设债券、中期票据、短期融资券等债务融资工具。

（六）公共租赁住房税收优惠

根据《财政部 税务总局关于公共租赁住房税收优惠政策的公告》（财政部 税务总局公告2019年第61号）的规定，对符合地方政府规定条件的城镇住房保障家庭从地方政府领取的住房租赁补贴，免征个人所得税。

（七）北京2022年冬奥会和冬残奥会税收优惠

根据《财政部 税务总局 海关总署关于北京2022年冬奥会和冬残奥会税收优惠政策的公告》（财政部公告2019年第92号）的规定，对国际奥委会及其相关实体的外籍雇员、官员、教练员、训练员以及其他代表在2019年6月1日至2022年12月31日临时来华，从事与北京冬奥会相关的工作，取得由北京冬奥组委支付或认定的收入，免征增值税和个人所得税。该类人员的身份及收入由北京冬奥组委出具证明文件，北京冬奥组委定期将该类人员名单及免税收入相关信息报送税务部门。

（八）远洋船员个人所得税优惠

根据《财政部 税务总局关于远洋船员个人所得税政策的公告》（财政部 税务总局公告2019年第97号）的规定，自2019年1月1日起至2023年12月31日，一个纳税年度内在船航行时间累计满183天的远洋船员，其取得的工资薪金收入减按50%计入应纳税所得额，依法缴纳个人所得税。

远洋船员是指在海事管理部门依法登记注册的国际航行船舶船员和在渔业管理部门依法登记注册的远洋渔业船员。在船航行时间是指远洋船员在国际航行或作业船舶和远洋渔业船舶上的工作天数。一个纳税年度内的在船航行时间为一个纳税年度内在船航行时间的累计天数。

远洋船员可选择在当年预扣预缴税款或者次年个人所得税汇算清缴时享受上述优惠政策。海事管理部门、渔业管理部门同税务部门建立信息共享机制，定期交换远洋船员身份认定、在船航行时间等有关涉税信息。

四、个人所得税减免税的管理

根据《国家税务总局关于个人所得税若干政策问题的批复》（国税函

〔2002〕629号）第四条的规定，在纳税人享受减免个人所得税优惠政策时，是否须经税务机关审核或批准，应按照以下原则执行：

（1）税收法律、行政法规、部门规章和规范性文件中未明确规定纳税人享受减免税必须经税务机关审批的，且纳税人取得的所得完全符合减免税条件的，无须经主管税务机关审批，纳税人可自行享受减免税。

（2）税收法律、行政法规、部门规章和规范性文件中明确规定纳税人享受减免税必须经税务机关审批的，或者纳税人无法准确判断其取得的所得是否应享受个人所得税减免的，必须经主管税务机关按照有关规定审核。

（3）纳税人有《个人所得税法》第五条规定情形之一的，必须经主管税务机关批准，方可减征个人所得税。

第二节 个人所得税过渡税收优惠

一、年终奖过渡优惠政策

（一）过渡优惠政策

根据《财政部 税务总局关于个人所得税法修改后有关优惠政策衔接问题的通知》（财税〔2018〕164号）第一条以及《财政部 税务总局关于延续实施全年一次性奖金等个人所得税优惠政策的公告》（财政部 税务总局公告2021年第42号）的规定，居民个人取得全年一次性奖金，符合《国家税务总局关于调整个人取得全年一次性奖金等计算征收个人所得税方法问题的通知》（国税发〔2005〕9号）规定的，在2023年12月31日前，不并入当年综合所得，以全年一次性奖金收入除以12个月得到的数额，按照按月换算后的综合所得税率表（以下简称"月度税率表"，见表6-1）确定适用税率和速算扣除数，单独计算纳税。计算公式如下：

应纳税额 = 全年一次性奖金收入 × 适用税率 − 速算扣除数

居民个人取得全年一次性奖金，也可以选择并入当年综合所得计算纳税。

表 6-1　按月换算后的综合所得税率表

级数	全月应纳税所得额	税率	速算扣除数
1	不超过 3 000 元的	3%	0
2	超过 3 000 元至 12 000 元的部分	10%	210
3	超过 12 000 元至 25 000 元的部分	20%	1 410
4	超过 25 000 元至 35 000 元的部分	25%	2 660
5	超过 35 000 元至 55 000 元的部分	30%	4 410
6	超过 55 000 元至 80 000 元的部分	35%	7 160
7	超过 80 000 元的部分	45%	15 160

中央企业负责人取得年度绩效薪金延期兑现收入和任期奖励，符合《国家税务总局关于中央企业负责人年度绩效薪金延期兑现收入和任期奖励征收个人所得税问题的通知》（国税发〔2007〕118 号）规定的，在 2021 年 12 月 31 日前，参照上述规定执行；2022 年 1 月 1 日之后的政策另行明确。根据 2021 年 12 月 29 日国务院常务会议以及《财政部　税务总局关于延续实施外籍个人津补贴等有关个人所得税优惠政策的公告》（财政部　税务总局公告 2021 年第 43 号）的决定，上述优惠政策延长至 2023 年 12 月 31 日。

根据《国家税务总局关于中央企业负责人年度绩效薪金延期兑现收入和任期奖励征收个人所得税问题的通知》（国税发〔2007〕118 号）的规定，为建立中央企业负责人薪酬激励与约束的机制，根据《中央企业负责人经营业绩考核暂行办法》《中央企业负责人薪酬管理暂行办法》规定，国务院国有资产监督管理委员会对中央企业负责人的薪酬发放采取按年度经营业绩和任期经营业绩考核的方式，具体办法是：中央企业负责人薪酬由基薪、绩效薪金和任期奖励构成，其中基薪和绩效薪金的 60% 在当年度发放，绩效薪金的 40% 和任期奖励于任期结束后发放。中央企业负责人任期结束后取得的绩效薪金 40% 部分和任期奖励，按照《国家税务总局关于调整个人取得全年一次性奖金等计算征收个人所得税方法问题的通知》（国税发〔2005〕9 号）第二条规定的方法，合并计算缴纳个人所得税。

根据《中央企业负责人经营业绩考核暂行办法》等规定，《国资委管理的中央企业名单》中的下列人员，适用上述规定，其他人员不得比照执行：

（1）国有独资企业和未设董事会的国有独资公司的总经理（总裁）、副总经理（副总裁）、总会计师。

（2）设董事会的国有独资公司（国资委确定的董事会试点企业除外）的董事长、副董事长、董事、总经理（总裁）、副总经理（副总裁）、总会计师。

（3）国有控股公司国有股权代表出任的董事长、副董事长、董事、总经理（总裁），列入国资委党委管理的副总经理（副总裁）、总会计师。

（4）国有独资企业、国有独资公司和国有控股公司党委（党组）书记、副书记、常委（党组成员）、纪委书记（纪检组长）。

（二）国税发〔2005〕9号文规定

根据《国家税务总局关于调整个人取得全年一次性奖金等计算征收个人所得税方法问题的通知》（国税发〔2005〕9号）的规定，全年一次性奖金是指行政机关、企事业单位等扣缴义务人根据其全年经济效益和对雇员全年工作业绩的综合考核情况，向雇员发放的一次性奖金。上述一次性奖金也包括年终加薪、实行年薪制和绩效工资办法的单位根据考核情况兑现的年薪和绩效工资。

在一个纳税年度内，对每一个纳税人，该计税办法只允许采用一次。实行年薪制和绩效工资的单位，个人取得年终兑现的年薪和绩效工资按上述规定执行。

雇员取得除全年一次性奖金以外的其他各种名目奖金，如半年奖、季度奖、加班奖、先进奖、考勤奖等，一律与当月工资、薪金收入合并，按税法规定缴纳个人所得税。

二、上市公司股权激励过渡优惠政策

（一）过渡优惠政策

根据《财政部 税务总局关于个人所得税法修改后有关优惠政策衔接问题的通知》（财税〔2018〕164号）第一条以及《财政部 税务总局关于延续实施全年一次性奖金等个人所得税优惠政策的公告》（财政部 税务总局公告2021年第42号）的规定，居民个人取得股票期权、股票增值权、限制性股票、股权奖励等股权激励（以下简称"股权激励"），符合《财政部 国家税务总局关于个人股票期权所得征收个人所得税问题的通知》（财税〔2005〕

35号)、《财政部 国家税务总局关于股票增值权所得和限制性股票所得征收个人所得税有关问题的通知》(财税〔2009〕5号)、《财政部 国家税务总局关于将国家自主创新示范区有关税收试点政策推广到全国范围实施的通知》(财税〔2015〕116号)第四条、《财政部 国家税务总局关于完善股权激励和技术入股有关所得税政策的通知》(财税〔2016〕101号)第四条第(1)项规定的相关条件的,在2023年12月31日前,不并入当年综合所得,全额单独适用综合所得税率表,计算纳税。计算公式如下:

应纳税额 = 股权激励收入 × 适用税率 − 速算扣除数

居民个人一个纳税年度内取得两次以上(含两次)股权激励的,应合并按上述规定计算纳税。2024年1月1日之后的股权激励政策另行明确。

(二)财税〔2005〕35号文规定

根据《财政部 国家税务总局关于个人股票期权所得征收个人所得税问题的通知》(财税〔2005〕35号)的规定,实施股票期权计划企业授予该企业员工的股票期权所得,应按《个人所得税法》及其实施条例有关规定征收个人所得税。企业员工股票期权(以下简称"股票期权")是指上市公司按照规定的程序授予本公司及其控股企业员工的一项权利,该权利允许被授权员工在未来时间内以某一特定价格购买本公司一定数量的股票。上述"某一特定价格"被称为"授予价"或"施权价",即根据股票期权计划可以购买股票的价格,一般为股票期权授予日的市场价格或该价格的折扣价格,也可以是按照事先设定的计算方法约定的价格;"授予日",也称"授权日",是指公司授予员工上述权利的日期;"行权",也称"执行",是指员工根据股票期权计划选择购买股票的过程;员工行使上述权利的当日为"行权日",也称"购买日"。

员工接受实施股票期权计划企业授予的股票期权时,除另有规定外,一般不作为应税所得征税。员工行权时,其从企业取得股票的实际购买价(施权价)低于购买日公平市场价(即该股票当日的收盘价,下同)的差额,是因员工在企业的表现和业绩情况而取得的与任职、受雇有关的所得,应按"工资、薪金所得"项目适用的规定计算缴纳个人所得税。对因特殊情况,员工在行权日之前将股票期权转让的,以股票期权的转让净收入,作为工资薪

金所得征收个人所得税。员工行权日所在期间的工资薪金所得,应按下列公式计算工资薪金应纳税所得额:

$$\begin{matrix}股票期权形式\\的工资薪金应\\纳税所得额\end{matrix}=\left(\begin{matrix}行权股票的\\每股市场价\end{matrix}-\begin{matrix}员工取得该股票期权\\支付的每股施权价\end{matrix}\right)\times\begin{matrix}股票\\数量\end{matrix}$$

员工将行权后的股票再转让时获得的高于购买日公平市场价的差额,是因个人在证券二级市场上转让股票等有价证券而获得的所得,应按照"财产转让所得"适用的征免规定计算缴纳个人所得税。员工因拥有股权而参与企业税后利润分配取得的所得,应按照"利息、股息、红利所得"适用的规定计算缴纳个人所得税。

按照《国家税务局关于在中国境内无住所个人以有价证券形式取得工资薪金所得确定纳税义务有关问题的通知》(国税函〔2000〕190号)有关规定,需对员工因参加企业股票期权计划而取得的工资薪金所得确定境内或境外来源的,应按照该员工据以取得上述工资薪金所得的境内、外工作期间月份数比例计算划分。

对于员工转让股票等有价证券取得的所得,应按现行税法和政策规定征免个人所得税。即:个人将行权后的境内上市公司股票再行转让而取得的所得,暂不征收个人所得税;个人转让境外上市公司的股票而取得的所得,应按税法的规定计算应纳税所得额和应纳税额,依法缴纳税款。

员工因拥有股权参与税后利润分配而取得的股息、红利所得,除依照有关规定可以免税或减税的外,应全额按规定税率计算纳税。

实施股票期权计划的境内企业为个人所得税的扣缴义务人,应按税法规定履行代扣代缴个人所得税的义务。员工从两处或两处以上取得股票期权形式的工资薪金所得和没有扣缴义务人的,该个人应在个人所得税法规定的纳税申报期限内自行申报缴纳税款。实施股票期权计划的境内企业,应在股票期权计划实施之前,将企业的股票期权计划或实施方案、股票期权协议书、授权通知书等资料报送主管税务机关;应在员工行权之前,将股票期权行权通知书和行权调整通知书等资料报送主管税务机关。扣缴义务人和自行申报纳税的个人在申报纳税或代扣代缴税款时,应在税法规定的纳税申报期限内,将个人接受或转让的股票期权以及认购的股票情况(包括种类、数量、施权价格、行权价格、市场价格、转让价格等）报送主管税务机关。实施股票期权计划的企业和因股票期权计划而取得应税所得的自行申报员工，未按规定报送上述有关报表和资料，未履行申报纳税义务或者扣缴税款义务的，按《税收征收管理法》及其实施细则的有关规定进行处理。

（三）国税函〔2006〕902号文规定

根据《国家税务总局关于个人股票期权所得缴纳个人所得税有关问题的补充通知》（国税函〔2006〕902号）的规定，员工接受雇主（含上市公司和非上市公司）授予的股票期权，凡该股票期权指定的股票为上市公司（含境内、外上市公司）股票的，均应按照财税〔2005〕35号文件进行税务处理。

财税〔2005〕35号文件第二条第（2）项所述"股票期权的转让净收入"，一般是指股票期权转让收入。如果员工以折价购入方式取得股票期权的，可以股票期权转让收入扣除折价购入股票期权时实际支付的价款后的余额，作为股票期权的转让净收入。

财税〔2005〕35号文件第二条第（2）项公式中所述"员工取得该股票期权支付的每股施权价"，一般是指员工行使股票期权购买股票实际支付的每股价格。如果员工以折价购入方式取得股票期权的，上述施权价可包括员工折价购入股票期权时实际支付的价格。

凡取得股票期权的员工在行权日不实际买卖股票，而按行权日股票期权所指定股票的市场价与施权价之间的差额，直接从授权企业取得价差收益的，该项价差收益应作为员工取得的股票期权形式的工资薪金所得，按照财税〔2005〕35号文件的有关规定计算缴纳个人所得税。

在确定员工取得股票期权所得的来源地时，按照财税〔2005〕35号文件第三条规定需划分境、内外工作期间月份数。该境、内外工作期间月份总数是指员工按企业股票期权计划规定，在可行权以前须履行工作义务的月份总数。

部分股票期权在授权时即约定可以转让，且在境内或境外存在公开市场及挂牌价格（以下简称"可公开交易的股票期权"）。员工接受该可公开交易的股票期权时，应作为财税〔2005〕35号文件第二条第（1）项所述的另有规定情形，按以下规定进行税务处理：

（1）员工取得可公开交易的股票期权，属于员工已实际取得有确定价值的财产，应按授权日股票期权的市场价格，作为员工授权日所在月份的工资薪金所得，并按财税〔2005〕35号文件第四条第（1）项规定计算缴纳个人所得税。如果员工以折价购入方式取得股票期权的，可以授权日股票期权的市场价格扣除折价购入股票期权时实际支付的价款后的余额，作为授权日所在月份的工资薪金所得。

（2）员工取得上述可公开交易的股票期权后，转让该股票期权所取得的所得，属于财产转让所得，按财税〔2005〕35号文件第四条第（2）项规定进行税务处理。

（3）员工取得上述第（1）项所述可公开交易的股票期权后，实际行使该股票期权购买股票时，不再计算缴纳个人所得税。

（四）财税〔2009〕5号文规定

根据《财政部 国家税务总局关于股票增值权所得和限制性股票所得征收个人所得税有关问题的通知》（财税〔2009〕5号）的规定，对于个人从上市公司（含境内、外上市公司，下同）取得的股票增值权所得和限制性股票所得，比照《财政部 国家税务总局关于个人股票期权所得征收个人所得税问题的通知》（财税〔2005〕35号）、《国家税务总局关于个人股票期权所得缴纳个人所得税有关问题的补充通知》（国税函〔2006〕902号）的有关规定，计算征收个人所得税。

股票增值权，是指上市公司授予公司员工在未来一定时期和约定条件下，获得规定数量的股票价格上升所带来收益的权利。被授权人在约定条件下行权，上市公司按照行权日与授权日二级市场股票差价乘以授权股票数量，发放给被授权人现金。

限制性股票，是指上市公司按照股权激励计划约定的条件，授予公司员工一定数量本公司的股票。

实施股票增值权计划或限制性股票计划的境内上市公司，应在向中国证监会报备的同时，将企业股票增值权计划、限制性股票计划或实施方案等有关资料报送主管税务机关备案。

实施股票增值权计划或限制性股票计划的境内上市公司，应在做好个人所得税扣缴工作的同时，按照《国家税务总局关于印发〈个人所得税全员全额扣缴申报管理暂行办法〉的通知》(国税发〔2005〕205号)的有关规定,向主管税务机关报送其员工行权等涉税信息。

(五)国税函〔2009〕461号文规定

根据《国家税务总局关于股权激励有关个人所得税问题的通知》(国税函〔2009〕461号)的规定,根据个人所得税法及其实施条例和财税〔2009〕5号文件等规定,个人因任职、受雇从上市公司取得的股票增值权所得和限制性股票所得,由上市公司或其境内机构按照"工资、薪金所得"项目和股票期权所得个人所得税计税方法,依法扣缴其个人所得税。

股票增值权被授权人获取的收益,是由上市公司根据授权日与行权日股票差价乘以被授权股数,直接向被授权人支付的现金。上市公司应于向股票增值权被授权人兑现时依法扣缴其个人所得税。被授权人股票增值权应纳税所得额计算公式如下:

$$\begin{matrix}股票增值权某次行权\\应纳税所得额\end{matrix} = \left(\begin{matrix}行权日股\\票价格\end{matrix} - \begin{matrix}授权日股\\票价格\end{matrix}\right) \times \begin{matrix}行权股\\票份数\end{matrix}$$

按照个人所得税法及其实施条例等有关规定,原则上应在限制性股票所有权归属于被激励对象时确认其限制性股票所得的应纳税所得额。即:上市公司实施限制性股票计划时,应以被激励对象限制性股票在中国证券登记结算公司(境外为证券登记托管机构)进行股票登记日期的股票市价(指当日收盘价,下同)和本批次解禁股票当日市价(指当日收盘价,下同)的平均价格乘以本批次解禁股票份数,减去被激励对象本批次解禁股份数所对应的为获取限制性股票实际支付资金数额,其差额为应纳税所得额。被激励对象限制性股票应纳税所得额计算公式如下:

$$\begin{matrix}应纳税\\所得额\end{matrix} = \left(\begin{matrix}股票登\\记日股\\票市价\end{matrix} + \begin{matrix}本批次解\\禁股票当\\日市价\end{matrix}\right) \div 2 \times \begin{matrix}本批次\\解禁股 \\ 票份数\end{matrix} - \begin{matrix}被激励对象\\实际支付的\\资金总额\end{matrix} \times \left(\begin{matrix}本批次\\解禁股\\票份数\end{matrix} \div \begin{matrix}被激励对象获\\取的限制性股\\票总份数\end{matrix}\right)$$

股权激励所得应纳税额的计算方法如下:

(1)个人在纳税年度内第一次取得股票期权、股票增值权所得和限制性股票所得的,上市公司应按照财税〔2005〕35号文件第四条第1项所列公式计算扣缴其个人所得税。

（2）个人在纳税年度内两次以上（含两次）取得股票期权、股票增值权和限制性股票等所得，包括两次以上（含两次）取得同一种股权激励形式所得或者同时兼有不同股权激励形式所得的，上市公司应将其纳税年度内各次股权激励所得合并，按照《国家税务总局关于个人股票期权所得缴纳个人所得税有关问题的补充通知》（国税函〔2006〕902号）第七条、第八条所列公式计算扣缴个人所得税。

纳税义务发生时间如下：

（1）股票增值权个人所得税纳税义务发生时间为上市公司向被授权人兑现股票增值权所得的日期；

（2）限制性股票个人所得税纳税义务发生时间为每一批次限制性股票解禁的日期。

关于报送资料的规定是指：

（1）实施股票期权、股票增值权计划的境内上市公司，应按照财税〔2005〕35号文件第五条第（3）项规定报送有关资料。

（2）实施限制性股票计划的境内上市公司，应在中国证券登记结算公司（境外为证券登记托管机构）进行股票登记、并经上市公司公示后15日内，将本公司限制性股票计划或实施方案、协议书、授权通知书、股票登记日期及当日收盘价、禁售期限和股权激励人员名单等资料报送主管税务机关备案。境外上市公司的境内机构，应向其主管税务机关报送境外上市公司实施股权激励计划的中（外）文资料备案。

（3）扣缴义务人和自行申报纳税的个人在代扣代缴税款或申报纳税时，应在税法规定的纳税申报期限内，将个人接受或转让的股权以及认购的股票情况（包括种类、数量、施权价格、行权价格、市场价格、转让价格等）、股权激励人员名单、应纳税所得额、应纳税额等资料报送主管税务机关。

其他有关征管问题的规定如下：

（1）财税〔2005〕35号、国税函〔2006〕902号、财税〔2009〕5号以及上述通知有关股权激励个人所得税政策，适用于上市公司（含所属分支机构）和上市公司控股企业的员工，其中上市公司占控股企业股份比例最低为30%（间接控股限于上市公司对二级子公司的持股）。间接持股比例，按各层持股比例相乘计算，上市公司对一级子公司持股比例超过50%的，按100%计算。

（2）具有下列情形之一的股权激励所得，不适用上述规定的优惠计税方法，直接计入个人当期所得征收个人所得税：除上述规定之外的集团公司、非上市公司员工取得的股权激励所得；公司上市之前设立股权激励计划，待公司上市后取得的股权激励所得；上市公司未按照上述规定向其主管税务机关报备有关资料的。

（3）被激励对象为缴纳个人所得税款而出售股票，其出售价格与原计税价格不一致的，按原计税价格计算其应纳税所得额和税额。

（六）财税〔2015〕116号文规定

根据《财政部 国家税务总局关于将国家自主创新示范区有关税收试点政策推广到全国范围实施的通知》（财税〔2015〕116号）的规定，自2016年1月1日起，全国范围内的高新技术企业转化科技成果，给予本企业相关技术人员的股权奖励，个人一次缴纳税款有困难的，可根据实际情况自行制定分期缴税计划，在不超过5个公历年度内（含）分期缴纳，并将有关资料报主管税务机关备案。

个人获得股权奖励时，按照"工资薪金所得"项目，参照《财政部 国家税务总局关于个人股票期权所得征收个人所得税问题的通知》（财税〔2005〕35号）有关规定计算确定应纳税额。股权奖励的计税价格参照获得股权时的公平市场价格确定。

技术人员转让奖励的股权（含奖励股权孳生的送、转股）并取得现金收入的，该现金收入应优先用于缴纳尚未缴清的税款。

技术人员在转让奖励的股权之前企业依法宣告破产，技术人员进行相关权益处置后没有取得收益或资产，或取得的收益和资产不足以缴纳其取得股权尚未缴纳的应纳税款的部分，税务机关可不予追征。

上述所称相关技术人员，是指经公司董事会和股东大会决议批准获得股权奖励的以下两类人员：（1）对企业科技成果研发和产业化作出突出贡献的技术人员，包括企业内关键职务科技成果的主要完成人、重大开发项目的负责人、对主导产品或者核心技术、工艺流程作出重大创新或者改进的主要技术人员。（2）对企业发展作出突出贡献的经营管理人员，包括主持企业全面生产经营工作的高级管理人员，负责企业主要产品（服务）生产经营合计占主营业务收入（或者主营业务利润）50%以上的中、高级经营管理人员。企业面向全体员工实施的股权奖励，不得按上述规定的税收政策执行。

上述所称股权奖励，是指企业无偿授予相关技术人员一定份额的股权或一定数量的股份。上述所称高新技术企业，是指实行查账征收、经省级高新技术企业认定管理机构认定的高新技术企业。

（七）财税〔2016〕101号文规定

根据《财政部　国家税务总局关于完善股权激励和技术入股有关所得税政策的通知》（财税〔2016〕101号）的规定，为支持国家大众创业、万众创新战略的实施，促进我国经济结构转型升级，完善股权激励和技术入股有关所得税政策如下。

第一，对符合条件的非上市公司股票期权、股权期权、限制性股票和股权奖励实行递延纳税政策。

非上市公司授予本公司员工的股票期权、股权期权、限制性股票和股权奖励，符合规定条件的，经向主管税务机关备案，可实行递延纳税政策，即员工在取得股权激励时可暂不纳税，递延至转让该股权时纳税；股权转让时，按照股权转让收入减除股权取得成本以及合理税费后的差额，适用"财产转让所得"项目，按照20%的税率计算缴纳个人所得税。股权转让时，股票（权）期权取得成本按行权价确定，限制性股票取得成本按实际出资额确定，股权奖励取得成本为零。

享受递延纳税政策的非上市公司股权激励（包括股票期权、股权期权、限制性股票和股权奖励，下同）须同时满足以下条件：

（1）属于境内居民企业的股权激励计划。

（2）股权激励计划经公司董事会、股东（大）会审议通过。未设股东（大）会的国有单位，经上级主管部门审核批准。股权激励计划应列明激励目的、对象、标的、有效期、各类价格的确定方法、激励对象获取权益的条件、程序等。

（3）激励标的应为境内居民企业的本公司股权。股权奖励的标的可以是技术成果投资入股到其他境内居民企业所取得的股权。激励标的股票（权）

包括通过增发、大股东直接让渡以及法律法规允许的其他合理方式授予激励对象的股票（权）。

（4）激励对象应为公司董事会或股东（大）会决定的技术骨干和高级管理人员，激励对象人数累计不得超过本公司最近6个月在职职工平均人数的30%。

（5）股票（权）期权自授予日起应持有满3年，且自行权日起持有满1年；限制性股票自授予日起应持有满3年，且解禁后持有满1年；股权奖励自获得奖励之日起应持有满3年。上述时间条件须在股权激励计划中列明。

（6）股票（权）期权自授予日至行权日的时间不得超过10年。

（7）实施股权奖励的公司及其奖励股权标的公司所属行业均不属于《股权奖励税收优惠政策限制性行业目录》范围。公司所属行业按公司上一纳税年度主营业务收入占比最高的行业确定。

上述所称股票（权）期权是指公司给予激励对象在一定期限内以事先约定的价格购买本公司股票（权）的权利；所称限制性股票是指公司按照预先确定的条件授予激励对象一定数量的本公司股权，激励对象只有工作年限或业绩目标符合股权激励计划规定条件的才可以处置该股权；所称股权奖励是指企业无偿授予激励对象一定份额的股权或一定数量的股份。

股权激励计划所列内容不同时满足上述规定的全部条件，或递延纳税期间公司情况发生变化，不再符合上述第（4）至第（6）项条件的，不得享受递延纳税优惠，应按规定计算缴纳个人所得税。

第二，对上市公司股票期权、限制性股票和股权奖励适当延长纳税期限。

上市公司授予个人的股票期权、限制性股票和股权奖励，经向主管税务机关备案，个人可自股票期权行权、限制性股票解禁或取得股权奖励之日起，在不超过12个月的期限内缴纳个人所得税。

上市公司股票期权、限制性股票应纳税款的计算，继续按照《财政部 国家税务总局关于个人股票期权所得征收个人所得税问题的通知》（财税〔2005〕35号）、《财政部 国家税务总局关于股票增值权所得和限制性股票所得征收个人所得税有关问题的通知》（财税〔2009〕5号）、《国家税务总局关于股权激励有关个人所得税问题的通知》（国税函〔2009〕461号）等相关规定执行。股权奖励应纳税款的计算比照上述规定执行。

个人从任职受雇企业以低于公平市场价格取得股票（权）的，凡不符合递延纳税条件，应在获得股票（权）时，对实际出资额低于公平市场价格的差额，按照"工资、薪金所得"项目，参照《财政部 国家税务总局关于个人股票期权所得征收个人所得税问题的通知》（财税〔2005〕35号）有关规定计算缴纳个人所得税。

个人因股权激励、技术成果投资入股取得股权后，非上市公司在境内上市的，处置递延纳税的股权时，按照现行限售股有关征税规定执行。

三、保险营销员、证券经纪人佣金收入过渡优惠政策

根据《财政部 税务总局关于个人所得税法修改后有关优惠政策衔接问题的通知》（财税〔2018〕164号）第三条的规定，保险营销员、证券经纪人取得的佣金收入，属于劳务报酬所得，以不含增值税的收入减除20%的费用后的余额为收入额，收入额减去展业成本以及附加税费后，并入当年综合所得，计算缴纳个人所得税。

保险营销员、证券经纪人展业成本按照收入额的25%计算。

扣缴义务人向保险营销员、证券经纪人支付佣金收入时，应按照《个人所得税扣缴申报管理办法（试行）》（国家税务总局公告2018年第61号）规定的累计预扣法计算预扣税款。

四、个人领取企业年金、职业年金过渡优惠政策

（一）过渡优惠政策

根据《财政部 税务总局关于个人所得税法修改后有关优惠政策衔接问题的通知》（财税〔2018〕164号）第四条的规定，个人达到国家规定的退休年龄，领取的企业年金、职业年金，符合《财政部 人力资源社会保障部 国家税务总局关于企业年金 职业年金个人所得税有关问题的通知》（财税〔2013〕103号）规定的，不并入综合所得，全额单独计算应纳税款。其中按月领取的，适用月度税率表计算纳税；按季领取的，平均分摊计入各月，按每月领取额适用月度税率表计算纳税；按年领取的，适用综合所得税率表计算纳税。个人因出境定居而一次性领取的年金个人账户资金，或个人死亡

后，其指定的受益人或法定继承人一次性领取的年金个人账户余额，适用综合所得税率表计算纳税。对个人除上述特殊原因外一次性领取年金个人账户资金或余额的，适用月度税率表计算纳税。

（二）财税〔2013〕103号文规定

根据《财政部 人力资源社会保障部 国家税务总局关于企业年金 职业年金个人所得税有关问题的通知》（财税〔2013〕103号）的规定，企业年金和职业年金缴费的个人所得税处理如下：

（1）企业和事业单位（以下统称"单位"）根据国家有关政策规定的办法和标准，为在本单位任职或者受雇的全体职工缴付的企业年金或职业年金（以下统称"年金"）单位缴费部分，在计入个人账户时，个人暂不缴纳个人所得税。

（2）个人根据国家有关政策规定缴付的年金个人缴费部分，在不超过本人缴费工资计税基数的4%标准内的部分，暂从个人当期的应纳税所得额中扣除。

（3）超过第1项和第2项规定的标准缴付的年金单位缴费和个人缴费部分，应并入个人当期的工资、薪金所得，依法计征个人所得税。税款由建立年金的单位代扣代缴，并向主管税务机关申报解缴。

（4）企业年金个人缴费工资计税基数为本人上一年度月平均工资。月平均工资按国家统计局规定列入工资总额统计的项目计算。月平均工资超过职工工作地所在设区城市上一年度职工月平均工资300%的部分，不计入个人缴费工资计税基数。职业年金个人缴费工资计税基数为职工岗位工资和薪级工资之和。职工岗位工资和薪级工资之和超过职工工作地所在设区城市上一年度职工月平均工资300%的部分，不计入个人缴费工资计税基数。

年金基金投资运营收益分配计入个人账户时，个人暂不缴纳个人所得税。

五、解除劳动关系、提前退休、内部退养的一次性补偿收入过渡优惠政策

（一）过渡优惠政策

根据《财政部 税务总局关于个人所得税法修改后有关优惠政策衔接问

题的通知》(财税〔2018〕164号)第五条的规定,个人与用人单位解除劳动关系取得一次性补偿收入(包括用人单位发放的经济补偿金、生活补助费和其他补助费),在当地上年职工平均工资3倍数额以内的部分,免征个人所得税;超过3倍数额的部分,不并入当年综合所得,单独适用综合所得税率表,计算纳税。

个人办理提前退休手续而取得的一次性补贴收入,应按照办理提前退休手续至法定离退休年龄之间实际年度数平均分摊,确定适用税率和速算扣除数,单独适用综合所得税率表,计算纳税。计算公式如下:

$$\text{应纳税额} = \left[\left(\frac{\text{一次性补贴收入}}{\text{办理提前退休手续至法定退休年龄的实际年度数}} - \text{费用扣除标准}\right) \times \text{适用税率} - \text{速算扣除数}\right] \times \text{办理提前退休手续至法定退休年龄的实际年度数}$$

个人办理内部退养手续而取得的一次性补贴收入,按照《国家税务总局关于个人所得税有关政策问题的通知》(国税发〔1999〕58号)规定计算纳税。

(二)国税发〔1999〕58号文规定

根据《国家税务总局关于个人所得税有关政策问题的通知》(国税发〔1999〕58号)的规定,关于企业减员增效和行政、事业单位、社会团体在机构改革过程中实行内部退养办法人员取得收入征税问题,实行内部退养的个人在其办理内部退养手续后至法定离退休年龄之间从原任职单位取得的工资、薪金,不属于离退休工资,应按"工资、薪金所得"项目计征个人所得税。个人在办理内部退养手续后从原任职单位取得的一次性收入,应按办理内部退养手续后至法定离退休年龄之间的所属月份进行平均,并与领取当月的"工资、薪金"所得合并后减除当月费用扣除标准,以余额为基数确定适用税率,再将当月工资、薪金加上取得的一次性收入,减去费用扣除标准,按适用税率计征个人所得税。个人在办理内部退养手续后至法定离退休年龄之间重新就业取得的"工资、薪金"所得,应与其从原任职单位取得的同一月份的"工资、薪金"所得合并,并依法自行向主管税务机关申报缴纳个人所得税。

六、单位低价向职工售房过渡优惠政策

（一）过渡优惠政策

根据《财政部 税务总局关于个人所得税法修改后有关优惠政策衔接问题的通知》（财税〔2018〕164号）第六条的规定，单位按低于购置或建造成本价格出售住房给职工，职工因此而少支出的差价部分，符合《财政部 国家税务总局关于单位低价向职工售房有关个人所得税问题的通知》（财税〔2007〕13号）第二条规定的，不并入当年综合所得，以差价收入除以12个月得到的数额，按照月度税率表确定适用税率和速算扣除数，单独计算纳税。计算公式如下：

$$应纳税额 = 职工实际支付的购房价款低于该房屋的购置或建造成本价格的差额 \times 适用税率 - 速算扣除数$$

（二）财税〔2007〕13号文规定

根据《财政部 国家税务总局关于单位低价向职工售房有关个人所得税问题的通知》（财税〔2007〕13号）的规定，根据住房制度改革政策的有关规定，国家机关、企事业单位及其他组织（以下简称"单位"）在住房制度改革期间，按照所在地县级以上人民政府规定的房改成本价格向职工出售公有住房，职工因支付的房改成本价格低于房屋建造成本价格或市场价格而取得的差价收益，免征个人所得税。

除上述规定情形外，根据《个人所得税法》及其实施条例的有关规定，单位按低于购置或建造成本价格出售住房给职工，职工因此而少支出的差价部分，属于个人所得税应税所得，应按照"工资、薪金所得"项目缴纳个人所得税。上述所称差价部分，是指职工实际支付的购房价款低于该房屋的购置或建造成本价格的差额。

对职工取得的上述应税所得，比照《国家税务总局关于调整个人取得全年一次性奖金等计算征收个人所得税方法问题的通知》（国税发〔2005〕9号）规定的全年一次性奖金的征税办法，计算征收个人所得税，即先将全部所得数额除以12，按其商数并根据个人所得税法规定的税率表确定适用的税率和

速算扣除数，再根据全部所得数额、适用的税率和速算扣除数，按照税法规定计算征税。

七、外籍个人有关津补贴过渡优惠政策

（一）过渡优惠政策

根据《财政部 税务总局关于个人所得税法修改后有关优惠政策衔接问题的通知》（财税〔2018〕164号）第七条以及《财政部 税务总局关于延续实施外籍个人津补贴等有关个人所得税优惠政策的公告》（财政部 税务总局公告2021年第43号）的规定，2019年1月1日至2023年12月31日，外籍个人符合居民个人条件的，可以选择享受个人所得税专项附加扣除，也可以选择按照《财政部 国家税务总局关于个人所得税若干政策问题的通知》（财税〔1994〕020号）、《国家税务总局关于外籍个人取得有关补贴征免个人所得税执行问题的通知》（国税发〔1997〕54号）和《财政部 国家税务总局关于外籍个人取得港澳地区住房等补贴征免个人所得税的通知》（财税〔2004〕29号）规定，享受住房补贴、语言训练费、子女教育费等津补贴免税优惠政策，但不得同时享受。外籍个人一经选择，在一个纳税年度内不得变更。自2024年1月1日起，外籍个人不再享受住房补贴、语言训练费、子女教育费津补贴免税优惠政策，应按规定享受专项附加扣除。

（二）财税〔1994〕020号文规定

根据《财政部 国家税务总局关于个人所得税若干政策问题的通知》（财税〔1994〕020号）的规定，下列所得，暂免征收个人所得税：

（1）外籍个人以非现金形式或实报实销形式取得的住房补贴、伙食补贴、搬迁费、洗衣费。

（2）外籍个人按合理标准取得的境内、外出差补贴。

（3）外籍个人取得的探亲费、语言训练费、子女教育费等，经当地税务机关审核批准为合理的部分。

（4）外籍个人从外商投资企业取得的股息、红利所得。

(三）国税发〔1997〕54号文规定

根据《国家税务总局关于外籍个人取得有关补贴征免个人所得税执行问题的通知》（国税发〔1997〕54号）的规定，对外籍个人以非现金形式或实报实销形式取得的合理的住房补贴、伙食补贴和洗衣费免征个人所得税，应由纳税人在初次取得上述补贴或上述补贴数额、支付方式发生变化的月份的次月进行工资薪金所得纳税申报时，向主管税务机关提供上述补贴的有效凭证，由主管税务机关核准确认免税。

外籍个人因到中国任职或离职，以实报实销形式取得的搬迁收入免征个人所得税，应由纳税人提供有效凭证，由主管税务机关审核认定，就其合理的部分免税。外商投资企业和外国企业在中国境内的机构、场所，以搬迁费名义每月或定期向其外籍雇员支付的费用，应计入工资薪金所得征收个人所得税。

对外籍个人按合理标准取得的境内、外出差补贴免征个人所得税，应由纳税人提供出差的交通费、住宿费凭证（复印件）或企业安排出差的有关计划，由主管税务机关确认免税。

对外籍个人取得的探亲费免征个人所得税，应由纳税人提供探亲的交通支出凭证（复印件），由主管税务机关审核，对其实际用于本人探亲，且每年探亲的次数和支付的标准合理的部分给予免税。

对外籍个人取得的语言培训费和子女教育费补贴免征个人所得税，应由纳税人提供在中国境内接受上述教育的支出凭证和期限证明材料，由主管税务机关审核，对其在中国境内接受语言培训以及子女在中国境内接受教育取得的语言培训费和子女费教育费补贴，且在合理数额内的部分免予纳税。

（四）国税函〔2001〕336号文规定

根据《国家税务总局关于外籍个人取得的探亲费免征个人所得税有关执行标准问题的通知》（国税函〔2001〕336号）的规定，可以享受免征个人所得税优惠待遇的探亲费，仅限于外籍个人在我国的受雇地与其家庭所在地（包括配偶或父母居住地）之间搭乘交通工具且每年不超过2次的费用。

（五）财税〔2004〕29号文规定

根据《财政部 国家税务总局关于外籍个人取得港澳地区住房等补贴征免个人所得税的通知》（财税〔2004〕29号）的规定，受雇于我国境内企业的外籍个人（不包括香港澳门居民个人），因家庭等原因居住在香港、澳门，每个工作日往返于内地与香港、澳门等地区，由此境内企业（包括其关联企业）给予在香港或澳门住房、伙食、洗衣、搬迁等非现金形式或实报实销形式的补贴，凡能提供有效凭证的，经主管税务机关审核确认后，可以依照《财政部 国家税务总局关于个人所得税若干政策问题的通知》（财税〔1994〕20号）第2条以及《国管税务总局关于外籍个人取得有关补贴征免个人所得税执行问题的通知》（国税发〔1997〕54号）第1条、第2条的规定，免予征收个人所得税。

上述外籍个人就其在香港或澳门进行语言培训、子女教育而取得的费用补贴，凡能提供有效支出凭证等材料的，经主管税务机关审核确认为合理的部分，可以依照上述财税〔1994〕020号通知第二条以及国税发〔1997〕54号通知第五条的规定，免予征收个人所得税。

第三节 其他个人所得税税收优惠

一、综合所得税收优惠政策

（一）（80）财税字第189号文规定

根据《财政部关于外国来华工作人员缴纳个人所得税问题的通知》（〔80〕财税字第189号）的规定，实行下列个人所得税优惠：

（1）援助国派往我国专为该国无偿援助我国的建设项目服务的工作人员，取得的工资，生活津贴，不论是我方支付或外国支付，均可免征个人所得税。

（2）外国来华文教专家，在我国服务期间，由我方发工资，薪金，并对其住房，使用汽车，医疗实行免费"三包"，可只就工资，薪金所得按照税法规定征收个人所得税；对我方免费提供的住房，使用汽车，医疗，可免予计算纳税。

（3）外国来华工作人员，在我国服务而取得的工资，薪金，不论是我方支付，外国支付，我方和外国共同支付，均属于来源于中国的所得，除第（1）项规定给予免税优惠外，其他均应按规定征收个人所得税。但对在中国境内连续居住不超过90天的，可只就我方支付的工资，薪金部分计算纳税，对外国支付的工资，薪金部分免予征税。

（4）外国来华留学生，领取的生活津贴费，奖学金，不属于工资，薪金范畴，不征个人所得税。

（5）外国来华工作人员，由外国派出单位发给包干款项，其中包括个人工资，公用经费（如邮电费、办公费、广告费、业务上往来必要的交际费），生活津贴费（如住房费、差旅费），凡对上述所得能够划分清楚的，可只就工资薪金所得部分按照规定征收个人所得税.

（二）财税〔1994〕020号文规定

根据《财政部　国家税务总局关于个人所得税若干政策问题的通知》（财税〔1994〕020号）的规定，下列所得，暂免征收个人所得税：

（1）个人举报、协查各种违法、犯罪行为而获得的奖金。

（2）个人办理代扣代缴税款手续，按规定取得的扣缴手续费。

对个人从事技术转让、提供劳务等过程中所支付的中介费，如能提供有效、合法凭证的，允许从其所得中扣除。

对按《国务院关于高级专家离休退休若干问题的暂行规定》（国发〔1983〕141号）和《国务院办公厅关于杰出高级专家暂缓离退休审批问题的通知》（国办发〔1991〕40号）精神，达到离休、退休年龄，但确因工作需要，适当延长离休退休年龄的高级专家（指享受国家发放的政府特殊津贴的专家、学者），其在延长离休退休期间的工资、薪金所得，视同退休工资、离休工资免征个人所得税。

凡符合下列条件之一的外籍专家取得的工资、薪金所得可免征个人所得税：

（1）根据世界银行专项贷款协议由世界银行直接派往我国工作的外国专家。

（2）联合国组织直接派往我国工作的专家。

（3）为联合国援助项目来华工作的专家。

（4）援助国派往我国专为该国无偿援助项目工作的专家。

（5）根据两国政府签订文化交流项目来华工作两年以内的文教专家，其工资、薪金所得由该国负担的。

（6）根据我国大专院校国际交流项目来华工作两年以内的文教专家，其工资、薪金所得由该国负担的。

（7）通过民间科研协定来华工作的专家，其工资、薪金所得由该国政府机构负担的。

（三）财税字〔1994〕021号文规定

根据《财政部　国家税务总局关于西藏自治区贯彻施行〈中华人民共和国个人所得税法〉有关问题的批复》（财税字〔1994〕021号）的规定，为了照顾西藏的实际情况，保持国家对西藏的特别优惠政策，对个人从西藏自治区内取得的下列所得，免征个人所得税：

（1）20世纪末之前，农牧民在农牧区从事生产、经营活动的所得。

（2）艰苦边远地区津贴。

（3）经国家批准或者同意，由自治区人民政府或者有关部门发给在藏长期工作的人员和大中专毕业生的浮动工资，增发的工龄工资，离退休人员的安家费和建房补贴费。

（四）财税字〔1996〕14号文规定

根据《财政部　税务总局关于军队干部工资薪金收入征收个人所得税的通知》（财税字〔1996〕14号）的规定，关于补贴、津贴征税问题，按下列情况，分别处理：

（1）按照政策规定，属于免税项目或者不属于本人所得的补贴、津贴有8项，不计入工资、薪金所得项目征税。这8项即：政府特殊津贴，福利补助,夫妻分居补助费,随军家属无工作生活困难补助,独生子女保健费,子女保教补助费;机关在职军以上干部公勤费(保姆费),军粮差价补贴。

(2)对以下5项补贴、津贴,暂不征税:军人职业津贴,军队设立的艰苦地区补助,专业性补助,基层军官岗位津贴(营连排长岗位津贴),伙食补贴。

(五)财税字〔1996〕91号文规定

根据《财政部 国家税务总局关于西藏特殊津贴免征个人所得税的批复》(财税字〔1996〕91号)的规定,自1994年1月1日起发放的西藏特殊津贴,体现了党中央、国务院对西藏各族职工的关怀,对进一步促进西藏的改革、发展和稳定具有重要意义,因此,根据《个人所得税法》和《个人所得税法实施条例》的规定,对在西藏区域内工作的机关、事业单位职工、按照国家统一规定取得的西藏特殊津贴,免征个人所得税。

(六)国税发〔1999〕58号文规定

根据《国家税务总局关于个人所得税有关政策问题的通知》(国税发〔1999〕58号)的规定,个人因公务用车和通讯制度改革而取得的公务用车、通讯补贴收入,扣除一定标准的公务费用后,按照工资、薪金所得项目计征个人所得税。按月发放的,并入当月工资、薪金所得计征个人所得税;不按月发放的,分解到所属月份并与该月份工资、薪金所得合并后计征个人所得税。公务费用的扣除标准,由省级税务局根据纳税人公务交通、通讯费用的实际发生情况调查测算,报经省级人民政府批准后确定,并报国家税务总局备案。

(七)财税〔2001〕157号文规定

根据《财政部 国家税务总局关于个人与用人单位解除劳动关系取得的一次性补偿收入征免个人所得税问题的通知》(财税〔2001〕157号)的规定,个人因与用人单位解除劳动关系而取得的一次性补偿收入(包括用人单位发放的经济补偿金、生活补助费和其他补助费用)按《财政部 税务总局关于个人所得税法修改后有关优惠政策衔接问题的通知》(财税〔2018〕

164号）的规定享受过渡期税收优惠。个人领取一次性补偿收入时按照国家和地方政府规定的比例实际缴纳的住房公积金、医疗保险费、基本养老保险费、失业保险费，可以在计征其一次性补偿收入的个人所得税时予以扣除。企业依照国家有关法律规定宣告破产，企业职工从该破产企业取得的一次性安置费收入，免征个人所得税。

（八）财税〔2008〕7号文规定

根据《财政部　国家税务总局关于高级专家延长离休退休期间取得工资薪金所得有关个人所得税问题的通知》（财税〔2008〕7号）的规定，《财政部 国家税务总局关于个人所得税若干政策问题的通知》（财税〔1994〕20号）第二条第（7）项中所称延长离休退休年龄的高级专家是指：

（1）享受国家发放的政府特殊津贴的专家、学者。

（2）中国科学院、中国工程院院士。

高级专家延长离休退休期间取得的工资薪金所得，其免征个人所得税政策口径按下列标准执行：

（1）对高级专家从其劳动人事关系所在单位取得的，单位按国家有关规定向职工统一发放的工资、薪金、奖金、津贴、补贴等收入，视同离休、退休工资，免征个人所得税。

（2）除上述第（1）项所述收入以外各种名目的津补贴收入等，以及高级专家从其劳动人事关系所在单位之外的其他地方取得的培训费、讲课费、顾问费、稿酬等各种收入，依法计征个人所得税。

高级专家从两处以上取得应税工资、薪金所得以及具有税法规定应当自行纳税申报的其他情形的，应在税法规定的期限内自行向主管税务机关办理纳税申报。

（九）财税〔2008〕8号文规定

根据《财政部　国家税务总局关于生育津贴和生育医疗费有关个人所得税政策的通知》（财税〔2008〕8号）的规定，生育妇女按照县级以上人民政府根据国家有关规定制定的生育保险办法，取得的生育津贴、生育医疗费或其他属于生育保险性质的津贴、补贴，免征个人所得税。

(十)财税〔2012〕40号文规定

根据《财政部 国家税务总局关于工伤职工取得的工伤保险待遇有关个人所得税政策的通知》(财税〔2012〕40号)的规定,对工伤职工及其近亲属按照《工伤保险条例》(国务院令第586号)规定取得的工伤保险待遇,免征个人所得税。工伤保险待遇,包括工伤职工按照《工伤保险条例》(国务院令第586号)规定取得的一次性伤残补助金、伤残津贴、一次性工伤医疗补助金、一次性伤残就业补助金、工伤医疗待遇、住院伙食补助费、外地就医交通食宿费用、工伤康复费用、辅助器具费用、生活护理费等,以及职工因工死亡,其近亲属按照《工伤保险条例》(国务院令第586号)规定取得的丧葬补助金、供养亲属抚恤金和一次性工亡补助金等。

(十一)财税〔2015〕116号文规定

根据《财政部 国家税务总局关于将国家自主创新示范区有关税收试点政策推广到全国范围实施的通知》(财税〔2015〕116号)的规定,自2016年1月1日起,全国范围内的高新技术企业转化科技成果,给予本企业相关技术人员的股权奖励,个人一次缴纳税款有困难的,可根据实际情况自行制定分期缴税计划,在不超过5个公历年度内(含)分期缴纳,并将有关资料报主管税务机关备案。个人获得股权奖励时,按照"工资薪金所得"项目,参照《财政部 国家税务总局关于个人股票期权所得征收个人所得税问题的通知》(财税〔2005〕35号)有关规定计算确定应纳税额。股权奖励的计税价格参照获得股权时的公平市场价格确定。技术人员转让奖励的股权(含奖励股权孳生的送、转股)并取得现金收入的,该现金收入应优先用于缴纳尚未缴清的税款。技术人员在转让奖励的股权之前企业依法宣告破产,技术人员进行相关权益处置后没有取得收益或资产,或取得的收益和资产不足以缴纳其取得股权尚未缴纳的应纳税款的部分,税务机关可不予追征。

上述所称相关技术人员,是指经公司董事会和股东大会决议批准获得股权奖励的以下两类人员:(1)对企业科技成果研发和产业化作出突出贡献的技术人员,包括企业内关键职务科技成果的主要完成人、重大开发项目的负责人、对主导产品或者核心技术、工艺流程作出重大创新或者改进的主要技术人员。（2）对企业发展作出突出贡献的经营管理人员，包括主持企业全面生产经营工作的高级管理人员，负责企业主要产品（服务）生产经营合计占主营业务收入（或者主营业务利润）50%以上的中、高级经营管理人员。企业面向全体员工实施的股权奖励，不得按上述规定的税收政策执行。

上述所称股权奖励，是指企业无偿授予相关技术人员一定份额的股权或一定数量的股份。上述所称高新技术企业，是指实行查账征收、经省级高新技术企业认定管理机构认定的高新技术企业。

（十二）财税〔2017〕39号文规定的政策

根据《财政部　税务总局　保监会关于将商业健康保险个人所得税试点政策推广到全国范围实施的通知》（财税〔2017〕39号）的规定，自2017年7月1日起，将商业健康保险个人所得税试点政策推广到全国范围实施。对个人购买符合规定的商业健康保险产品的支出，允许在当年（月）计算应纳税所得额时予以税前扣除，扣除限额为2 400元/年（200元/月）。单位统一为员工购买符合规定的商业健康保险产品的支出，应分别计入员工个人工资薪金，视同个人购买，按上述限额予以扣除。2 400元/年（200元/月）的限额扣除为个人所得税法规定减除费用标准之外的扣除。

适用商业健康保险税收优惠政策的纳税人，是指取得工资薪金所得、连续性劳务报酬所得的个人，以及取得个体工商户生产经营所得、对企事业单位的承包承租经营所得的个体工商户业主、个人独资企业投资者、合伙企业合伙人和承包承租经营者。

符合规定的商业健康保险产品，是指保险公司参照个人税收优惠型健康保险产品指引框架及示范条款开发的、符合下列条件的健康保险产品：

（1）健康保险产品采取具有保障功能并设立有最低保证收益账户的万能险方式，包含医疗保险和个人账户积累两项责任。被保险人个人账户由其所投保的保险公司负责管理维护。

（2）被保险人为16周岁以上、未满法定退休年龄的纳税人群。保险公司不得因被保险人既往病史拒保，并保证续保。

（3）医疗保险保障责任范围包括被保险人医保所在地基本医疗保险基金支付范围内的自付费用及部分基本医疗保险基金支付范围外的费用，费用的报销范围、比例和额度由各保险公司根据具体产品特点自行确定。

（4）同一款健康保险产品，可依据被保险人的不同情况，设置不同的保险金额，具体保险金额下限由保监会规定。

（5）健康保险产品坚持"保本微利"原则，对医疗保险部分的简单赔付率低于规定比例的，保险公司要将实际赔付率与规定比例之间的差额部分返还到被保险人的个人账户。

根据目标人群已有保障项目和保障需求的不同，符合规定的健康保险产品共有三类，分别适用于：

（1）对公费医疗或基本医疗保险报销后个人负担的医疗费用有报销意愿的人群。

（2）对公费医疗或基本医疗保险报销后个人负担的特定大额医疗费用有报销意愿的人群。

（3）未参加公费医疗或基本医疗保险，对个人负担的医疗费用有报销意愿的人群。

符合上述条件的个人税收优惠型健康保险产品，保险公司应按《保险法》规定程序上报保监会审批。

税收征管方式如下：

（1）单位统一组织为员工购买或者单位和个人共同负担购买符合规定的商业健康保险产品，单位负担部分应当实名计入个人工资薪金明细清单，视同个人购买，并自购买产品次月起，在不超过200元/月的标准内按月扣除。一年内保费金额超过2 400元的部分，不得税前扣除。以后年度续保时，按上述规定执行。个人自行退保时，应及时告知扣缴单位。个人相关退保信息保险公司应及时传递给税务机关。

（2）取得工资薪金所得或连续性劳务报酬所得的个人，自行购买符合规定的商业健康保险产品的，应当及时向代扣代缴单位提供保单凭证。扣缴单位自个人提交保单凭证的次月起，在不超过200元/月的标准内按月扣除。一年内保费金额超过2 400元的部分，不得税前扣除。以后年度续保时，按上述规定执行。个人自行退保时，应及时告知扣缴义务人。

（3）个体工商户业主、企事业单位承包承租经营者、个人独资和合伙企业投资者自行购买符合条件的商业健康保险产品的，在不超过2 400元/年的标准内据实扣除。一年内保费金额超过 2 400 元的部分，不得税前扣除。以后年度续保时，按上述规定执行。

商业健康保险个人所得税税前扣除政策涉及环节和部门多，各相关部门应密切配合，切实落实好商业健康保险个人所得税政策：

（1）财政、税务、保监部门要做好商业健康保险个人所得税优惠政策宣传解释，优化服务。税务、保监部门应建立信息共享机制，及时共享商业健康保险涉税信息。

（2）保险公司在销售商业健康保险产品时，要为购买健康保险的个人开具发票和保单凭证，载明产品名称及缴费金额等信息，作为个人税前扣除的凭据。保险公司要与商业健康保险信息平台保持实时对接，保证信息真实准确。

（3）扣缴单位应按照本通知及税务机关有关要求，认真落实商业健康保险个人所得税前扣除政策。

（4）保险公司或商业健康保险信息平台应向税务机关提供个人购买商业健康保险的相关信息，并配合税务机关做好相关税收征管工作。

（十三）财税〔2018〕22 号文规定的政策

根据《财政部 税务总局 人力资源社会保障部 中国银行保险监督管理委员会 证监会关于开展个人税收递延型商业养老保险试点的通知》（财税〔2018〕22 号）的规定，自 2018 年 5 月 1 日起，在上海市、福建省（含厦门市）和苏州工业园区实施个人税收递延型商业养老保险试点。试点期限暂定一年。

对试点地区个人通过个人商业养老资金账户购买符合规定的商业养老保险产品的支出，允许在一定标准内税前扣除；计入个人商业养老资金账户的投资收益，暂不征收个人所得税；个人领取商业养老金时再征收个人所得税。具体规定如下：

（1）个人缴费税前扣除标准。取得工资薪金、连续性劳务报酬所得的个人，其缴纳的保费准予在申报扣除当月计算应纳税所得额时予以限额据实扣除，扣除限额按照当月工资薪金、连续性劳务报酬收入的 6% 和 1 000 元孰低办法确定。取得个体工商户生产经营所得、对企事业单位的承包承租经营所得的个体工商户业主、个人独资企业投资者、合伙企业自然人合伙人和承包承租经营者，其缴纳的保费准予在申报扣除当年计算应纳税所得额时予以限额据实扣除，扣除限额按照不超过当年应税收入的6%和12 000元孰低办法确定。

（2）账户资金收益暂不征税。计入个人商业养老资金账户的投资收益，在缴费期间暂不征收个人所得税。

（3）个人领取商业养老金征税。个人达到国家规定的退休年龄时，可按月或按年领取商业养老金，领取期限原则上为终身或不少于15年。个人身故、发生保险合同约定的全残或罹患重大疾病的，可以一次性领取商业养老金。对个人达到规定条件时领取的商业养老金收入，其中25%部分予以免税，其余75%部分按照10%的比例税率计算缴纳个人所得税，税款计入"其他所得"项目。

适用试点税收政策的纳税人，是指在试点地区取得工资薪金、连续性劳务报酬所得的个人，以及取得个体工商户生产经营所得、对企事业单位的承包承租经营所得的个体工商户业主、个人独资企业投资者、合伙企业自然人合伙人和承包承租经营者，其工资薪金、连续性劳务报酬的个人所得税扣缴单位，或者个体工商户、承包承租单位、个人独资企业、合伙企业的实际经营地均位于试点地区内。取得连续性劳务报酬所得，是指纳税人连续6个月以上（含6个月）为同一单位提供劳务而取得的所得。

个人商业养老资金账户是由纳税人指定的、用于归集税收递延型商业养老保险缴费、收益以及资金领取等的商业银行个人专用账户。该账户封闭运行，与居民身份证件绑定，具有唯一性。试点期间使用中国保险信息技术管理有限责任公司建立的信息平台（以下简称"中保信平台"）。个人商业养老资金账户在中保信平台进行登记，校验其唯一性。个人商业养老资金账户变更银行须经中保信平台校验后，进行账户结转，每年允许结转一次。中保信平台与税务系统、商业保险机构和商业银行对接，提供账户管理、信息查询、税务稽核、外部监管等基础性服务。

个人商业养老保险产品按稳健型产品为主、风险型产品为辅的原则选择，采取名录方式确定。试点期间的产品是指由保险公司开发，符合"收益稳健、长期锁定、终身领取、精算平衡"原则，满足参保人对养老账户资金安全性、收益性和长期性管理要求的商业养老保险产品。具体商业养老保险产品指引由中国银行保险监督管理委员会提出，商财政部、人社部、税务总局后发布。

个人购买符合规定的商业养老保险产品、享受递延纳税优惠时，以中保信平台出具的税延养老扣除凭证为扣税凭据。取得工资、薪金所得和连续性劳务报酬所得的个人，应及时将相关凭证提供给扣缴单位。扣缴单位应按照本通知有关要求，认真落实个人税收递延型商业养老保险试点政策，为纳税人办理税前扣除有关事项。个人在试点地区范围内从两处或者两处以上取得所得的，只能选择在其中一处享受试点政策。个人按规定领取商业养老金时，由保险公司代扣代缴其应缴的个人所得税。

试点期间，中国银行保险监督管理委员会、证监会做好相关准备工作，完善养老账户管理制度，制定银行、公募基金类产品指引等相关规定，指导相关金融机构产品开发。做好中国证券登记结算有限责任公司信息平台（以下简称"中登公司平台"）与商业银行、税务等信息系统的对接准备工作。同时，由人社部、财政部牵头，联合税务总局、中国银行保险监督管理委员会、证监会等单位，共同研究建立第三支柱制度和管理服务信息平台。试点结束后，根据试点情况，结合养老保险第三支柱制度建设的有关情况，有序扩大参与的金融机构和产品范围，将公募基金等产品纳入个人商业养老账户投资范围，相应将中登公司平台作为信息平台，与中保信平台同步运行。第三支柱制度和管理服务信息平台建成以后，中登公司平台、中保信平台与第三支柱制度和管理服务信息平台对接，实现养老保险第三支柱宏观监管。

信息平台应向税务机关提供个人税收递延型商业养老保险有关信息，并配合税务机关做好相关税收征管工作。保险公司在销售个人税收递延型商业养老保险产品时，应为购买商业养老保险产品的个人开具发票和保单凭证，载明产品名称及缴费金额等信息。保险公司与信息平台实时对接，保证信息真实准确。试点地区财政、人社、税务、金融监管等相关部门应各司其职，密切配合，认真组织落实本通知，并及时总结、动态评估试点经验。对实施过程中遇到的困难和问题，及时向财政部、人社部、税务总局和金融监管部门反映。

（十四）财税〔2018〕58号文规定

根据《财政部　税务总局　科技部关于科技人员取得职务科技成果转化现金奖励有关个人所得税政策的通知》（财税〔2018〕58号）的规定，自2018年7月1日起，依法批准设立的非营利性研究开发机构和高等学校（以下简称"非营利性科研机构和高校"）根据《中华人民共和国促进科技成果转化法》规定，从职务科技成果转化收入中给予科技人员的现金奖励，可减按50%计入科技人员当月"工资、薪金所得"项目，依法缴纳个人所得税。

非营利性科研机构和高校包括国家设立的科研机构和高校、民办非营利性科研机构和高校。国家设立的科研机构和高校是指利用财政性资金设立的、取得《事业单位法人证书》的科研机构和公办高校，包括中央和地方所属科研机构和高校。

民办非营利性科研机构和高校，是指同时满足以下条件的科研机构和高校：

（1）根据《民办非企业单位登记管理暂行条例》在民政部门登记，并取得《民办非企业单位登记证书》。

（2）对于民办非营利性科研机构，其《民办非企业单位登记证书》记载的业务范围应属于"科学研究与技术开发、成果转让、科技咨询与服务、科技成果评估"范围。对业务范围存在争议的，由税务机关转请县级（含）以上科技行政主管部门确认。对于民办非营利性高校，应取得教育主管部门颁发的《民办学校办学许可证》，《民办学校办学许可证》记载学校类型为"高等学校"。

（3）经认定取得企业所得税非营利组织免税资格。

科技人员享受上述税收优惠政策，须同时符合以下条件：

（1）科技人员是指非营利性科研机构和高校中对完成或转化职务科技成果作出重要贡献的人员。非营利性科研机构和高校应按规定公示有关科技人员名单及相关信息（国防专利转化除外），具体公示办法由科技部会同财政部、税务总局制定。

（2）科技成果是指专利技术（含国防专利）、计算机软件著作权、集成电路布图设计专有权、植物新品种权、生物医药新品种，以及科技部、财政部、税务总局确定的其他技术成果。

（3）科技成果转化是指非营利性科研机构和高校向他人转让科技成果或者许可他人使用科技成果。现金奖励是指非营利性科研机构和高校在取得科技成果转化收入3年（36个月）内奖励给科技人员的现金。

（4）非营利性科研机构和高校转化科技成果，应当签订技术合同，并根据《技术合同认定登记管理办法》，在技术合同登记机构进行审核登记，并取得技术合同认定登记证明。

非营利性科研机构和高校应健全科技成果转化的资金核算，不得将正常工资、奖金等收入列入科技人员职务科技成果转化现金奖励享受税收优惠。非营利性科研机构和高校向科技人员发放现金奖励时，应按个人所得税法规定代扣代缴个人所得税，并按规定向税务机关履行备案手续。

（十五）个人养老金政策

根据《财政部　税务总局关于个人养老金有关个人所得税政策的公告》（财政部　税务总局公告2022年第34号）的规定，自2022年1月1日起，对个人养老金实施递延纳税优惠政策。在缴费环节，个人向个人养老金资金账户的缴费，按照12 000元/年的限额标准，在综合所得或经营所得中据实扣除；在投资环节，计入个人养老金资金账户的投资收益暂不征收个人所得税；在领取环节，个人领取的个人养老金，不并入综合所得，单独按照3%的税率计算缴纳个人所得税，其缴纳的税款计入"工资、薪金所得"项目。

个人缴费享受税前扣除优惠时，以个人养老金信息管理服务平台出具的扣除凭证为扣税凭据。取得工资薪金所得、按累计预扣法预扣预缴个人所得税劳务报酬所得的，其缴费可以选择在当年预扣预缴或次年汇算清缴时在限额标准内据实扣除。选择在当年预扣预缴的，应及时将相关凭证提供给扣缴单位。扣缴单位应按照本公告有关要求，为纳税人办理税前扣除有关事项。取得其他劳务报酬、稿酬、特许权使用费等所得或经营所得的，其缴费在次年汇算清缴时在限额标准内据实扣除。个人按规定领取个人养老金时，由开立个人养老金资金账户所在市的商业银行机构代扣代缴其应缴的个人所得税。

人力资源社会保障部门与税务部门应建立信息交换机制，通过个人养老金信息管理服务平台将个人养老金涉税信息交换至税务部门，并配合税务部门做好相关税收征管工作。

商业银行有关分支机构应及时对在该行开立个人养老金资金账户纳税人的纳税情况进行全员全额明细申报，保证信息真实准确。

各级财政、人力资源社会保障、税务、金融监管等部门应密切配合，认真做好组织落实，对本公告实施过程中遇到的困难和问题，及时向上级主管部门反映。

上述税收政策自2022年1月1日起在个人养老金先行城市实施。个人养老金先行城市名单由人力资源社会保障部会同财政部、税务总局另行发布。上海市、福建省、苏州工业园区等已实施个人税收递延型商业养老保险试点的地区，自2022年1月1日起统一按照上述税收政策执行。

根据《人力资源社会保障部办公厅、财政部办公厅、国家税务总局办公厅关于公布个人养老金先行城市（地区）的通知》（人社厅函〔2022〕169号）的规定，为贯彻落实《国务院办公厅关于推动个人养老金发展的意见》（国办发〔2022〕7号），根据《人力资源社会保障部 财政部 国家税务总局关于报送个人养老金先行城市的通知》（人社部函〔2022〕62号）要求，在各省（自治区、直辖市）申报的基础上，经研究，确定了个人养老金先行城市（地区）名单（见表6-2），2022年11月17日起，在先行城市（地区）所在地参加职工基本养老保险或城乡居民基本养老保险的劳动者，可参加个人养老金。

表6-2　个人养老金先行城市（地区）名单

序号	省（自治区、直辖市）	先行城市（地区）
1	北京市	北京市
2	天津市	天津市
3	河北省	石家庄市
		雄安新区
4	山西省	晋城市
5	内蒙古自治区	呼和浩特市
6	辽宁省	沈阳市
		大连市
7	吉林省	长春市
8	黑龙江省	哈尔滨市
9	上海市	上海市

续表

序号	省（自治区、直辖市）	先行城市（地区）
10	江苏省	苏州市
11	浙江省	杭州市
		宁波市
12	安徽省	合肥市
13	福建省	福建省
14	江西省	南昌市
15	山东省	青岛市
		东营市
16	河南省	郑州市
17	湖北省	武汉市
18	湖南省	长沙市
19	广东省	广州市
		深圳市
20	广西壮族自治区	南宁市
21	海南省	海口市
22	重庆市	重庆市
23	四川省	成都市
24	贵州省	贵阳市
25	云南省	玉溪市
26	西藏自治区	拉萨市
27	陕西省	西安市
28	甘肃省	庆阳市
29	青海省	西宁市
30	宁夏回族自治区	银川市
31	新疆维吾尔自治区	乌鲁木齐市

二、经营所得税收优惠政策

（一）国税函发〔1995〕079号文规定

根据《国家税务总局关于个人取得青苗补偿费收入征免个人所得税的批

复》(国税函发〔1995〕079号)的规定,乡镇企业的职工和农民取得的青苗补偿费,属种植业的收益范围,同时,也属经济损失的补偿性收入,因此,对他们取得的青苗补偿费收入暂不征收个人所得税。

(二)财税〔2000〕84号文规定

根据《财政部 国家税务总局关于随军家属就业有关税收政策的通知》(财税〔2000〕84号)的规定,对从事个体经营的随军家属,自领取税务登记证之日起,3年内免征个人所得税。享受税收优惠政策的企业,随军家属必须占企业总人数的60%(含)以上,并有军(含)以上政治和后勤机关出具的证明;随军家属必须有师以上政治机关出具的可以表明其身份的证明,但税务部门应进行相应的审查认定。每一随军家属只能按上述规定,享受一次免税政策。

(三)财税〔2003〕26号文规定

根据《财政部 国家税务总局关于自主择业的军队转业干部有关税收政策问题的通知》(财税〔2003〕26号)的规定,自2003年5月1日起,从事个体经营的军队转业干部,经主管税务机关批准,自领取税务登记证之日起,3年内免征个人所得税。自主择业的军队转业干部必须持有师以上部队颁发的转业证件。

(四)财税〔2004〕30号文规定

根据《财政部 国家税务总局关于农村税费改革试点地区有关个人所得税问题的通知》(财税〔2004〕30号)的规定,农村税费改革试点期间,取消农业特产税、减征或免征农业税后,对个人或个体户从事种植业、养殖业、饲养业、捕捞业,且经营项目属于农业税(包括农业特产税)、牧业税征税范围的,其取得的"四业"所得暂不征收个人所得税。

(五)财税〔2010〕96号文规定

根据《财政部 国家税务总局关于个人独资企业和合伙企业投资者取得种植业养殖业饲养业捕捞业所得有关个人所得税问题的批复》(财税

〔2010〕96号）的规定，根据《国务院关于个人独资企业和合伙企业征收所得税问题的通知》（国发〔2000〕16号）、《财政部 国家税务总局关于个人所得税若干政策问题的通知》（财税字〔1994〕020号）和《财政部 国家税务总局关于农村税费改革试点地区有关个人所得税问题的通知》（财税〔2004〕30号）等有关规定，对个人独资企业和合伙企业从事种植业、养殖业、饲养业和捕捞业（以下简称"四业"），其投资者取得的"四业"所得暂不征收个人所得税。

（六）财税〔2017〕46号文规定

根据《财政部 税务总局 民政部关于继续实施扶持自主就业退役士兵创业就业有关税收政策的通知》（财税〔2017〕46号）的规定，自2017年1月1日至2019年12月31日，对自主就业退役士兵从事个体经营的，在3年内按每户每年8 000元为限额依次扣减其当年实际应缴纳的增值税、城市维护建设税、教育费附加、地方教育附加和个人所得税。限额标准最高可上浮20%，各省、自治区、直辖市人民政府可根据本地区实际情况在此幅度内确定具体限额标准，并报财政部和税务总局备案。

纳税人年度应缴纳税款小于上述扣减限额的，以其实际缴纳的税款为限；大于上述扣减限额的，以上述扣减限额为限。纳税人的实际经营期不足一年的，应当以实际月份换算其减免税限额。换算公式如下：

$$减免税限额 = 年度减免税限额 \div 12 \times 实际经营月数$$

纳税人在享受税收优惠政策的当月，持《中国人民解放军义务兵退出现役证》或《中国人民解放军士官退出现役证》以及税务机关要求的相关材料向主管税务机关备案。

（七）财税〔2017〕49号文规定

根据《财政部 税务总局 人力资源社会保障部关于继续实施支持和促进重点群体创业就业有关税收政策的通知》财税〔2017〕49号的规定，自2017年1月1日至2019年12月31日，对持《就业创业证》（注明"自主创业税收政策"或"毕业年度内自主创业税收政策"）或《就业失业登记证》（注明"自主创业税收政策"或附着《高校毕业生自主创业证》）的人员从事个体经营的，在 3 年内按每户每年 8 000 元为限额依次扣减其当年实际应缴纳的增值税、城市维护建设税、教育费附加、地方教育附加和个人所得税。限额标准最高可上浮 20%，各省、自治区、直辖市人民政府可根据本地区实际情况在此幅度内确定具体限额标准，并报财政部和税务总局备案。

纳税人年度应缴纳税款小于上述扣减限额的，以其实际缴纳的税款为限；大于上述扣减限额的，以上述扣减限额为限。

上述人员是指：

（1）在人力资源社会保障部门公共就业服务机构登记失业半年以上的人员。

（2）零就业家庭、享受城市居民最低生活保障家庭劳动年龄内的登记失业人员。

（3）毕业年度内高校毕业生。高校毕业生是指实施高等学历教育的普通高等学校、成人高等学校应届毕业的学生；毕业年度是指毕业所在自然年，即 1 月 1 日至 12 月 31 日。

（八）财税〔2018〕55 号文规定

根据《财政部 税务总局关于创业投资企业和天使投资个人有关税收政策的通知》（财税〔2018〕55 号）的规定，有限合伙制创业投资企业（以下简称"合伙创投企业"）采取股权投资方式直接投资于初创科技型企业满 2 年的，该合伙创投企业的合伙人分别按以下方式处理：

（1）法人合伙人可以按照对初创科技型企业投资额的 70% 抵扣法人合伙人从合伙创投企业分得的所得；当年不足抵扣的，可以在以后纳税年度结转抵扣。

（2）个人合伙人可以按照对初创科技型企业投资额的 70% 抵扣个人合伙人从合伙创投企业分得的经营所得；当年不足抵扣的，可以在以后纳税年度结转抵扣。天使投资个人采取股权投资方式直接投资于初创科技型企业满 2 年的，可以按照投资额的 70% 抵扣转让该初创科技型企业股权取得的应纳税所得额；当期不足抵扣的，可以在以后取得转让该初创科技型企业股权的应纳税所得额时结转抵扣。天使投资个人投资多个初创科技型企业的，对其中办理注销清算的初创科技型企业，天使投资个人对其投资额的 70% 尚未抵扣完的，可自注销清算之日起 36 个月内抵扣天使投资个人转让其他初创科技型企业股权取得的应纳税所得额。

上述所称初创科技型企业，应同时符合以下条件：

（1）在中国境内（不包括港、澳、台地区）注册成立、实行查账征收的居民企业。

（2）接受投资时，从业人数不超过200人，其中具有大学本科以上学历的从业人数不低于30%；资产总额和年销售收入均不超过3 000万元。

（3）接受投资时设立时间不超过5年（60个月）。

（4）接受投资时以及接受投资后2年内未在境内外证券交易所上市。

（5）接受投资当年及下一纳税年度，研发费用总额占成本费用支出的比例不低于20%。

享受上述税收政策的创业投资企业，应同时符合以下条件：

（1）在中国境内（不含港、澳、台地区）注册成立、实行查账征收的居民企业或合伙创投企业，且不属于被投资初创科技型企业的发起人。

（2）符合《创业投资企业管理暂行办法》（发展改革委等10部门令第39号）规定或者《私募投资基金监督管理暂行办法》（证监会令第105号）关于创业投资基金的特别规定，按照上述规定完成备案且规范运作。

（3）投资后2年内，创业投资企业及其关联方持有被投资初创科技型企业的股权比例合计应低于50%。

享受上述税收政策的天使投资个人，应同时符合以下条件：

（1）不属于被投资初创科技型企业的发起人、雇员或其亲属（包括配偶、父母、子女、祖父母、外祖父母、孙子女、外孙子女、兄弟姐妹，下同），且与被投资初创科技型企业不存在劳务派遣等关系。

（2）投资后2年内，本人及其亲属持有被投资初创科技型企业股权比例合计应低于50%。

享受上述税收政策的投资，仅限于通过向被投资初创科技型企业直接支付现金方式取得的股权投资，不包括受让其他股东的存量股权。

上述所称研发费用口径，按照《财政部　国家税务总局　科技部关于完善研究开发费用税前加计扣除政策的通知》（财税〔2015〕119号）等规定执行。

上述所称从业人数，包括与企业建立劳动关系的职工人员及企业接受的劳务派遣人员。从业人数和资产总额指标，按照企业接受投资前连续12个月的平均数计算，不足12个月的，按实际月数平均计算。上述所称销售收入，包括主营业务收入与其他业务收入；年销售收入指标，按照企业接受投资前连续12个月的累计数计算，不足12个月的，按实际月数累计计算。上述所称成本费用，包括主营业务成本、其他业务成本、销售费用、管理费用、财务费用。

上述所称投资额，按照创业投资企业或天使投资个人对初创科技型企业的实缴投资额确定。合伙创投企业的合伙人对初创科技型企业的投资额，按照合伙创投企业对初创科技型企业的实缴投资额和合伙协议约定的合伙人占合伙创投企业的出资比例计算确定。合伙人从合伙创投企业分得的所得，按照《财政部　国家税务总局关于合伙企业合伙人所得税问题的通知》（财税〔2008〕159号）规定计算。

天使投资个人、公司制创业投资企业、合伙创投企业、合伙创投企业法人合伙人、被投资初创科技型企业应按规定办理优惠手续。初创科技型企业接受天使投资个人投资满2年，在上海证券交易所、深圳证券交易所上市的，天使投资个人转让该企业股票时，按照现行限售股有关规定执行，其尚未抵扣的投资额，在税款清算时一并计算抵扣。

享受上述税收政策的纳税人，其主管税务机关对被投资企业是否符合初创科技型企业条件有异议的，可以转请被投资企业主管税务机关提供相关材料。对纳税人提供虚假资料，违规享受税收政策的，应按税收征管法相关规定处理，并将其列入失信纳税人名单，按规定实施联合惩戒措施。

上述规定的天使投资个人所得税政策自2018年7月1日起执行，其他各项政策自2018年1月1日起执行。执行日期前2年内发生的投资，在执行日期后投资满2年，且符合上述规定的其他条件的，可以适用上述规定的税收政策。

（九）国家税务总局公告2018年第43号文的规定

根据《国家税务总局关于创业投资企业和天使投资个人税收政策有关问题的公告》（国家税务总局公告2018年第43号）的规定，《财政部　税务总局关于创业投资企业和天使投资个人有关税收政策的通知》（财税〔2018〕

55号，以下简称《通知》）第一条所称满2年是指公司制创业投资企业（以下简称"公司制创投企业"）、有限合伙制创业投资企业（以下简称"合伙创投企业"）和天使投资个人投资于种子期、初创期科技型企业（以下简称"初创科技型企业"）的实缴投资满2年，投资时间从初创科技型企业接受投资并完成工商变更登记的日期算起。

《通知》第二条第（1）项所称研发费用总额占成本费用支出的比例，是指企业接受投资当年及下一纳税年度的研发费用总额合计占同期成本费用总额合计的比例。

《通知》第三条第（3）项所称出资比例，按投资满2年当年年末各合伙人对合伙创投企业的实缴出资额占所有合伙人全部实缴出资额的比例计算。

《通知》所称从业人数及资产总额指标，按照初创科技型企业接受投资前连续12个月的平均数计算，不足12个月的，按实际月数平均计算。具体计算公式如下：

$$月平均数 =（月初数 + 月末数）\div 2$$

$$接受投资前连续12个月平均数 = 接受投资前连续12个月平均数之和 \div 12$$

法人合伙人投资于多个符合条件的合伙创投企业，可合并计算其可抵扣的投资额和分得的所得。当年不足抵扣的，可结转以后纳税年度继续抵扣；当年抵扣后有结余的，应按照企业所得税法的规定计算缴纳企业所得税。

所称符合条件的合伙创投企业既包括符合《通知》规定条件的合伙创投企业，也包括符合《国家税务总局关于有限合伙制创业投资企业法人合伙人企业所得税有关问题的公告》（国家税务总局公告2015年第81号）规定条件的合伙创投企业。

合伙创投企业的个人合伙人符合享受优惠条件的，合伙创投企业应在投资初创科技型企业满2年的年度终了后3个月内，向合伙创投企业主管税务机关办理备案手续，备案时应报送《合伙创投企业个人所得税投资抵扣备案表》（表6-2），同时将有关资料留存备查（备查资料同公司制创投企业）。合伙企业多次投资同一初创科技型企业的，应按年度分别备案。

第六章 个人所得税的优惠政策

表6-2 合伙创投企业个人所得税投资抵扣备案表

（　　　　年度）

备案编号（主管税务机关填写）：　　　　　　　　　　　　　　　单位：人民币元（列至角分）

合伙创投企业基本情况				
企业名称		纳税人识别号（统一社会信用代码）		
备案管理部门		备案时间		
联系人		联系电话		
对初创科技型企业投资情况				

初创科技型企业名称	纳税人识别号	注册地	设立时间	投资日期	从业人数	本科以上学历人数占比	资产总额	年销售收入	研发费用总额占成本费用支出的比例	投资2年内与关联方合计持股比例是否超50%	投资额

谨声明：本人（单位）知悉并保证本表填报内容及所附证明材料真实、完整，并承担因资料虚假而产生的法律责任。

合伙创投企业印章：　　　　合伙创投企业负责人签章：　　　　年　月　日

代理机构印章：	主管税务机关印章：
联系人：	受理人：
填报日期：	受理日期：

国家税务总局监制

续上

填报说明

一、适用范围

本表适用于有限合伙制创业投资企业(以下简称"合伙创投企业")投资境内种子期、初创期科技型企业(以下简称"初创科技型企业"),就符合投资抵扣税收优惠条件的投资,向主管税务机关办理投资情况备案。

二、报送期限

合伙创投企业应于投资满 2 年的年度终了后 3 个月内,向其注册地主管税务机关报送本表。

三、表内各栏

(一)合伙创投企业基本情况

1.企业名称:填写合伙创投企业名称全称。

2.纳税人识别号(统一社会信用代码):填写合伙创投企业的纳税人识别号或统一社会信用代码。

3.备案管理部门:填写合伙创投企业根据《创业投资企业管理暂行办法》或《私募投资基金监督管理暂行办法》等规定,办理备案的主管部门名称全称。

4.备案时间:填写合伙创投企业向备案管理部门完成备案的时间。

5.联系人:填写合伙创投企业联系人姓名。

6.联系电话:填写合伙创投企业联系人的联系电话。

(二)对初创科技型企业投资情况

合伙创投企业投资多个初创科技型企业或对同一家初创科技型企业有多轮投资的,均需就每次投资情况分行填写。

1.初创科技型企业名称:填写初创科技型企业名称全称。

2.纳税人识别号:填写初创科技型企业的纳税人识别号或统一社会信用代码。

3.注册地:填写初创科技型企业注册登记的具体地址。

4.设立时间:填写初创科技型企业设立登记的具体日期。

5.投资日期:填写初创科技型企业接受合伙创投企业投资并完成工商变更登记的日期。

6.从业人数:填写与初创科技型企业建立劳动关系的职工及企业接受的劳务派遣人员人数。具体按照初创科技型企业接受投资前连续 12 个月的平均数填写,不足 12 个月的按实际月数平均计算填写。

7.本科以上学历人数占比:填写初创科技型企业接受投资时本科以上学历人数占企业从业人数的比例。

8.资产总额:填写初创科技型企业的资产总额。具体按照初创科技型企业接受投资前连续 12 个月的平均数填写,不足 12 个月的按实际月数平均计算填写。

9.年销售收入:填写初创科技型企业的年销售收入。具体按照初创科技型企业接受投资前连续 12 个月的累计数填写,不足 12 个月的按实际月数累计计算填写。

10.研发费用总额占成本费用支出的比例:填写企业接受投资当年及下一年两个纳税年度的研发费用总额合计占同期成本费用总额合计的比例。

11.投资后 2 年内与关联方合计持股比例是否超 50%:填写"是"或"否"。

12.投资额:填写合伙创投企业以现金形式对初创科技型企业的实缴出资额。

四、本表一式两份。主管税务机关受理后,由合伙创投企业和主管税务机关分别留存。

合伙创投企业应在投资初创科技型企业满 2 年后的每个年度终了后 3 个月内,向合伙创投企业主管税务机关报送《合伙创投企业个人所得税投资抵扣情况表》(表 6-3)。

第六章　个人所得税的优惠政策

表6-3　合伙创投企业个人所得税投资抵扣情况表

合伙创投企业个人所得税投资抵扣情况表

（　　年度）

单位：人民币元（列至角分）

合伙创投企业情况			
企业名称		纳税人识别号（统一社会信用代码）	
投资情况备案编号			
当年新增符合条件的投资额合计		新增可抵扣投资额	
个人合伙人相关情况										
姓名	身份证件类型	身份证件号码	出资额	出资比例	分配比例	当年度分配的经营所得	结转上年可抵扣投资额	当年新增可抵扣投资额	当年实际抵扣投资额	结转抵扣投资额

谨声明：本人（单位）知悉并保证本表填报内容及所附证明材料真实、完整，并承担因资料虚假而产生的法律责任。

合伙创投企业印章：　　　　　合伙创投企业负责人签章：　　　年　月　日

代理机构印章：		主管税务机关印章：
联系人：	填报日期：	受理人： 受理日期：

国家税务总局监制

续上

填报说明

一、适用范围

本表适用于有限合伙制创业投资企业（以下简称"合伙创投企业"）投资境内种子期、初创期科技型企业（以下简称"初创科技型企业"），在符合投资抵扣税收优惠年度及以后年度，向主管税务机关报告有关情况并办理投资抵扣手续。

二、报送期限

合伙创投企业自符合投资抵扣税收优惠年度起，每个年度终了3个月内，向其注册地主管税务机关报送本表。

三、表内各栏

（一）合伙创投企业情况

1. 企业名称：填写合伙创投企业名称全称。
2. 纳税人识别号（统一社会信用代码）：填写合伙创投企业的纳税人识别号或统一社会信用代码。
3. 投资情况备案编号：填写合伙创投企业办理投资情况备案时，税务机关受理其填报的《合伙创投企业个人所得税投资抵扣备案表》赋予的备案编号。
4. 当年新增符合条件的投资额合计：填写当年《合伙创投企业个人所得税投资抵扣备案表》投资额合计。若当年无新增符合投资抵扣税收优惠条件的投资，则无需填写。
5. 新增可抵扣投资额：新增可抵扣投资额＝当年新增符合条件的投资额合计×70%。

（二）个人合伙人相关情况

本栏填报个人合伙人报告年度实际投资抵扣的有关情况。

1. 姓名：填写个人合伙人姓名。
2. 身份证件类型：填写个人合伙人办理个人所得税年度申报时使用的身份证件类型。
3. 身份证件号码：填写个人合伙人办理个人所得税年度申报时使用的身份证件号码。
4. 出资额：填写个人合伙人在投资满两年当年年末，对合伙创投企业的实缴出资额。
5. 出资比例：填写报告年度年末各合伙人对合伙创投企业的实缴出资额占所有合伙人全部实缴出资额的比例。
6. 分配比例：填写个人合伙人办理个人所得税年度申报时填报的分配比例。
7. 当年度分配的经营所得：填写报告年度个人合伙人按其分配比例自合伙创投企业计算分得的经营所得。
8. 结转上年可抵扣投资额：填写上年度此表"结转抵扣投资额"，上年无结转抵扣投资额的填"0"。
9. 当年新增可抵扣投资额：当年新增可抵扣投资额＝新增可抵扣投资额×出资比例。
10. 当年实际抵扣投资额：区别以下情况计算填写。

（1）当年度分配的经营所得＜结转上年可抵扣投资额+当年新增可抵扣投资额时，

当年实际抵扣投资额＝当年度分配的经营所得；

（2）当年度分配的经营所得≥结转上年可抵扣投资额+当年新增可抵扣投资额时，

当年实际抵扣投资额＝当年新增可抵扣投资额+结转上年可抵扣投资额。

11. 结转抵扣投资额：结转抵扣投资额＝结转上年可抵扣投资额+当年新增可抵扣投资额−当年实际抵扣投资额。

四、本表一式两份。主管税务机关受理后，由合伙创投企业和主管税务机关分别留存。

个人合伙人在个人所得税年度申报时，应将当年允许抵扣的投资额填至《个人所得税生产经营所得纳税申报表（B表）》"允许扣除的其他费用"栏，并同时标明"投资抵扣"字样。

天使投资个人应在投资初创科技型企业满24个月的次月15日内，与初创科技型企业共同向初创科技型企业主管税务机关办理备案手续。备案时应报送《天使投资个人所得税投资抵扣备案表》(表6-4)。被投资企业符合初创科技型企业条件的有关资料留存企业备查,备查资料包括初创科技型企业接受现金投资时的投资合同(协议)、章程、实际出资的相关证明材料,以及被投资企业符合初创科技型企业条件的有关资料。多次投资同一初创科技型企业的,应分次备案。

表6-4 天使投资个人所得税投资抵扣备案表

备案编号(主管税务机关填写):　　　　　　　　　　　　　　单位:人民币元(列至角分)

天使投资个人基本情况					
姓名		身份证件类型		身份证件号码	
国籍(地区)		联系电话		联系地址	
初创科技型企业基本情况					
企业名称			纳税人识别号(统一社会信用代码)		
设立时间			注册地址		

初创科技型企业及天使投资个人投资情况						
投资日期	从业人数	本科以上学历人数占比	资产总额	年销售收入	研发费用总额占成本费用支出的比例	投资2年内与其亲属合计持股比例是否超过50%	投资额

谨声明:本人(单位)知悉并保证本表填报内容及所附证明材料真实、完整,并承担因资料虚假而产生的法律责任。

　　　　　　　　　　　天使投资个人签章:　　　初创科技型企业负责人签章:　　　年　　月　　日

代理机构印章:		主管税务机关印章:	
联系人:	填报日期:	受理人: 受理日期:	
初创科技型企业注销清算情况(税务机关填写)			
注销清算时间		清算前已抵扣投资额	
主管税务机关印章: 受理人: 受理日期:			

　　注:本表是天使投资个人日后转让初创科技型企业股权办理投资抵扣的重要凭据,请妥善保管。

国家税务总局监制

续上

填报说明

一、适用范围

本表适用于天使投资个人投资境内种子期、初创期科技型企业（以下简称"初创科技型企业"），就符合投资抵扣税收优惠条件的投资，向主管税务机关办理投资情况备案。

二、报送期限

初创科技型企业、天使投资个人应共同于满足投资抵扣税收优惠条件次月15日内，向其主管税务机关报送本表。

三、表内各栏

（一）天使投资个人基本情况

1. 姓名：填写天使投资个人姓名。中国境内无住所个人，其姓名应当用中、外文同时填写。
2. 身份证件类型：填写能识别天使投资个人唯一身份的身份证、军官证、士兵证、护照、港澳居民来往内地通行证、台湾居民来往大陆通行证等有效证照名称。
3. 身份证件号码：填写能识别天使投资个人唯一身份的有效证照号码。
4. 国籍（地区）：填写天使投资个人的国籍或者地区。
5. 联系电话、联系地址：填写天使投资个人的有效联系方式。

（二）初创科技型企业基本情况

1. 企业名称：填写初创科技型企业名称全称。
2. 纳税人识别号（统一社会信用代码）：填写初创科技型企业的纳税人识别号或统一社会信用代码。
3. 设立时间：填写初创科技型企业设立登记的具体日期。
4. 注册地址：填写初创科技型企业注册登记的具体地址。

（三）初创科技型企业及天使投资个人投资情况

1. 投资日期：填写初创科技型企业接受合伙创投企业投资并完成工商变更登记的日期。
2. 从业人数：填写与初创科技型企业建立劳动关系的职工及企业接受的劳务派遣人员人数。具体按照初创科技型企业接受投资前连续12个月的平均数填写，不足12个月的按实际月数平均计算填写。
3. 本科以上学历人数占比：填写初创科技型企业接受投资时本科以上学历人数占企业从业人数的比例。
4. 资产总额：填写初创科技型企业的资产总额。具体按照初创科技型企业接受投资前连续12个月的平均数填写，不足12个月的按实际月数平均计算填写。
5. 年销售收入：填写初创科技型企业的年销售收入。具体按照初创科技型企业接受投资前连续12个月的累计数填写，不足12个月的按实际月数累计计算填写。
6. 研发费用总额占成本费用支出的比例：填写企业接受投资当年及下一年两个纳税年度的研发费用总额合计占同期成本费用总额合计的比例。
7. 投资2年内与其亲属合计持股比例是否超过50%：填写"是"或"否"。
8. 投资额：填写天使投资个人以现金形式对初创科技型企业的实缴出资额。

（四）初创科技型企业注销清算情况

本栏由主管税务机关在初创科技型企业注销后纳税人有尚未抵扣完毕的投资额需要结转抵扣时填写。

四、本表一式两份。主管税务机关受理后，由天使投资个人和主管税务机关分别留存。

  天使投资个人转让未上市的初创科技型企业股权，按照《通知》规定享受投资抵扣税收优惠时，应于股权转让次月15日内，向主管税务机关报送《天使投资个人所得税投资抵扣情况表》（表6-5）。同时，天使投资个人还应一并提供投资初创科技型企业后税务机关受理的《天使投资个人所得税投资抵扣备案表》。其中，天使投资个人转让初创科技型企业股权需同时抵扣前36个月内投资其他注销清算初创科技型企业尚未抵扣完毕的投资额的，申报时应一并提供注销清算企业主管税务机关受理并注明注销清算等情况的《天使投资个人所得税投资抵扣备案表》，以及前期享受投资抵扣政策后税务机关受理的《天使投资个人所得税投资抵扣情况表》。接受投资的初创科技型企业，应在天使投资个人转让股权纳税申报时，向扣缴义务人提供相关信息。

表6-5 天使投资个人所得税投资抵扣情况表

单位：人民币元（列至角分）

天使投资个人基本情况							
姓名		身份证件类型			身份证件号码		
国籍（地区）		联系电话			联系地址		
投资抵扣备案编号		投资额			可抵扣投资额		
初创科技型企业基本情况							
企业名称			纳税人识别号（统一社会信用代码）				
投资抵扣情况							
股权转让时间	股权转让应纳税所得额	从已清算企业结转待抵扣投资额	本企业可抵扣投资额	可抵扣投资额合计	累计已抵扣投资额	本期抵扣投资额	结转抵扣投资额

谨声明：本人知悉并保证本表填报内容及所附证明材料真实、完整，并承担因资料虚假而产生的法律责任。

　　　　　　　　　　　　　　　　　　天使投资个人签章：　　　　年　月　日

代理机构印章：	主管税务机关印章：
	受理人：
联系人：	填报日期：
	受理日期：

国家税务总局监制

续上

填报说明

一、适用范围

本表适用于天使投资个人投资境内种子期、初创期科技型企业（以下简称"初创科技型企业"），享受投资抵扣税收优惠时，向主管税务机关报告有关情况并办理投资抵扣手续。

二、报送期限

天使投资个人应于股权转让次月15日内或在限售股转让清算时，向主管税务机关报送本表。

三、表内各栏

（一）天使投资个人基本情况

1. 姓名：填写天使投资个人姓名。中国境内无住所个人，其姓名应当用中、外文同时填写。

2. 身份证件类型：填写能识别天使投资个人唯一身份的身份证、军官证、士兵证、护照、港澳居民来往内地通行证、台湾居民来往大陆通行证等有效证照名称。

3. 身份证件号码：填写能识别天使投资个人唯一身份的有效证照号码。

4. 国籍（地区）：填写天使投资个人的国籍或者地区。

续上

> 5. 联系电话、联系地址：填写天使投资个人的有效联系方式。
> 6. 投资抵扣备案编号：填写天使投资个人办理投资情况备案时，税务机关受理《天使投资个人所得税投资抵扣备案表》时赋予的备案编号。
> 7. 投资额：填写天使投资个人在转让初创科技型企业股权时，符合投资抵扣税收优惠条件的投资额合计。
> 8. 可抵扣投资额：可抵扣投资额 = 投资额 × 70%。
> （二）初创科技型企业基本情况
> 1. 企业名称：填写初创科技型企业名称全称。
> 2. 纳税人识别号（统一社会信用代码）：填写初创科技型企业的纳税人识别号或统一社会信用代码。
> （三）投资抵扣情况
> 1. 股权转让时间：填写天使投资个人转让初创科技型企业股权的具体时间。
> 2. 股权转让应纳税所得额：填写天使投资个人转让初创科技型企业股权取得的应纳税所得额。
> 3. 从已清算企业结转待抵扣投资额：填写天使投资个人投资的其他初创科技型企业注销清算时尚未抵扣完毕的可抵扣投资额。
> 4. 本企业可抵扣投资额：本企业可抵扣投资额 = 可抵扣投资额（"天使投资个人基本情况"栏）。
> 5. 可抵扣投资额合计：可抵扣投资额合计 = 从已清算企业结转待抵扣投资额 + 本企业可抵扣投资额。
> 6. 累计已抵扣投资额：填写天使投资个人前期转让初创科技型企业股权时已抵扣投资额合计。
> 7. 本期抵扣投资额：区别以下情况计算填写。
> （1）股权转让应纳税所得额 < 可抵扣投资额合计 - 累计已抵扣投资额时，
> 本期抵扣投资额 = 股权转让应纳税所得额；
> （2）股权转让应纳税所得额 ≥ 可抵扣投资额合计 - 累计已抵扣投资额时，
> 本期抵扣投资额 = 可抵扣投资额合计 - 累计已抵扣投资额。
> 8. 结转抵扣投资额：结转抵扣投资额 = 可抵扣投资额合计 - 累计已抵扣投资额 - 本期抵扣投资额。
> 四、本表一式两份。主管税务机关受理后，由天使投资个人和主管税务机关分别留存。

天使投资个人投资初创科技型企业满足投资抵扣税收优惠条件后，初创科技型企业在上海证券交易所、深圳证券交易所上市的，天使投资个人在转让初创科技型企业股票时，有尚未抵扣完毕的投资额的，应向证券机构所在地主管税务机关办理限售股转让税款清算，抵扣尚未抵扣完毕的投资额。清算时，应提供投资初创科技型企业后税务机关受理的《天使投资个人所得税投资抵扣备案表》和《天使投资个人所得税投资抵扣情况表》。

被投资企业发生个人股东变动或者个人股东所持股权变动的，应在次月15日内向主管税务机关报送含有股东变动信息的《个人所得税基础信息表（A表）》。对天使投资个人，应在备注栏标明"天使投资个人"字样。

天使投资个人转让股权时，扣缴义务人、天使投资个人应将当年允许抵扣的投资额填至《扣缴个人所得税报告表》或《个人所得税自行纳税申报表（A表）》"税前扣除项目"的"其他"栏，并同时标明"投资抵扣"字样。

天使投资个人投资的初创科技型企业注销清算的，应及时持《天使投资个人所得税投资抵扣备案表》到主管税务机关办理情况登记。

税务机关在公司制创投企业、合伙创投企业合伙人享受优惠政策后续管理中，对初创科技型企业是否符合规定条件有异议的，可以转请初创科技型企业主管税务机关提供相关资料，主管税务机关应积极配合。

创业投资企业、合伙创投企业合伙人、天使投资个人、初创科技型企业提供虚假情况、故意隐瞒已投资抵扣情况或采取其他手段骗取投资抵扣，不缴或者少缴应纳税款的，按税收征管法有关规定处理。

（十）财税〔2019〕8号文的规定

根据《财政部　税务总局　发展改革委　证监会关于创业投资企业个人合伙人所得税政策问题的通知》（财税〔2019〕8号）规定，自2019年1月1日起至2023年12月31日，创业投资企业（含创投基金，以下统称"创投企业"）可以选择按单一投资基金核算或者按创投企业年度所得整体核算两种方式之一，对其个人合伙人来源于创投企业的所得计算个人所得税应纳税额。创投企业，是指符合《创业投资企业管理暂行办法》（发展改革委等10部门令第39号）或者《私募投资基金监督管理暂行办法》（证监会令第105号）关于创业投资企业（基金）的有关规定，并按照上述规定完成备案且规范运作的合伙制创业投资企业（基金）。

创投企业选择按单一投资基金核算的，其个人合伙人从该基金应分得的股权转让所得和股息红利所得，按照20%税率计算缴纳个人所得税。创投企业选择按年度所得整体核算的，其个人合伙人应从创投企业取得的所得，按照"经营所得"项目、5%~35%的超额累进税率计算缴纳个人所得税。

单一投资基金核算，是指单一投资基金（包括不以基金名义设立的创投企业）在一个纳税年度内从不同创业投资项目取得的股权转让所得和股息红利所得按下述方法分别核算纳税：

（1）股权转让所得。单个投资项目的股权转让所得，按年度股权转让收入扣除对应股权原值和转让环节合理费用后的余额计算，股权原值和转让环节合理费用的确定方法，参照股权转让所得个人所得税有关政策规定执行；单一投资基金的股权转让所得，按一个纳税年度内不同投资项目的所得和损失相互抵减后的余额计算，余额大于或等于零的，即确认为该基金的年度股权转让所得；余额小于零的，该基金年度股权转让所得按零计算且不能跨年结转。

个人合伙人按照其应从基金年度股权转让所得中分得的份额计算其应纳

税额，并由创投企业在次年 3 月 31 日前代扣代缴个人所得税。如符合《财政部 税务总局关于创业投资企业和天使投资个人有关税收政策的通知》（财税〔2018〕55 号）规定条件的，创投企业个人合伙人可以按照被转让项目对应投资额的 70% 抵扣其应从基金年度股权转让所得中分得的份额后再计算其应纳税额，当期不足抵扣的，不得向以后年度结转。

（2）股息红利所得。单一投资基金的股息红利所得，以其来源于所投项目分配的股息、红利收入以及其他固定收益类证券等收入的全额计算。

个人合伙人按照其应从基金股息红利所得中分得的份额计算其应纳税额，并由创投企业按次代扣代缴个人所得税。

（3）除前述可以扣除的成本、费用，单一投资基金发生的包括投资基金管理人的管理费和业绩报酬在内的其他支出，不得在核算时扣除。

上述规定的单一投资基金核算方法仅适用于计算创投企业个人合伙人的应纳税额。

创投企业年度所得整体核算，是指将创投企业以每一纳税年度的收入总额减除成本、费用以及损失后，计算应分配给个人合伙人的所得。如符合《财政部 税务总局关于创业投资企业和天使投资个人有关税收政策的通知》（财税〔2018〕55 号）规定条件的，创投企业个人合伙人可以按照被转让项目对应投资额的 70% 抵扣其可以从创投企业应分得的经营所得后再计算其应纳税额。年度核算亏损的，准予按有关规定向以后年度结转。按照"经营所得"项目计税的个人合伙人，没有综合所得的，可依法减除基本减除费用、专项扣除、专项附加扣除以及国务院确定的其他扣除。从多处取得经营所得的，应汇总计算个人所得税，只减除一次上述费用和扣除。

创投企业选择按单一投资基金核算或按创投企业年度所得整体核算后，3 年内不能变更。

创投企业选择按单一投资基金核算的，应当在按照上述规定完成备案的 30 日内，向主管税务机关进行核算方式备案；未按规定备案的，视同选择按创投企业年度所得整体核算。2019 年 1 月 1 日前已经完成备案的创投企业，选择按单一投资基金核算的，应当在 2019 年 3 月 1 日前向主管税务机关进行核算方式备案。创投企业选择一种核算方式满 3 年需要调整的，应当在满 3 年的次年 1 月 31 日前，重新向主管税务机关备案。

第六章 个人所得税的优惠政策

税务部门依法开展税收征管和后续管理工作，可转请发展改革部门、证券监督管理部门对创投企业及其所投项目是否符合有关规定进行核查，发展改革部门、证券监督管理部门应当予以配合。相关表格格式见表 6-6 和表 6-7。

表 6-6 合伙制创业投资企业单一投资基金核算方式备案表

（　　　至　　　年度）

备案编号（主管税务机关填写）：

创投企业（基金）名称	
纳税人识别号（统一社会信用代码）	
创投企业（基金）备案管理机构	□发展改革部门　　□证券监管部门
管理机构备案编号	
管理机构备案时间	
谨声明：本表是根据国家税收法律法规及相关规定填报的，是真实的、可靠的、完整的。	
创投企业（基金）印章：　　　年　月　日	
经办人签字： 经办人身份证件号码： 代理机构签章： 代理机构统一社会信用代码：	受理人： 受理税务机关（章）： 受理日期：　　年　月　日

国家税务总局监制

填表说明

一、适用范围

本表适用于合伙制创业投资企业（含创投基金，以下统称"创投企业"）选择按单一投资基金核算，按规定向主管税务机关进行核算类型备案。

二、报送期限

选择按单一投资基金核算的创投企业，应当在管理机构完成备案的 30 日内，向主管税务机关进行核算方式备案，报送本表。

创投企业选择一种核算方式满 3 年需要调整的，应当在满 3 年的次年 1 月 31 日前，重新向主管税务机关备案，报送本表。

三、本表各栏填写

1. 创投企业（基金）名称：填写创投企业的法定名称全称。
2. 纳税人识别号（统一社会信用代码）：填写创投企业的纳税人识别号或统一社会信用代码。
3. 创投企业（基金）备案管理机构：选择创投企业备案的机构名称，在"发展改革部门"或"证券监管部门"备案的，分别在对应框中打"√"。
4. 管理机构备案编号：填写创投企业在国家发展和改革委员会或中国证券投资基金业协会备案的编号。
5. 管理机构备案时间：填写创投企业在国家发展和改革委员会或中国证券投资基金业协会备案的时间。

四、其他事项说明

以纸质方式报送本表的，应当一式两份，扣缴义务人、税务机关各留存一份。

表6-7 单一投资基金核算的合伙制创投资企业个人所得税扣缴申报表

税款所属期： 年 月 日 至 年 月 日

扣缴义务人名称：

扣缴义务人纳税人识别号（统一社会信用代码）：□□□□□□□□□□□□□□□□□□

金额单位：人民币元（列至角分）

税务机关备案编号

创投企业投资项目所得情况

序号	被投资企业名称	被投资企业纳税人识别号（统一社会信用代码）	投资股权份数	转让股权份数	转让后股权份数	股权转让时间	股权转让收入	股权原值	合理费用	股权转让所得额
1	2	3	4	5	6	7	8	9	10	11

纳税年度内股权转让所得额合计

创投企业个人合伙人所得分配情况

							其中：投资初创科技型企业情况			
序号	个人合伙人姓名	身份证件类型	身份证件号码	个人合伙人纳税人识别号	分配比例	创投企业股权转让所得额	分配所得额	创投企业符合条件的投资额	个人出资比例	当年按个人投资额70%计算的实际抵扣额	应纳税所得额	税率	应纳税额	减免税额	已缴税额	应补/退税额
---	---	---	---	---	---	---	---	---	---	---	---	---	---	---	---	---
12	13	14	15	16	17	18	19	20	21	22	23	24	25	26	27	28
合计												—				

谨声明：本表是根据国家税收法律法规及相关规定填报的，是真实的、可靠的、完整的。

经办人签字：   创投企业（基金）（印章）：

经办人身份证件号码：

代理机构签章：   受理人：

代理机构统一社会信用代码：   受理税务机关（章）：

                                                          受理日期： 年 月 日

国家税务总局监制

续上

填表说明

一、适用范围

本表适用于选择按单一投资基金核算的合伙制创业投资企业（含创投基金，以下统称"创投企业"）按规定办理年度股权转让所得扣缴申报时，向主管税务机关报送。

二、申报期限

创投企业取得所得的次年3月31日前报送。

三、本表各栏填写

（一）表头项目

1. 税款所属期：填写创投企业申报股权转让所得的所属期间，应填写具体的起止年月日。

2. 扣缴义务人名称：填写扣缴义务人（即创投企业）的法定名称全称。

3. 扣缴义务人纳税人识别号（统一社会信用代码）：填写扣缴义务人（即创投企业）的纳税人识别号或者统一社会信用代码。

4. 税务机关备案编号：填写创投企业在主管税务机关进行核算方式备案的编号。

（二）表内各栏

1. 创投企业投资项目所得情况

（1）第2列"被投资企业名称"：填写被投资企业的法定名称。

（2）第3列"被投资企业纳税人识别号（统一社会信用代码）"：填写被投资企业的纳税人识别号或者统一社会信用代码。

（3）第4列"投资股权份数"：填写创投企业在发生股权转让前持有被投资企业的股权份数。

（4）第5列"转让股权份数"：填写创投企业纳税年度内转让被投资企业股权的份数，一年内发生多次转让的，应分行填写。

（5）第6列"转让后股权份数"：填写创投企业发生股权转让后持有被投资企业的股权份数。

（6）第7列"股权转让时间"：填写创投企业转让被投资企业股权的具体时间，一年内发生多次转让的，应分行填写。

（7）第8列"股权转让收入"：填写创投企业发生股权转让收入额，一年内发生多次转让的，应分行填写。

（8）第9列"股权原值"：填写创投企业转让股权的原值，一年内发生多次转让的，应分行填写。

（9）第10列"合理费用"：填写转让股权过程中发生的按规定可以扣除的合理税费。

（10）第11列"股权转让所得额"：按相关列次计算填报。第11列 = 第8列 – 第9列 – 第10列。

（11）"纳税年度内股权转让所得额合计"：填写纳税年度内股权转让所得的合计金额，即所得与损失相互抵减后的余额。如余额为负数的，填写0。

2. 创投企业个人合伙人所得分配情况

（1）第13列"个人合伙人姓名"：填写个人合伙人姓名。

（2）第14列"身份证件类型"：填写纳税人有效的身份证件名称。中国公民有中华人民共和国居民身份证的，填写居民身份证；没有居民身份证的，填写中华人民共和国护照、港澳居民来往内地通行证或港澳居民居住证、台湾居民通行证或台湾居民居住证、外国人永久居留身份证、外国人工作许可证或护照等。

（3）第15列"身份证件号码"：填写纳税人有效身份证件上载明的证件号码。

（4）第16列"个人合伙人纳税人识别号"：有中国居民身份证号码的，填写中华人民共和国居民身份证上载明的"公民身份号码"；没有中国居民身份证号码的，填写税务机关赋予的纳税人识别号。

（5）第17列"分配比例（%）"：分配比例按照合伙协议约定的比例填写；合伙协议未约定或不明确的，按合伙人协商决定的比例填写；协商不成，按合伙人实缴出资比例填写；无法确定出资比例的，按合伙人平均分配。

续上

> （6）第18列"创投企业股权转让所得额"：填写创投企业纳税年度内取得的股权转让所得总额，即本表"创投企业投资项目所得情况"中"纳税年度内股权转让所得额合计"的金额。
> （7）第19列"分配所得额"：填写个人合伙人按比例分得的股权转让所得。第19列 = 第18列 × 第17列。
> （8）第20列"创投企业符合条件的投资额"：填写合伙创投企业对种子期、初创期科技型企业符合投资抵扣条件的投资额。
> （9）第21列"个人出资比例"：填写个人合伙人对创投企业的出资比例。
> （10）第22列"当年按个人投资额70%计算的实际抵扣额"：根据相关列次计算填报。第22列 = 第20列 × 第21列 ×70%。
> （11）第23列"应纳税所得额"：填写个人合伙人纳税年度内取得股权转让所得的应纳税所得额。第23列 = 第19列 – 第22列。
> （12）第24列"税率"：填写所得项目按规定适用的税率。
> （13）第25列"应纳税额"：根据相关列次计算填报。第25列 = 第23列 × 第24列。
> （14）第26列"减免税额"：填写符合税法规定的可以减免的税额，并附报《个人所得税减免税事项报告表》。
> （15）第27列"已缴税额"：填写纳税人当期已实际缴纳或者被扣缴的个人所得税税款。
> （16）第28列"应补/退税额"：根据相关列次计算填报。第28列 = 第25列 – 第26列 – 第27列。
> 四、其他事项说明
> 以纸质方式报送本表的，应当一式两份，扣缴义务人、税务机关各留存一份。

（十一）财税〔2019〕21号文的规定

根据《财政部 税务总局 退役军人部关于进一步扶持自主就业退役士兵创业就业有关税收政策的通知》（财税〔2019〕21号）以及《财政部 税务总局关于延长部分税收优惠政策执行期限的公告》（财政部 税务总局公告2022年第4号）的规定，自2019年1月1日至2023年12月31日，自主就业退役士兵从事个体经营的，自办理个体工商户登记当月起，在3年（36个月，下同）内按每户每年12 000元为限额依次扣减其当年实际应缴纳的增值税、城市维护建设税、教育费附加、地方教育附加和个人所得税。限额标准最高可上浮20%，各省、自治区、直辖市人民政府可根据本地区实际情况在此幅度内确定具体限额标准。

纳税人年度应缴纳税款小于上述扣减限额的，减免税额以其实际缴纳的税款为限；大于上述扣减限额的，以上述扣减限额为限。纳税人的实际经营期不足1年的，应当按月换算其减免税限额。换算公式如下：

减免税限额 = 年度减免税限额 ÷12× 实际经营月数

城市维护建设税、教育费附加、地方教育附加的计税依据是享受本项税收优惠政策前的增值税应纳税额。自主就业退役士兵是指依照《退役士兵安置条例》（国务院 中央军委令第608号）的规定退出现役并按自主就业方式安置的退役士兵。

自主就业退役士兵从事个体经营的，在享受税收优惠政策进行纳税申报时，注明其退役军人身份，并将《中国人民解放军义务兵退出现役证》《中国人民解放军士官退出现役证》或《中国人民武装警察部队义务兵退出现役证》《中国人民武装警察部队士官退出现役证》留存备查。

（十二）财税〔2019〕22号文的规定

根据《财政部 税务总局 人力资源社会保障部 国务院扶贫办关于进一步支持和促进重点群体创业就业有关税收政策的通知》（财税〔2019〕22号）的规定，2019年1月1日至2021年12月31日，建档立卡贫困人口、持《就业创业证》（注明"自主创业税收政策"或"毕业年度内自主创业税收政策"）或《就业失业登记证》（注明"自主创业税收政策"）的人员，从事个体经营的，自办理个体工商户登记当月起，在3年（36个月，下同）内按每户每年12 000元为限额依次扣减其当年实际应缴纳的增值税、城市维护建设税、教育费附加、地方教育附加和个人所得税。限额标准最高可上浮20%，各省、自治区、直辖市人民政府可根据本地区实际情况在此幅度内确定具体限额标准。

纳税人年度应缴纳税款小于上述扣减限额的，减免税额以其实际缴纳的税款为限；大于上述扣减限额的，以上述扣减限额为限。

上述人员具体包括：

（1）纳入全国扶贫开发信息系统的建档立卡贫困人口。

（2）在人力资源社会保障部门公共就业服务机构登记失业半年以上的人员。

（3）零就业家庭、享受城市居民最低生活保障家庭劳动年龄内的登记失业人员。

（4）毕业年度内高校毕业生。高校毕业生是指实施高等学历教育的普通高等学校、成人高等学校应届毕业的学生；毕业年度是指毕业所在自然年，即1月1日至12月31日。

国务院扶贫办在每年1月15日前将建档立卡贫困人口名单及相关信息提

供给人力资源社会保障部、税务总局,税务总局将相关信息转发给各省、自治区、直辖市税务部门。人力资源社会保障部门依托全国扶贫开发信息系统核实建档立卡贫困人口身份信息。

三、不动产转让所得税收优惠政策

(一)满五唯一住房免税政策

根据《财政部 国家税务总局关于个人所得税若干政策问题的通知》(财税〔1994〕020号)的规定,个人转让自用达5年以上,并且是唯一的家庭生活用房取得的所得,暂免征收个人所得税。

根据《财政部 国家税务总局 建设部关于个人出售住房所得征收个人所得税有关问题的通知》(财税〔1999〕278号)第四条的规定,对个人转让自用5年以上,并且是家庭唯一生活用房取得的所得,继续免征个人所得税。

(二)财税〔2009〕78号文规定

根据《财政部 国家税务总局关于个人无偿受赠房屋有关个人所得税问题的通知》(财税〔2009〕78号)的规定,以下情形的房屋产权无偿赠与,对当事双方不征收个人所得税:

(1)房屋产权所有人将房屋产权无偿赠与配偶、父母、子女、祖父母、外祖父母、孙子女、外孙子女、兄弟姐妹。

(2)房屋产权所有人将房屋产权无偿赠与对其承担直接抚养或者赡养义务的抚养人或者赡养人。

(3)房屋产权所有人死亡,依法取得房屋产权的法定继承人、遗嘱继承人或者受遗赠人。

除上述情形,房屋产权所有人将房屋产权无偿赠与他人的,受赠人因无偿受赠房屋取得的受赠所得,按照"偶然所得"项目缴纳个人所得税,税率为20%。

对受赠人无偿受赠房屋计征个人所得税时,其应纳税所得额为房地产赠与合同上标明的赠与房屋价值减除赠与过程中受赠人支付的相关税费后的余额。赠与合同标明的房屋价值明显低于市场价格或房地产赠与合同未标明赠与房屋价值的，税务机关可依据受赠房屋的市场评估价格或采取其他合理方式确定受赠人的应纳税所得额。

受赠人转让受赠房屋的，以其转让受赠房屋的收入减除原捐赠人取得该房屋的实际购置成本以及赠与和转让过程中受赠人支付的相关税费后的余额，为受赠人的应纳税所得额，依法计征个人所得税。受赠人转让受赠房屋价格明显偏低且无正当理由的，税务机关可以依据该房屋的市场评估价格或其他合理方式确定的价格核定其转让收入。

（三）国税发〔2009〕121号文规定

根据《国家税务总局关于明确个人所得税若干政策执行问题的通知》（国税发〔2009〕121号）的规定，通过离婚析产的方式分割房屋产权是夫妻双方对共同共有财产的处置，个人因离婚办理房屋产权过户手续，不征收个人所得税。

个人转让离婚析产房屋所取得的收入，允许扣除其相应的财产原值和合理费用后，余额按照规定的税率缴纳个人所得税；其相应的财产原值，为房屋初次购置全部原值和相关税费之和乘以转让者占房屋所有权的比例。

个人转让离婚析产房屋所取得的收入，符合家庭生活自用5年以上唯一住房的，可以申请免征个人所得税，其购置时间按照《国家税务总局关于房地产税收政策执行中几个具体问题的通知》（国税发〔2005〕172号）执行。

（四）国家税务总局公告2015年第75号文规定

根据《国家税务总局关于进一步简化和规范个人无偿赠与或受赠不动产免征营业税、个人所得税所需证明资料的公告》（国家税务总局公告2015年第75号）的规定，纳税人在办理个人无偿赠与或受赠不动产免征营业税、个人所得税手续时，应报送《个人无偿赠与不动产登记表》、双方当事人的身份证明原件及复印件（继承或接受遗赠的，只需提供继承人或接受遗赠人的身份证明原件及复印件）、房屋所有权证原件及复印件。属于以下四类情形之一的，还应分别提交相应证明资料：

（1）离婚分割财产的，应当提交：离婚协议或者人民法院判决书或者人民法院调解书的原件及复印件；离婚证原件及复印件。

（2）亲属之间无偿赠与的，应当提交：无偿赠与配偶的，提交结婚证原件及复印件；无偿赠与父母、子女、祖父母、外祖父母、孙子女、外孙子女、兄弟姐妹的，提交户口簿或者出生证明或者人民法院判决书或者人民法院调解书或者其他部门（有资质的机构）出具的能够证明双方亲属关系的证明资料原件及复印件。

（3）无偿赠与非亲属抚养或赡养关系人的，应当提交：人民法院判决书或者人民法院调解书或者乡镇政府或街道办事处出具的抚养（赡养）关系证明或者其他部门（有资质的机构）出具的能够证明双方抚养（赡养）关系的证明资料原件及复印件。

（4）继承或接受遗赠的，应当提交：房屋产权所有人死亡证明原件及复印件；经公证的能够证明有权继承或接受遗赠的证明资料原件及复印件。

税务机关应当认真核对上述资料，资料齐全并且填写正确的，在《个人无偿赠与不动产登记表》上签字盖章，留存《个人无偿赠与不动产登记表》复印件和有关证明资料复印件，原件退还纳税人，同时办理免税手续。

各地税务机关要不折不扣地落实税收优惠政策，维护纳税人的合法权益。要通过办税服务厅、税务网站、12366纳税服务热线、纳税人学堂等多种渠道，积极宣传税收优惠政策规定和办理程序，及时回应、准确答复纳税人咨询，做好培训辅导工作，避免纳税人多头找、多头跑，切实方便纳税人办理涉税事宜。有条件的地区可探索通过政府部门间信息交换共享，查询证明信息，减少纳税人报送资料。

（五）国家税务总局公告2017年第8号文规定

根据《国家税务总局关于个人转让住房享受税收优惠政策判定购房时间问题的公告》（国家税务总局公告2017年第8号）的规定，自2017年4月1日起，个人转让住房，因产权纠纷等原因未能及时取得房屋所有权证书（包括不动产权证书，下同），对于人民法院、仲裁委员会出具的法律文书确认个人购买住房的，法律文书的生效日期视同房屋所有权证书的注明时间，据以确定纳税人是否享受税收优惠政策。

（六）换购住房个人所得税优惠

根据《财政部 税务总局关于支持居民换购住房有关个人所得税政策的公告》（财政部 税务总局公告2022年第30号）的规定，自2022年10月1日至2023年12月31日，对出售自有住房并在现住房出售后1年内在市场重新购买住房的纳税人，对其出售现住房已缴纳的个人所得税予以退税优惠。其中，新购住房金额大于或等于现住房转让金额的，全部退还已缴纳的个人所得税；新购住房金额小于现住房转让金额的，按新购住房金额占现住房转让金额的比例退还出售现住房已缴纳的个人所得税。

上述所称现住房转让金额为该房屋转让的市场成交价格。新购住房为新房的，购房金额为纳税人在住房城乡建设部门网签备案的购房合同中注明的成交价格；新购住房为二手房的，购房金额为房屋的成交价格。

享受上述优惠政策的纳税人须同时满足以下条件：

（1）纳税人出售和重新购买的住房应在同一城市范围内。同一城市范围是指同一直辖市、副省级城市、地级市（地区、州、盟）所辖全部行政区划范围。

（2）出售自有住房的纳税人与新购住房之间须直接相关，应为新购住房产权人或产权人之一。

符合退税优惠政策条件的纳税人应向主管税务机关提供合法、有效的售房、购房合同和主管税务机关要求提供的其他有关材料，经主管税务机关审核后办理退税。

各级住房城乡建设部门应与税务部门建立信息共享机制，将本地区房屋交易合同网签备案等信息（含撤销备案信息）实时共享至当地税务部门；暂未实现信息实时共享的地区，要建立健全工作机制，确保税务部门及时获取审核退税所需的房屋交易合同备案信息。

（七）换购住房个人所得税优惠征管事项

根据《国家税务总局关于支持居民换购住房个人所得税政策有关征管事项的公告》（国家税务总局公告2022年第21号）的规定，在2022年10月1日至2023年12月31日期间，纳税人出售自有住房并在现住房出售后1年内,在同一城市重新购买住房的,可按规定申请退还其出售现住房已缴纳的个人所得税。

纳税人换购住房个人所得税退税额的计算公式如下:

新购住房金额大于或等于现住房转让金额的,退税金额=现住房转让时缴纳的个人所得税;

新购住房金额小于现住房转让金额的,退税金额=(新购住房金额÷现住房转让金额)×现住房转让时缴纳的个人所得税。

现住房转让金额和新购住房金额与核定计税价格不一致的,以核定计税价格为准。

现住房转让金额和新购住房金额均不含增值税。

对于出售多人共有住房或新购住房为多人共有的,应按照纳税人所占产权份额确定该纳税人现住房转让金额或新购住房金额。

出售现住房的时间,以纳税人出售住房时个人所得税完税时间为准。新购住房为二手房的,购买住房时间以纳税人购房时契税的完税时间或不动产权证载明的登记时间为准;新购住房为新房的,购买住房时间以在住房城乡建设部门办理房屋交易合同备案的时间为准。

纳税人申请享受居民换购住房个人所得税退税政策的,应当依法缴纳现住房转让时涉及的个人所得税,并完成不动产权属变更登记;新购住房为二手房的,应当依法缴纳契税并完成不动产权属变更登记;新购住房为新房的,应当按照当地住房城乡建设部门要求完成房屋交易合同备案。

纳税人享受居民换购住房个人所得税退税政策的,应当向征收现住房转让所得个人所得税的主管税务机关提出申请,填报《居民换购住房个人所得税退税申请表》,并应提供下列资料:

(1)纳税人身份证件。

(2)现住房的房屋交易合同。

(3)新购住房为二手房的,提供房屋交易合同、不动产权证书及其复印件。

(4)新购住房为新房的,提供经住房城乡建设部门备案(网签)的房屋交易合同及其复印件。

税务机关依托纳税人出售现住房和新购住房的完税信息,为纳税人提供申请表项目预填服务,并留存不动产权证书复印件和新购新房的房屋交易合同复印件;纳税人核对确认申请表后提交退税申请。

税务机关运用住房城乡建设部门共享的房屋交易合同备案等信息开展退税审核。经审核符合退税条件的,按照规定办理退税;经审核不符合退税条件的,依法不予退税。

纳税人因新购住房的房屋交易合同解除、撤销或无效等原因导致不再符合退税政策享受条件的,应当在合同解除、撤销或无效等情形发生的次月15日内向主管税务机关主动缴回已退税款。

纳税人符合上述情形但未按规定缴回已退税款,以及不符合规定条件骗取退税的,税务机关将依照《中华人民共和国税收征收管理法》及其实施细则等有关规定处理。

各级税务机关要开展宣传引导,加强政策解读和纳税辅导,持续优化办理流程,开展提示提醒,便利纳税人享受税收优惠。

【典型案例分析】

例 6-1:周先生 2010 年以 100 万元购买了一套 90 平米的普通住宅。2022 年年底的市场价格为 400 万元,2025 年年底的市场价格为 500 万元。周先生原计划 2025 年年底出售该套住房,应当缴纳多少个人所得税?该套住房投资的综合收益是多少?

解答:周先生 2025 年年底出售住房,应当缴纳个人所得税 =(500-100)× 20%=80(万元)。该套住房投资的综合收益 =500-100-80=320(万元)。

例 6-2:周先生 2010 年以 100 万元购买了一套 90 平米的普通住宅。2022 年年底的市场价格为 400 万元,2025 年年底的市场价格为 500 万元。周先生原计划 2025 年年底出售该套住房,如何利用换购住房退税政策进行筹划?仅考虑个人所得税,不考虑其他税费。

解答:周先生 2022 年年底出售住房,应当缴纳个人所得税 =(400-100)× 20%=60(万元)。周先生以 400 万元再购置一套与出售住房等值的住房,获得 60 万元退税。新购住房需要缴纳契税 =400×3%=12(万元)。周先生 2025 年年底出售住房,应当缴纳个人所得税 =(500-400-12)×20%=17.6(万元)。上述投资的综合收益 =500-100-12-17.6=370.4(万元)。

增加收益 =370.4-320=50.4(万元)。

四、股票、期货与基金转让所得税收优惠政策

(一) 财税字〔1998〕55号文规定

根据《财政部 国家税务总局关于证券投资基金税收问题的通知》(财税字〔1998〕55号)的规定,对个人投资者买卖基金单位获得的差价收入,在对个人买卖股票的差价收入未恢复征收个人所得税以前,暂不征收个人所得税。对投资者从基金分配中获得的国债利息、储蓄存款利息以及买卖股票价差收入,在国债利息收入、个人储蓄存款利息收入以及个人买卖股票差价收入未恢复征收所得税以前,暂不征收所得税。

(二) 财税〔1998〕61号文规定

根据《财政部 国家税务总局关于个人转让股票所得继续暂免征收个人所得税的通知》(财税〔1998〕61号)的规定,为了配合企业改制,促进股票市场的稳健发展,经报国务院批准,从1997年1月1日起,对个人转让上市公司股票取得的所得继续暂免征收个人所得税。

(三) 财税〔2002〕128号文规定

根据《财政部 国家税务总局关于开放式证券投资基金有关税收问题的通知》(财税〔2002〕128号)的规定,对个人投资者申购和赎回基金单位取得的差价收入,在对个人买卖股票的差价收入未恢复征收个人所得税以前,暂不征收个人所得税。对基金取得的股票的股息、红利收入,债券的利息收入、储蓄存款利息收入,由上市公司、发行债券的企业和银行在向基金支付上述收入时代扣代缴20%的个人所得税;对投资者(包括个人和机构投资者)从基金分配中取得的收入,暂不征收个人所得税。

(四) 财税〔2014〕81号文规定

根据《财政部 国家税务总局 证监会关于沪港股票市场交易互联互通机制试点有关税收政策的通知》(财税〔2014〕81号)的规定,对内地个人投资者通过沪港通投资香港联交所上市股票取得的转让差价所得,自2014年

11月17日起至2017年11月16日止,暂免征收个人所得税。对内地个人投资者通过沪港通投资香港联交所上市H股取得的股息红利,H股公司应向中国证券登记结算有限责任公司(以下简称"中国结算")提出申请,由中国结算向H股公司提供内地个人投资者名册,H股公司按照20%的税率代扣个人所得税。内地个人投资者通过沪港通投资香港联交所上市的非H股取得的股息红利,由中国结算按照20%的税率代扣个人所得税。个人投资者在国外已缴纳的预提税,可持有效扣税凭证到中国结算的主管税务机关申请税收抵免。

(五)财税〔2015〕125号文规定

根据《财政部 国家税务总局 证监会关于内地与香港基金互认有关税收政策的通知》(财税〔2015〕125号)的规定,对内地个人投资者通过基金互认买卖香港基金份额取得的转让差价所得,自2015年12月18日起至2018年12月17日止,三年内暂免征收个人所得税。内地个人投资者通过基金互认从香港基金分配取得的收益,由该香港基金在内地的代理人按照20%的税率代扣代缴个人所得税。上述所称代理人是指依法取得中国证监会核准的公募基金管理资格或托管资格,根据香港基金管理人的委托,代为办理该香港基金内地事务的机构。

自2015年12月18日起,对香港市场投资者(包括企业和个人)通过基金互认买卖内地基金份额取得的转让差价所得,暂免征收所得税。对香港市场投资者(包括企业和个人)通过基金互认从内地基金分配取得的收益,由内地上市公司向该内地基金分配股息红利时,对香港市场投资者按照10%的税率代扣所得税;或发行债券的企业向该内地基金分配利息时,对香港市场投资者按照7%的税率代扣所得税,并由内地上市公司或发行债券的企业向其主管税务机关办理扣缴申报。该内地基金向投资者分配收益时,不再扣缴所得税。内地基金管理人应当向相关证券登记结算机构提供内地基金的香港市场投资者的相关信息。

上述所称基金互认,是指内地基金或香港基金经香港证监会认可或中国证监会注册,在双方司法管辖区内向公众销售。所称内地基金,是指中国证监会根据《中华人民共和国证券投资基金法》注册的公开募集证券投资基金。所称香港基金,是指香港证监会根据香港法律认可公开销售的单位信托、互惠基金或者其他形式的集体投资计划。所称买卖基金份额，包括申购与赎回交易。

（六）财税〔2016〕127号文规定

根据《财政部　国家税务总局　证监会关于深港股票市场交易互联互通机制试点有关税收政策的通知》（财税〔2016〕127号）的规定，对内地个人投资者通过深港股票市场交易互联互通机制试点（深港通）投资香港联交所上市股票取得的转让差价所得，自2016年12月5日起至2019年12月4日止，暂免征收个人所得税。

对香港市场投资者（包括企业和个人）投资深交所上市A股取得的转让差价所得，暂免征收所得税。

对香港市场投资者（包括企业和个人）投资深交所上市A股取得的股息红利所得，在香港中央结算有限公司（以下简称"香港结算"）不具备向中国结算提供投资者的身份及持股时间等明细数据的条件之前，暂不执行按持股时间实行差别化征税政策，由上市公司按照10%的税率代扣所得税，并向其主管税务机关办理扣缴申报。对于香港投资者中属于其他国家税收居民且其所在国与中国签订的税收协定规定股息红利所得税率低于10%的，企业或个人可以自行或委托代扣代缴义务人，向上市公司主管税务机关提出享受税收协定待遇退还多缴税款的申请，主管税务机关查实后，对符合退税条件的，应按已征税款和根据税收协定税率计算的应纳税款的差额予以退税。

（七）财税〔2017〕78号文规定

根据《财政部　税务总局　证监会关于继续执行沪港股票市场交易互联互通机制有关个人所得税政策的通知》（财税〔2017〕78号）的规定，对内地个人投资者通过沪港股票市场交易互联互通机制（沪港通）投资香港联交所上市股票取得的转让差价所得，自2017年11月17日起至2019年12月4日止，继续暂免征收个人所得税。

（八）财税〔2018〕21号文规定

根据《财政部　税务总局　证监会关于支持原油等货物期货市场对外开

放税收政策的通知》(财税〔2018〕21号)的规定,自原油期货对外开放之日起,对境外个人投资者投资中国境内原油期货取得的所得,3年内暂免征收个人所得税。

(九)财税〔2018〕137号文规定

根据《财政部 税务总局 证监会关于个人转让全国中小企业股份转让系统挂牌公司股票有关个人所得税政策的通知》(财税〔2018〕137号)的规定,自2018年11月1日(含)起,对个人转让新三板挂牌公司非原始股取得的所得,暂免征收个人所得税。上述所称非原始股是指个人在新三板挂牌公司挂牌后取得的股票,以及由上述股票孳生的送、转股。

对个人转让新三板挂牌公司原始股取得的所得,按照"财产转让所得",适用20%的比例税率征收个人所得税。上述所称原始股是指个人在新三板挂牌公司挂牌前取得的股票,以及在该公司挂牌前和挂牌后由上述股票孳生的送、转股。

2019年9月1日之前,个人转让新三板挂牌公司原始股的个人所得税,征收管理办法按照现行股权转让所得有关规定执行,以股票受让方为扣缴义务人,由被投资企业所在地税务机关负责征收管理。

自2019年9月1日(含)起,个人转让新三板挂牌公司原始股的个人所得税,以股票托管的证券机构为扣缴义务人,由股票托管的证券机构所在地主管税务机关负责征收管理。具体征收管理办法参照《财政部 国家税务总局 证监会关于个人转让上市公司限售股所得征收个人所得税有关问题的通知》(财税〔2009〕167号)和《财政部 国家税务总局 证监会关于个人转让上市公司限售股所得征收个人所得税有关问题的补充通知》(财税〔2010〕70号)有关规定执行。

(十)财税〔2018〕154号文规定

根据《财政部 税务总局 证监会关于继续执行内地与香港基金互认有关个人所得税政策的通知》(财税〔2018〕154号)的规定,对内地个人投资者通过基金互认买卖香港基金份额取得的转让差价所得,自2018年12月18日至2019年12月4日,继续暂免征收个人所得税。

(十一)财政部公告 2019 年第 93 号的政策

根据《财政部 税务总局 证监会关于继续执行沪港、深港股票市场交易互联互通机制和内地与香港基金互认有关个人所得税政策的公告》(财政部公告 2019 年第 93 号)的规定,对内地个人投资者通过沪港股票市场交易互联互通机制、深港股票市场交易互联互通机制投资香港联交所上市股票取得的转让差价所得和通过内地与香港基金互认买卖香港基金份额取得的转让差价所得,自 2019 年 12 月 5 日起至 2022 年 12 月 31 日止,继续暂免征收个人所得税。

根据《财政部 税务总局 证监会关于交易型开放式基金纳入内地与香港股票市场交易互联互通机制后适用税收政策问题的公告》(财政部 税务总局 证监会公告 2022 年第 24 号)的规定,交易型开放式基金(ETF)纳入内地与香港股票市场交易互联互通机制后,适用现行内地与香港基金互认有关税收政策。具体按照《财政部 国家税务总局 证监会关于内地与香港基金互认有关税收政策的通知》(财税〔2015〕125 号)、《财政部 国家税务总局关于全面推开营业税改征增值税试点的通知》(财税〔2016〕36 号)、《财政部 税务总局 证监会关于继续执行沪港、深港股票市场交易互联互通机制和内地与香港基金互认有关个人所得税政策的公告》(财政部 税务总局 证监会公告 2019 年第 93 号)等相关规定执行。中国证券登记结算有限责任公司负责代扣代缴内地投资者从香港基金分配取得收益的个人所得税。

五、利息、股息、红利所得税收优惠政策

(一)财税字〔1999〕45 号文规定

根据《财政部 国家税务总局关于促进科技成果转化有关税收政策的通知》(财税字〔1999〕45 号)的规定,自 1999 年 7 月 1 日起,科研机构、高等学校转化职务科技成果以股份或出资比例等股权形式给予个人奖励,获奖人在取得股份、出资比例时,暂不缴纳个人所得税;取得按股份、出资比例分红或转让股权、出资比例所得时,应依法缴纳个人所得税。

(二) 国税发〔1999〕125号文规定

根据《国家税务总局关于促进科技成果转化有关个人所得税问题的通知》(国税发〔1999〕125号)的规定,科研机构、高等学校转化职务科技成果以股份或出资比例等股权形式给予科技人员个人奖励,暂不征收个人所得税。在获奖人按股份、出资比例获得分红时,对其所得按"利息、股息、红利所得"应税项目征收个人所得税。获奖人转让股权、出资比例,对其所得按"财产转让所得"应税项目征收个人所得税,财产原值为零。

(三) 财税字〔1999〕267号文规定

根据《财政部 国家税务总局关于住房公积金 医疗保险金 基本养老保险金 失业保险基金个人账户存款利息所得免征个人所得税的通知》(财税字〔1999〕267号)的规定,为了保证和支持社会保障制度和住房制度改革的顺利实施,现明确按照国家或省级地方政府规定的比例缴付的下列专项基金或资金存入银行个人账户所取得的利息收入免征个人所得税:住房公积金,医疗保险金,基本养老保险金,失业保险基金。

(四) 财税〔2004〕39号文规定

根据《财政部 国家税务总局关于教育税收政策的通知》(财税〔2004〕39号)的规定,高等学校转化职务科技成果以股份或出资比例等股权形式给予个人奖励,获奖人在取得股份、出资比例时,暂不缴纳个人所得税;取得按股份、出资比例分红或转让股权、出资比例所得时,依法缴纳个人所得税。

(五) 财税〔2008〕140号文规定

根据《财政部 国家税务总局关于证券市场个人投资者证券交易结算资金利息所得有关个人所得税政策的通知》(财税〔2008〕140号)的规定,自2008年10月9日起,对证券市场个人投资者取得的证券交易结算资金利息所得,暂免征收个人所得税,即证券市场个人投资者的证券交易结算资金在2008年10月9日后(含10月9日)孳生的利息所得,暂免征收个人所得税。

(六)财税〔2013〕5号文规定

根据《财政部 国家税务总局关于地方政府债券利息免征所得税问题的通知》(财税〔2013〕5号)的规定,对个人取得的2012年及以后年度发行的地方政府债券利息收入,免征个人所得税。地方政府债券是指经国务院批准同意,以省、自治区、直辖市和计划单列市政府为发行和偿还主体的债券。

(七)财税〔2015〕101号文规定

根据《财政部 国家税务总局 证监会关于上市公司股息红利差别化个人所得税政策有关问题的通知》(财税〔2015〕101号)的规定,自2015年9月8日起,个人从公开发行和转让市场取得的上市公司股票,持股期限超过1年的,股息红利所得暂免征收个人所得税。个人从公开发行和转让市场取得的上市公司股票,持股期限在1个月以内(含1个月)的,其股息红利所得全额计入应纳税所得额;持股期限在1个月以上至1年(含1年)的,暂减按50%计入应纳税所得额;上述所得统一适用20%的税率计征个人所得税。

上市公司派发股息红利时,对个人持股1年以内(含1年)的,上市公司暂不扣缴个人所得税;待个人转让股票时,证券登记结算公司根据其持股期限计算应纳税额,由证券公司等股份托管机构从个人资金账户中扣收并划付证券登记结算公司,证券登记结算公司应于次月5个工作日内划付上市公司,上市公司在收到税款当月的法定申报期内向主管税务机关申报缴纳。

上市公司股息红利差别化个人所得税政策其他有关操作事项,按照《财政部 国家税务总局 证监会关于实施上市公司股息红利差别化个人所得税政策有关问题的通知》(财税〔2012〕85号)的相关规定执行。全国中小企业股份转让系统挂牌公司股息红利差别化个人所得税政策,按照上述规定执行。其他有关操作事项,按照《财政部国家税务总局 证监会关于实施全国中小企业股份转让系统挂牌公司股息红利差别化个人所得税政策有关问题的通知》(财税〔2014〕48号)的相关规定执行。

（八）财税〔2015〕116号文规定

根据《财政部　国家税务总局关于将国家自主创新示范区有关税收试点政策推广到全国范围实施的通知》（财税〔2015〕116号）的规定，自2016年1月1日起，全国范围内的中小高新技术企业以未分配利润、盈余公积、资本公积向个人股东转增股本时，个人股东一次缴纳个人所得税确有困难的，可根据实际情况自行制定分期缴税计划，在不超过5个公历年度内（含）分期缴纳，并将有关资料报主管税务机关备案。个人股东获得转增的股本，应按照"利息、股息、红利所得"项目，适用20%税率征收个人所得税。股东转让股权并取得现金收入的，该现金收入应优先用于缴纳尚未缴清的税款。在股东转让该部分股权之前，企业依法宣告破产，股东进行相关权益处置后没有取得收益或收益小于初始投资额的，主管税务机关对其尚未缴纳的个人所得税可不予追征。

上述所称中小高新技术企业，是指注册在中国境内实行查账征收的、经认定取得高新技术企业资格，且年销售额和资产总额均不超过2亿元、从业人数不超过500人的企业。上市中小高新技术企业或在全国中小企业股份转让系统挂牌的中小高新技术企业向个人股东转增股本，股东应纳的个人所得税，继续按照现行有关股息红利差别化个人所得税政策执行，不适用上述规定的分期纳税政策。

（九）财政部公告2019年第78号文规定

根据《财政部　税务总局　证监会关于继续实施全国中小企业股份转让系统挂牌公司股息红利差别化个人所得税政策的公告》（财政部公告2019年第78号）的规定，自2019年7月1日至2024年6月30日，个人持有挂牌公司的股票，持股期限超过1年的，对股息红利所得暂免征收个人所得税。

个人持有挂牌公司的股票，持股期限在1个月以内（含1个月）的，其股息红利所得全额计入应纳税所得额；持股期限在1个月以上至1年（含1年）的，其股息红利所得暂减按50%计入应纳税所得额；上述所得统一适用20%的税率计征个人所得税。

上述所称挂牌公司是指股票在全国中小企业股份转让系统公开转让的非上市公众公司；持股期限是指个人取得挂牌公司股票之日至转让交割该股票之日前一日的持有时间。

挂牌公司派发股息红利时，对截至股权登记日个人持股1年以内（含1年）且尚未转让的，挂牌公司暂不扣缴个人所得税；待个人转让股票时，证券登记结算公司根据其持股期限计算应纳税额，由证券公司等股票托管机构从个人资金账户中扣收并划付证券登记结算公司，证券登记结算公司应于次月5个工作日内划付挂牌公司，挂牌公司在收到税款当月的法定申报期内向主管税务机关申报缴纳，并应办理全员全额扣缴申报。

个人应在资金账户留足资金，依法履行纳税义务。证券公司等股票托管机构应依法划扣税款，对个人资金账户暂无资金或资金不足的，证券公司等股票托管机构应当及时通知个人补足资金，并划扣税款。

个人转让股票时，按照先进先出的原则计算持股期限，即证券账户中先取得的股票视为先转让。应纳税所得额以个人投资者证券账户为单位计算，持股数量以每日日终结算后个人投资者证券账户的持有记录为准，证券账户取得或转让的股票数为每日日终结算后的净增（减）股票数。

对证券投资基金从挂牌公司取得的股息红利所得，按照上述规定计征个人所得税。

上述所称个人持有挂牌公司的股票包括：

（1）在全国中小企业股份转让系统挂牌前取得的股票。

（2）通过全国中小企业股份转让系统转让取得的股票。

（3）因司法扣划取得的股票。

（4）因依法继承或家庭财产分割取得的股票。

（5）通过收购取得的股票。

（6）权证行权取得的股票。

（7）使用附认股权、可转换成股份条款的公司债券认购或者转换的股票。

（8）取得发行的股票、配股、股票股利及公积金转增股本。

（9）挂牌公司合并，个人持有的被合并公司股票转换的合并后公司股票。

（10）挂牌公司分立，个人持有的被分立公司股票转换的分立后公司股票。

（11）其他从全国中小企业股份转让系统取得的股票。

上述所称转让股票包括下列情形：

（1）通过全国中小企业股份转让系统转让股票。

（2）持有的股票被司法扣划。

（3）因依法继承、捐赠或家庭财产分割让渡股票所有权。

（4）用股票接受要约收购。

（5）行使现金选择权将股票转让给提供现金选择权的第三方。

（6）用股票认购或申购交易型开放式指数基金（ETF）份额。

（7）其他具有转让实质的情形。

对个人和证券投资基金从全国中小企业股份转让系统挂牌的原STAQ、NET系统挂牌公司（以下简称"两网公司"）以及全国中小企业股份转让系统挂牌的退市公司取得的股息红利所得，按照本公告规定计征个人所得税，但退市公司的限售股按照《财政部　国家税务总局　证监会关于实施上市公司股息红利差别化个人所得税政策有关问题的通知》（财税〔2012〕85号）第四条规定执行。

上述所称年（月）是指自然年（月），即持股一年是指从上一年某月某日至本年同月同日的前一日连续持股，持股一个月是指从上月某日至本月同日的前一日连续持股。

财政、税务、证监等部门要加强协调、通力合作，切实做好政策实施的各项工作。挂牌公司、两网公司、退市公司，证券登记结算公司以及证券公司等股票托管机构应积极配合税务机关做好股息红利个人所得税征收管理工作。

（十）财政部、税务总局公告2021年第33号文规定的政策

根据《财政部　税务总局关于北京证券交易所税收政策适用问题的公告》（财政部　税务总局公告2021年第33号）的规定，为支持进一步深化全国中小企业股份转让系统（以下称"新三板"）改革，将精选层变更设立为北京证券交易所（以下称"北交所"），按照平稳转换、有效衔接的原则，新三板精选层公司转为北交所上市公司，以及创新层挂牌公司通过公开发行股票进入北交所上市后，投资北交所上市公司涉及的个人所得税、印花税相关政

策,暂按照现行新三板适用的税收规定执行。涉及企业所得税、增值税相关政策,按企业所得税法及其实施条例、《财政部 国家税务总局关于全面推开营业税改征增值税试点的通知》(财税〔2016〕36号)及有关规定执行。

六、偶然所得税收优惠政策

(一)国税发〔1994〕127号文规定

根据《国家税务总局关于社会福利有奖募捐发行收入税收问题的通知》(国税发〔1994〕127号)的规定,对个人购买社会福利有奖募捐奖券一次中奖收入不超过10 000元的暂免征收个人所得税,对一次中奖收入超过10 000元的,应按税法规定全额征税。

(二)财税〔1995〕25号文规定

根据《财政部 国家税务总局关于发给见义勇为者的奖金免征个人所得税问题的通知》(财税〔1995〕25号)的规定,为了鼓励广大人民群众见义勇为,维护社会治安,对乡、镇(含乡、镇)以上人民政府或经县(含县)以上人民政府主管部门批准成立的有机构、有章程的见义勇为基金会或者类似组织,奖励见义勇为者的奖金或奖品,经主管税务机关核准,免予征收个人所得税。

(三)财税〔1998〕12号文规定

根据《财政部 国家税务总局关于个人取得体育彩票中奖所得征免个人所得税问题的通知》(财税〔1998〕12号)的规定,为了有利于动员全社会力量资助和发展我国的体育事业,经研究决定,对个人购买体育彩票中奖收入的所得税政策作如下调整:凡一次中奖收入不超过1万元的,暂免征收个人所得税;超过1万元的,应按税法规定全额征收个人所得税。

(四)财税〔2007〕34号文规定

根据《财政部 国家税务总局关于个人取得有奖发票奖金征免个人所得税问题的通知》(财税〔2007〕34号)的规定,个人取得单张有奖发票奖金所得不超过 800 元（含 800 元）的，暂免征收个人所得税。

（五）财税〔2011〕50 号文规定

根据《财政部 国家税务总局关于企业促销展业赠送礼品有关个人所得税问题的通知》（财税〔2011〕50 号）的规定，企业在销售商品（产品）和提供服务过程中向个人赠送礼品，属于下列情形之一的，不征收个人所得税：

（1）企业通过价格折扣、折让方式向个人销售商品（产品）和提供服务；

（2）企业在向个人销售商品（产品）和提供服务的同时给予赠品，如通信企业对个人购买手机赠话费、入网费，或者购话费赠手机等；

（3）企业对累积消费达到一定额度的个人按消费积分反馈礼品。

企业向个人赠送礼品，属于下列情形之一的，取得该项所得的个人应依法缴纳个人所得税，税款由赠送礼品的企业代扣代缴：企业对累积消费达到一定额度的顾客，给予额外抽奖机会，个人的获奖所得，按照"偶然所得"项目，全额适用 20% 的税率缴纳个人所得税。

企业赠送的礼品是自产产品（服务）的，按该产品（服务）的市场销售价格确定个人的应税所得；是外购商品（服务）的，按该商品（服务）的实际购置价格确定个人的应税所得。

七、地区性个人所得税优惠政策

（一）财税〔2014〕24 号文规定

根据《财政部 国家税务总局关于福建平潭综合实验区个人所得税优惠政策的通知》（财税〔2014〕24 号）以及《财政部 税务总局关于延长部分税收优惠政策执行期限的公告》（财政部 税务总局公告 2021 年第 6 号）的规定，自 2013 年 1 月 1 日至 2025 年 12 月 31 日，福建省人民政府根据《国务院关于平潭综合实验区总体发展规划的批复》（国函〔2011〕142 号）以及《平潭综合实验区总体发展规划》有关规定，按不超过大陆与台湾地区个人所得税负差额，给予在平潭综合实验区工作的台湾居民的补贴，免征个人所得税。

(二) 财税〔2017〕60号文规定

根据《财政部 税务总局 海关总署关于北京2022年冬奥会和冬残奥会税收政策的通知》(财税〔2017〕60号)的规定,个人捐赠北京2022年冬奥会、冬残奥会、测试赛的资金和物资支出可在计算个人应纳税所得额时予以全额扣除。对于参赛运动员因北京2022年冬奥会、冬残奥会、测试赛比赛获得的奖金和其他奖赏收入,按现行税收法律法规的有关规定征免应缴纳的个人所得税。

(三) 财税〔2020〕32号文规定

根据《财政部 税务总局关于海南自由贸易港高端紧缺人才个人所得税政策的通知》(财税〔2020〕32号)的规定,对在海南自由贸易港工作的高端人才和紧缺人才,其个人所得税实际税负超过15%的部分,予以免征。享受上述优惠政策的所得包括来源于海南自由贸易港的综合所得(包括工资薪金、劳务报酬、稿酬、特许权使用费四项所得)、经营所得以及经海南省认定的人才补贴性所得。纳税人在海南省办理个人所得税年度汇算清缴时享受上述优惠政策。对享受上述优惠政策的高端人才和紧缺人才实行清单管理,由海南省商财政部、税务总局制定具体管理办法。上述政策自2020年1月1日起执行至2024年12月31日。

八、其他个人所得税收优惠政策

(一) 国税发〔1999〕58号文规定

根据《国家税务总局关于个人所得税有关政策问题的通知》(国税发〔1999〕58号)的规定,对于个人因任职单位缴纳有关保险费用而取得的无赔款优待收入,按照"其他所得"应税项目计征个人所得税。对于个人自己缴纳有关商业保险费(保费全部返还个人的保险除外)而取得的无赔款优待收入，不作为个人的应纳税收入，不征收个人所得税。

（二）财税〔2000〕125号文规定

根据《财政部 国家税务总局关于调整住房租赁市场税收政策的通知》（财税〔2000〕125号）的规定，对个人出租房屋取得的所得暂减按10%的税率征收个人所得税。

（三）财税〔2005〕45号文规定

根据《财政部 国家税务总局关于城镇房屋拆迁有关税收政策的通知》（财税〔2005〕45号）的规定，对被拆迁人按照国家有关城镇房屋拆迁管理办法规定的标准取得的拆迁补偿款，免征个人所得税。

（四）财税〔2005〕103号文规定

根据《财政部 国家税务总局关于股权分置试点改革有关税收政策问题的通知》（财税〔2005〕103号）的规定，股权分置改革中非流通股股东通过对价方式向流通股股东支付的股份、现金等收入，暂免征收流通股股东应缴纳的个人所得税。

（五）财税〔2008〕24号文规定

根据《财政部 国家税务总局关于廉租住房经济适用住房和住房租赁有关税收政策的通知》（财税〔2008〕24号）的规定，对个人按《廉租住房保障办法》（建设部等9部委令第162号）规定取得的廉租住房货币补贴，免征个人所得税；对于所在单位以廉租住房名义发放的不符合规定的补贴，应征个人所得税。对个人出租住房取得的所得减按10%的税率征收个人所得税。

（六）财税〔2013〕101号文规定

根据《财政部 国家税务总局关于棚户区改造有关税收政策的通知》（财税〔2013〕101号）的规定，自2013年7月4日起，个人因房屋被征收而取得货币补偿并用于购买改造安置住房，或因房屋被征收而进行房屋产权调换并取得改造安置住房,按有关规定减免契税。个人取得的拆迁补偿款按有关规定免征个人所得税。上述所称棚户区是指简易结构房屋较多、建筑密度较大、房屋使用年限较长、使用功能不全、基础设施简陋的区域,具体包括城市棚户区、国有工矿(含煤矿)棚户区、国有林区棚户区和国有林场危旧房、国有垦区危房。棚户区改造是指列入省级人民政府批准的棚户区改造规划或年度改造计划的改造项目;改造安置住房是指相关部门和单位与棚户区被征收人签订的房屋征收(拆迁)补偿协议或棚户区改造合同(协议)中明确用于安置被征收人的住房或通过改建、扩建、翻建等方式实施改造的住房。

(七)财税〔2016〕100号文规定

根据《财政部 国家税务总局关于行政和解金有关税收政策问题的通知》(财税〔2016〕100号)的规定,证券期货领域有关行政和解金税收政策如下:自2016年1月1日起,对个人投资者从投保基金公司取得的行政和解金,暂免征收个人所得税。

(八)财税〔2016〕101号文规定

根据《财政部 国家税务总局关于完善股权激励和技术入股有关所得税政策的通知》(财税〔2016〕101号)的规定,企业或个人以技术成果投资入股到境内居民企业,被投资企业支付的对价全部为股票(权)的,企业或个人可选择继续按现行有关税收政策执行,也可选择适用递延纳税优惠政策。选择技术成果投资入股递延纳税政策的,经向主管税务机关备案,投资入股当期可暂不纳税,允许递延至转让股权时,按股权转让收入减去技术成果原值和合理税费后的差额计算缴纳所得税。企业或个人选择适用上述任一项政策,均允许被投资企业按技术成果投资入股时的评估值入账并在企业所得税前摊销扣除。技术成果是指专利技术(含国防专利)、计算机软件著作权、集成电路布图设计专有权、植物新品种权、生物医药新品种,以及科技部、财政部、国家税务总局确定的其他技术成果。技术成果投资入股,是指纳税人将技术成果所有权让渡给被投资企业、取得该企业股票(权)的行为。

(九)财税〔2018〕135号文规定

根据《财政部 国家税务总局关于易地扶贫搬迁税收优惠政策的通知》(财税〔2018〕135号)以及《财政部 税务总局关于延长部分税收优惠政策执行期限的公告》(财政部 税务总局公告2021年第6号)的规定,对易地扶贫搬迁贫困人口按规定取得的住房建设补助资金、拆旧复垦奖励资金等与易地扶贫搬迁相关的货币化补偿和易地扶贫搬迁安置住房(以下简称"安置住房"),免征个人所得税。易地扶贫搬迁项目、项目实施主体、易地扶贫搬迁贫困人口、相关安置住房等信息由易地扶贫搬迁工作主管部门确定。县级易地扶贫搬迁工作主管部门应当将上述信息及时提供给同级税务部门。该政策执行期限为2018年1月1日至2025年12月31日。

第七章　个人综合所得的纳税筹划

> **导读**
>
> 本章介绍个人综合所得的纳税筹划，包括三节。第一节介绍工资薪金所得的纳税筹划，包括居民个人工资薪金所得的纳税筹划、外籍个人工资薪金所得的纳税筹划、工资薪金所得通用纳税筹划方案以及工资薪金社保费与住房公积金的筹划。第二节介绍劳务报酬所得的纳税筹划，包括预缴劳务报酬中的纳税筹划、转移劳务报酬中的成本、将部分劳务报酬分散至他人以及将劳务报酬转变为公司经营所得。第三节介绍稿酬与特许权使用费所得的纳税筹划，包括稿酬所得的纳税筹划以及特许权使用费所得的纳税筹划。

第一节　工资薪金所得的纳税筹划

一、居民个人工资薪金所得的纳税筹划

（一）充分利用企业年金与职业年金

【筹划思路】根据《财政部　人力资源社会保障部　国家税务总局关于企业年金　职业年金个人所得税有关问题的通知》（财税〔2013〕103号）的规定，企业和事业单位根据国家有关政策规定的办法和标准，为在本单位任职或者受雇的全体职工缴付的企业年金或职业年金单位缴费部分，在计入个人账户时，个人暂不缴纳个人所得税。个人根据国家有关政策规定缴付的年金

个人缴费部分,在不超过本人缴费工资计税基数的 4% 标准内的部分,暂从个人当期的应纳税所得额中扣除。由于目前事业单位强制设立职业年金,而企业年金的设立是自愿的,广大企业可以充分利用这一优惠,帮助员工减轻个人所得税负担。

【筹划案例 7-1】甲公司共有员工 1 万余人,人均年薪 20 万元,人均年个人所得税税前扣除标准为 12 万元,人均年应纳税所得额为 8 万元,人均年应纳个人所得税 =80 000×10%-2 520=5 480(元)。

如果甲公司为全体员工设立企业年金,员工人均年缴费 8 000 元(200 000×4%),符合税法规定,可以税前扣除。由此,人均年应纳个人所得税 =(80 000-8 000)×10%-2 520=4 680(元)。人均节税 =5 480-4 680=800(元)。甲公司全体员工年节税 =800×10 000=8 000 000(元)。

(二)充分利用享受优惠的商业健康保险

【筹划思路】根据《财政部 税务总局 保监会关于将商业健康保险个人所得税试点政策推广到全国范围实施的通知》(财税〔2017〕39 号)的规定,自 2017 年 7 月 1 日起,对个人购买符合规定的商业健康保险产品的支出,允许在当年(月)计算应纳税所得额时予以税前扣除,扣除限额为 2 400 元 / 年(200 元 / 月)。单位统一为员工购买符合规定的商业健康保险产品的支出,应分别计入员工个人工资薪金,视同个人购买,按上述限额予以扣除。2 400 元 / 年(200 元 / 月)的限额扣除为个人所得税法规定减除费用标准之外的扣除。企业为员工统一购买商业健康保险既是为员工提供的福利,也是可以起到节税的作用。

【筹划案例 7-2】甲公司共有员工 1 万余人,人均年薪 20 万元,人均年个人所得税税前扣除标准为 12 万元,人均年应纳税所得额为 8 万元,人均年应纳个人所得税 =80 000×10%-2 520=5 480(元)。

如果甲公司从员工的应发工资中为全体员工统一购买符合税法规定的商业健康保险,员工人均年缴保险费 2 400 元,可以税前扣除。由此,人均年应纳个人所得税 =(80 000-2 400)×10%-2 520=5 240(元)。人均节税 =5 480-5 240=240(元)。甲公司全体员工年节税 =240×10 000=2 400 000(元)。

（三）灵活运用子女教育专项附加扣除

【筹划思路】根据《个人所得税专项附加扣除暂行办法》的规定，纳税人的子女接受全日制学历教育的相关支出，按照每个子女每月1 000元的标准定额扣除。学历教育包括义务教育（小学、初中教育）、高中阶段教育（普通高中、中等职业、技工教育）、高等教育（大学专科、大学本科、硕士研究生、博士研究生教育）。年满3岁至小学入学前处于学前教育阶段的子女，按上述规定执行。父母可以选择由其中一方按扣除标准的100%扣除，也可以选择由双方分别按扣除标准的50%扣除，具体扣除方式在一个纳税年度内不能变更。凡是家庭中有3岁至28岁接受教育的子女，应积极申报。如果夫妻二人均需要缴纳个人所得税，子女教育扣除应由税率高的一方全额申报，税率低的一方不申报。

【筹划案例7-3】张先生和张太太有一儿一女，儿子读小学一年级，女儿读小学六年级。2022年度，张先生的应纳税所得额为10万元（尚未考虑子女教育专项附加扣除），张太太的应纳税所得额为3万元（尚未考虑子女教育专项附加扣除）。

如果张先生与张太太因疏忽而忘记申报子女教育专项附加扣除，则2022年度，张先生应纳个人所得税 =100 000×10%-2 520=7 480（元）；张太太应纳个人所得税 =30 000×3%=900（元）。

如果由张太太申报两个子女的教育专项附加扣除2.4万元，则2022年度，张先生应纳个人所得税 =100 000×10%-2 520=7 480（元）；张太太应纳个人所得税 =（30 000-24 000）×3%=180（元）；节税 =900-180=720（元）。

如果由张先生和张太太各申报一个子女的教育专项附加扣除1.2万元，2022年度，张先生应纳个人所得税 =（100 000-12 000）×10%-2 520=6 280（元）；张太太应纳个人所得税 =（30 000-12 000）×3%=540（元）；节税 =7 480-6 280+900-540=1 560（元）。

如果由张先生申报两个子女的教育专项附加扣除2.4万元，则2022年度，张先生应纳个人所得税 =（100 000-24 000）×10%-2 520=5 080（元）；张太太应纳个人所得税 =30 000×3%=900（元）；节税 =7 480-5 080=2 400（元）。

对张先生夫妇而言，2.4万元的子女教育专项附加扣除抵税的最大额度就是 2 400 元。

（四）灵活运用大病医疗专项附加扣除

【筹划思路】根据《个人所得税专项附加扣除暂行办法》的规定，在一个纳税年度内，纳税人发生的与基本医保相关的医药费用支出，扣除医保报销后个人负担（指医保目录范围内的自付部分）累计超过 15 000 元的部分，由纳税人在办理年度汇算清缴时，在 80 000 元限额内据实扣除。纳税人发生的医药费用支出可以选择由本人或者其配偶扣除；未成年子女发生的医药费用支出可以选择由其父母一方扣除。纳税人及其配偶、未成年子女发生的医药费用支出，按上述规定分别计算扣除额。纳税人发生符合上述规定的医疗费时，应积极申报扣除。对纳税人未成年子女发生的符合上述规定的医疗费，应由税率最高的父母一方申报扣除。

【筹划案例7-4】王先生和王太太 2022 年喜添千金，但因女儿有先天性疾病，当年花费医疗费 100 万元，全部自负，王先生和王太太当年并未产生自负医疗费。2022 年度，张先生的应纳税所得额为 10 万元（尚未考虑大病医疗专项附加扣除），张太太的应纳税所得额为 3 万元（尚未考虑大病医疗专项附加扣除）。

如果王先生与王太太因疏忽而忘记申报大病医疗专项附加扣除，则 2022 年度，王先生应纳个人所得税 =100 000×10%-2 520=7 480（元）；王太太应纳个人所得税 =30 000×3%=900（元）。

如果由王太太申报大病医疗专项附加扣除 8 万元，则 2022 年度，王先生应纳个人所得税 =100 000×10%-2 520=7 480（元）；王太太应纳个人所得税为 0，节税 900 元。

如果由王先生申报大病医疗专项附加扣除 8 万元，则 2022 年度，王先生应纳个人所得税 =（100 000-80 000）×3%=600（元）；王太太应纳个人所得税 =30 000×3%=900（元）；节税 =7 480-600=6 880（元）。

对王先生夫妇而言，8 万元的大病医疗专项附加扣除抵税的最大额度就是 6 880 元。

(五)灵活运用赡养老人专项附加扣除

【筹划思路】根据《个人所得税专项附加扣除暂行办法》的规定,纳税人赡养一位及以上被赡养人的赡养支出,统一按照以下标准定额扣除:(1)纳税人为独生子女的,按照每月 2 000 元的标准定额扣除;(2)纳税人为非独生子女的,由其与兄弟姐妹分摊每月 2 000 元的扣除额度,每人分摊的额度不能超过每月 1 000 元。该额度可以由赡养人均摊或者约定分摊,也可以由被赡养人指定分摊。约定或者指定分摊的须签订书面分摊协议,指定分摊优先于约定分摊。具体分摊方式和额度在一个纳税年度内不能变更。被赡养人是指年满 60 岁的父母,以及子女均已去世的年满 60 岁的祖父母、外祖父母。凡是有 60 岁以上被赡养人的纳税人均应积极申报赡养老人专项附加扣除。对多兄弟姐妹而言,应由税率最高的两位分别申报 1 000 元。

【筹划案例7–5】秦先生和秦女士均年满60岁,其三个子女分别为秦一、秦二和秦三。2022 年度,秦一的应纳税所得额为 10 万元,秦二的应纳税所得额为 3 万元,秦三的应纳税所得额为 0,以上数额均未考虑赡养老人专项附加扣除。

如果三位子女因疏忽未申报赡养老人专项附加扣除,则 2022 年度,秦一应纳个人所得税 =100 000×10%–2 520=7 480(元);秦二应纳个人所得税 =30 000×3%=900(元);秦三应纳个人所得税为 0。

如果由秦二一人申报赡养老人专项附加扣除 1.2 万元,则 2022 年度,秦一应纳个人所得税 =100 000×10%–2 520=7 480(元);秦二应纳个人所得税 =(30 000–12 000)×3%=540(元);秦三应纳个人所得税为 0;节税 =900–540=360(元)。

如果由秦一一人申报赡养老人专项附加扣除 1.2 万元,则 2022 年度,秦一应纳个人所得税 =(100 000–12 000)×10%–2 520=6 280(元);秦二应纳个人所得税 =30 000×3%=900(元);秦三应纳个人所得税为 0;节税 =7 480–6 280=1 200(元)。

如果由秦一和秦二各申报赡养老人专项附加扣除 1.2 万元,则 2022 年度,秦一应纳个人所得税 =(100 000–12 000)×10%–2 520=6 280(元);秦二应纳个人所得税 =(30 000–12 000)×3%=540(元);秦三应纳个人所得税为 0;

节税 =7 480-6 280+900-540=1 560（元）。

对秦家兄妹三人而言，2.4 万元的赡养老人专项附加扣除抵税的最大额度就是 1 560 元。

二、中国内地以外个人工资薪金所得的纳税筹划

（一）充分利用短期非居民个人的税收优惠

【筹划思路】根据《个人所得税法实施条例》第五条的规定，在中国境内无住所的个人，在一个纳税年度内在中国境内居住累计不超过 90 天的，其来源于中国境内的所得，由境外雇主支付并且不由该雇主在中国境内的机构、场所负担的部分，免予缴纳个人所得税。如果境外个人在境外的税负比较轻，在条件允许时，可以将在中国境内累计居住天数控制在 90 天以内，从而享受部分所得免于在中国纳税的优惠。

【筹划案例 7-6】李女士为中国香港永久居民，就职于中国香港甲公司。2022 年度，甲公司计划安排李女士在深圳的代表处工作 180 天（6 个月）。李女士 2022 年度每月工资为 2 万元，6 个月的工资总额为 12 万元，由于其在香港可以享受的各项扣除比较多，税负接近零。

如果不进行筹划，李女士在深圳的 6 个月的工资需要纳税。每月应纳个人所得税 =（20 000-5 000）×20%-1 410=1 590（元）；6 个月合计应纳个人所得税 =1 590×6=9 540（元）。

甲公司可以选派两位员工轮流到深圳工作，每人工作 90 天，每月工资均为 2 万元。由此可以享受短期非居民个人的税收优惠，即该两位员工在深圳工作期间取得的工资，可以在香港纳税（实际税负为零），不需要在深圳缴纳个人所得税。由此，可以为两位员工节税 9 540 元。

（二）充分利用短期居民个人的税收优惠

【筹划思路】根据《个人所得税法实施条例》第四条的规定，在中国境内无住所的个人，在中国境内居住累计满 183 天的年度连续不满 6 年的，经向主管税务机关备案，其来源于中国境外且由境外单位或者个人支付的所得，

免予缴纳个人所得税；在中国境内居住累计满 183 天的任一年度中有一次离境超过 30 天的，其在中国境内居住累计满 183 天的年度的连续年限重新起算。对于短期来华人员，如果每年停留时间均超过 183 天，则应充分利用短期居民个人的税收优惠，在第六年一次离境达到 31 天即可永远保持短期居民个人的身份。

【筹划案例 7-7】赵先生为中国香港永久居民，在深圳创办了甲公司，每年在中国境内停留时间约 360 天。自 2020 年度起，赵先生每年境内应纳税所得额约 50 万元，境外年房租收入 120 万元。

如果不进行筹划，自 2020 年度起，赵先生来自境外的房租收入可以免税 5 年。自第 6 年起，赵先生来自境外的租金收入需要在中国缴纳个人所得税，每月应纳个人所得税 $=10\times(1-20\%)\times20\%=1.6$（万元）；全年应纳个人所得税 $=1.6\times12=19.2$（万元）。如果赵先生在境外已经就该 120 万元的租金收入缴纳了个人所得税，可以从上述 19.2 万元的应纳税额中扣除。假设赵先生在境外实际纳税 10 万元，则赵先生还应在中国补税 9.2 万元。

如果赵先生在自 2020 年起的每个第六年离境 31 天，则赵先生可以永远保持短期居民个人的身份，其来自境外的每年 120 万元的租金收入可以免于在中国纳税，每年可以节税 9.2 万元。

（三）充分利用居住时间判断标准

【筹划思路】根据《财政部　税务总局关于在中国境内无住所的个人居住时间判定标准的公告》（财政部　税务总局公告 2019 年第 34 号）第二条的规定，无住所个人一个纳税年度内在中国境内累计居住天数，按照个人在中国境内累计停留的天数计算。在中国境内停留的当天满 24 小时的，计入中国境内居住天数，在中国境内停留的当天不足 24 小时的，不计入中国境内居住天数。根据上述制度，运用多次离境的方式就可以降低在中国境内居住的天数。

【筹划案例 7-8】马先生是中国香港永久居民，就职于香港甲公司。甲公司在深圳设立了分公司，需要派驻一位经理。公司原计划在深圳为马先生租赁一套公寓，预计 2023 年度马先生在深圳停留的天数约 200 天。马先生将成为中国内地居民纳税人。

如果马先生能增加回中国香港的次数，每回中国香港一次将减少在内地停留的天数，这样，马先生就能将2023年度在内地停留的天数降低为182天，就可以非居民个人的身份在内地缴纳个人所得税。

如果马先生几乎能够天天回香港，即工作在深圳，但居住在香港，只是偶尔居住在深圳，这样，马先生就能将2023年度在内地停留的天数降低为90天，就可以不在内地缴纳个人所得税，仅在香港缴纳相关税费。

（四）充分利用外籍人员的各项免税补贴

【筹划思路】根据《财政部 税务总局关于个人所得税法修改后有关优惠政策衔接问题的通知》（财税〔2018〕164号）第七条以及《财政部 税务总局关于延续实施外籍个人津补贴等有关个人所得税优惠政策的公告》（财政部 税务总局公告2021年第43号）的规定，2019年1月1日至2023年12月31日，外籍个人符合居民个人条件的，可以选择享受个人所得税专项附加扣除，也可以选择按照《财政部 国家税务总局关于个人所得税若干政策问题的通知》（财税〔1994〕020号）、《国家税务总局关于外籍个人取得有关补贴征免个人所得税执行问题的通知》（国税发〔1997〕54号）和《财政部 国家税务总局关于外籍个人取得港澳地区住房等补贴征免个人所得税的通知》（财税〔2004〕29号）规定，享受住房补贴、语言训练费、子女教育费等津补贴免税优惠政策，但不得同时享受。外籍个人一经选择，在一个纳税年度内不得变更。自2024年1月1日起，外籍个人不再享受住房补贴、语言训练费、子女教育费等津补贴免税优惠政策，应按规定享受专项附加扣除。

根据《财政部 国家税务总局关于个人所得税若干政策问题的通知》（财税〔1994〕020号）的规定，下列所得，暂免征收个人所得税：（1）外籍个人以非现金形式或实报实销形式取得的住房补贴、伙食补贴、搬迁费、洗衣费。（2）外籍个人按合理标准取得的境内、外出差补贴。（3）外籍个人取得的探亲费、语言训练费、子女教育费等，经当地税务机关审核批准为合理的部分。（4）外籍个人从外商投资企业取得的股息、红利所得。

对外籍个人而言，应综合考量专项附加扣除与各项免税补贴之间的关系，选择可以最大减轻税收负担的扣除方式。

【筹划案例7-9】孙先生为外籍人士（非独生子女），因工作需要，长期在中国境内居住。2022年度，按税法规定可以享受免税优惠的各项补贴总额为 80 000 元。孙先生目前可以享受的专项附加扣除为两个子女的教育费和一位老人的赡养费。

如果孙先生选择居民纳税人的专项附加扣除，则扣除总额 =1 000×12×2+1 000×12=36 000（元）；如果孙先生选择免税补贴优惠，则扣除总额为 80 000 元，可以多扣除 =80 000-36 000=44 000（元）。如果孙先生综合所得适用的最高税率为 20%，则每年最高可以节税 =44 000×20%=8 800（元）。

（五）平均发放工资

【筹划思路】根据《个人所得税法》第二条的规定，非居民个人取得工资、薪金所得，劳务报酬所得，稿酬所得，特许权使用费所得，按月或者按次分项计算个人所得税。工资、薪金所得适用超额累进税率，如果某个月的工资过高，则会适用较高的税率，从而增加税收负担，只有平均发放工资，才能实现最低的税负。

【筹划案例 7-10】刘女士为外籍人士，属于中国非居民个人。因工作需要，刘女士每年在中国停留 4 个月，领取 4 个月的工资。公司原计划按工作绩效发工资，假设 2023 年刘女士领取的 4 个月工资分别为 3 000 元、6 000 元、4 000 元和 20 000 元，总额为 33 000 元。刘女士 2023 年度在中国应纳个人所得税 =（6 000-5 000）×3%+（20 000-5 000）×20%-1 410=1 620（元）。

如果刘女士预先估计 4 个月的工资总额在 3 万元左右，可以先按平均数发放，最后 1 个月汇总计算，即前 3 个月工资按照 8 000 元发放，第 4 个月按照 9 000 元（33 000-8 000×3）发放。刘女士 2023 年度在中国应纳个人所得税 =（8 000-5 000）×3%×3+（9 000-5 000）×10%-210=460（元）；节税 =1 620-460=1 160（元）。

三、工资薪金所得通用纳税筹划方案

（一）将工资适当转化为职工福利

【筹划思路】工资与职工福利的使用范围存在一定程度的重合，如员工取得工资后需要支付的交通费、通信费、餐饮费、房租以及部分设备购置费等均可以由公司来提供，公司在为员工提供上述福利以后，可以相应减少其应发的工资，这样不仅可以为员工节税，还可以为公司节省社保费的支出。

【筹划案例 7-11】甲公司共有员工 1 万余人，目前没有给员工提供任何职工福利。该公司员工的年薪比同行业其他公司略高，平均为 200 000 元。其中，税法允许的税前扣除额人均约 130 000 元，人均应纳税所得额为 70 000 元。人均应纳税额 =70 000×10%-2 520=4 480（元）。

如果甲公司充分利用税法规定的职工福利费、职工教育经费等，为职工提供上下班交通工具、三顿工作餐、工作手机及相应通信费、工作电脑、职工宿舍、职工培训费、差旅补贴等选项，由每位职工根据自身需求选用；选用公司福利的员工，其工资适当调低，以弥补公司提供上述福利的成本。假设通过上述方式，该公司 50% 的员工年薪由此降低 10 000 元，则人均应纳税额 =60 000×10%-2 520=3 480（元），人均节税 =4 480-3 480=1 000（元）。5 000 名员工节税总额为 5 000 000 元。假设甲公司为员工缴纳"五险一金"的比例为工资总额的 30%，则该项筹划为甲公司节约"五险一金"=10 000×5 000×30%=15 000 000（元）。

（二）充分利用公益慈善事业捐赠

【筹划思路】根据《个人所得税法》的规定，个人将其所得对教育、扶贫、济困等公益慈善事业进行捐赠，捐赠额未超过纳税人申报的应纳税所得额 30% 的部分，可以从其应纳税所得额中扣除；国务院规定对公益慈善事业捐赠实行全额税前扣除的，从其规定。根据《财政部　国家税务总局关于企业等社会力量向红十字事业捐赠有关所得税政策问题的通知》（财税〔2000〕30 号）的规定，个人通过非营利性的社会团体和国家机关（包括中国红十字会）向红十字事业的捐赠，在计算缴纳个人所得税时准予全额扣除。利用公益慈善事业捐赠进行纳税筹划应注意三个问题：第一，通过有资格接受捐赠的组织进行公益捐赠，不能直接向受赠者捐赠，否则，无法税前扣除。第二，一般公益捐赠的税前扣除具有限额，特殊公益捐赠的税前扣除没有限额，尽量选择可以全额税前扣除的项目。第三，在个人需要纳税的年度进行公益捐赠可以起到抵税的作用，如个人在某个年度不需要纳税，公益捐赠无法起到抵税的作用。

【筹划案例7-12】李先生为某地企业家，为提高自身形象与知名度，决定以个人名义长期开展一些公益捐赠。假设李先生每年综合所得应纳税所得额为1 000万元，某筹划公司为李先生设计了三种筹划方案。方案一：每年直接向若干所希望小学捐赠500万元。方案二：通过某地民政局向贫困地区每年捐赠500万元。方案三：每年向中国红十字会捐赠500万元。

如果不进行公益捐赠，李先生综合所得每年应纳税额=1 000×45%-18.19=431.81（万元）。

如果按照方案一进行公益捐赠，李先生综合所得每年应纳税额与上述情形相同，即无法税前扣除，公益捐赠起不到抵税的作用。

如果按照方案二进行公益捐赠，李先生综合所得每年应纳税额=（1 000-1 000×30%）×45%-18.19=296.81（万元），节税=431.81-296.81=135（万元）。

如果按照方案三进行公益捐赠，李先生综合所得每年应纳税额=（1 000-500）×45%-18.19=206.81（万元），节税=431.81-206.81=225（万元）。

（三）充分利用年终奖单独计税

【筹划思路】根据《财政部　税务总局关于个人所得税法修改后有关优惠政策衔接问题的通知》（财税〔2018〕164号）以及《财政部　税务总局关于延续实施全年一次性奖金等个人所得税优惠政策的公告》（财政部　税务总局公告2023年第42号）的规定，居民个人取得全年一次性奖金，在2023年12月31日前，不并入当年综合所得，以全年一次性奖金收入除以12个月得到的数额，按照按月换算后的综合所得税率表，确定适用税率和速算扣除数，单独计算纳税。计算公式如下：应纳税额=全年一次性奖金收入×适用税率-速算扣除数。居民个人取得全年一次性奖金，也可以选择并入当年综合所得计算纳税。年终奖单独计税相当于给纳税人额外提供了一次可以低税率纳税的方法，综合所得应纳税额超过3.6万元的纳税人应充分利用。利用年终奖单独计税进行纳税筹划应注意两个问题：第一，年终奖适用的税率不能超过综合所得适用的最高税率，否则，无法起到节税的效果。第二，年终奖的计算方法实际上是全额累进，因此，应特别注意在两个税率过渡阶段的纳税筹划，原则上，如果某笔年终奖的适用税率刚刚超过某个档次时，适当降低年终奖的数额，使其适用低一档次的税率可以起到节税的效果。

【筹划案例7-13】 刘先生 2022 年度综合所得应纳税所得额为 100 万元，全部来自工资薪金。单位为其提供了五种方案供其选择：方案一，全部通过工资薪金发放，不发放年终奖。方案二，发放 3.6 万元年终奖，综合所得应纳税所得额为 96.4 万元。方案三，发放 14.4 万元年终奖，综合所得应纳税所得额为 85.6 万元。方案四，发放 43 万元年终奖，综合所得应纳税所得额为 57 万元。方案五，发放 42 万元年终奖，综合所得应纳税所得额为 58 万元。

在方案一下，刘先生应纳个人所得税 =100×45%−18.19=26.81（万元）。

在方案二下，刘先生综合所得应纳个人所得税 =96.4×45%−18.19=25.19（万元），年终奖应纳个人所得税 =3.6×3%=0.11（万元），合计应纳个人所得税 =25.19+0.11=25.3（万元）。方案二比方案一节税 =26.81−25.3=1.51（万元）。

在方案三下，刘先生综合所得应纳个人所得税 =85.6×35%−8.59=21.37（万元），年终奖应纳个人所得税 =14.4×10%−0.02=1.42（万元），合计应纳个人所得税 =21.37+1.42=22.79（万元）。方案三比方案二节税 =25.3−22.79=2.51（万元），方案三比方案一节税 =26.81−22.79=4.02（万元）。

在方案四下，刘先生综合所得应纳个人所得税 =57×30%−5.29=11.81（万元），年终奖应纳个人所得税 =43×30%−0.44=12.46（万元），合计应纳个人所得税 =11.81+12.46=24.27（万元）。方案四比方案三多纳税 =24.27−22.79=1.48（万元），方案四比方案二节税 =25.3−24.27=1.03（万元），方案四比方案一节税 =26.81−24.27=2.54（万元）。

在方案五下，刘先生综合所得应纳个人所得税 =58×30%−5.29=12.11（万元），年终奖应纳个人所得税 =42×25%−0.27=10.23（万元），合计应纳个人所得税 =12.11+10.23=22.34（万元）。方案五比方案四节税 =24.27−22.34=1.93（万元），方案五比方案三节税 =22.79−22.34=0.45（万元），方案五比方案二节税 =25.3−22.34=2.96（万元），方案五比方案一节税 =26.81−22.34=4.47（万元）。

（四）充分利用股票期权所得单独计税

【筹划思路】 根据《财政部　税务总局关于个人所得税法修改后有关优惠政策衔接问题的通知》（财税〔2018〕164 号）以及《财政部　税务总局关于延续实施全年一次性奖金等个人所得税优惠政策的公告》（财政部　税务总局

公告2021年第42号）的规定，居民个人取得股票期权、股票增值权、限制性股票、股权奖励等股权激励（以下简称"股权激励"），在2023年12月31日前，不并入当年综合所得，全额单独适用综合所得税率表，计算纳税。计算公式如下：应纳税额=股权激励收入×适用税率–速算扣除数。股票期权等股票激励所得单独计税为纳税人提供了将一年的综合所得分为两次纳税的机会，凡是综合所得应纳税所得额超过3.6万元的纳税人，在满足适用条件的前提下，均可以利用股票期权所得单独计税的政策进行纳税筹划。最佳的节税方案就是将综合所得应纳税所得额的一半分配至股票期权所得。

【筹划案例7-14】董女士为某上市公司老总，预计2023年度综合所得应纳税所得额为500万元。公司为董女士设计了四种纳税方案：方案一，不发放股票期权所得，综合所得应纳税所得额为500万元。方案二，发放股票期权所得3.6万元，综合所得应纳税所得额为496.4万元。方案三，发放股票期权所得14.4万元，综合所得应纳税所得额为485.6万元。方案四，发放股票期权所得250万元，综合所得应纳税所得额为250万元。

在方案一下，董女士应纳个人所得税=500×45%–18.19=206.81（万元）。

在方案二下，董女士股票期权所得应纳个人所得税=3.6×3%=0.11（万元）；综合所得应纳个人所得税=496.4×45%–18.19=205.19（万元）；合计应纳个人所得税=0.11+205.19=205.30（万元）。方案二比方案一节税=206.81–205.3=1.51（万元）。

在方案三下，董女士股票期权所得应纳个人所得税=14.4×10%–0.25=1.19（万元），综合所得应纳个人所得税=485.6×45%–18.19=200.33（万元），合计应纳个人所得税=1.19+200.33=201.52（万元）。方案三比方案二节税=205.3–201.52=3.78（万元），方案三比方案一节税=206.81–201.52=5.29（万元）。

在方案四下，董女士股票期权所得应纳个人所得税=250×45%–18.19=94.31（万元），综合所得应纳个人所得税=250×45%–18.19=94.31（万元），合计应纳个人所得税=94.31+94.31=188.62（万元）。方案四比方案三节税=201.52–188.62=12.9（万元），方案四比方案二节税=205.3–188.62=16.68（万元），方案四比方案一节税=206.81–188.62=18.19（万元）。

（五）综合利用年终奖与股票期权所得单独计税

【筹划思路】在条件允许的前提下，纳税人如能充分且合理利用多种税收优惠政策，如综合利用年终奖与股票期权所得单独计税的政策，可以最大限度地降低整体税收负担。筹划的具体方法为，股权期权与综合所得适用相同的税率，年终奖适用的税率比综合所得适用的税率低一个档次。

【筹划案例7-15】马先生为某上市公司老总，预计2023年度综合所得应纳税所得额为600万元。公司为马先生设计了四种纳税方案：方案一，不发放年终奖与股票期权所得，综合所得应纳税所得额为600万元。方案二，发放年终奖3.6万元、股票期权所得3.6万元，综合所得应纳税所得额为592.8万元。方案三，发放年终奖200万元、股票期权所得200万元，综合所得应纳税所得额为200万元。方案四，发放年终奖96万元、股票期权所得252万元，综合所得应纳税所得额为252万元。

在方案一下，马先生应纳个人所得税 =600×45%–18.19=251.81（万元）。

在方案二下，马先生年终奖应纳个人所得税 =3.6×3%=0.11（万元），股票期权所得应纳个人所得税 =3.6×3%=0.11（万元），综合所得应纳个人所得税 =592.8×45%–18.19=248.57（万元），合计应纳个人所得税 =0.11+0.11+248.57=248.79（万元）。方案二比方案一节税 =251.81–248.79=3.02（万元）。

在方案三下，马先生年终奖应纳个人所得税 =200×45%–1.52=88.48（万元），股票期权所得应纳个人所得税 =200×45%–18.19=71.81（万元），综合所得应纳个人所得税 =200×45%–18.19=71.81（万元），合计应纳个人所得税 =88.48+71.81+71.81=232.1（万元）。方案三比方案二节税 =248.79–232.1=16.69（万元），方案三比方案一节税 =251.81–232.1=19.71（万元）。

在方案四下，马先生年终奖应纳个人所得税 =96×35%–0.72=32.88（万元）；股票期权所得应纳个人所得税 =252×45%–18.19=95.21（万元），综合所得应纳个人所得税 =252×45%–18.19=95.21（万元），合计应纳个人所得税 =32.88+95.21+95.21=223.3（万元）。方案四比方案三节税 =232.1–223.3=8.8（万元），方案四比方案二节税 =248.79–223.3=25.49（万元），方案四比方案一节税 =251.81–223.3=28.51（万元）。

四、工资薪金社保费与住房公积金的筹划

（一）将工资转化为职工福利

【筹划思路】工资与职工福利费在使用的方向上具有很多相同之处，如交通费、通信费、餐饮费、差旅费、住宿费、办公用品费、既能家用也能办公用的电器和桌椅等。如果企业能够合理规划，将部分员工的部分工资转化为职工福利费，既可以实现在企业所得税税前扣除的目的，也可以实现减轻社保费负担的目的。在使用这一方法时，职工福利应数额适中，相关票据合法并符合企业所得税税前扣除的政策。

【筹划案例7-16】甲公司预计2023年度发放工资总额为1 000万元，企业设计了两种方案：方案一，延续2022年度的模式，实际发放工资总额1 000万元。方案二，为部分员工每月报销1 000元发票，同时将该员工的工资相应减少900元，预计全年报销发票200万元，减少工资发放180万元。假设甲公司负担的社保费为工资总额的20%。

在方案一下，甲公司需要负担社保费=1 000×20%=200（万元）。

在方案二下，甲公司需要负担社保费=（1 000–180）×20%=164（万元）。方案二比方案一减轻社保费负担=200–164=36（万元）。同时，甲公司增加支出=200–180=20（万元）。甲公司实际减轻负担=36–20=16（万元），员工增加工资20万元。

（二）雇佣退休人员

【筹划思路】企业雇用退休人员，二者不再构成《中华人民共和国劳动法》《中华人民共和国劳动合同法》意义上的劳动关系。企业向退休人员发放的报酬虽然在税法上属于工资薪金所得，需要依法纳税，但在劳动法上并不属于需要缴纳社保的工资。企业向退休人员发放的劳务报酬不需要缴纳社保和住房公积金。

【筹划案例7-17】甲公司原计划在2023年度招聘员工100人，人均月工资5 000元。由于甲公司的劳动岗位劳动强度小，退休人员也可以胜任。甲公司为此设计了两种用人方案：方案一，全部雇用尚未达到退休年龄的人员。方案二，全部雇用已经达到退休年龄的人员。假设甲公司所在地，个人缴纳

社保的比例为工资的 10.5%，企业缴纳社保的比例为工资的 32%，个人和企业缴纳住房公积金的比例均为工资的 10%。

在方案一下，甲公司的员工每年需要缴纳社保和住房公积金 =100×5 000×12×（10.5%+10%）=1 230 000（元），甲公司每年需要缴纳社保和住房公积金 =100×5 000×12×（32%+10%）=2 520 000（元），合计缴纳社保和住房公积金 =1 230 000+2 520 000=3 750 000（元）。

在方案二下，甲公司的员工每年少缴社保和住房公积金 1 230 000 元，甲公司每年少缴社保和住房公积金 2 520 000 元。

（三）利用劳务派遣与劳务外包

【筹划思路】企业既可以采取自己招聘员工的形式，也可以采取劳务派遣与劳务外包的形式。企业招聘员工需要负担员工的社保与住房公积金（以下简称"五险一金"），劳务派遣与劳务外包不需要负担员工的"五险一金"。在条件允许的前提下，企业可以充分利用劳务派遣与劳务外包的方式来减轻企业的"五险一金"负担。

【筹划案例 7-18】甲公司 2022 年度支付的员工工资总额为 1 000 万元，2023 年度甲公司设计了两种用工方案：方案一，继续采用 2022 年度的模式，由公司雇佣员工完成各项加工任务，预计工资总额为 1 200 万元。方案二，试点将部分加工任务外包出去，试点在部分新增工作岗位上采取劳务派遣的方式，由此，在完成相同工作任务的同时，可以将工资总额降为 800 万元。假设甲公司负担的"五险一金"为工资总额的 42%。

在方案一下，甲公司需要负担"五险一金"=1 200×42%=504（万元）。

在方案二下，甲公司需要负担"五险一金"=800×42%=336（万元）。方案二比方案一减轻"五险一金"负担 =504-336=168（万元）。

（四）将工资转化为劳务报酬

【筹划思路】企业短期、临时用工可以与劳动者签订劳务合同，向劳动者发放劳务报酬。劳务报酬不属于工资，劳动者与企业均不需要缴纳"五险一金"。在条件允许的前提下，企业可以充分利用劳务用工的方式减轻"五险一金"的负担。在使用这一方法时，应注意不能把全部劳动合同均改为劳务合同，应注意控制劳务合同用工的数量，通常情况下，劳务合同用工不超过全部职工的10%比较合理。

【筹划案例7-19】 甲公司预计2023年度发放工资总额为1 000万元，企业设计了两种用工方案：方案一，延续2022年度的模式，全体员工均签订劳动合同，缴纳"五险一金"。方案二，将部分短期用工由签订劳动合同改为签订劳务合同，由此将发放劳务报酬200万元，工资总额降低为800万元。假设甲公司负担的"五险一金"为工资总额的42%。

在方案一下，甲公司需要负担"五险一金"=1 000×42%=420（万元）。

在方案二下，甲公司需要负担"五险一金"=800×42%=336（万元）。

方案二比方案一减轻"五险一金"负担=420-336=84（万元）。

（五）将工资所得转为生产经营所得

【筹划思路】 员工与股东的身份在一定条件下可以互换。在合伙企业中，员工一旦转换为合伙人，其取得的所得将从工资薪金所得转变为经营所得。合伙人从合伙企业分取的经营利润是不需要缴纳"五险一金"的，合伙企业也不需要为合伙人缴纳"五险一金"。企业可以将部分车间、工厂、工作小组分立为独立的合伙企业，将其中的员工转变为合伙人，由此可以将工资薪金所得转变为经营所得。

【筹划案例7-20】 甲公司有员工1 000余人，其中有500余人在10个相对独立的车间从事不同产品的加工工作。2022年度甲公司发放的工资总额为5 000万元，预计2023年度发放的工资总额与2022年度大体相同。甲公司设计了两种用工方案：方案一，延续2022年度的用工模式，由甲公司直接向全体员工发放工资。方案二，将10个车间独立出去，设立10家合伙企业，原车间的员工全部变为合伙企业的合伙人，甲公司与10家合伙企业签订加工合同，由10家合伙企业完成往年的加工任务，甲公司按照以往工资总额向10家合伙企业支付加工费，合伙企业取得加工费后向每个合伙人分配合伙企业的利润。由此可以将5 000万元的工资转化为合伙企业的经营利润。假设员工负担的"五险一金"为工资总额的20.5%，甲公司负担的"五险一金"为工资总额的42%。

在方案一下，员工与甲公司负担的"五险一金"=5 000×（20.5%+42%）=3 125（万元）。

在方案二下,员工与甲公司负担的"五险一金"=(5 000–2 000)×(20.5%+42%)=1 875(万元)。方案二比方案一减轻"五险一金"负担=3 125–1 875=1 250(万元)。

(六)利用劳务服务平台组织用工

【筹划思路】劳务服务平台是随着互联网经济的发展而逐渐产生的。最典型的就是美团外卖。这些送外卖的小哥与美团平台之间既不是劳动关系,也不是传统的劳务关系,而更像是一种合作劳务关系。每一个外卖小哥就像一个个体户,与平台之间签订劳务合作合同。外卖小哥到税务局代开劳务费发票,提供给平台,平台根据发票向其支付劳务费。由于我国对小微企业有很多税收优惠,季度销售额不超过30万元的不缴纳增值税,外卖小哥到税务局开劳务费发票实际上并不需要缴纳增值税,仅需要缴纳个人所得税。由于个人去税务局代开发票耗时费力,税务局的工作量也比较大。因此,有人设立了劳务服务平台,代替这些个人去税务局开具发票,收取一定手续费。这一方法目前正处在试点阶段。部分地区已经有这样的平台。一些企业的部分员工也采取这种方式,即员工向企业提供劳务费发票,企业以报销的方式向员工支付相应费用,不计入工资。

这种方式与我们前面提到的,公司高管设立个体户,向公司开具发票,公司向个体户支付费用的方式比较类似,只是前面的个体户换成了这里的个人,个人不用成立个体户,直接去税务局代开发票。目前,国家税务总局已经在全国各地进行调研,未来可能会出台一些规范性的制度。部分企业在部分员工范围内尝试这种方式,目前不会有太大法律风险,未来出台规范性文件后,再按照相应文件予以规范。

【筹划案例7–21】甲公司将传统的销售业务逐步转移至互联网上,传统的员工也逐步转变为合作销售伙伴。在传统的销售模式下,甲公司每年需要向销售人员支付工资1 000万元。

在互联网合作销售模式下,合伙销售人员到税务机关或者劳务服务平台代开劳务费发票,甲公司根据销售业绩和发票金额向销售人员支付劳务费。由此,甲公司可以节约社保费支出=1 000×20%=200(万元)。销售人员也可以节约社保费支出=1 000×10%=100(万元)。

第二节 劳务报酬所得的纳税筹划

一、预缴劳务报酬中的纳税筹划

【筹划思路】劳务报酬所得虽然应并入综合所得综合计征个人所得税,但在实际征管中采取的是预缴与汇算清缴相结合的方法。扣缴义务人向居民个人支付劳务报酬所得时,应当按照以下方法按次或者按月预扣预缴税款:(1)劳务报酬所得以收入减除费用后的余额为收入额。(2)预扣预缴税款时,劳务报酬所得每次收入不超过4 000元的,减除费用按800元计算;每次收入4 000元以上的,减除费用按收入的20%计算。(3)劳务报酬所得以每次收入额为预扣预缴应纳税所得额,计算应预扣预缴税额。(4)居民个人办理年度综合所得汇算清缴时,应当依法计算劳务报酬所得的收入额,并入年度综合所得计算应纳税款,税款多退少补。根据这一预扣预缴方法,纳税人应尽量降低每次取得劳务报酬的数量,从而可以降低预扣预缴税款的数额。

【筹划案例7-22】秦先生为某大学教授,2022年度他在甲公司担任税务顾问,合同约定了两种支付方案:方案一,甲公司在2022年一次性向秦先生支付全年顾问费60 000元。方案二,甲公司在2022年分12次向秦先生支付全年顾问费,每次为5 000元。假设秦先生2022年度综合所得应纳税所得额(已经计算该60 000元顾问费)为100 000元,除该顾问费外,尚未预缴税款。

在方案一下,甲公司在支付顾问费时应预扣预缴税款=60 000×(1-20%)×30%-2 000=12 400(元)。秦先生2022年度综合所得应纳个人所得税=100 000×10%-2 520=7 480(元)。秦先生应申请退税=12 400-7 480=4 920(元)。

在方案二下,甲公司在支付顾问费时应预扣预缴税款=5 000×(1-20%)×20%×12=9 600(元)。秦先生2022年度综合所得应纳个人所得税=100 000×10%-2 520=7 480(元)。秦先生应申请退税=9 600-7 480=2 120(元)。方案二比方案一少占用秦先生资金=4 920-2 120=2 800(元)。

二、转移劳务报酬中的成本

【筹划思路】在预扣预缴劳务报酬的税款时,劳务报酬所得每次收入不超过4 000元的,减除费用按800元计算;每次收入4 000元以上的,减除费用按收入的20%计算。这种固定数额与固定比例的扣除模式导致花费成本较高的劳务报酬税负较高,为此,纳税人在取得劳务报酬时,原则上应将各类成本转移至被服务单位。由此可以降低劳务报酬的表面数额,从而降低劳务报酬的整体税收负担。

【筹划案例7-23】吴先生是全国著名的税法专家,每年在全国巡回讲座几十次。每次讲座课酬的支付方式有两种:方案一,邀请单位支付课酬60 000元,各种费用均由吴先生负担,假设每次讲座的交通费、住宿费、餐饮费等必要费用为10 000元。方案二,邀请单位支付课酬50 000元,各种费用均由邀请单位负担。

在方案一下,邀请单位需要预扣预缴税款=60 000×(1-20%)×30%-2 000=12 400(元)。吴先生自己负担的10 000元各类费用无法税前扣除,起不到抵税的作用。

在方案二下,邀请单位需要预扣预缴税款=50 000×(1-20%)×30%-2 000=10 000(元)。方案二比方案一节税=12 400-10 000=2 400(元)。

三、将部分劳务报酬分散至他人

【筹划思路】劳务报酬所得按照每个纳税人取得的数额分别计征个人所得税,因此,在纳税人的劳务实际上是由若干人提供的情况下,可以通过将部分劳务报酬分散至他人的方式来减轻税收负担。

【筹划案例7-24】某影视明星承担了甲影视公司的某个拍摄项目,整个拍摄工作在3个月内完成,甲影视公司需要支付劳务报酬120万元。甲公司设计了三种发放方案:方案一,拍摄任务完成后,一次性支付120万元劳务报酬。方案二,根据拍摄项目进度,每个月发放劳务报酬40万元。方案三,由于该影视明星雇用了10名工作人员为其服务,甲公司每月向该10名工作人员每人支付2万元劳务报酬,每月向该明星支付20万元劳务报酬。

在方案一下，甲公司需要预扣预缴税款=120×（1-20%）×40%-0.7=37.7（万元）。

在方案二下，甲公司每月需要预扣预缴税款=40×（1-20%）×40%-0.7=12.1（万元），合计预扣预缴税款=12.1×3=36.3（万元）。方案二比方案一少预扣税款=37.7-36.3=1.4（万元）。

在方案三下，甲公司每月需要为该明星预扣预缴税款=20×（1-20%）×40%-0.7=5.7（万元），甲公司每月需要为该工作人员预扣预缴税款=2×（1-20%）×20%×10=3.2（万元），合计预扣预缴税款=（5.7+3.2）×3=26.7（万元）。方案三比方案二少预扣税款=36.3-26.7=9.6（万元）。方案三比方案一少预扣税款=37.7-26.7=11（万元）。

四、将劳务报酬转变为公司经营所得

【筹划思路】根据《财政部 税务总局关于实施小微企业普惠性税收减免政策的通知》（财税〔2019〕13号）的规定，自2019年1月1日至2021年12月31日，对月销售额10万元以下（含本数）的增值税小规模纳税人，免征增值税。对小型微利企业年应纳税所得额不超过100万元的部分，减按25%计入应纳税所得额，按20%的税率缴纳企业所得税；对年应纳税所得额超过100万元但不超过300万元的部分，减按50%计入应纳税所得额，按20%的税率缴纳企业所得税。根据《财政部 税务总局关于明确增值税小规模纳税人免征增值税政策的公告》（财政部 税务总局公告2021年第11号）的规定，自2021年4月1日至2022年12月31日，对月销售额15万元以下（含本数）的增值税小规模纳税人，免征增值税。根据《财政部 税务总局关于对增值税小规模纳税人免征增值税的公告》（财政部 税务总局公告2022年第15号）的规定，自2022年4月1日至2022年12月31日，增值税小规模纳税人适用3%征收率的应税销售收入，免征增值税；适用3%预征率的预缴增值税项目，暂停预缴增值税。根据《财政部 国家税务总局关于实施小微企业和个体工商户所得税优惠政策的公告》（财政部 税务总局公告2021年第12号）的规定，自2021年1月1日至2022年12月31日，对小型微利企业年应纳税所得额不超过100万元的部分，在《财政部 税务总局关于实施小微企业普惠性税收减免政策的通知》(财税〔2019〕13号)第二条规定的优惠政策基础上,再减半征收企业所得税。对个体工商户年应纳税所得额不超过100万元的部分,在现行优惠政策基础上,减半征收个人所得税。

对于频繁取得劳务报酬且数额较大的个人,可以考虑成立公司来提供相关劳务,从而将个人劳务报酬所得转变为公司所得,由于小微企业可以享受较多税收优惠,这种转变可以大大降低个人的税收负担。

【筹划案例7-25】孙先生为某大学教授,其收入主要为所在大学的工资以及在某培训机构讲课的课酬。2022年度,孙先生所在大学发放工资总额为20万元,不考虑其他收入,由此计算的综合所得应纳税所得额为3.6万元。培训机构每月支付孙先生课酬8万元,如果考虑该课酬,孙先生2022年度的综合所得应纳税所得额将提高至80.4万元。某筹划公司为孙先生提供了两种方案:方案一,延续以往模式,由培训机构向孙先生每月支付课酬8万元。方案二,孙先生成立甲公司,由甲公司取得8万元收入。

在方案一下,孙先生综合所得应纳个人所得税 =80.4×35%-8.59=19.55(万元)。

在方案二下,孙先生综合所得应纳个人所得税 =3.6×3%=0.11(万元),甲公司每月取得8万元培训费,根据小微企业增值税优惠政策,不需要缴纳增值税及其附加。根据小微企业所得税优惠政策,甲公司需要缴纳企业所得税 =8×12×12.5%×20%=2.4(万元),合计纳税 =0.11+2.4=2.51(万元)。方案二比方案一节税 =19.55-2.51=17.04(万元)。

第三节 稿酬与特许权使用费所得的纳税筹划

一、稿酬所得的纳税筹划

【筹划思路】扣缴义务人向居民个人支付稿酬所得时,应当按照以下方法按次或者按月预扣预缴税款:(1)稿酬所得以收入减除费用后的余额为收入额;稿酬所得的收入额减按70%计算。(2)预扣预缴税款时,稿酬所得每次收入不超过 4 000 元的,减除费用按 800 元计算;每次收入 4 000 元以上的,减除费用按收入的 20% 计算。(3)稿酬所得以每次收入额为预扣预缴应纳税所得额,计算应预扣预缴税额。稿酬所得适用 20% 的比例预扣率。(4)居民个人办理年度综合所得汇算清缴时,应当依法计算稿酬所得的收入额,并入年度综合所得计算应纳税款,税款多退少补。稿酬所得的筹划除采取工资薪金所得、劳务报酬所得的筹划方法以外,最主要的方法就是多分次数,分给多个纳税人,降低预扣预缴税款的数额,如纳税人的年度综合所得数额有较大变化,可以在不同年度之间进行调节。

【筹划案例 7-26】赵女士在甲出版社出版了一本小说,稿酬总额为 10 万元。已知赵女士 2022 年度综合所得应纳税所得额为 3.6 万元,2023 年度预计综合所得应纳税所得额为 0,同时还有 5 万元的费用允许税前扣除。关于该笔稿酬发放的时间,甲出版社提供了两种方案:方案一,2022 年年底支付 10 万元稿酬。方案二,2023 年年初支付 10 万元稿酬。

在方案一下,该笔稿酬应当缴纳个人所得税 =100 000×70%×(1–20%)×10%=5 600(元)。

在方案二下,该笔稿酬应当缴纳个人所得税 =[100 000×70%×(1–20%)–50 000]×3%=180(元)。方案二比方案一节税 =5 600–180=5 420(元)。

二、特许权使用费所得的纳税筹划

【筹划思路】扣缴义务人向居民个人支付特许权使用费所得时,应当按照以下方法按次或者按月预扣预缴税款:(1)特许权使用费所得以收入减除费用后的余额为收入额。(2)预扣预缴税款时,特许权使用费所得每次收入不超过 4 000 元的,减除费用按 800 元计算;每次收入 4 000 元以上的,减除费用按收入的 20% 计算。(3)特许权使用费所得,以每次收入额为预扣预缴应纳税所得额,计算应预扣预缴税额。特许权使用费所得适用 20% 的比例预扣率。(4)居民个人办理年度综合所得汇算清缴时,应当依法计算特许权使用费所得的收入额,并入年度综合所得计算应纳税款,税款多退少补。特许权使用费所得的纳税筹划,除灵活运用上述工资薪金所得、劳务报酬所得、稿酬所得的筹划方法以外,最重要的就是尽量选择按年度支付特许权使用费,而不要按两年或者多年支付特许权使用费。

【**筹划案例 7-27**】周先生为甲公司工程师，每年综合所得应纳税所得额为 3.6 万元。2022 年度，周先生取得一项专利，授予乙公司使用 10 年，专利费总额为 100 万元。关于专利费支付方式，乙公司设计了三种方案：方案一：每 5 年支付专利费 50 万元，共支付 2 次。方案二，每两年支付专利费 20 万元，共支付 5 次。方案三，每年支付专利费 10 万元，共支付 10 次。

在方案一下，周先生取得 50 万元专利费需要缴纳个人所得税 =（14.4-3.6）×10%+（30-14.4）×20%+（42-30）×25%+（53.6-42）×30%=10.68（万元），合计缴纳个人所得税 =10.68×2=21.36（万元）。

在方案二下，周先生取得 20 万元专利费需要缴纳个人所得税 =（14.4-3.6）×10%+（23.6-14.4）×20%=2.92（万元），合计缴纳个人所得税 =2.92×5=14.6（万元）。方案二比方案一节税 =21.36-14.6=6.76（万元）。

在方案三下，周先生取得 10 万元专利费需要缴纳个人所得税 =10×10%=1（万元），合计缴纳个人所得税 =1×10=10（万元）。方案三比方案二节税 =14.6-10=4.6（万元）。方案三比方案一节税 =21.36-10=11.36（万元）。

第八章　个人经营所得的纳税筹划

> **导读**　本章介绍个人经营所得的纳税筹划，包括两节。第一节介绍个体工商户经营所得的纳税筹划，包括充分利用税法规定的各项扣除以及将个体工商户转变为一人有限责任公司。第二节介绍合伙企业经营所得的纳税筹划，包括增加合伙企业的合伙人以及合伙人平均分配合伙企业利润。

第一节　个体工商户经营所得的纳税筹划

一、充分利用税法规定的各项扣除

【筹划思路】个体工商户经营所得按照收入总额减去税法允许扣除的各项费用后的余额计算，因此，个体工商户在计算经营所得的应纳税所得额时，应尽量充分利用税法规定的各项扣除，尽量减少应纳税所得额，从而降低税收负担。

【筹划案例8-1】2021年度，秦先生注册了一家个体工商户，从事餐饮服务行业，每月销售额为10万元，按税法规定允许扣除的各项费用为2万元。秦先生的妻子也在该餐馆帮忙，但考虑是一家人，并未领取工资。2022年度，秦先生有两种方案可供选择：方案一，继续2021年度的经营模式，即其妻子继续在餐馆帮忙，但不领取工资。方案二，秦先生的妻子每月领取5 000

元的工资。

在方案一下,秦先生2022年度经营所得应纳税所得额=(10-2)×12=96(万元)。秦先生应当缴纳个人所得税=96×35%-6.55=27.05(万元)。

在方案二下,秦先生2022年度经营所得应纳税所得额=(10-2-0.5)×12=90(万元)。秦先生应当缴纳个人所得税=90×35%-6.55=24.95(万元)。方案二比方案一节税=27.05-24.95=2.1(万元)。

二、将个体工商户转变为一人有限责任公司

【筹划思路】随着我国对小微企业的所得实行更低的税率,小微企业的税负已经低于个体工商户。因此,个体工商户将其性质转变为一人有限责任公司可以降低税收负担。

【筹划案例8-2】李女士响应政府号召返乡创业,在某小学附近开办了"小卖部",性质为个体工商户。李女士每年可以取得经营所得应纳税所得额100万元。2022年度,李女士有三种方案可供选择:方案一,该"小卖部"继续保持个体工商户的性质。方案二,将"小卖部"注册为一人有限责任公司,税后利润全部分配。方案三,将"小卖部"注册为一人有限责任公司,税后利润保留在公司,不作分配。

在方案一下,李女士需要缴纳个人所得税=(100×35%-6.55)×(1-50%)=14.225(万元)。

在方案二下,"小卖部"公司需要缴纳企业所得税=100×12.5%×20%=2.5(万元)。李女士取得税后利润需要缴纳个人所得税=(100-2.5)×20%=19.5(万元)。合计纳税=2.5+19.5=22(万元)。方案二比方案一增加税收负担=22-14.225=7.775(万元)。

在方案三下,"小卖部"公司需要缴纳企业所得税=100×12.5%×20%=2.5(万元)。方案三比方案二节税=22-2.5=19.5(万元)。方案三比方案一节税=14.225-2.5=11.725(万元)。

第二节　合伙企业经营所得的纳税筹划

一、增加合伙企业的合伙人

【筹划思路】合伙企业经营所得应纳税所得额的计算方法与个体工商户相同，略有区别的是，合伙企业的应纳税所得额会按照比例分配给每一个合伙人，由合伙人计算缴纳个人所得税。由于增加一个合伙人就可以增加基本扣除6万元，合伙企业的合伙人越多，每个合伙人缴纳的个人所得税就越少。

【筹划案例8-3】甲合伙企业2021年度的应纳税所得额为100万元，平均分配给2个合伙人。2022年度甲合伙企业有两种方案可供选择：方案一，仍然保持2个合伙人。方案二，2个合伙人均将自己的配偶或者其他直系亲属1人增加为合伙人，合伙企业的应纳税所得额平均分配给4个合伙人。假设该4个合伙人均未取得除合伙企业利润以外的其他所得，每个合伙人的基本扣除标准均为6万元。

在方案一下，每个合伙人需要缴纳个人所得税=（50-6）×30%-4.05=9.15（万元）。合计缴纳个人所得税=9.15×2=18.3（万元）。

在方案二下，每个合伙人需要缴纳个人所得税=（25-6）×20%-1.05=2.75（万元）。合计缴纳个人所得税=2.75×4=11（万元）。方案二比方案一节税=18.3-11=7.3（万元）。

二、合伙人平均分配合伙企业利润

【筹划思路】合伙企业的合伙人按照下列原则确定应纳税所得额：（1）合伙企业的合伙人以合伙企业的生产经营所得和其他所得，按照合伙协议约定的分配比例确定应纳税所得额；（2）合伙协议未约定或者约定不明确的，以全部生产经营所得和其他所得，按照合伙人协商决定的分配比例确定应纳税所得额；（3）协商不成的，以全部生产经营所得和其他所得，按照合伙人实缴出资比例确定应纳税所得额；（4）无法确定出资比例的，以全部生产经营所得和其他所得，按照合伙人数量平均计算每个合伙人的应纳税所得额。由于合伙人应纳税所得额适用的是超额累进税率，在全体合伙人平均分配合伙企业利润的情形下可以实现整体税负的最轻。

【筹划案例8-4】甲合伙企业2022年度的应纳税所得额为100万元（假设已经扣除合伙人的个人扣除额）。甲合伙企业共有4个合伙人，有三种分配方案：方案一，4个合伙人的分配数额分别为6万元、6万元、6万元和82万元。方案二，4个合伙人的分配数额分别为3万元、9万元、30万元和58万元。方案三，4个合伙人平均分配，每人均为25万元。

在方案一下，全体合伙人应当缴纳个人所得税=6×5%×3+82×35%-6.55=23.05（万元）。

在方案二下，全体合伙人应当缴纳个人所得税=3×5%+9×10%-0.15+30×20%-1.05+58×35%-6.55=19.6（万元）。方案二比方案一节税=23.05-19.6=3.45（万元）。

在方案三下，全体合伙人应当缴纳个人所得税=（25×20%-1.05）×4=15.8（万元）。方案三比方案二节税=19.6-15.8=3.8（万元）。方案三比方案一节税=23.05-15.8=7.25（万元）。

第九章 个人财产转让所得的纳税筹划

> **导读**
>
> 本章介绍个人财产转让所得的纳税筹划，包括三节。第一节介绍个人不动产转让所得的纳税筹划，包括利用"满五唯一"免税政策、利用近亲属房产赠与免税政策、利用核定征税政策以及利用不动产投资分期纳税政策。第二节介绍个人股权转让所得的纳税筹划，包括利用小微企业转让股权、利用双层公司分配股息以及利用股权代持实现股权转让的目的。第三节介绍个人其他财产转让所得的纳税筹划，包括个人技术出资的纳税筹划以及拍卖物品选择核定征税。

第一节 个人不动产转让所得的纳税筹划

一、利用"满五唯一"免税政策

【筹划思路】根据《财政部 国家税务总局关于个人所得税若干政策问题的通知》（财税〔1994〕020号）的规定，个人转让自用达5年以上，并且是唯一的家庭生活用房取得的所得，暂免征收个人所得税。根据《财政部 国家税务总局 建设部关于个人出售住房所得征收个人所得税有关问题的通知》（财税〔1999〕278号）的规定，对个人转让自用5年以上，并且是家庭唯一生活用房取得的所得，继续免征个人所得税。如果纳税人满足上述税收优惠政策的条件，应尽量享受该税收优惠政策。需要注意的是，上述

"5年"的起算点是取得房产证或者缴纳契税之日,因此,纳税人购买房产以后应尽快缴纳契税。

【筹划案例9-1】郑先生2015年1月以300万元购买了家庭第一套住房且当月缴纳了契税。2023年2月,郑先生计划购买家庭第二套住房并出售第一套住房。关于家庭住房的换购,郑先生有两种方案可供选择:方案一,先购置第二套住房,待搬家以后,再以500万元转让第一套住房。方案二,先以500万元转让第一套住房,临时租房安置家具,再购买第二套住房。本案例仅考虑个人所得税,不考虑其他税费。

在方案一下,郑先生转让第一套住房需要缴纳个人所得税=(500-300)×20%=40(万元)。

在方案二下,郑先生转让第一套住房可以享受免征个人所得税的优惠政策。方案二比方案一节税40万元。

【筹划案例9-2】彭大妈老伴去世多年,其名下仅有一套住房,该套住房为10年前购置,购买价格为100万元,目前市场价格为500万元。彭大妈计划将该套住房转给其独子,未来由其儿子再将该套住房转让。有两种转移方案可供选择:方案一,彭大妈将该套住房赠与其独子,3年后,其儿子再将该套住房以600万元出售。方案二,彭大妈将该套住房以500万元的价格卖给其独子,3年后,其儿子再将该套住房以600万元出售。本案例仅考虑个人所得税,不考虑其他税费。

在方案一下,彭大妈将该套住房赠与其独子可以享受免税政策,彭大妈的儿子出售该套住房需要缴纳个人所得税=(600-100)×20%=100(万元)。

在方案二下,彭大妈将该套住房卖给其独子可以享受免税政策,彭大妈的儿子出售该套住房需要缴纳个人所得税=(600-500)×20%=20(万元)。方案二比方案一节税=100-20=80(万元)。

二、利用近亲属房产赠与免税政策

【筹划思路】根据《财政部 国家税务总局关于个人无偿受赠房屋有关个人所得税问题的通知》(财税〔2009〕78号)的规定,以下情形的房屋产权无偿赠与,对当事双方不征收个人所得税:(1)房屋产权所有人将房屋产权无偿赠与配偶、父母、子女、祖父母、外祖父母、孙子女、外孙子女、兄弟姐妹。(2) 房屋产权所有人将房屋产权无偿赠与对其承担直接抚养或者赡养义务的抚养人或者赡养人。(3) 房屋产权所有人死亡,依法取得房屋产权的法定继承人、遗嘱继承人或者受遗赠人。除上述情形以外,房屋产权所有人将房屋产权无偿赠与他人的,受赠人因无偿受赠房屋取得的受赠所得,按照 20% 的税率缴纳个人所得税。对受赠人无偿受赠房屋计征个人所得税时,其应纳税所得额为房地产赠与合同上标明的赠与房屋价值减除赠与过程中受赠人支付的相关税费后的余额。受赠人转让受赠房屋的,以其转让受赠房屋的收入减除原捐赠人取得该房屋的实际购置成本以及赠与和转让过程中受赠人支付的相关税费后的余额,为受赠人的应纳税所得额,依法计征个人所得税。纳税人可以充分利用上述直系亲属房产赠与免税的优惠政策进行纳税筹划。

【筹划案例 9-3】张先生准备将一套住房赠与其侄子,已知该套住房为张先生 5 年前以 200 万元购买的,目前的市场价格为 500 万元。张先生有两种方案可供选择:方案一,张先生直接将该套住房赠与其侄子。方案二,张先生将该套住房赠与其弟弟,张先生的弟弟再赠予他的儿子(即张先生的侄子)。仅考虑个人所得税,本案例不考虑其他税费。

在方案一下,张先生的侄子需要缴纳个人所得税 =500×20%=100(万元)。

在方案二下,张先生将该套住房赠与其弟弟可以享受免税优惠,张先生的弟弟再赠予他的儿子(即张先生的侄子)也可以享受免税优惠。方案二比方案一节税 100 万元。

【筹划案例 9-4】赵先生准备将一套住房赠与其侄子,已知该套住房为赵先生 5 年前以 200 万元购买的,目前的市场价格为 500 万元。赵先生的哥哥(即赵先生侄子的父亲)已经去世,赵先生的侄子目前为 30 周岁。赵先生有两种方案可供选择:方案一,赵先生直接将该套住房赠与其侄子。方案二,赵先生将该套住房的永久居住权赠与其侄子并办理公证,同时设立一份公证遗嘱,赵先生去世后,将该套住房遗赠给其侄子。本案例仅考虑个人所得税,不考虑其他税费。

在方案一下,赵先生的侄子需要缴纳个人所得税 =500×20%=100(万元)。

在方案二下,赵先生将该套住房的永久居住权赠与其侄子不需要缴纳所得税,赵先生去世后将该套住房遗赠给其侄子可以享受免税优惠。方案二比方案一节税 100 万元。

三、利用核定征税政策

【筹划思路】根据《国家税务总局关于个人住房转让所得征收个人所得税有关问题的通知》(国税发〔2006〕108号)的规定，对住房转让所得征收个人所得税时，以实际成交价格为转让收入。纳税人申报的住房成交价格明显低于市场价格且无正当理由的，征收机关依法有权根据有关信息核定其转让收入，但必须保证各税种计税价格一致。纳税人未提供完整、准确的房屋原值凭证，不能正确计算房屋原值和应纳税额的，税务机关可根据《税收征收管理法》的规定，对其实行核定征税，即按纳税人住房转让收入的一定比例核定应纳个人所得税额。具体比例由省级地方税务局或者省级地方税务局授权的地市级地方税务局根据纳税人出售住房的所处区域、地理位置、建造时间、房屋类型、住房平均价格水平等因素，在住房转让收入 1%~3% 的幅度内确定。如果纳税人转让房产的购置年代较久、增值较高，税务机关不掌握该房产的购置成本信息，纳税人可以申请税务机关核定征收个人所得税。

【筹划案例 9-5】马先生 25 年前以 100 万元购置一套房产，且房产购置发票、合同等凭证丢失，目前准备以 800 万元出售。马先生有两种方案可供选择：方案一，按照实际成本计算缴纳个人所得税。方案二，马先生可申请税务机关按照 3% 的比率核定征收个人所得税。本案例仅考虑个人所得税，不考虑其他税费。

在方案一下，马先生需要缴纳个人所得税 =(800–100)×20%=140(万元)。

在方案二下，马先生需要缴纳个人所得税 =800×3%=24(万元)。方案二比方案一节税 =140–24=116(万元)。

四、利用不动产投资分期纳税政策

【筹划思路】根据《财政部 国家税务总局关于个人非货币性资产投资有关个人所得税政策的通知》(财税〔2015〕41号)的规定，个人以非货币性资产投资，属于个人转让非货币性资产和投资同时发生。对个人转让非货币性资产的所得，应按照"财产转让所得"项目，依法计算缴纳个人所得税。个人以非货币性资产投资，应按评估后的公允价值确认非货币性资产转让收入。非货币性资产转让收入减除该资产原值及合理税费后的余额为应纳税所得额。个人应在发生上述应税行为的次月15日内向主管税务机关申报纳税。纳税人一次性缴税有困难的，可合理确定分期缴纳计划并报主管税务机关备案后，自发生上述应税行为之日起不超过5个公历年度内分期缴纳个人所得税。纳税人在使用自有不动产投资创办公司时，可以充分利用上述分期缴纳个人所得税的优惠政策。

【筹划案例9-6】朱先生计划将一套店铺投资设立一家有限责任公司。已知该店铺为5年前以200万元购置，目前的市场价为300万元。朱先生有两种方案可供选择：方案一，在店铺过户时一次性缴纳个人所得税。方案二，在店铺过户时分5年缴纳个人所得税，前4年每年缴税100元。本案例仅考虑个人所得税，不考虑其他税费。

在方案一下，朱先生需要在当期缴纳个人所得税=（300–200）×20%=20（万元）。

在方案二下，朱先生仅需在当期象征性地缴纳100元税款，20万元的税款可以延期5年缴纳。假设5年贷款年利率为5%，方案二比方案一节税=20×5%×5=5（万元）。

第二节 个人股权转让所得的纳税筹划

一、利用小微企业转让股权

【筹划思路】个人转让股权适用的税率是20%，目前利润100万元以下的小微企业实际适用的所得税税率仅为2.5%，因此，如能在最初投资时即设立双层公司，由上层小微企业作为转让股权的主体，利用小微企业的低税率优惠就可以最大限度地降低股权转让所得的税收负担。

【筹划案例9-7】周先生计划投资100万元持有甲公司10%的股权，若干年后再以200万元的价格转让该10%的股权。周先生应当缴纳个人所得税＝（200-100）×20%=20（万元）。

如果周先生在投资甲公司时采取双层公司结构，即周先生投资设立乙公司，乙公司投资100万元持有甲公司10%的股权，若干年后乙公司以200万元的价格转让其10%的股权。乙公司应当缴纳企业所得税＝（200-100）×12.5%×20%=2.5（万元）。节税=20-2.5=17.5（万元）。

二、利用双层公司分配股息

【筹划思路】根据《个人所得税法》的规定，个人取得股息需要缴纳20%的个人所得税。根据《企业所得税法》的规定，公司从公司取得股息属于免税所得，不缴纳企业所得税。很多被转让股权的公司都有较大数额的未分配利润，如能利用双层公司的结构，在股权转让之前将未分配利润分配至上一层公司，就可以降低股权转让的价格，从而降低股权转让的所得税。

【筹划案例9-8】吴先生于10年前投资100万元创办了甲公司。为减轻税收负担，甲公司10年的利润均未分配，目前已经累计达到1 000万元。吴先生准备将甲公司的股权转让给他人，转让价为1 200万元。吴先生需要缴纳个人所得税＝（1 200-100）×20%=220（万元）。

如果吴先生在10年前即创办双层公司，即吴先生投资110万元创办乙公司，乙公司再投资100万元设立甲公司。乙公司在转让甲公司之前，可以将甲公司1 000万元的未分配利润分配至乙公司。由此，甲公司的股权转让价可以降至200万元。乙公司需要缴纳企业所得税＝（200-100）×12.5%×20%=2.5（万元）。除甲公司外，吴先生投资其他公司也通过乙公司进行，这样就可以将所有投资利润均留在乙公司层面。通过纳税筹划，节税=220-2.5=217.5（万元）。

这一方案主要利用公司从公司取得股息免税的优惠政策。如果吴先生事先并未设置双层公司，此时股权转让就必须多交费了。如果甲公司的净资产为1 200万元，吴先生已经没有节税的空间。如果甲公司的净资产为

1 100万元，吴先生可以先成立乙公司，将甲公司股权以1 100万元的价格转让给乙公司，纳税200万元。甲公司向乙公司分红100万元后，再以1 100万元转让甲公司股权，此时甲公司取得的100万元股息可以免税，节税20万元。

三、利用股权代持实现股权转让的目的

【筹划思路】个人转让股权需要缴纳个人所得税，个人转让股权的收益权不需要缴纳个人所得税。纳税人可以通过股权代持的方式实现股权转让，待时机合适时再实际转让股权。

【筹划案例9-9】刘先生持有甲公司20%的股权，该笔股权的投资成本为100万元，目前对应的公司净资产为200万元。刘先生准备以200万元转让给王先生。刘先生应当缴纳个人所得税=（200-100）×20%=20（万元）。

如果刘先生与王先生签订股权代持协议，刘先生作为名义股东，王先生作为实际出资人，刘先生将该20%股权的一切权利均委托王先生代为行使，同时将股权质押给王先生，为此，王先生向刘先生支付200万元。王先生每年取得甲公司的分红。若干年后，因甲公司经营不善，出现亏损，甲公司20%股权对应的净资产仅为110万元。此时，刘先生再将该笔股权以110万元的名义价格（实际不需支付任何价款）转让给王先生，刘先生需要缴纳个人所得税=（110-100）×20%=2（万元）。通过纳税筹划，节税=20-2=18（万元）。

第三节 个人其他财产转让所得的纳税筹划

一、个人技术出资的纳税筹划

【筹划思路】根据《财政部 国家税务总局关于完善股权激励和技术入股

有关所得税政策的通知》（财税〔2016〕101号）的规定，个人以技术成果投资入股到境内居民企业，被投资企业支付的对价全部为股票（权）的，个人可选择继续按现行有关税收政策执行，也可选择适用递延纳税优惠政策。选择技术成果投资入股递延纳税政策的，经向主管税务机关备案，投资入股当期可暂不纳税，允许递延至转让股权时，按股权转让收入减去技术成果原值和合理税费后的差额计算缴纳所得税。个人选择适用上述任一项政策，均允许被投资企业按技术成果投资入股时的评估值入账并在企业所得税前摊销扣除。技术成果是指专利技术（含国防专利）、计算机软件著作权、集成电路布图设计专有权、植物新品种权、生物医药新品种，以及科技部、财政部、国家税务总局确定的其他技术成果。技术成果投资入股，是指纳税人将技术成果所有权让渡给被投资企业、取得该企业股票（权）的行为。纳税人可以根据上述税收优惠政策进行纳税筹划。

【筹划案例9-10】某科研人员涂女士取得一项专利，估值1 000万元，成本100万元。涂女士准备将该项专利投资入股甲公司，以发挥其社会效益。涂女士有三种方案可供选择：方案一，将该项技术投资入股甲公司，在当期缴纳个人所得税。方案二，将该项技术投资入股甲公司，选择5年分期缴纳个人所得税。方案三，将该项技术投资入股甲公司，选择递延纳税优惠。

在方案一下，涂女士需要在当期缴纳个人所得税=（1 000-100）×20%=180（万元）。

在方案二下，涂女士在当期不需要缴纳个人所得税，只需要在第5年缴纳180万元税款即可。涂女士由此节省了税款利息。

在方案三下，只要涂女士不转让甲公司的股权，可以一直不缴纳个人所得税。方案三比方案一节税180万元。

【筹划案例9-11】钱先生投资创办了甲公司，每年盈利1 000万元，缴纳企业所得税250万元。2022年度，钱先生以100万元低价收购了若干项专利，经评估，其以1 000万元投资甲公司，同时选择递延纳税优惠。根据税法规定，该批专利的投资成本分10年摊销，每年摊销100万元，即每年减少甲公司的应纳税款25万元，10年可以减少甲公司的应纳税款250万元。钱先生为此付出的成本仅为 100 万元,不考虑该批专利给甲公司带来的利润,仅考虑上述抵税效果,甲公司由此实现节税 =250-100=150(万元)。

二、拍卖物品选择核定征税

【筹划思路】根据《国家税务总局关于加强和规范个人取得拍卖收入征收个人所得税有关问题的通知》(国税发〔2007〕38 号)的规定,个人财产拍卖所得适用"财产转让所得"项目计算应纳税所得额时,纳税人凭合法有效凭证(税务机关监制的正式发票、相关境外交易单据或海关报关单据、完税证明等),从其转让收入额中减除相应的财产原值、拍卖财产过程中缴纳的税金及有关合理费用。纳税人如不能提供合法、完整、准确的财产原值凭证,不能正确计算财产原值的,按转让收入额的 3%(征收率)计算缴纳个人所得税;拍卖品为经文物部门认定的海外回流文物的,按转让收入额的 2%(征收率)计算缴纳个人所得税。如纳税人拥有的拍卖品增值较高且税务机关并不掌握拍卖品的成本,纳税人可以选择核定征税。

【筹划案例 9-12】陈先生酷爱收藏,若干年前在中国香港以 10 万元购得一幅古画。现陈先生通过拍卖的方式将该幅古画以 500 万元出售。陈先生有两种纳税方案可供选择:方案一,提供其在香港购买古画的成本凭证,按照实际所得计算缴纳个人所得税。方案二,若无法提供其在香港购买古画的成本凭证,由税务机关核定征税。本案例仅考虑个人所得税,不考虑其他税费。

在方案一下,陈先生应缴纳个人所得税 =(500-10)×20%=98(万元)。

在方案二下,陈先生应缴纳个人所得税 =500×3%=15(万元)。方案二比方案一节税 =98-15=83(万元)。

第十章 个人其他所得的纳税筹划

> **导读**
>
> 本章介绍个人其他所得的纳税筹划,包括两节。第一节介绍股息所得的纳税筹划,包括利用双层公司留存股息、利用借款取得公司未分配利润以及利用上市公司股息差别化税收政策。第二节介绍财产租赁所得的纳税筹划,包括增加财产租赁所得的次数以及利用公司取得财产租赁所得。

第一节 股息所得的纳税筹划

一、利用双层公司留存股息

【筹划思路】个人从非上市公司取得股息需要缴纳 20% 的个人所得税,公司从非上市公司取得股息免税。个人可以利用这种税制的差异,在投资之初即设置双层公司,下层公司从事实体经营,上层公司用来留存下层公司分配的股息。

【筹划案例 10-1】孙先生持有甲公司 40% 的股权,每年从甲公司取得股息 500 万元,甲公司代扣代缴个人所得税 100 万元。如果孙先生在投资之初先设立孙氏投资公司,由孙氏投资公司向甲公司投资并持有甲公司 40% 的股权,孙氏投资公司每年从甲公司取得股息 500 万元可以免税,由此实现每年节税 100 万元的目的。

二、利用借款取得公司未分配利润

【筹划思路】根据《财政部 国家税务总局关于规范个人投资者个人所得税征收管理的通知》(财税〔2003〕158号)的规定,纳税年度内个人投资者从其投资企业(个人独资企业、合伙企业除外)借款,在该纳税年度终了后既不归还,又未用于企业生产经营的,其未归还的借款可视为企业对个人投资者的红利分配,依照"利息、股息、红利所得"项目计征个人所得税。纳税人可以利用上述政策将利润留在投资公司,通过借款的方式取得公司未分配利润。

【筹划案例10-2】马先生投资设立了一人有限责任公司甲公司。甲公司每年产生100万元的未分配利润。关于该未分配利润的使用方式,马先生有三种方案可供选择:方案一,甲公司直接向马先生分配100万元的股息。方案二,马先生将甲公司的未分配利润以借款的形式取出,等公司解散时再归还。方案三,马先生在年初将甲公司的未分配利润借出,年底予以归还,第二年年初再将甲公司的未分配利润借出,年底再予以归还,循环往复。本案例仅考虑该100万元未分配利润的个人所得税,不考虑其他税费。

在方案一下,马先生需要缴纳个人所得税$=100\times 20\%=20$(万元)。

在方案二下,马先生需要缴纳个人所得税$=100\times 20\%=20$(万元)。由于马先生不会主动缴纳税款,未来被税务机关查处时还面临每日5‰的滞纳金(相当于年利息18.25%)以及罚款。

在方案三下,马先生不需要缴纳个人所得税。方案三比方案二、方案一节税20万元。

三、利用上市公司股息差别化税收政策

【筹划思路】根据《财政部 国家税务总局 证监会关于上市公司股息红利差别化个人所得税政策有关问题的通知》(财税〔2015〕101号)的规定,自2015年9月8日起,个人从公开发行和转让市场取得的上市公司股票,持股期限超过1年的,股息红利所得暂免征收个人所得税。个人从公开发行和转让市场取得的上市公司股票,持股期限在1个月以内(含1个月)的,

其股息红利所得全额计入应纳税所得额；持股期限在1个月以上至1年（含1年）的，暂减按50%计入应纳税所得额；上述所得统一适用20%的税率计征个人所得税。纳税人在取得股息以后，应尽量延长持有股票的时间，以减轻上市公司股息的税收负担。

【筹划案例10-3】2022年12月10日，沈女士购买了甲上市公司的股票。2022年12月30日，沈女士获得了甲上市公司的股息10万元。沈女士有3种持股方案可供选择：方案一，沈女士在2023年1月10日之前转让甲公司的股票。方案二，沈女士在2023年1月11日以后、在2023年12月10日之前转让甲公司的股票。方案三，沈女士在2023年12月11日以后转让甲公司的股票。本案例仅考虑该10万元股息的个人所得税，不考虑其他税费。

在方案一下，沈女士应当缴纳个人所得税 =10×20%=2（万元）。

在方案二下，沈女士应当缴纳个人所得税 =10×50%×20%=1（万元）。方案二比方案一节税 =2-1=1（万元）。

在方案三下，沈女士免纳个人所得税。方案三比方案二节税1万元。方案三比方案一节税2万元。

第二节　财产租赁所得的纳税筹划

一、增加财产租赁所得的次数

【筹划思路】根据《个人所得税法》的规定，财产租赁所得，每次收入不超过4 000元的，减除费用800元；4 000元以上的，减除20%的费用，其余额为应纳税所得额。根据《个人所得税法实施条例》的规定，财产租赁所得，以一个月内取得的收入为一次。财产租赁所得的费用扣除实行定额与定率相结合的方法，如能将财产租赁所得多分几次，使得每次财产租赁所得均低于4 000元，可以起到节税的效果。

【筹划案例10-4】关先生将某商场的一层对外出租，年租金为36万元。

关先生有两种方案可供选择：方案一，将商场一层整个出租给某公司，月租金为30 000元。方案二，将商场一层出租给10家个体工商户，每家每月租金为3 000元。本案例仅考虑个人所得税，不考虑其他税费。

在方案一下，关先生全年需要缴纳个人所得税=30 000×（1-20%）×20%×12=57 600（元）。

在方案二下，关先生全年需要缴纳个人所得税=（3 000-800）×20%×10×12=52 800（元）。方案二比方案一节税=57 600-52 800=4 800（元）。

二、利用公司取得财产租赁所得

【筹划思路】财产租赁所得适用20%的税率。由于小微企业的实际所得税税率已经降至2.5%，对长期经营的财产租赁而言，由公司作为经营主体更能起到节税的效果。

【筹划案例10-5】张先生计划出资1 000万元购置一处门面房，出租给某银行，每年取得100万元租金。张先生有两种方案可供选择：方案一，由张先生购置该处门面房，由个人出租给银行。方案二，张先生成立甲公司，由甲公司购置该处门面房并出租给银行。本案例仅考虑个人所得税，不考虑其他税费。甲公司每年提取门面房折旧50万元。

在方案一下，张先生需要缴纳个人所得税=100×（1-20%）×20%=16（万元）。

在方案二下，甲公司需要缴纳企业所得税=（100-50）×12.5%×20%=1.25（万元）。方案二比方案一节税=16-1.25=14.75（万元）。

第十一章 个人所得税典型诉讼案例分析

本章介绍个人所得税典型诉讼案例，包括四节：第一节介绍股权转让个人所得税退税案，第二节介绍个人所得税偷税查处违法案，第三节介绍个人所得税举报复议案，第四节介绍个人所得税退税申请不予受理案。

第一节 股权转让个人所得税退税案

【相关法律制度】

（一）税收征收管理相关法律制度

根据《税收征收管理法》第五十一条的规定，纳税人超过应纳税额缴纳的税款，税务机关发现后应当立即退还；纳税人自结算缴纳税款之日起3年内发现的，可以向税务机关要求退还多缴的税款并加计银行同期存款利息，税务机关及时查实后应当立即退还；涉及从国库中退库的，依照法律、行政法规有关国库管理的规定退还。

根据《税收征收管理法实施细则》第七十八条的规定，税务机关发现纳税人多缴税款的，应当自发现之日起10日内办理退还手续；纳税人发现多缴税款，要求退还的，税务机关应当自接到纳税人退还申请之日起30日内查实并办理退还手续。《税收征收管理法》第五十一条规定的加计银行同期存款利息的多缴税款退税，不包括依法预缴税款形成的结算退税、出口退税和各种减免退税。退税利息按照税务机关办理退税手续当天中国人民银行规定的活期存款利率计算。

（二）个人所得税相关法律制度

根据《国家税务总局关于纳税人收回转让的股权征收个人所得税问题的批复》（国税函〔2005〕130号）的规定：股权转让合同履行完毕、股权已作变更登记，且所得已经实现的，转让人取得的股权转让收入应当依法缴纳个人所得税。转让行为结束后，当事人双方签订并执行解除原股权转让合同、退回股权的协议，是另一次股权转让行为，对前次转让行为征收的个人所得税款不予退回。股权转让合同未履行完毕，因执行仲裁委员会作出的解除股权转让合同及补充协议的裁决、停止执行原股权转让合同，并原价收回已转让股权的，由于其股权转让行为尚未完成、收入未完全实现，随着股权转让关系的解除，股权收益不复存在，根据《个人所得税法》和《税收征收管理法》的有关规定，以及从行政行为合理性原则出发，纳税人不应缴纳个人所得税。

根据《股权转让所得个人所得税管理办法（试行）》（国家税务总局公告2014年第67号）第四条的规定，个人转让股权，以股权转让收入减除股权原值和合理费用后的余额为应纳税所得额，按"财产转让所得"项目缴纳个人所得税。合理费用是指股权转让时按照规定支付的有关税费。

（三）行政复议与行政诉讼相关法律制度

根据《中华人民共和国行政诉讼法》（以下简称《行政诉讼法》）第二十六条的规定，公民、法人或者其他组织直接向人民法院提起诉讼的，作出行政行为的行政机关是被告。经复议的案件，复议机关决定维持原行政行为的，作出原行政行为的行政机关和复议机关是共同被告；复议机关改变原行政行为的，复议机关是被告。复议机关在法定期限内未作出复议决定，公民、法人或者其他组织起诉原行政行为的，作出原行政行为的行政机关是被告；起诉复议机关不作为的，复议机关是被告。两个以上行政机关作出同一行政行为的，共同作出行政行为的行政机关是共同被告。行政机关委托的组织所作的行政行为，委托的行政机关是被告。行政机关被撤销或者职权变更的，继续行使其职权的行政机关是被告。

根据《行政诉讼法》第七十条的规定，行政行为有下列情形之一的，人民法院判决撤销或者部分撤销，并可以判决被告重新作出行政行为：主要证据不足的，适用法律、法规错误的，违反法定程序的，超越职权的，滥用职权的，明显不当的。

根据《最高人民法院关于适用〈中华人民共和国行政诉讼法〉的解释》（法释〔2018〕1号）第一百三十六条的规定，人民法院对原行政行为作出判决的同时，应当对复议决定一并作出相应判决。人民法院依职权追加作出原行政行为的行政机关或者复议机关为共同被告的，对原行政行为或者复议决定可以作出相应判决。人民法院判决撤销原行政行为和复议决定的，可以判决作出原行政行为的行政机关重新作出行政行为。人民法院判决作出原行政行为的行政机关履行法定职责或者给付义务的，应当同时判决撤销复议决定。原行政行为合法、复议决定违法的，人民法院可以判决撤销复议决定或者确认复议决定违法，同时判决驳回原告针对原行政行为的诉讼请求。原行政行为被撤销、确认违法或者无效，给原告造成损失的，应当由作出原行政行为的行政机关承担赔偿责任；因复议决定加重损害的，由复议机关对加重部分承担赔偿责任。原行政行为不符合复议或者诉讼受案范围等受理条件，复议机关作出维持决定的，人民法院应当裁定一并驳回对原行政行为和复议决定的起诉。

【案例名称】股权转让个人所得税退税案

本案例依据江苏省宿迁市宿城区人民法院（2018）苏1302行初191号行政判决书。

【基本事实与各方观点】

原告王某某诉被告国家税务总局宿迁市税务局第三税务分局（以下简称"市税务第三分局"）、国家税务总局宿迁市税务局（以下简称"市税务局")税务行政管理及行政复议一案,经江苏省宿迁市中级人民法院指定集中管辖,向宿城区人民法院提起诉讼,该院于 2018 年 7 月 18 日立案受理,依法组成合议庭,于 2018 年 8 月 29 日公开开庭审理了该案。由于国税地税征管体制改革,税收征缴的职能由市税务第三分局行使,该院依法将被告由国家税务总局宿迁市税务局第一税务分局变更为市税务第三分局,并于 2018 年 11 月 21 日公开开庭审理了该案。

原江苏省宿迁地方税务局第一税务分局(以下简称"原地税第一分局")根据原告王某某的申请,于 2017 年 9 月作出退税决定,予以退税 6.14 万元。原告不服申请行政复议,原江苏省宿迁地方税务局(以下简称"原地税局")于 2018 年 6 月 27 日作出宿地税复决字〔2018〕第 2 号《行政复议决定书》,驳回王某某复议请求,维持原地税第一分局作出的税务行政行为。

原告王某某诉称,原告王某某系江苏甲公司 31 名股东之一,2016 年 7 月 17 日湖北乙公司与王某某等 31 名股东签订《股权转让协议》。该协议约定:王某某等 31 名股东等比例出让 51% 股权,原始总价 7 803 万元,交易总价 39 940.14 万元,其中王某某出让 51% 股权的原始价为 25.5 万元,交易价为 130.52 万元,股权转让款分三期付清,其中第三期 20% 的股权转让款应于 51% 股权过户至湖北乙公司名下后 10 个工作日内支付。2016 年 10 月 11 日王某某等 31 名股东完成了 51% 股权工商变更登记手续,并合计缴纳了个人所得税 6 231.72 万元,其中王某某缴纳个人所得税 20.36 万元、印花税 652.60 元。但湖北乙公司未按照约定及时支付剩余股权转让款,经多次催要,至 2017 年 2 月 24 日湖北乙公司仍有 12 858.20 万元股权转让款没有支付给 31 名股东,其中尚欠王某某 42.02 万元。在此情况下,31 名股东要求湖北乙公司按原价退回全部股权。经协商,双方在 2017 年 2 月 24 日签订《股权转让协议的补充协议》,约定湖北乙公司原价退回 41% 的股权给 31 名股东,剩余 10% 股权的交易价格由原来的 7 831.4 万元变更为 4 000 万元,其中王某某 10% 的股权交易价格由原来的 25.59 万元变更为 13.07 万元。2017 年 4 月 10 日双方完成了退回 41% 股权的工商变更登记手续。由于王某某最终收益所得仅为 80 047.4 元〔收益 = 交易价 − 原始价 − 印花税,即 130 700−50 000−652.60= 80 047.4(元)〕,应缴纳个人所得税 80 047.4×20%=16 009.48(元)。根据国家税务总局国税函〔2005〕130 号第二条及《税收征收管理法》第五十一条、

第十一章　个人所得税典型诉讼案例分析

《税收征收管理法实施细则》第七十八条的规定，原地税第一分局应当退回原告个人所得税 187 641.54 元（203 651.02-16 009.48）及逾期银行存款利息，而现仅同意退回 6.14 万元，原告不服向原地税局申请行政复议，该局仍维持原地税第一分局的决定。因国家税务机构改革，原江苏省宿迁市国家税务局和江苏省宿迁地方税务局于 2018 年 7 月 5 日合并成立国家税务总局宿迁市税务局，原江苏省宿迁地方税务局第一税务分局的职权也应相应变更由国家税务总局宿迁市税务局第一税务分局行使，故诉至法院，要求撤销原地税第一分局作出的退还原告税款 6.14 万元的行政决定；撤销原地税局作出的宿地税复决字〔2018〕第 2 号行政复议决定；要求重新作出退税决定，并补充退还税款 12.63 万元及逾期退税利息。

原告为了证实自己的主张向法院提交了以下证据：股权转让协议；股权转让前公司章程；股权转让后公司章程；股权转让后营业执照及工商变更登记通知书；股东先后收到 2.7 亿元股权转让款以及李某某收到转让款银行转账明细，证明王某某等 31 名股东与湖北乙公司签订《股权转让协议》，将各自持有的江苏甲公司 51% 股权转让给湖北乙公司，并办理了工商变更登记，但受让人湖北乙公司仅支付了部分转让款，存在严重逾期付款违约行为，导致双方产生矛盾；股权转让协议的补充协议；退回 41% 股权后工商变更备案通知书、出资情况、股东会决议及公司章程；付款合同及第三方代退股权款银行进账明细，证明在履行股权转让协议过程中发生争议，经协商双方对转让股权份额及价格进行了变更，受让方退回 41% 股权，转让方退回股权转让款 23 081.94 万元，另 10% 股权转让价格进行了调整由原来总价款 7 831.4 万元变更为 4 000 万元；税收缴款书（两张），证明收取原告个人所得税 20.36 万元、印花税 652.6 元；退（抵）税申请表，证明原告在股权转让协议变更后申请退税 18.75 万元，被告仅退税 6.14 万元；国家税务总局国税函〔2005〕130 号文关于纳税人收回转让的股权征收个人所得税问题的批复，证明该批复是原告申请退税的法律依据；受理复议通知书及行政复议决定书，证明原地税局作出了错误的复议决定；《关于国家税务总局宿迁市税务局挂牌成立的公告》和《国家税务总局宿迁市税务局关于税务机构改革有关事项的公告》，证明国税地税合并，单位名称暂未明确，以及原告起诉情况。

被告市税务第三分局辩称，第三分局承担纳税申报、税款征缴、税收退还、纳税服务等职责，在办理税收退还业务中，因为原告提出的退税申请金额较大，被告进行请示及讨论，根据个人所得税法和征管法有关规定对原告提出的退税申请进行核实后，作出予以退还6.14万元的决定。在该业务办理过程中，税收行政行为正确，退税程序规范，不存在超越职权或者滥用职权等行为，请求驳回原告的诉讼请求。

被告市税务第三分局未向法庭提交证据。

被告市税务局辩称，2016年9月9日湖北乙公司与原告就持有的江苏甲公司股权签订转让协议，约定原告按51%的比例转让股权，被转让股权原始价为25.5万元，交易价为130.52万元。2016年7月21日至10月26日湖北乙公司支付原告款项累计88.50万元，占原约定价款的67%。2016年10月11日原告与湖北乙公司完成了股权工商变更登记手续。2016年10月31日原告缴纳个人所得税20.36万元、印花税652.60元。由于湖北乙公司没有按约定支付剩余款项，双方又签订补充协议。原协议由湖北乙公司按51%比例购买原告持有的江苏甲公司股权，补充协议修改为湖北乙公司按10%比例购买原告持有的江苏甲公司股权，交易价为13.07万元。2017年4月，原告向原地税第一分局提出了退税申请，2017年9月原地税第一分局作出退税决定，退还原告个人所得税6.14万元。综上，被告市税务局认为2016年10月11日原告与湖北乙公司已经完成了股权工商变更登记手续，第一次股权转让行为已经完成，且股权并非原价收回，不符合国家税务总局国税函〔2005〕130号文第二条规定的情形，请求驳回原告的诉讼请求。

市税务局为了证实自己的主张向法院提交了以下证据：印花税申报表；个人所得税申报表；股权转让协议；纳税人身份信息，证明征税行为符合税收法律规定；原地税第一分局税务事项通知书；退税申请表；退税申请报告；税款开票查询；王某某身份信息，证明原地税第一分局的退税行为符合税收法律规定；行政复议申请书；受理复议通知书及送达回证；行政复议答复通知书；原地税第一分局关于王某某退税的相关回复及证据材料；宿迁市工商行政管理局公司准予变更登记通知书；行政复议决定书；送达回证；王某某申请行政复议时提供的材料，证明王某某的股权转让协议已经完成，其退税请求缺乏法律依据。法律法规依据：《个人所得税法》，《行政复议法》，《税收征管法》，国家税务总局公告2014年第67号文，国家税务总局国税函

[2005] 130号文关于纳税人收回转让的股权征收个人所得税问题的批复。

经庭审质证,法院对原被告提供的证据作如下认定:原被告提供的证据能证明原告就其持有的江苏甲公司股权与湖北乙公司签订股权转让协议,约定了交易股权比例及价格,原告在收到部分转让款后办理了股权工商变更手续并缴纳了个人所得税。后因剩余款项未支付,双方又签订补充协议,对原交易股权比例及价格进行了变更。后原告又办理了股权工商变更登记。后原告申请退税,原地税第一分局作出了退税决定,原告对退税数额不服申请复议,原地税局作出了维持决定。上述证据来源合法,对其真实性原被告也均无异议,对其证明的上述事实法院予以确认。

根据上述证据分析认定及庭审查明的情况,法院对该案事实认定如下:

原告王某某系江苏甲公司股东之一,2016年7月17日湖北乙公司(甲方)、江苏甲公司王某某等31名股东(乙方)与江苏甲公司(丙方)签订《股权转让协议》,约定湖北乙公司收购王某某等31名股东所持有的江苏甲公司51%的股权,王某某等31名股东均按照相同比例转让股权,同时约定51%股权原始总价7 803万元,转让价39 940.14万元,转让款分三期付清。其中王某某出让51%股权原始价为25.5万元,交易价为130.52万元。2016年7月21日至10月26日湖北乙公司陆续支付王某某等31名股东股权转让款27 081.94万元,其中王某某收到股权转让款88.5万元。2016年10月11日湖北乙公司与王某某等31名股东在宿迁市工商行政管理局办理了公司股权变更登记手续。后王某某等31名股东共缴纳个人所得税6 231.72万元,其中王某某缴纳个人所得税20.36万元,印花税652.60元。由于湖北乙公司未按约定期限支付剩余股权转让款,2017年2月24日湖北乙公司与王某某等31名股东、江苏甲公司签订《股权转让协议的补充协议》,约定原协议约定的购买王某某等31名股东所持有的江苏甲公司51%的股权,修改为收购王某某等31名股东所持有的江苏甲公司10%的股权,湖北乙公司多受让的江苏甲公司41%股权按照原持股比例退还王某某等31名股东,同时约定10%股权转让价为4 000万元,其中王某某10%股权转让价为13.07万元。2017年4月10日双方办理了股权变更工商登记手续。2017年5月25日王某某申请退税18.75万元,2017年9月原地税第一分局对原告的申请予以审批,退税金额为6.14万元。原告不服申请复议,2018年6月27日原地税局作出宿地税复决字

〔2018〕第2号行政复议决定，维持原地税第一分局作出的税务行政行为。原告不服诉至法院，提出上述诉请。

另查明，根据国家税务总局宿迁市税务局《关于税务机构改革有关事项的公告》要求，原江苏省宿迁市国家税务局和原江苏省宿迁地方税务局合并成立国家税务总局宿迁市税务局，并于2018年7月5日挂牌。同时根据2018年9月29日国家税务总局宿迁市税务局《关于派出机构有关事项的公告》，国家税务总局宿迁市税务局第二税务分局承担纳税辅导、咨询服务、办税服务、权益保护等工作。

本案争议焦点为：第一，原地税第一分局作出退还6.14万元税款决定有无事实及法律依据，程序是否合法？第二，原地税局的复议程序是否合法？

法院认为，《行政诉讼法》第二十六条第六款规定："行政机关被撤销或者职权变更的，继续行使其职权的行政机关是被告"。本案中，由于国税地税征管体制改革，国税地税机构合并以及征管职责的调整，原地税第一分局的税收征管职责由被告市税务第三分局行使，同时根据《行政复议法》第十二条第二款规定："对海关、金融、国税、外汇管理等实行垂直领导的行政机关和国家安全机关的具体行政行为不服的，向上一级主管部门申请行政复议"，故市税务第三分局及市税务局是本案的适格被告。

根据《税收征收管理法》的规定，税务机关负责其征收范围内的税收征收管理工作。税收的开征、停征、减税、免税、退税、补税，依照法律法规的规定执行。在中华人民共和国境内，个人取得收入应缴纳个人所得税。本案中，湖北乙公司与原告等31名股东签订《股权转让协议》，其中涉及原告51%股权交易价为130.52万元，在原告仅收到88.5万元转让款后，双方又签订补充协议，将原按51%比例购买的股权变更为按10%比例，并约定交易价为13.07万元。国家税务总局《股权转让所得个人所得税管理办法（试行）》第四条第一款规定："个人转让股权，以股权转让收入减除股权原值和合理费用后的余额为应纳税所得额，按财产转让所得缴纳个人所得税。"涉案双方对退税的数额有争议，究其根本是对股权转让收入的认定存在分歧，原地税第一分局认定原告股权转让收入88.5万元，法院认为，该款项是在合同履行过程中原告收到的阶段性款项，且交易双方也未将该款项确定为交易价，在此情况下被告以此为依据计算个人所得税没有事实及法律依据。《税收征收管理法实施细则》第七十八条第一款规定："税务机关发现纳税人多缴税款的，应当自发现之日起 10 日内办理退还手续；纳税人发现多缴税款，要求退还的，税务机关应当自接到纳税人退还申请之日起 30 日内查实并办理退还手续。"本案中，原告于 2017 年 5 月 25 日向原地税第一分局申请退税，原地税第一分局于 2017 年 9 月才作出退税决定，明显超过上述法定期限，其程序违法。被告市税务第三分局辩称案件复杂可以延长办理期限，但未提供证据证明，法院不予采纳。综上，原地税第一分局作出的退税决定事实不清、证据不足、程序违法，依法应予撤销。原地税局作出的行政复议决定没有事实依据，应同时予以撤销。依照《行政诉讼法》第七十条第（1）（3）项及《最高人民法院关于适用〈中华人民共和国行政诉讼法〉的解释》第一百三十六条第 1、第 3 款的规定，判决：第一，撤销原江苏省宿迁地方税务局第一税务分局作出的退还税款 6.14 万元的决定，责令被告国家税务总局宿迁市税务局第三税务分局在该判决生效之日起 30 内对原告王某某的退税申请重新作出处理；第二，撤销原江苏省宿迁地方税务局作出的宿地税复决字〔2018〕第 2 号行政复议决定。案件受理费 50 元，由被告国家税务总局宿迁市税务局第三税务分局负担。

【争议焦点】

1. 本案纳税人的股权转让所得是否已经实现？
2. 本案纳税人的行为是否符合《国家税务总局关于纳税人收回转让的股权征收个人所得税问题的批复》（国税函〔2005〕130 号）的规定？

【案例点评】

1. 本案纳税人的股权转让所得是否已经实现？

企业所得税实行权责发生制，企业的所得是否实现根据合同的约定以及股权转让行为是否完成工商登记为标准，与企业是否实际收到股权转让所得无关。但个人所得税实行收付实现制，个人的所得是否实现除应根据合同约定以及股权转让行为是否完成工商登记进行判断以外，还应考虑纳税人是否实际收到股权转让价款。本案纳税人只收到部分股权转让价款，因此，只能认为部分实现股权转让所得,尚未收取的价款所对应的股权转让所得尚未实现。

2. 本案纳税人的行为是否符合《国家税务总局关于纳税人收回转让的股权征收个人所得税问题的批复》(国税函〔2005〕130号)的规定?

国税函〔2005〕130号文件根据法律规定的基本原则以及实质课税原则,认为,凡是股权转让行为已经完成、所得已经实现的,相应的纳税义务就已经产生,所缴纳的税款不应退还。但在股权转让行为尚未完成、所得尚未实现时,相应的纳税义务尚未产生,所缴纳的税款理应退还。本案纳税人所涉及的股权转让行为显然尚未完成,所得尚未全部实现,可以根据国税函〔2005〕130号文件的规定申请退税。

第二节 个人所得税偷税查处违法案

【相关法律制度】

(一)行政诉讼相关法律制度

根据《中华人民共和国行政诉讼法》(以下简称《行政诉讼法》)第四十八条的规定,公民、法人或者其他组织因不可抗力或者其他不属于其自身的原因耽误起诉期限的,被耽误的时间不计算在起诉期限内。公民、法人或者其他组织因前款规定以外的其他特殊情况耽误起诉期限的,在障碍消除后10日内,可以申请延长期限,是否准许由人民法院决定。

根据《行政诉讼法》第六十九条的规定,行政行为证据确凿,适用法律、法规正确,符合法定程序的,或者原告申请被告履行法定职责或者给付义务理由不成立的,人民法院判决驳回原告的诉讼请求。

根据《行政诉讼法》第七十四条的规定,行政行为有下列情形之一的,人民法院判决确认违法,但不撤销行政行为:行政行为依法应当撤销,但撤销会给国家利益、社会公共利益造成重大损害的;行政行为程序轻微违法,但对原告权利不产生实际影响的。行政行为有下列情形之一,不需要撤销或者判决履行的，人民法院判决确认违法；行政行为违法，但不具有可撤销内容的；被告改变原违法行政行为，原告仍要求确认原行政行为违法的；被告不履行或者拖延履行法定职责，判决履行没有意义的。

根据《最高人民法院关于适用〈中华人民共和国行政诉讼法〉若干问题的解释》（法释〔2015〕9号，案件发生当时有效，目前已经失效）第三条的规定，有下列情形之一，已经立案的，应当裁定驳回起诉：不符合《行政诉讼法》第四十九条规定的；超过法定起诉期限且无正当理由的；错列被告且拒绝变更的；未按照法律规定由法定代理人、指定代理人、代表人为诉讼行为的；未按照法律、法规规定先向行政机关申请复议的；重复起诉的；撤回起诉后无正当理由再行起诉的；行政行为对其合法权益明显不产生实际影响的；诉讼标的已为生效裁判所羁束的；不符合其他法定起诉条件的。人民法院经过阅卷、调查和询问当事人，认为不需要开庭审理的，可以迳行裁定驳回起诉。

（二）国家赔偿相关法律制度

根据《最高人民法院关于审理行政赔偿案件若干问题的规定》（法发〔1997〕10号）第三十三条的规定，被告的具体行政行为违法但尚未对原告合法权益造成损害的，或者原告的请求没有事实根据或法律根据的，人民法院应当判决驳回原告的赔偿请求。

根据《中华人民共和国国家赔偿法》（以下简称《国家赔偿法》）第三十六条的规定，侵犯公民、法人和其他组织的财产权造成损害的，按照下列规定处理：处罚款、罚金、追缴、没收财产或者违法征收、征用财产的，返还财产；查封、扣押、冻结财产的，解除对财产的查封、扣押、冻结，造成财产损坏或者灭失的，依照本条相关规定赔偿；应当返还的财产损坏的，能够恢复原状的恢复原状，不能恢复原状的，按照损害程度给付相应的赔偿金；应当返还的财产灭失的，给付相应的赔偿金；财产已经拍卖或者变卖的，给付拍卖或者变卖所得的价款；变卖的价款明显低于财产价值的，应当支付相应的赔偿金；吊销许可证和执照、责令停产停业的，赔偿停产停业期间必要的经常性费用开支；返还执行的罚款或者罚金、追缴或者没收的金钱，解除冻结的存款或者汇款的，应当支付银行同期存款利息；对财产权造成其他损害的，按照直接损失给予赔偿。

【案例名称】个人所得税偷税查处违法案

本案例依据河南省南阳市中级人民法院（2017）豫13行终18号行政判决书。

【基本事实与各方观点】

上诉人镇平县地方税务局为确认行政行为违法及行政赔偿一案，不服淅川县人民法院（2016）豫1326行初32号行政判决，向南阳市中级人民法院提起上诉。

淅川县人民法院一审查明：2003年3月20日，被告镇平县地方税务局接到群众举报原告唐某某涉嫌偷税后，决定对其进行调查，同时向镇平县公安局移交了该举报材料。2003年3月31日，被告向原告唐某某送达了镇地税告字〔2003〕第09号税务行政处罚事项告知书及镇地税涉处字〔2003〕第09号税务处理决定书；4月5日向原告唐某某送达了镇地税罚字〔2003〕第09号税务行政处罚决定书；4月9日向原告送达了镇地税涉税字〔2003〕第1号限期缴纳税款通知书。2003年4月22日，原告唐某某分两次向被告交纳了个人所得税合计2万元。2003年7月15日，镇平县公安局决定对原告唐某某涉嫌偷税一案进行立案侦查。2004年9月9日，被告对原告所展销的5件玉货（其中独玉瓶1个、碧玉亭1对、碧玉熏1对。）进行了查封扣押，向原告送达了镇地税扣字〔2004〕第077号查封扣押证，并出具了扣押收据即扣押清单，随后将该5件玉器全部拍卖抵税。2014年，原告唐某某向南阳市中级人民法院提起行政诉讼请求确认被告镇平县地方税务局行政行为违法及行政赔偿，南阳市中级人民法院指定西峡县人民法院管辖，诉讼过程中原告以所涉嫌偷税案件未定性自愿提出撤诉，西峡县人民法院经审理认为原告撤诉不违反法律规定，准予其撤回起诉。2016年1月4日，镇平县公安局作出镇公（经）终侦字〔2016〕0001号终止侦查决定书，以"1.本案非单位犯罪；2.现有卷中没有证据证实犯罪嫌疑人唐某某实施了偷税行为"为由，决定对原告唐某某涉嫌偷税案终止侦查。原告唐某某认为，镇平县公安局作出的终止侦查决定认定其本人并不存在偷税行为，被告镇平县地方税务局对其征收税款及扣押玉货的行为违法，故起诉至人民法院请求依法确认被告扣押玉货及征收税款行为违法并返还所扣押玉货及所交纳的税款并赔偿相关损失。另查明，原告唐某某自 2001 年至 2006 年任镇平县玉器有限责任公司董事长。被告镇平县地方税务局所查封扣押的 5 件玉货中，独玉瓶 1 件系原告唐某某所有，其余 4 件系原告唐某某接受案外人陈某某委托代销，所有权属于案外人陈某某。其中独玉瓶 1 件价值 1.5 万元，其余 4 件合计 14 万元，共计 15.5 万元。另外，原告唐某某已经返还了案外人陈某某的财产损失 14 万元。

淅川县人民法院一审认为：

关于被告镇平县地方税务局征收税款行为和查封扣押行为的认定。

第一，征收税款行为的认定。首先，本案中，被告提交的涉税卷宗中的两份询问笔录均是侦查机关镇平县公安局作出的，而镇平县公安机关在作出终止侦查决定时，认定原告唐某某并未实施偷税行为；其次被告所提交的其他证据也均不能证实原告唐某某存在偷税违法行为。换言之，原告唐某某自始至终并不存在任何偷税行为，因此被告所作出的征收税款决定及相关的行政行为均没有任何事实依据，属于违法行政行为。

第二，查封扣押行为的认定。首先，由上述认定的事实可知，原告唐某某并不存在偷税的违法行为，因此被告所采取的税收保全措施缺乏直接的事实依据，税收保全行为违法。其次，被告在采取税收保全措施时，并未尽到合理谨慎义务查明所保全财产的所有权问题，造成扣押对象错误，属于认定事实不清。

关于原告唐某某起诉是否超出法定起诉期限和是否构成"一事不再理"的认定。

第一，是否超出起诉期限的认定。根据《行政诉讼法》第四十八条规定，公民因其他不属于自身的原因耽误起诉期限的，被耽误的时间不计算在起诉期限内。本案中，原告唐某某因一直涉嫌偷税犯罪自 2003 年 7 月 15 日起被镇平县公安局立案侦查至 2016 年 1 月 4 日终止侦查，此侦查行为耽误的期间属于法律规定的不属于归于原告自身的原因。因此，被告对于原告超出起诉期限的意见本院不予支持。

第二，原告是否构成"一事不再理"的认定。原告唐某某虽然在 2014 年西峡县人民法院审理该行政行为的过程中撤回起诉，但镇平县公安机关以原告不存在偷税行为为由终止侦查的决定属于原告在法院再次起诉的正当理由，而不属于《最高人民法院关于适用〈中华人民共和国行政诉讼法〉若干问题的解释》第三条第1款第（7）项规定的"撤回起诉后无正当理由再行起诉的"应当裁定驳回起诉的情形。

关于原告所诉行政赔偿的认定。根据《国家赔偿法》第三十六条第（五）（八）项的规定，原告所诉的赔偿事项不属于法律规定赔偿事项或者对财产权造成其他损害的直接损失的范畴，法院不予支持。

综上，按照《行政诉讼法》第七十四条第2款第（1）项，《最高人民法院关于审理行政赔偿案件若干问题的规定》第三十三条的规定，判决：确认被告镇平县地方税务局征收税款及查封扣押行为违法；责令被告镇平县地方税务局自该判决生效之日起30日内向原告唐某某支付已征收税款2万元和查封扣押财物的价值15.5万，合计17.5万元；驳回原告唐某某的其他诉讼请求。案件受理费50元，由被告镇平县地方税务局负担。

上诉人镇平县地方税务局不服该判决上诉称：本案的扣押行为和涉嫌犯罪是两个不同的行为，各自独立而存在，公安机关立案侦查行为并不影响行使行政诉讼权，一审把两种行为混为一谈，明显为超过起诉期限的被上诉人找借口，被上诉人的起诉已超过起诉期限。上诉人于2003年3月31日向镇平县玉器有限公司负责人唐某某送了《税务处理决定书》，被上诉人于2003年4月22日以镇平县玉器有限公司名义缴税13 297.2元，以唐某某个人名义缴税6 702.8元，一审法院在不撤销《税务处理决定书》的情况下，判决返还2万元税款明显违法。上诉人虽然出具了扣押手续，但实际上并未扣押，上诉人一审时提供的出庭证人证实了这一过程，一审错误地认为扣押成功。一审判决赔偿该损失没有依据。请求撤销一审判决，驳回被上诉人的诉讼请求。

被上诉人唐某某答辩称：答辩人因涉嫌偷税犯罪至2016年1月14日终止侦查，因刑事案件的存在根本无法通过行政诉讼渠道维护自身权利，刑事案件的存在属于法律规定的不属于原告的自身的原因，没有超过起诉期限，也因刑事案件的存在，起诉又撤诉，也不存在重复起诉，答辩人没有偷税行为，作出征收税款和扣押是违法的，上诉人向答辩人出具了扣押证和扣押财物专用收据，已经改变扣押货物的占有主体，至于货物被扣押后的动向，属于上诉人的保管问题，与答辩人无关。被扣货物价格有证据在卷。被上诉人的上诉理由不能成立，请求维持一审判决。

法院二审查明的事实同一审法院相一致。

二审法院认为：上诉人于 2003 年 3 月 31 日作出的镇地税涉处〔2003〕第 09 号《税务处理决定书》的行政相对人是镇平县玉器有限责任公司，并不是被上诉人本人，一审法院确认上诉人向被上诉人征收税款及扣押行为违法并无不妥。关于被上诉人偷税问题，基于同一事实，出现了法律授权的刑事侦查行为和行政机关的行政行为，本案中，在刑事侦查行为尚未侦查终结，当事人不宜对上诉人该行政行为提起行政诉讼，也正基于此，被上诉人曾向人民法院提起行政诉讼后撤诉，在刑事侦查终结后，被上诉人即提起行政诉讼请求主张，一审法院认定其起诉并未超过起诉期限，也不属于重复起诉并无不妥。上诉人对被上诉人展示的货物进行扣押时向被上诉人送达了相关的法律文书。上诉人辩称没有扣押，并没有向被上诉人送达解除扣押的法律文书或告知被上诉人，现被上诉人被扣货物不能退还，对此上诉人应当承担过错责任，予以赔偿。上诉人在庭审中称其已对〔2003〕南民三终字第 01158 号等民事判决提起案外人异议之诉，申请本案中止审理问题，因相关民事判决认定的事实，并不影响上诉人违法扣押造成被上诉人货物损失的事实存在而免责。因此，上诉人的上诉理由和请求均不能成立，法院不予支持。依照《行政诉讼法》第 69 条第 1 款第（1）项之规定，判决驳回上诉，维持淅川县人民法院（2016）豫 1326 行初 32 号行政判决。本案二审诉讼费 50 元，由上诉人负担。

【争议焦点】

1. 纳税人不构成偷税罪是否意味着税务机关的偷税认定是错误的？
2. 本案是否超过行政诉讼的起诉时限？

【案例点评】

1. 纳税人不构成偷税罪是否意味着税务机关的偷税认定是错误的？

纳税人不构成偷税罪并不意味着税务机关的偷税认定是错误的，因为偷税罪与偷税违法行为的构成要件并不完全相同，构成偷税违法行为的并不一定构成偷税罪。但在本案中，税务机关是依据公安机关调查的证据来认定纳税人构成偷税行为的，在公安机关最终认定纳税人不构成偷税罪的情形下，税务机关必须依据独立的证据来认定纳税人构成偷税违法行为。

2. 本案是否超过行政诉讼的起诉时限？

法律设置行政诉讼的起诉时限是为了督促当事人及时行使权利，也便于相关纠纷的及时解决。如非当事人原因导致超过起诉时限，从权利保护以及纠纷解决等原则出发，法律应允许当事人提起行政诉讼。《行政诉讼法》第四十八条的规定正是基于这一考虑。本案纳税人在第一次提起行政诉讼时，正处于被追究刑事责任的过程中，在公安机关尚未对纳税人是否构成偷税做出最终认定的情形下，法院也难以正确审理税务行政纠纷。因此，本案纳税人具备"不属于其自身的原因耽误起诉期限"的情形，法院受理纳税人提起的行政诉讼是正确的。

第三节 个人所得税举报复议案

【相关法律制度】

（一）行政复议相关法律制度

根据《行政复议法》第三条的规定，依照《行政复议法》履行行政复议职责的行政机关是行政复议机关。行政复议机关负责法制工作的机构具体办理行政复议事项，履行下列职责：受理行政复议申请；向有关组织和人员调查取证，查阅文件和资料；审查申请行政复议的具体行政行为是否合法与适当，拟订行政复议决定；处理或者转送对《行政复议法》第七条所列有关规定的审查申请；对行政机关违反《行政复议法》规定的行为依照规定的权限和程序提出处理建议；办理因不服行政复议决定提起行政诉讼的应诉事项；法律、法规规定的其他职责。行政机关中初次从事行政复议的人员，应当通过国家统一法律职业资格考试取得法律职业资格。

根据《行政复议法》第七条的规定，公民、法人或者其他组织认为行政机关的具体行政行为所依据的下列规定不合法，在对具体行政行为申请行政复议时，可以一并向行政复议机关提出对该规定的审查申请：国务院部门的规定；县级以上地方各级人民政府及其工作部门的规定；乡、镇人民政府的规定。上述所列规定不含国务院部、委员会规章和地方人民政府规章。规章的审查依照法律、行政法规办理。

根据《行政复议法》第十五条的规定，对《行政复议法》第十二条、第十三条、第十四条规定以外的其他行政机关、组织的具体行政行为不服的，按照下列规定申请行政复议：对县级以上地方人民政府依法设立的派出机关的具体行政行为不服的，向设立该派出机关的人民政府申请行政复议；对政府工作部门依法设立的派出机构依照法律、法规或者规章规定，以自己的名义作出的具体行政行为不服的，向设立该派出机构的部门或者该部门的本级地方人民政府申请行政复议；对法律、法规授权的组织的具体行政行为不服的，分别向直接管理该组织的地方人民政府、地方人民政府工作部门或者国务院部门申请行政复议；对两个或者两个以上行政机关以共同的名义作出的具体行政行为不服的，向其共同上一级行政机关申请行政复议；对被撤销的行政机关在撤销前所作出的具体行政行为不服的，向继续行使其职权的行政机关的上一级行政机关申请行政复议。有上述所列情形之一的，申请人也可以向具体行政行为发生地的县级地方人民政府提出行政复议申请，由接受申请的县级地方人民政府依照《行政复议法》第十八条的规定办理。

根据《行政复议法》第十七条的规定，行政复议机关收到行政复议申请后，应当在5日内进行审查，对不符合该法规定的行政复议申请，决定不予受理，并书面告知申请人；对符合本法规定，但是不属于本机关受理的行政复议申请，应当告知申请人向有关行政复议机关提出。除上述规定外，行政复议申请自行政复议机关负责法制工作的机构收到之日起即为受理。

根据《行政复议法》第十八条的规定，依照《行政复议法》第十五条第2款的规定接受行政复议申请的县级地方人民政府，对依照《行政复议法》第十五条第1款的规定属于其他行政复议机关受理的行政复议申请，应当自接到该行政复议申请之日起7日内，转送有关行政复议机关，并告知申请人。

接受转送的行政复议机关应当依照《行政复议法》第十七条的规定办理。

根据《税务行政复议规则》（国家税务总局令第44号）第十九条的规定，对下列税务机关的具体行政行为不服的，按照下列规定申请行政复议：对两个以上税务机关以共同的名义作出的具体行政行为不服的，向共同上一级税务机关申请行政复议；对税务机关与其他行政机关以共同的名义作出的具体行政行为不服的，向其共同上一级行政机关申请行政复议。对被撤销的税务机关在撤销以前所作出的具体行政行为不服的，向继续行使其职权的税务机关的上一级税务机关申请行政复议。对税务机关作出逾期不缴纳罚款加处罚款的决定不服的，向作出行政处罚决定的税务机关申请行政复议。但是对已处罚款和加处罚款都不服的，一并向作出行政处罚决定的税务机关的上一级税务机关申请行政复议。申请人向具体行政行为发生地的县级地方人民政府提交行政复议申请的，由接受申请的县级地方人民政府依照《行政复议法》第十五条、第十八条的规定予以转送。

（二）行政诉讼相关法律制度

根据《行政诉讼法》第六十九条的规定，行政行为证据确凿，适用法律、法规正确，符合法定程序的，或者原告申请被告履行法定职责或者给付义务理由不成立的，人民法院判决驳回原告的诉讼请求。

【案例名称】个人所得税举报复议案

本案例依据上海市第二中级人民法院（2015）沪二中行终字第580号行政判决书。

【基本事实与各方观点】

上诉人范某某因行政复议申请不予受理决定一案，不服上海市杨浦区人民法院（2015）杨行初字第99号行政判决，向上海市第二中级人民法院提起上诉。

原审认定，2015年3月，范某某向上海市杨浦区税务部门投诉，要求税务部门指令上海甲公司、上海乙公司缴纳范某某2012年3、4月剩余工薪税款；侦查追缴两公司偷漏的税款，并依法追究其刑事责任；将查明的事实书面告知

第十一章 个人所得税典型诉讼案例分析

范某某。2015年5月6日,上海市地方税务局杨浦区分局第二税务所(以下简称"第二税务所")作出书面答复,告知上海甲公司2012年3月22日与范某某签订劳动合同后,2012年3月至2012年6月(2012年7月解除与被举报人劳动关系)每月以银行转账的形式支付范某某月工资且为其申报个人所得税,暂未发现范某某反映的税收违法事项。2015年5月24日,范某某向上海市税务部门申请复议,后变更被申请人,于2015年8月1日向上海市地方税务局杨浦区分局(以下简称"杨浦地税局")申请行政复议,要求撤销上述答复,并指令第二税务所重新作出具体行政行为。杨浦地税局于2015年8月5日作出沪地税杨复不受决〔2015〕1号税务行政复议申请不予受理决定,对范某某就第二税务所于2015年5月6日作出的书面答复提起的行政复议申请,决定不予受理。该不予受理决定于同月6日送达范某某。范某某不服,遂起诉要求撤销上述税务行政复议申请不予受理决定,指令杨浦地税局受理其申请。

原审法院认为,根据《行政复议法》第三条、第十五条第1款第(2)项,《税务行政复议规则》第十九条第1款第(2)项之规定,杨浦地税局作为第二税务所的上级机关,具有作出被诉行政复议申请不予受理决定的法定职权。杨浦地税局在收到范某某的行政复议申请后,在法定的期限内作出不予受理决定,并将决定书送达范某某,执法程序合法。范某某申请行政复议所指向的书面答复,系税务部门鉴于范某某检举人的身份而对其举报事项的查办结果所作出的反馈和告知,未设定范某某税务等权利义务,并非对范某某的权利义务产生实际影响的行为。范某某认为税务部门的查处结果与其工资相关联,但该查处结果并未影响范某某就相关劳动争议进行权利救济。故杨浦地税局以该答复行为不属于税务行政复议范围为由,决定对范某某的行政复议申请不予受理,并无不当。范某某的诉讼请求,缺乏事实和法律依据,不予支持。原审法院遂依据《行政诉讼法》第六十九条之规定,判决驳回范某某的诉讼请求。判决后,范某某不服,提出上诉。

上诉人范某某上诉称:被上诉人作出行政复议申请不予受理决定无任何事实和法规依据,请求撤销原审判决,撤销被诉行政复议申请不予受理决定,指令立案受理。

被上诉人杨浦地税局辩称:对涉税举报的书面答复,其性质是应举报人要求对与举报线索有关的查办结果反馈给举报人的告知行为,对举报人的权利义务不产生实际影响，不属于行政复议范围。被上诉人作出的行政复议申请不予受理决定，认定事实清楚，适用法律正确，程序合法。请求判决驳回上诉，维持原判。

二审法院认为，被上诉人对以第二税务所作为被申请人的行政复议申请，具有作出相应处理决定的职权。第二税务所对上诉人所作的书面答复，系对上诉人举报事项核查结果的告知，未对上诉人的权利义务产生实际影响。被上诉人认定该书面答复不属于行政复议范围，对上诉人的行政复议申请不予受理，认定事实清楚，适用法律正确。上诉人的上诉请求缺乏法律依据，法院不予支持。原审判决并无不当。据此，依据《行政诉讼法》第八十九条第 1 款第（1）项之规定，判决驳回上诉，维持原判。上诉案件受理费人民币 50 元，由上诉人范某某负担。

【争议焦点】

1. 涉税举报答复行为是否属于行政复议的受案范围？
2. 本案纳税人是否有权申请行政复议？

【案例点评】

1. 涉税举报答复行为是否属于行政复议的受案范围？

通常认为，涉税举报答复行为不属于行政复议的受案范围，但这一观点是值得商榷的。举报涉税违法行为是包括纳税人在内的全体公民的权利与义务，依法查处涉税违法行为并将查处结果告知举报人是税务机关的职责。如将涉税举报答复行为排除在行政复议的受案范围之外，不仅无法查明与监督税务机关是否依法查处了涉税违法行为，也无法判断税务机关是否将查处结果准确、及时告知了举报人。因此，涉税举报答复行为应属于行政复议的受案范围。

2. 本案纳税人是否有权申请行政复议？

本案纳税人依法行使了举报权，根据法律规定，其有权获知税务机关是否依法查处税收违法行为以及查处结果。纳税人在其认为其举报权受到侵害时，有权通过行政复议的方式申请上级税务机关进行监督。本案税务机关的告知行为对纳税人的权利义务（主要是举报权）产生了实质性影响，纳税人有权依法申请行政复议。

第四节 个人所得税退税申请不予受理案

【相关法律制度】

（一）税收征管相关法律制度

根据《中华人民共和国税收征收管理法》（以下简称《税收征收管理法》）第三条的规定，税收的开征、停征以及减税、免税、退税、补税，依照法律的规定执行；法律授权国务院规定的，依照国务院制定的行政法规的规定执行。任何机关、单位和个人不得违反法律、行政法规的规定，擅自作出税收开征、停征以及减税、免税、退税、补税和其他同税收法律、行政法规相抵触的决定。

根据《税收征收管理法》第四条的规定，法律、行政法规规定负有纳税义务的单位和个人为纳税人。法律、行政法规规定负有代扣代缴、代收代缴税款义务的单位和个人为扣缴义务人。纳税人、扣缴义务人必须依照法律、行政法规的规定缴纳税款、代扣代缴、代收代缴税款。

根据《税收征收管理法》第八条的规定，纳税人、扣缴义务人有权向税务机关了解国家税收法律、行政法规的规定以及与纳税程序有关的情况。纳税人、扣缴义务人有权要求税务机关为纳税人、扣缴义务人的情况保密。税务机关应当依法为纳税人、扣缴义务人的情况保密。纳税人依法享有申请减税、免税、退税的权利。纳税人、扣缴义务人对税务机关所作出的决定，享有陈述权、申辩权；依法享有申请行政复议、提起行政诉讼、请求国家赔偿等权利。纳税人、扣缴义务人有权控告和检举税务机关、税务人员的违法违纪行为。

根据《税收征收管理法》第六十四条的规定，纳税人、扣缴义务人编造虚假计税依据的，由税务机关责令限期改正，并处5万元以下的罚款。纳税人不进行纳税申报，不缴或者少缴应纳税款的，由税务机关追缴其不缴或者少缴的税款、滞纳金，并处不缴或者少缴的税款 50% 以上 5 倍以下的罚款。

（二）契税相关法律制度

根据《中华人民共和国契税暂行条例》（以下简称《契税暂行条例》）第一条的规定，在中华人民共和国境内转移土地、房屋权属，承受的单位和个人为契税的纳税人，应当依照该条例的规定缴纳契税。

根据《契税暂行条例》第二条的规定，该条例所称转移土地、房屋权属是指下列行为：国有土地使用权出让；土地使用权转让，包括出售、赠与和交换；房屋买卖；房屋赠与；房屋交换。上述第二项土地使用转让，不包括农村集体土地承包经营权的转移。

根据《契税暂行条例》第八条的规定，契税的纳税义务发生时间，为纳税人签订土地、房屋权属转移合同的当天，或者纳税人取得其他具有土地、房屋权属转移合同性质凭证的当天。

（三）土地增值税相关法律制度

根据《中华人民共和国土地增值税暂行条例》（以下简称《土地增值税暂行条例》）第二条的规定，转让国有土地使用权、地上的建筑物及其附着物（以下简称"转让房地产"）并取得收入的单位和个人，为土地增值税的纳税义务人（以下简称"纳税人"），应当依照该条例缴纳土地增值税。

根据《土地增值税暂行条例》第十条的规定，纳税人应当自转让房地产合同签订之日起 7 日内向房地产所在地主管税务机关办理纳税申报，并在税务机关核定的期限内缴纳土地增值税。

【案例名称】个人所得税退税申请不予受理案

本案例依据四川省广安市中级人民法院（2016）川16行终38号行政判决书。

【基本事实与各方观点】

上诉人杜某因诉被上诉人四川省武胜县地方税务局第三税务所（以下简

称"武胜县第三税务所")、四川省武胜县地方税务局(以下简称"武胜县地税局")税务行政征收一案,不服广安市前锋区人民法院(2015)广法行初字第283号行政判决,向广安市中级人民法院提起上诉。

原审法院经审理查明,2011年12月20日,杜某与谭某就位于武胜县沿口镇东街两间门市签订了《房屋买卖合同》。合同约定杜某将上述门市以260万元出售给谭某。2012年1月6日,谭某以2012年1月4日自制的《房屋买卖合同》进行纳税申报,该合同载明门市总价为107万元。同日,谭某取得了盖有四川省武胜县地方税务局办税服务厅征税专用章的税收通用完税证。2012年1月18日,谭某向武胜县房产管理所提供日期为2012年1月4日的《房屋买卖合同》,并办理了房屋产权转移登记手续。谭某、陈某某分别取得了武房权证武胜县字第×1-1号、×1-2号、×2-1号、×2-2号《房屋所有权证》。2012年2月17日,谭某按照与杜某签订的《房屋买卖合同》向杜某付清了购房尾款及利息。随后,杜某与谭某发生纠纷,诉至法院。税务机关也介入调查。谭某分别于2012年3月5日、2012年9月12日补缴了交易双方应缴纳的各项税费以及滞纳金。其中,谭某代杜某缴纳了土地增值税、印花税、个人所得税、营业税、城市维护建设税、教育费附加、地方教育费附加共计27.9万元。谭某补缴税费后,将2011年12月20日签订的《房屋买卖合同》及补缴的税费凭据等递交给武胜县房产管理所。

因谭某向房管部门提供虚假材料,武胜县房产管理所于2013年9月9日作出武房管(2013)撤字第1号撤销房屋登记决定,决定撤销谭某、陈某某所有的武房权证字×号、武房权证字×号房屋产权证,并收回上述房屋产权证。谭某不服该决定,提起行政诉讼。经广安市前锋区人民法院判决依法维持了武胜县房产管理所作出的撤销房屋登记决定。武胜县房产管理所撤销谭某的房屋登记后,争议房屋也未恢复登记在杜某名下。

2015年5月5日,杜某向税务机关申请退回2012年1月6日和2012年9月12日征收的土地增值税、印花税、个人所得税、营业税、城市维护建设税、教育费附加、地方教育费附加共计27.9万元。武胜县第三税务所认为杜某与谭某于2011年12月20日签订的《房屋买卖合同》真实有效,买卖双方缴纳的税费符合税收法律法规规定;武胜县第三税务所于2015年5月14日查询,买卖房屋的产权为谭某、陈某某所有,该产权属于查封状态。故武胜县第三税务所对杜某的退税申请决定不予受理,并制作《税务事项通知书》送达杜某。杜某不服,向武胜县地税局提起行政复议申请。武胜县地税局复议查明,杜某与谭某于 2011 年 12 月 20 日签订的《买卖房屋合同》是双方真实意思的表示,合同真实;经查询,行政复议时涉案房产权利人为谭某、陈某某,业务类型为查封登记业务,武胜县房产管理所未将该宗房产恢复到杜某名下;谭某以伪造的交易合同进行纳税申报,在稽查局介入调查后,谭某通过自查补税缴齐了自己应缴的全部税费及滞纳金,并代杜某缴纳了全部税费及滞纳金;本案所涉税费已依法分批次征收并加收了滞纳金。复议机关认为,该案房产涉及的 260 万元交易合同是真实有效的,房屋交易行为并未被撤销,该房产已过户至买方谭某名下,该房产虽处于查封状态,但未过户回杜某名下,税务机关对杜某以及谭某房屋交易行为征税的依据存在。故武胜县地税局根据《行政复议法》《税务行政复议规则》的规定,作出行政复议决定,决定维持武胜县第三税务所作出的武地税三通〔2015〕30 号退税申请不予受理的决定。杜某不服武胜县地税局的行政复议决定,遂提起诉讼,请求撤销武胜县地税局作出的《行政复议决定书》,并判决武胜县第三税务所受理杜某提出的退税申请,作出退回杜某缴纳税费 27.9 万元的决定。

原审法院认为,纳税人具有依法纳税的义务,也有依法享有申请退税的权利。杜某作为退税申请人,于 2015 年 5 月 5 日提交了退税申请、退税申请表等材料,武胜县第三税务所作为《税收征收管理法》上所称的税务机关,对杜某提出的退税申请作出了不予受理的决定。杜某同税务机关在纳税上发生争议,依法提起了行政复议。武胜县地税局作为行政复议机关,受理了该复议申请,符合《税务行政复议规则》的规定。

关于是否应当征收契税的问题,根据《契税暂行条例》的规定,土地使用权转让,包括出售、赠与和交换以及房屋买卖行为属于转移土地、房屋权属的行为;契税的纳税义务发生时间,为纳税人签订土地、房屋权属转移合同的当天,或者纳税人取得其他具有土地、房屋权属转移合同性质凭证的当天。杜某与谭某签订了价款为 260 万元的《房屋买卖合同》,该合同约定了房屋等权属转移,故税务机关应当依照《契税暂行条例》的规定征收契税。本案中,谭某作为纳税义务人,向税务机关缴纳了契税。税务机关对谭某征收契税,对杜某的实际权益也并未产生实际影响。

关于征税依据是否存在的问题，谭某虽依据自制的《房屋买卖合同》进行纳税申报，该买卖合同也经人民法院确认不成立，但杜某与谭某于2011年12月20日就位于武胜县沿口镇东街两间门市签订了《房屋买卖合同》，合同约定杜某将上述门市以260万元出售给第三人是实。该合同现未被有权机关撤销或者确认无效。武胜县房产管理所虽作出了撤销房屋登记行政决定，人民法院判决对该行政决定予以了维持，但该行政决定撤销的是行政机关依据谭某自制的《房屋买卖合同》而进行的房屋登记行政行为，并非撤销杜某与谭某之间约定产权转移的《房屋买卖合同》。按照《土地增值税暂行条例》《印花税暂行条例》《营业税暂行条例》等税收法规的规定，税务机关的征税依据仍然存在，杜某应当履行纳税义务。

关于是否应当退税的问题，虽谭某于2012年1月6日代杜某缴纳了税费，但其未以与杜某签订的《房屋买卖合同》申报纳税，而以总价为107万元的自制《房屋买卖合同》申报。根据《税收征收管理法》的规定，因税务机关的责任，或者因纳税人、扣缴义务人计算错误等失误，或者偷税、骗税，造成未缴或者少缴税款的，税务机关追征其未缴或者少缴的税款。本案中，纳税义务人少缴税费并非税务机关的责任，嗣后税务机关也对少缴的税费进行了追征。杜某在未多缴税费的情况下申请退税并无法律依据，故杜某认为税务机关应当退税的理由不能成立。

综上，杜某与谭某签订的《房屋买卖合同》真实有效，杜某申请退税并无法律依据。杜某认为征收税费的依据已不存在，税务机关理应退税的理由不能成立，不予支持。杜某虽提出退税申请，同时提交了人民法院裁判文书以及《武胜县房产管理所撤销房屋登记决定书》等资料，但税务机关据以追征税费依据的是杜某与谭某签订的《房屋买卖合同》，该合同未被有权机关确认不成立，或者确认无效，或者撤销。杜某提交的材料均未达到证明其符合申请退税条件的目的。故武胜县第三税务所作出不予受理退税决定并无不妥。武胜县地税局根据《行政复议法》《税务行政复议规则》作出的《行政复议决定书》，认定事实清楚，证据确实充分，适用法律正确，程序合法。遂判决驳回杜某的诉讼请求。

上诉人杜某上诉称，一审主要证据认定有误，武胜县地方税务局第三税务所未提交作出具体行政行为的法律依据，房屋信息查询只能证明房屋处于查封，房屋产权性质已发生改变，不再属于谭某，完税凭证有手动修改，不能证明已补缴和已上缴国库。杜某与谭某签订的260万元的房屋买卖合同，不能作为税务机关作出行政行为的依据。谭某作为纳税义务人，其缴税依据的合同系虚假合同，实际取得的房屋产权已被房管部门撤销，征税依据已不存在，应当判决所征契税退给第三人。请求撤销一审判决，改判武胜县第三税务所受理杜某提出的退税申请。

被上诉人武胜县第三税务所答辩称，杜某与谭某签订交易价格为260万元的房屋买卖合同，谭某以伪造的107万元合同申报纳税，后经我局稽查，谭某通过自查补税的方式缴齐该宗房屋交易所涉全部税款及滞纳金。杜某向税务机关申请退税，其提供的资料不能证明征税依据的260万元房屋买卖合同已被撤销，亦不能证明其符合退税条件，故不予受理其退税申请，故应驳回上诉，维持原判。

被上诉人武胜县地方税务局答辩称，本案税务机关征税依据是杜某与谭某的真实房屋交易行为，所涉全部税款已缴纳入库，依法不应受理退税。我局维持第三税务所不予受理杜某退税申请的决定事实依据清楚、程序合法、适用法律正确，应予维持。请求驳回上诉，维持原判。

二审法院认为，根据《税收征收管理法》第三条、第四条、第八条的规定，税收的开征、停征以及减税、免税、退税、补税，应依照法律法规的规定执行，任何机关、单位或个人不得违反法律法规规定，作出与法律法规相抵触的决定。公民有依法纳税的义务，亦享有申请退税的权利。本案中，杜某作为退税申请人，于2015年5月5日向武胜县第三税务所提交退税申请、退税申请表等材料，武胜县第三税务所5月25日作出武地税三所通（2015）30号税务事项通知书，对杜某的退税申请不予受理。根据《全国税务机关纳税服务规范》退抵税（费）审批办理规范第1款"受理"中第3项"依法不属于本职权或本业务受理范围的，制作《税务事项通知书》（不予受理通知）。告知纳税人不予受理的原因。"的规定，税务机关对退税申请不予受理的有不属于税务职权范围以及退税业务受理范围的两类情形。但武胜县第三税务所作出的税务事项通知书上仅说明所适用法律法规及规范性文件名称，而未引用具体的条款内容，未说明不予受理杜某退税申请的具体事由，故武胜县第三税务所作出的税务事项通知书以及武胜县地税局作出维持的复议决定均属于适用法律错误，依法应当予以撤销。武胜县第三税务所以及武胜县地税局的辩称理由均涉及对杜某退税申请是否成立的实体审查处理，与其作出的不予受理的程序处理结果不相符，对其辩解理由法院不予支持。综上，原审法院判决驳回杜某的诉讼请求系适用法律错误，亦应依法予以撤销。依照《行政诉讼法》第八十九条第1款第（2）项、第3款之规定，判决如下：第一，撤销广安市前锋区人民法院（2015）广法行初字第283号行政判决；第二，撤销武胜县地税局第三税务所作出的武地税三所通〔2015〕30号税务事项通知书以及武胜县地税局作出的武地税复决字〔2015〕1号行政复议决定书；第三，责令武胜县地税局第三税务所对杜某2015年5月5日提出的退税申请依法重新作出处理。一、二审案件受理费各50元，均由武胜县地方税务局第三税务所负担。

【争议焦点】

1. 纳税人依据虚假合同申报缴纳的税款是否可以申请退还？
2. 纳税人房产交易被撤销是否可以申请退还税款？

【案例点评】

1. 纳税人依据虚假合同申报缴纳的税款是否可以申请退还？

根据实质课税原则，虚假合同无法产生合法的应税行为，其缴纳税款所依据的纳税义务根本不存在，因此，纳税人依据虚假合同申报缴纳的税款可以申请退还。纳税人编制虚假合同并据此缴纳税款的行为扰乱了税收征管秩序，根据《税收征收管理法》第六十四条的规定，应按"编造虚假计税依据"违法行为进行处罚。

2. 纳税人房产交易被撤销是否可以申请退还税款？

根据实质课税原则，纳税人房产交易被撤销后，相关权利义务恢复至交易发生之前，在法律上视为纳税人从未发生相关交易。税务机关依法征税的基础已经不复存在，纳税人所缴纳的税款应予以退还。

附 录

中华人民共和国个人所得税法

（1980年9月10日第五届全国人民代表大会第三次会议通过，根据1993年10月31日第八届全国人民代表大会常务委员会第四次会议《关于修改〈中华人民共和国个人所得税法〉的决定》第一次修正，根据1999年8月30日第九届全国人民代表大会常务委员会第十一次会议《关于修改〈中华人民共和国个人所得税法〉的决定》第二次修正，根据2005年10月27日第十届全国人民代表大会常务委员会第十八次会议《关于修改〈中华人民共和国个人所得税法〉的决定》第三次修正，根据2007年6月29日第十届全国人民代表大会常务委员会第二十八次会议《关于修改〈中华人民共和国个人所得税法〉的决定》第四次修正，根据2007年12月29日第十届全国人民代表大会常务委员会第三十一次会议《关于修改〈中华人民共和国个人所得税法〉的决定》第五次修正，根据2011年6月30日第十一届全国人民代表大会常务委员会第二十一次会议《关于修改〈中华人民共和国个人所得税法〉的决定》第六次修正，根据2018年8月31日第十三届全国人民代表大会常务委员会第五次会议《关于修改〈中华人民共和国个人所得税法〉的决定》第七次修正）

第一条 在中国境内有住所，或者无住所而一个纳税年度内在中国境内居住累计满一百八十三天的个人，为居民个人。居民个人从中国境内和境外取得的所得，依照本法规定缴纳个人所得税。

在中国境内无住所又不居住，或者无住所而一个纳税年度内在中国境内居住累计不满一百八十三天的个人，为非居民个人。非居民个人从中国境内取得的所得，依照本法规定缴纳个人所得税。

纳税年度，自公历一月一日起至十二月三十一日止。

第二条 下列各项个人所得，应当缴纳个人所得税：

（一）工资、薪金所得；

（二）劳务报酬所得；

（三）稿酬所得；

（四）特许权使用费所得；

（五）经营所得；

（六）利息、股息、红利所得；

（七）财产租赁所得；

（八）财产转让所得；

（九）偶然所得。

居民个人取得前款第一项至第四项所得（以下称"综合所得"），按纳税年度合并计算个人所得税；非居民个人取得前款第一项至第四项所得，按月或者按次分项计算个人所得税。纳税人取得前款第五项至第九项所得，依照本法规定分别计算个人所得税。

第三条 个人所得税的税率：

（一）综合所得，适用百分之三至百分之四十五的超额累进税率（税率表附后）；

（二）经营所得，适用百分之五至百分之三十五的超额累进税率（税率表附后）；

（三）利息、股息、红利所得，财产租赁所得，财产转让所得和偶然所得，适用比例税率，税率为百分之二十。

第四条 下列各项个人所得，免征个人所得税：

（一）省级人民政府、国务院部委和中国人民解放军军以上单位，以及外国组织、国际组织颁发的科学、教育、技术、文化、卫生、体育、环境保护等方面的奖金；

（二）国债和国家发行的金融债券利息；

（三）按照国家统一规定发给的补贴、津贴；

（四）福利费、抚恤金、救济金；

（五）保险赔款；

（六）军人的转业费、复员费、退役金；

（七）按照国家统一规定发给干部、职工的安家费、退职费、基本养老金或者退休费、离休费、离休生活补助费；

（八）依照有关法律规定应予免税的各国驻华使馆、领事馆的外交代表、领事官员和其他人员的所得；

（九）中国政府参加的国际公约、签订的协议中规定免税的所得；

（十）国务院规定的其他免税所得。

前款第十项免税规定，由国务院报全国人民代表大会常务委员会备案。

第五条 有下列情形之一的，可以减征个人所得税，具体幅度和期限，由省、自治区、直辖市人民政府规定，并报同级人民代表大会常务委员会备案：

（一）残疾、孤老人员和烈属的所得；

（二）因自然灾害遭受重大损失的。

国务院可以规定其他减税情形，报全国人民代表大会常务委员会备案。

第六条 应纳税所得额的计算：

（一）居民个人的综合所得，以每一纳税年度的收入额减除费用六万元以及专项扣除、专项附加扣除和依法确定的其他扣除后的余额，为应纳税所得额。

（二）非居民个人的工资、薪金所得，以每月收入额减除费用五千元后的余额为应纳税所得额；劳务报酬所得、稿酬所得、特许权使用费所得，以每次收入额为应纳税所得额。

（三）经营所得，以每一纳税年度的收入总额减除成本、费用以及损失后的余额，为应纳税所得额。

（四）财产租赁所得，每次收入不超过4 000元的，减除费用800元；四千元以上的，减除20%的费用，其余额为应纳税所得额。

（五）财产转让所得，以转让财产的收入额减除财产原值和合理费用后的余额,为应纳税所得额。

(六)利息、股息、红利所得和偶然所得,以每次收入额为应纳税所得额。

劳务报酬所得、稿酬所得、特许权使用费所得以收入减除20%的费用后的余额为收入额。稿酬所得的收入额减按百分之七十计算。

个人将其所得对教育、扶贫、济困等公益慈善事业进行捐赠,捐赠额未超过纳税人申报的应纳税所得额百分之三十的部分,可以从其应纳税所得额中扣除;国务院规定对公益慈善事业捐赠实行全额税前扣除的,从其规定。

本条第一款第一项规定的专项扣除,包括居民个人按照国家规定的范围和标准缴纳的基本养老保险、基本医疗保险、失业保险等社会保险费和住房公积金等;专项附加扣除,包括子女教育、继续教育、大病医疗、住房贷款利息或者住房租金、赡养老人等支出,具体范围、标准和实施步骤由国务院确定,并报全国人民代表大会常务委员会备案。

第七条 居民个人从中国境外取得的所得,可以从其应纳税额中抵免已在境外缴纳的个人所得税税额,但抵免额不得超过该纳税人境外所得依照本法规定计算的应纳税额。

第八条 有下列情形之一的,税务机关有权按照合理方法进行纳税调整:

(一)个人与其关联方之间的业务往来不符合独立交易原则而减少本人或者其关联方应纳税额,且无正当理由;

(二)居民个人控制的,或者居民个人和居民企业共同控制的设立在实际税负明显偏低的国家(地区)的企业,无合理经营需要,对应当归属于居民个人的利润不作分配或者减少分配;

(三)个人实施其他不具有合理商业目的的安排而获取不当税收利益。

税务机关依照前款规定作出纳税调整,需要补征税款的,应当补征税款,并依法加收利息。

第九条 个人所得税以所得人为纳税人,以支付所得的单位或者个人为扣缴义务人。

纳税人有中国居民身份证号码的,以中国居民身份证号码为纳税人识别号;纳税人没有中国居民身份证号码的,由税务机关赋予其纳税人识别号。扣缴义务人扣缴税款时,纳税人应当向扣缴义务人提供纳税人识别号。

第十条 有下列情形之一的，纳税人应当依法办理纳税申报：

（一）取得综合所得需要办理汇算清缴；

（二）取得应税所得没有扣缴义务人；

（三）取得应税所得，扣缴义务人未扣缴税款；

（四）取得境外所得；

（五）因移居境外注销中国户籍；

（六）非居民个人在中国境内从两处以上取得工资、薪金所得；

（七）国务院规定的其他情形。

扣缴义务人应当按照国家规定办理全员全额扣缴申报，并向纳税人提供其个人所得和已扣缴税款等信息。

第十一条 居民个人取得综合所得，按年计算个人所得税；有扣缴义务人的，由扣缴义务人按月或者按次预扣预缴税款；需要办理汇算清缴的，应当在取得所得的次年三月一日至六月三十日内办理汇算清缴。预扣预缴办法由国务院税务主管部门制定。

居民个人向扣缴义务人提供专项附加扣除信息的，扣缴义务人按月预扣预缴税款时应当按照规定予以扣除，不得拒绝。

非居民个人取得工资、薪金所得，劳务报酬所得，稿酬所得和特许权使用费所得，有扣缴义务人的，由扣缴义务人按月或者按次代扣代缴税款，不办理汇算清缴。

第十二条 纳税人取得经营所得，按年计算个人所得税，由纳税人在月度或者季度终了后十五日内向税务机关报送纳税申报表，并预缴税款；在取得所得的次年三月三十一日前办理汇算清缴。

纳税人取得利息、股息、红利所得，财产租赁所得，财产转让所得和偶然所得，按月或者按次计算个人所得税，有扣缴义务人的，由扣缴义务人按月或者按次代扣代缴税款。

第十三条 纳税人取得应税所得没有扣缴义务人的，应当在取得所得的次月十五日内向税务机关报送纳税申报表，并缴纳税款。

纳税人取得应税所得，扣缴义务人未扣缴税款的，纳税人应当在取得所得的次年六月三十日前，缴纳税款；税务机关通知限期缴纳的，纳税人应当按照期限缴纳税款。

居民个人从中国境外取得所得的,应当在取得所得的次年三月一日至六月三十日内申报纳税。

非居民个人在中国境内从两处以上取得工资、薪金所得的,应当在取得所得的次月十五日内申报纳税。

纳税人因移居境外注销中国户籍的,应当在注销中国户籍前办理税款清算。

第十四条 扣缴义务人每月或者每次预扣、代扣的税款,应当在次月十五日内缴入国库,并向税务机关报送扣缴个人所得税申报表。

纳税人办理汇算清缴退税或者扣缴义务人为纳税人办理汇算清缴退税的,税务机关审核后,按照国库管理的有关规定办理退税。

第十五条 公安、人民银行、金融监督管理等相关部门应当协助税务机关确认纳税人的身份、金融账户信息。教育、卫生、医疗保障、民政、人力资源社会保障、住房城乡建设、公安、人民银行、金融监督管理等相关部门应当向税务机关提供纳税人子女教育、继续教育、大病医疗、住房贷款利息、住房租金、赡养老人等专项附加扣除信息。

个人转让不动产的,税务机关应当根据不动产登记等相关信息核验应缴的个人所得税,登记机构办理转移登记时,应当查验与该不动产转让相关的个人所得税的完税凭证。个人转让股权办理变更登记的,市场主体登记机关应当查验与该股权交易相关的个人所得税的完税凭证。

有关部门依法将纳税人、扣缴义务人遵守本法的情况纳入信用信息系统,并实施联合激励或者惩戒。

第十六条 各项所得的计算,以人民币为单位。所得为人民币以外的货币的,按照人民币汇率中间价折合成人民币缴纳税款。

第十七条 对扣缴义务人按照所扣缴的税款,付给百分之二的手续费。

第十八条 对储蓄存款利息所得开征、减征、停征个人所得税及其具体办法,由国务院规定,并报全国人民代表大会常务委员会备案。

第十九条 纳税人、扣缴义务人和税务机关及其工作人员违反本法规定的,依照《中华人民共和国税收征收管理法》和有关法律法规的规定追究法律责任。

第二十条 个人所得税的征收管理,依照本法和《中华人民共和国税收征收管理法》的规定执行。

第二十一条 国务院根据本法制定实施条例。

第二十二条 本法自公布之日起施行。

个人所得税税率表一

（综合所得适用）

级数	全年应纳税所得额	税率
1	不超过 36 000 元的	3%
2	超过 36 000 元至 144 000 元的部分	10%
3	超过 144 000 元至 300 000 元的部分	20%
4	超过 300 000 元至 420 000 元的部分	25%
5	超过 420 000 元至 660 000 元的部分	30%
6	超过 660 000 元至 960 000 元的部分	35%
7	超过 960 000 元的部分	45%

（注1：本表所称全年应纳税所得额是指依照本法第六条的规定，居民个人取得综合所得以每一纳税年度收入额减除费用六万元以及专项扣除、专项附加扣除和依法确定的其他扣除后的余额。

注2：非居民个人取得工资、薪金所得，劳务报酬所得，稿酬所得和特许权使用费所得，依照本表按月换算后计算应纳税额。）

个人所得税税率表二

（经营所得适用）

级数	全年应纳税所得额	税率
1	不超过 30 000 元的	5%
2	超过 30 000 元至 90 000 元的部分	10%
3	超过 90 000 元至 300 000 元的部分	20%
4	超过 300 000 元至 500 000 元的部分	30%
5	超过 500 000 元的部分	35%

（注：本表所称全年应纳税所得额是指依照本法第六条的规定，以每一纳税年度的收入总额减除成本、费用以及损失后的余额。）

中华人民共和国个人所得税法实施条例

（1994年1月28日中华人民共和国国务院令第142号发布 根据2005年12月19日《国务院关于修改〈中华人民共和国个人所得税法实施条例〉的决

定》第一次修订　根据2008年2月18日《国务院关于修改〈中华人民共和国个人所得税法实施条例〉的决定》第二次修订　根据2011年7月19日《国务院关于修改〈中华人民共和国个人所得税法实施条例〉的决定》第三次修订　2018年12月18日中华人民共和国国务院令第707号第四次修订）

第一条　根据《中华人民共和国个人所得税法》（以下简称"个人所得税法"），制定本条例。

第二条　个人所得税法所称在中国境内有住所，是指因户籍、家庭、经济利益关系而在中国境内习惯性居住；所称从中国境内和境外取得的所得，分别是指来源于中国境内的所得和来源于中国境外的所得。

第三条　除国务院财政、税务主管部门另有规定外，下列所得，不论支付地点是否在中国境内，均为来源于中国境内的所得：

（一）因任职、受雇、履约等在中国境内提供劳务取得的所得；

（二）将财产出租给承租人在中国境内使用而取得的所得；

（三）许可各种特许权在中国境内使用而取得的所得；

（四）转让中国境内的不动产等财产或者在中国境内转让其他财产取得的所得；

（五）从中国境内企业、事业单位、其他组织以及居民个人取得的利息、股息、红利所得。

第四条　在中国境内无住所的个人，在中国境内居住累计满183天的年度连续不满六年的，经向主管税务机关备案，其来源于中国境外且由境外单位或者个人支付的所得，免予缴纳个人所得税；在中国境内居住累计满183天的任一年度中有一次离境超过30天的，其在中国境内居住累计满183天的年度的连续年限重新起算。

第五条　在中国境内无住所的个人，在一个纳税年度内在中国境内居住累计不超过90天的，其来源于中国境内的所得，由境外雇主支付并且不由该雇主在中国境内的机构、场所负担的部分，免予缴纳个人所得税。

第六条　个人所得税法规定的各项个人所得的范围：

（一）工资、薪金所得，是指个人因任职或者受雇取得的工资、薪金、奖金、年终加薪、劳动分红、津贴、补贴以及与任职或者受雇有关的其他所得。

（二）劳务报酬所得，是指个人从事劳务取得的所得，包括从事设计、装潢、安装、制图、化验、测试、医疗、法律、会计、咨询、讲学、翻译、审稿、书画、雕刻、影视、录音、录像、演出、表演、广告、展览、技术服务、介绍服务、经纪服务、代办服务以及其他劳务取得的所得。

（三）稿酬所得，是指个人因其作品以图书、报刊等形式出版、发表而取得的所得。

（四）特许权使用费所得，是指个人提供专利权、商标权、著作权、非专利技术以及其他特许权的使用权取得的所得；提供著作权的使用权取得的所得，不包括稿酬所得。

（五）经营所得，是指：

1.个体工商户从事生产、经营活动取得的所得，个人独资企业投资人、合伙企业的个人合伙人来源于境内注册的个人独资企业、合伙企业生产、经营的所得；

2.个人依法从事办学、医疗、咨询以及其他有偿服务活动取得的所得；

3.个人对企业、事业单位承包经营、承租经营以及转包、转租取得的所得；

4.个人从事其他生产、经营活动取得的所得。

（六）利息、股息、红利所得，是指个人拥有债权、股权等而取得的利息、股息、红利所得。

（七）财产租赁所得，是指个人出租不动产、机器设备、车船以及其他财产取得的所得。

（八）财产转让所得，是指个人转让有价证券、股权、合伙企业中的财产份额、不动产、机器设备、车船以及其他财产取得的所得。

（九）偶然所得，是指个人得奖、中奖、中彩以及其他偶然性质的所得。

个人取得的所得，难以界定应纳税所得项目的，由国务院税务主管部门确定。

第七条 对股票转让所得征收个人所得税的办法，由国务院另行规定，并报全国人民代表大会常务委员会备案。

第八条 个人所得的形式，包括现金、实物、有价证券和其他形式的经济利益；所得为实物的，应当按照取得的凭证上所注明的价格计算应纳税所得额，无凭证的实物或者凭证上所注明的价格明显偏低的，参照市场价格核定应纳税所得额；所得为有价证券的，根据票面价格和市场价格核定应纳税所得额；所得为其他形式的经济利益的，参照市场价格核定应纳税所得额。

第九条　个人所得税法第四条第一款第二项所称国债利息，是指个人持有中华人民共和国财政部发行的债券而取得的利息；所称国家发行的金融债券利息，是指个人持有经国务院批准发行的金融债券而取得的利息。

第十条　个人所得税法第四条第一款第三项所称按照国家统一规定发给的补贴、津贴，是指按照国务院规定发给的政府特殊津贴、院士津贴，以及国务院规定免予缴纳个人所得税的其他补贴、津贴。

第十一条　个人所得税法第四条第一款第四项所称福利费，是指根据国家有关规定，从企业、事业单位、国家机关、社会组织提留的福利费或者工会经费中支付给个人的生活补助费；所称救济金，是指各级人民政府民政部门支付给个人的生活困难补助费。

第十二条　个人所得税法第四条第一款第八项所称依照有关法律规定应予免税的各国驻华使馆、领事馆的外交代表、领事官员和其他人员的所得，是指依照《中华人民共和国外交特权与豁免条例》和《中华人民共和国领事特权与豁免条例》规定免税的所得。

第十三条　个人所得税法第六条第一款第一项所称依法确定的其他扣除，包括个人缴付符合国家规定的企业年金、职业年金，个人购买符合国家规定的商业健康保险、税收递延型商业养老保险的支出，以及国务院规定可以扣除的其他项目。

专项扣除、专项附加扣除和依法确定的其他扣除，以居民个人一个纳税年度的应纳税所得额为限额；一个纳税年度扣除不完的，不结转以后年度扣除。

第十四条　个人所得税法第六条第一款第二项、第四项、第六项所称每次，分别按照下列方法确定：

（一）劳务报酬所得、稿酬所得、特许权使用费所得，属于一次性收入的，以取得该项收入为一次；属于同一项目连续性收入的，以一个月内取得的收入为一次。

（二）财产租赁所得，以一个月内取得的收入为一次。

（三）利息、股息、红利所得，以支付利息、股息、红利时取得的收入为一次。

（四）偶然所得，以每次取得该项收入为一次。

第十五条 个人所得税法第六条第一款第三项所称成本、费用，是指生产、经营活动中发生的各项直接支出和分配计入成本的间接费用以及销售费用、管理费用、财务费用；所称损失，是指生产、经营活动中发生的固定资产和存货的盘亏、毁损、报废损失，转让财产损失，坏账损失，自然灾害等不可抗力因素造成的损失以及其他损失。

取得经营所得的个人，没有综合所得的，计算其每一纳税年度的应纳税所得额时，应当减除费用6万元、专项扣除、专项附加扣除以及依法确定的其他扣除。专项附加扣除在办理汇算清缴时减除。

从事生产、经营活动，未提供完整、准确的纳税资料，不能正确计算应纳税所得额的，由主管税务机关核定应纳税所得额或者应纳税额。

第十六条 个人所得税法第六条第一款第五项规定的财产原值，按照下列方法确定：

（一）有价证券，为买入价以及买入时按照规定交纳的有关费用；

（二）建筑物，为建造费或者购进价格以及其他有关费用；

（三）土地使用权，为取得土地使用权所支付的金额、开发土地的费用以及其他有关费用；

（四）机器设备、车船，为购进价格、运输费、安装费以及其他有关费用。

其他财产，参照前款规定的方法确定财产原值。

纳税人未提供完整、准确的财产原值凭证，不能按照本条第一款规定的方法确定财产原值的，由主管税务机关核定财产原值。

个人所得税法第六条第一款第五项所称合理费用，是指卖出财产时按照规定支付的有关税费。

第十七条 财产转让所得，按照一次转让财产的收入额减除财产原值和合理费用后的余额计算纳税。

第十八条 两个以上的个人共同取得同一项目收入的，应当对每个人取得的收入分别按照个人所得税法的规定计算纳税。

第十九条 个人所得税法第六条第三款所称个人将其所得对教育、扶贫、济困等公益慈善事业进行捐赠，是指个人将其所得通过中国境内的公益性社会组织、国家机关向教育、扶贫、济困等公益慈善事业的捐赠；所称应纳税所得额，是指计算扣除捐赠额之前的应纳税所得额。

  第二十条　居民个人从中国境内和境外取得的综合所得、经营所得，应当分别合并计算应纳税额；从中国境内和境外取得的其他所得，应当分别单独计算应纳税额。

  第二十一条　个人所得税法第七条所称已在境外缴纳的个人所得税税额，是指居民个人来源于中国境外的所得，依照该所得来源国家（地区）的法律应当缴纳并且实际已经缴纳的所得税税额。

  个人所得税法第七条所称纳税人境外所得依照本法规定计算的应纳税额，是居民个人抵免已在境外缴纳的综合所得、经营所得以及其他所得的所得税税额的限额（以下简称"抵免限额"）。除国务院财政、税务主管部门另有规定外，来源于中国境外一个国家（地区）的综合所得抵免限额、经营所得抵免限额以及其他所得抵免限额之和，为来源于该国家（地区）所得的抵免限额。

  居民个人在中国境外一个国家（地区）实际已经缴纳的个人所得税税额，低于依照前款规定计算出的来源于该国家（地区）所得的抵免限额的，应当在中国缴纳差额部分的税款；超过来源于该国家（地区）所得的抵免限额的，其超过部分不得在本纳税年度的应纳税额中抵免，但是可以在以后纳税年度来源于该国家（地区）所得的抵免限额的余额中补扣。补扣期限最长不得超过五年。

  第二十二条　居民个人申请抵免已在境外缴纳的个人所得税税额，应当提供境外税务机关出具的税款所属年度的有关纳税凭证。

  第二十三条　个人所得税法第八条第二款规定的利息，应当按照税款所属纳税申报期最后一日中国人民银行公布的与补税期间同期的人民币贷款基准利率计算，自税款纳税申报期满次日起至补缴税款期限届满之日止按日加收。纳税人在补缴税款期限届满前补缴税款的，利息加收至补缴税款之日。

  第二十四条　扣缴义务人向个人支付应税款项时，应当依照个人所得税法规定预扣或者代扣税款，按时缴库，并专项记载备查。

  前款所称支付，包括现金支付、汇拨支付、转账支付和以有价证券、实物以及其他形式的支付。

第二十五条 取得综合所得需要办理汇算清缴的情形包括：

（一）从两处以上取得综合所得，且综合所得年收入额减除专项扣除的余额超过6万元；

（二）取得劳务报酬所得、稿酬所得、特许权使用费所得中一项或者多项所得，且综合所得年收入额减除专项扣除的余额超过6万元；

（三）纳税年度内预缴税额低于应纳税额；

（四）纳税人申请退税。

纳税人申请退税，应当提供其在中国境内开设的银行账户，并在汇算清缴地就地办理税款退库。

汇算清缴的具体办法由国务院税务主管部门制定。

第二十六条 个人所得税法第十条第二款所称全员全额扣缴申报，是指扣缴义务人在代扣税款的次月十五日内，向主管税务机关报送其支付所得的所有个人的有关信息、支付所得数额、扣除事项和数额、扣缴税款的具体数额和总额以及其他相关涉税信息资料。

第二十七条 纳税人办理纳税申报的地点以及其他有关事项的具体办法，由国务院税务主管部门制定。

第二十八条 居民个人取得工资、薪金所得时，可以向扣缴义务人提供专项附加扣除有关信息，由扣缴义务人扣缴税款时减除专项附加扣除。纳税人同时从两处以上取得工资、薪金所得，并由扣缴义务人减除专项附加扣除的，对同一专项附加扣除项目，在一个纳税年度内只能选择从一处取得的所得中减除。

居民个人取得劳务报酬所得、稿酬所得、特许权使用费所得，应当在汇算清缴时向税务机关提供有关信息，减除专项附加扣除。

第二十九条 纳税人可以委托扣缴义务人或者其他单位和个人办理汇算清缴。

第三十条 扣缴义务人应当按照纳税人提供的信息计算办理扣缴申报，不得擅自更改纳税人提供的信息。

纳税人发现扣缴义务人提供或者扣缴申报的个人信息、所得、扣缴税款等与实际情况不符的，有权要求扣缴义务人修改。扣缴义务人拒绝修改的，纳税人应当报告税务机关，税务机关应当及时处理。

纳税人、扣缴义务人应当按照规定保存与专项附加扣除相关的资料。税务机关可以对纳税人提供的专项附加扣除信息进行抽查，具体办法由国务院税务主管部门另行规定。税务机关发现纳税人提供虚假信息的，应当责令改正并通知扣缴义务人；情节严重的，有关部门应当依法予以处理，纳入信用信息系统并实施联合惩戒。

第三十一条　纳税人申请退税时提供的汇算清缴信息有错误的，税务机关应当告知其更正；纳税人更正的，税务机关应当及时办理退税。

扣缴义务人未将扣缴的税款解缴入库的，不影响纳税人按照规定申请退税，税务机关应当凭纳税人提供的有关资料办理退税。

第三十二条　所得为人民币以外货币的，按照办理纳税申报或者扣缴申报的上一月最后一日人民币汇率中间价，折合成人民币计算应纳税所得额。年度终了后办理汇算清缴的，对已经按月、按季或者按次预缴税款的人民币以外货币所得，不再重新折算；对应当补缴税款的所得部分，按照上一纳税年度最后一日人民币汇率中间价，折合成人民币计算应纳税所得额。

第三十三条　税务机关按照个人所得税法第十七条的规定付给扣缴义务人手续费，应当填开退还书；扣缴义务人凭退还书，按照国库管理有关规定办理退库手续。

第三十四条　个人所得税纳税申报表、扣缴个人所得税报告表和个人所得税完税凭证式样，由国务院税务主管部门统一制定。

第三十五条　军队人员个人所得税征收事宜，按照有关规定执行。

第三十六条　本条例自2019年1月1日起施行。

个人所得税专项附加扣除暂行办法

（国务院2018年12月13日印发，国发〔2018〕41号）

第一章　总则

第一条　根据《中华人民共和国个人所得税法》（以下简称"个人所得税

法")规定,制定本办法。

第二条 本办法所称个人所得税专项附加扣除,是指个人所得税法规定的子女教育、继续教育、大病医疗、住房贷款利息或者住房租金、赡养老人等6项专项附加扣除。

第三条 个人所得税专项附加扣除遵循公平合理、利于民生、简便易行的原则。

第四条 根据教育、医疗、住房、养老等民生支出变化情况,适时调整专项附加扣除范围和标准。

第二章 子女教育

第五条 纳税人的子女接受全日制学历教育的相关支出,按照每个子女每月1 000元的标准定额扣除。

学历教育包括义务教育(小学、初中教育)、高中阶段教育(普通高中、中等职业、技工教育)、高等教育(大学专科、大学本科、硕士研究生、博士研究生教育)。

年满3岁至小学入学前处于学前教育阶段的子女,按本条第一款规定执行。

第六条 父母可以选择由其中一方按扣除标准的100%扣除,也可以选择由双方分别按扣除标准的50%扣除,具体扣除方式在一个纳税年度内不能变更。

第七条 纳税人子女在中国境外接受教育的,纳税人应当留存境外学校录取通知书、留学签证等相关教育的证明资料备查。

第三章 继续教育

第八条 纳税人在中国境内接受学历(学位)继续教育的支出,在学历(学位)教育期间按照每月400元定额扣除。同一学历(学位)继续教育的扣除期限不能超过48个月。纳税人接受技能人员职业资格继续教育、专业技术人员职业资格继续教育的支出,在取得相关证书的当年,按照3 600元定额扣除。

第九条 个人接受本科及以下学历(学位)继续教育,符合本办法规定扣除条件的，可以选择由其父母扣除，也可以选择由本人扣除。

第十条 纳税人接受技能人员职业资格继续教育、专业技术人员职业资格继续教育的，应当留存相关证书等资料备查。

第四章 大病医疗

第十一条 在一个纳税年度内，纳税人发生的与基本医保相关的医药费用支出，扣除医保报销后个人负担（指医保目录范围内的自付部分）累计超过 15 000 元的部分，由纳税人在办理年度汇算清缴时，在 80 000 元限额内据实扣除。

第十二条 纳税人发生的医药费用支出可以选择由本人或者其配偶扣除；未成年子女发生的医药费用支出可以选择由其父母一方扣除。

纳税人及其配偶、未成年子女发生的医药费用支出，按本办法第十一条规定分别计算扣除额。

第十三条 纳税人应当留存医药服务收费及医保报销相关票据原件（或者复印件）等资料备查。医疗保障部门应当向患者提供在医疗保障信息系统记录的本人年度医药费用信息查询服务。

第五章 住房贷款利息

第十四条 纳税人本人或者配偶单独或者共同使用商业银行或者住房公积金个人住房贷款为本人或者其配偶购买中国境内住房，发生的首套住房贷款利息支出，在实际发生贷款利息的年度，按照每月 1 000 元的标准定额扣除，扣除期限最长不超过 240 个月。纳税人只能享受一次首套住房贷款的利息扣除。

本办法所称首套住房贷款是指购买住房享受首套住房贷款利率的住房贷款。

第十五条 经夫妻双方约定，可以选择由其中一方扣除，具体扣除方式在一个纳税年度内不能变更。

夫妻双方婚前分别购买住房发生的首套住房贷款，其贷款利息支出，婚后可以选择其中一套购买的住房，由购买方按扣除标准的 100% 扣除，也可以由夫妻双方对各自购买的住房分别按扣除标准的 50% 扣除，具体扣除方式在一个纳税年度内不能变更。

第十六条　纳税人应当留存住房贷款合同、贷款还款支出凭证备查。

第六章　住房租金

第十七条　纳税人在主要工作城市没有自有住房而发生的住房租金支出，可以按照以下标准定额扣除：

（一）直辖市、省会（首府）城市、计划单列市以及国务院确定的其他城市，扣除标准为每月1 500元；

（二）除第一项所列城市以外，市辖区户籍人口超过100万的城市，扣除标准为每月1 100元；市辖区户籍人口不超过100万的城市，扣除标准为每月800元。

纳税人的配偶在纳税人的主要工作城市有自有住房的，视同纳税人在主要工作城市有自有住房。

市辖区户籍人口，以国家统计局公布的数据为准。

第十八条　本办法所称主要工作城市是指纳税人任职受雇的直辖市、计划单列市、副省级城市、地级市（地区、州、盟）全部行政区域范围；纳税人无任职受雇单位的，为受理其综合所得汇算清缴的税务机关所在城市。

夫妻双方主要工作城市相同的，只能由一方扣除住房租金支出。

第十九条　住房租金支出由签订租赁住房合同的承租人扣除。

第二十条　纳税人及其配偶在一个纳税年度内不能同时分别享受住房贷款利息和住房租金专项附加扣除。

第二十一条　纳税人应当留存住房租赁合同、协议等有关资料备查。

第七章　赡养老人

第二十二条　纳税人赡养一位及以上被赡养人的赡养支出，统一按照以下标准定额扣除：

（一）纳税人为独生子女的，按照每月2 000元的标准定额扣除；

（二）纳税人为非独生子女的，由其与兄弟姐妹分摊每月2 000元的扣除额度，每人分摊的额度不能超过每月1 000元。可以由赡养人均摊或者约定分摊，也可以由被赡养人指定分摊。约定或者指定分摊的须签订书面分摊协议，指定分摊优先于约定分摊。具体分摊方式和额度在一个纳税年度内不能变更。

第二十三条 本办法所称被赡养人是指年满60岁的父母，以及子女均已去世的年满60岁的祖父母、外祖父母。

第八章 保障措施

第二十四条 纳税人向收款单位索取发票、财政票据、支出凭证，收款单位不能拒绝提供。

第二十五条 纳税人首次享受专项附加扣除，应当将专项附加扣除相关信息提交扣缴义务人或者税务机关，扣缴义务人应当及时将相关信息报送税务机关，纳税人对所提交信息的真实性、准确性、完整性负责。专项附加扣除信息发生变化的，纳税人应当及时向扣缴义务人或者税务机关提供相关信息。

前款所称专项附加扣除相关信息，包括纳税人本人、配偶、子女、被赡养人等个人身份信息，以及国务院税务主管部门规定的其他与专项附加扣除相关的信息。

本办法规定纳税人需要留存备查的相关资料应当留存五年。

第二十六条 有关部门和单位有责任和义务向税务部门提供或者协助核实以下与专项附加扣除有关的信息：

（一）公安部门有关户籍人口基本信息、户成员关系信息、出入境证件信息、相关出国人员信息、户籍人口死亡标识等信息；

（二）卫生健康部门有关出生医学证明信息、独生子女信息；

（三）民政部门、外交部门、法院有关婚姻状况信息；

（四）教育部门有关学生学籍信息（包括学历继续教育学生学籍、考籍信息）、在相关部门备案的境外教育机构资质信息；

（五）人力资源社会保障等部门有关技工院校学生学籍信息、技能人员职业资格继续教育信息、专业技术人员职业资格继续教育信息；

（六）住房城乡建设部门有关房屋（含公租房）租赁信息、住房公积金管理机构有关住房公积金贷款还款支出信息；

（七）自然资源部门有关不动产登记信息；

（八）人民银行、金融监督管理部门有关住房商业贷款还款支出信息；

（九）医疗保障部门有关在医疗保障信息系统记录的个人负担的医药费用信息；

（十）国务院税务主管部门确定需要提供的其他涉税信息。

上述数据信息的格式、标准、共享方式，由国务院税务主管部门及各省、自治区、直辖市和计划单列市税务局商有关部门确定。

有关部门和单位拥有专项附加扣除涉税信息，但未按规定要求向税务部门提供的，拥有涉税信息的部门或者单位的主要负责人及相关人员承担相应责任。

第二十七条 扣缴义务人发现纳税人提供的信息与实际情况不符的，可以要求纳税人修改。纳税人拒绝修改的，扣缴义务人应当报告税务机关，税务机关应当及时处理。

第二十八条 税务机关核查专项附加扣除情况时，纳税人任职受雇单位所在地、经常居住地、户籍所在地的公安派出所、居民委员会或者村民委员会等有关单位和个人应当协助核查。

第九章 附则

第二十九条 本办法所称父母，是指生父母、继父母、养父母。本办法所称子女，是指婚生子女、非婚生子女、继子女、养子女。父母之外的其他人担任未成年人的监护人的，比照本办法规定执行。

第三十条 个人所得税专项附加扣除额一个纳税年度扣除不完的，不能结转以后年度扣除。

第三十一条 个人所得税专项附加扣除具体操作办法，由国务院税务主管部门另行制定。

第三十二条 本办法自2019年1月1日起施行。

新个人所得税法实施条例及过渡期政策纳税人常见疑问 30 答

一、个人所得税法实施条例

1. 此次实施条例有哪些重要修改？

答：（1）完善无住所个人纳税义务，优化吸引境外人才规定。无住所居民个人的时间判定标准由 1 年调整为 183 天后，为吸引人才，实施条例进一步给予优惠：

一是延长享受优惠年限。将无住所个人境内所得和境外所得的申报纳税的境内居住时间，由"居住满五年"延长为"居住满六年"；

二是新增单次离境 30 天规则。在计算上述"居住满六年"时，对于中国境内居住累计满 183 天的任一年度中有一次离境超过 30 天的，重新起算上述"居住满六年"的连续年限；

三是简化享受优惠程序。将无住所个人在境内"居住满六年"期间对境外支付的境外所得免税优惠，由审批改为备案方式，降低纳税人遵从成本。

（2）完善应税所得相关规定。一是完善经营所得范围，将个人独资企业投资人、合伙企业等概念写入实施条例，便于纳税人遵从。二是修改完善财产转让所得等项目，将个人转让合伙企业财产份额，明确按照财产转让所得项目征税，进一步降低税负；三是适应分类税制改为综合与分类相结合税制模式所带来的计税规则的变化，完善境外所得计税方法和税收抵免制度。

（3）适应综合税制要求，完善税收征管相关规定。增加了一系列征管配套措施，包括：综合所得汇算清缴的情形、纳税人和扣缴义务人法律责任、专项附加扣除的联合惩戒等，全面支撑新税制的落地。

2. 如何判定在中国境内有住所？

答： 纳税人在中国境内有住所，是指由于户籍、家庭、经济利益关系等原因，而在中国境内"习惯性居住"。在这一判定规则中，"户籍、家庭、经济利益关系"是判定有住所的原因条件，"习惯性居住"是判定有住所的结果条件。实践中，一般是根据纳税人"户籍、家庭、经济利益关系"等具体情况，综合判定是否属于"习惯性居住"这一状态。

"习惯性居住"，相当于定居的概念，指的是个人在较长时间内，相对稳定地在一地居住。对于因学习、工作、探亲、旅游等原因虽然在境内居住，但这些原因消除后仍然准备回境外居住的，不属于在境内习惯性居住。从这一点可以看出，"有住所"并不等于"有房产"。

3. 外籍个人来华判定居民身份的时间由一年改为183天后，为吸引外籍人才，实施条例对此进行了哪些优惠规定？

答：修改后的个人所得税法将无住所个人来华判定为税收居民的时间，由原来一年调整为183天，这一调整主要是与国际惯例接轨。为进一步表明中国政府吸引外资、吸引外籍人才的立场不变，实施条例延续了原来对无住所个人来中国境内短于五年对其境外支付的境外所得不征税的规定，同时参考国际惯例对外籍人员在一定年限内（又称"临时税收居民"）给予税收优惠的做法，实施条例第四条对此进行了优化完善：

一是将无住所个人全球所得申报纳税的境内居住时间由"居住满五年"延长为"居住满六年"，向全世界释放中国税收改革持续吸引各方面人才的积极信号；

二是在境内居住累计满183天的年度连续不满六年的，经向主管税务机关备案，其来源于境外且由境外支付的所得，免予在中国缴纳个人所得税；

三是在上述"居住满六年"的任一年度中，在一年内累计不满183天，或者其间有一次离境超过30天的，"居住满六年"的连续年限将重新起算。

4. 对经营所得怎么计税？

答：经营所得的计税方法为"先分后税"，具体如下：

一是经营所得的纳税人是个体户业主、个人独资企业投资人和合伙企业的个人合伙人，个体户、个人独资企业和合伙企业本身是上述投资者借以开展经营活动的载体，个体户、个人独资和合伙企业本身不直接是个人所得税纳税人。

二是个体户、个人独资和合伙企业，作为个体工商户业主、个人独资和合伙企业的自然人投资者的经营载体，其本身是一个经营机构。计税时，先以该经营机构的收入总额减去成本、费用、损失等之后，其余额为个体户、个人独资和合伙企业层面的应税所得，这是一项税前所得。

三是个体户业主、个人独资和合伙企业的自然人投资者从其所投资的个体户、个人独资和合伙企业取得税前所得后，如果本人没有综合所得，可以比照综合所得相关规定，减去每年6万元、专项扣除、专项附加扣除、其他依法确定的扣除，之后，由个人按照经营所得项目的适用税率和速算扣除数，计算应纳税额。

5."依法确定的其他扣除"包括哪些内容？

答：实施条例第十三条规定的"依法确定的其他扣除"，目前主要包括个人缴付符合国家规定的企业年金、职业年金，个人购买符合国家规定的商业健康保险、税收递延型商业养老保险的支出（试点阶段，未全面实施），以及国务院规定的其他项目。

6.公益性捐赠扣除应当符合什么条件？

答：需同时符合以下条件：一是用于教育、扶贫、济困等公益慈善事业；二是通过中国境内的公益性社会组织、国家机关进行捐赠；三是扣除比例符合现行规定要求。

个人向受赠对象的直接捐赠支出，不得税前扣除。

7.纳税人向哪些公益性社会组织捐赠，可以全额扣除？

答：税法第六条规定：个人将所得对教育、扶贫、济困等公益慈善事业的捐赠，捐赠额未超过纳税人申报的应纳税所得额30%的部分，可以从其应纳税所得额中扣除。国务院规定对公益慈善事业捐赠实行全额税前扣除的，从其规定。

经国务院批准，财政部、税务总局先后发文，对纳税人向中国红十字会、中华慈善总会、宋庆龄基金会等几十家公益性社会组织的捐赠，可以全额扣除。个人所得税改革后，上述政策继续有效。

8. 公益性捐赠的扣除基数怎么掌握？

答： 修改后的实施条例规定，纳税人可以扣除的公益性捐赠的计算基数，是扣除捐赠额之前的应纳税所得额。纳税人计算税款时，应以扣除捐赠额之后的余额，为应纳税所得额。

9. 实施综合与分类税制后，境外所得已纳税额的税收抵免有无变化，如何操作？

答： 此次税制改革，在境外所得已纳税款的税收抵免规则总体不变，继续实行"分国不分项"办法。由于此次改革由原分类税制改为综合与分类相结合税制，境内、外所得的应纳税额、抵免限额的计算方法相应有所变化：

（一）鉴于综合所得、经营所得均为累进税率，计算境内外所得的应纳税额时，需将个人来源于境内和境外的综合所得、经营所得，分别合并后计算应纳税额。其他所得为比例税率，计算个人境内和境外应纳税额时，不需合并计算，依照税法规定单独计算应纳税额即可。

根据新税法精神，个人同时有境内、外综合所得，合并后减去一个6万元和与本人相关的专项附加扣除，与改革前境内、外所得分别计税，分别减除相关费用的计算方法相比，新规定更加公平合理。

（二）抵免限额的计算。来源于中国境外一个国家（地区）的综合所得抵免限额、经营所得抵免限额以及其他所得抵免限额之和，为来源于该国家（地区）所得的抵免限额。税收抵免限额的计算公式，另行规定。

（三）抵免过程。居民个人在境外一个国家（地区）实际已经缴纳的个人所得税税额，低于依照上述规定计算出的该国家（地区）抵免限额的，在中国缴纳差额部分的税款；超过该国家（地区）抵免限额的，当年不需在中国补税，但当年没有抵免完毕的部分，在以后五个年度内延续抵免。

10. 为什么对纳税调整税款征收利息，不加收滞纳金？

答： 避税不同于偷税，避税的有关交易或安排不直接违反税法具体条款，但不符合税收立法意图；偷税则是采取弄虚作假等手段造成少缴税款。

基于二者性质不同，对避税的纳税调整加收利息，不加收滞纳金，体现宽严相济的原则。实施条例规定，对纳税调整的税款，加收利息。

11. 为什么要求自然人实名办税,如何操作?

答:为保障纳税人合法权益,全面提升纳税服务质量,新税制实施后,专项附加扣除、退税等业务需要方便、快捷、高效地在网上、掌上办理,这就要求纳税人身份和申报信息真实有效,实名办税是基础保障条件。新税法建立了纳税人识别号制度,以有效识别纳税人真实身份,确保纳税人合法权益。因此,纳税人在向扣缴义务人或者税务机关办理涉税事项时,均需提供纳税人识别号;纳税人在网上注册时,也需实名注册。

12. 为什么要建立自然人纳税人识别号制度?

答:为维护纳税人合法权益,全面提升纳税服务质量,新个人所得税法明确了纳税人识别号制度。自然人纳税人识别号是自然人纳税人办理各类涉税事项的唯一代码标识,是建立"一人式"纳税档案,归集个人相关收入、扣除、纳税等各项涉税信息的基础,也是税务机关开展服务和管理工作的基础。

纳税人有中国居民身份证号码的,以中国居民身份证号码为纳税人识别号;纳税人没有中国居民身份证号码的,由税务机关赋予其纳税人识别号。纳税人应当及时向扣缴义务人和税务机关提供其纳税人识别号。

13. 我听公司财务说,2019年工资要按累计预扣法算税,能否介绍一下,这会对我各月的税款产生什么影响?

答:根据个人所得税法及相关规定,从今年1月1日起,扣缴义务人向居民个人支付工资薪金所得时,按照累计预扣法预扣预缴个人所得税。累计预扣法,简单来说就是将您在本单位年初以来的全部工薪收入,减去年初以来的全部可以扣除项目金额,如减除费用(也就是大家说的"起征点")、"三险一金"、专项附加扣除等,减出来的余额对照相应预扣率表(与综合所得年度税率表相同)计算年初以来应预缴的全部税款,再减去之前月份已经预缴的税款,就能计算出本月应该预缴的税款。

在实际计算税款时,单位办税人员将本月的收入、专项扣除等金额录入税务机关提供的免费软件后,可以直接计算出本月应该预缴的税款。之所以采用这种预扣税款方法,主要是考虑到,如果按照税改前的方法预缴税款,在纳税人各月工薪收入不均衡的情况下，纳税人年终都需要办理补税或者退税。而采用累计预扣法，将有效缓解这一问题，对大部分只有一处工薪所得的纳税人，纳税年度终了时预扣预缴的税款基本上等于年度应纳税款，次年无须再办理汇算清缴申报；同时，即使纳税人需要补税或者退税，金额也相对较小，不会占用纳税人过多资金。

14. 哪些情形需要办理综合所得汇算清缴？

答： 新税制实施后，居民个人需结合税制变化，对综合所得实行按年计税。为促进纳税人尽快适应新税制要求，遵从税法规定，税务机关改变日常工薪所得扣缴方法，实行累计预扣法，尽可能使人数占比较大的单一工薪纳税人日常预缴税款与年度应纳税款一致，免予办理年度汇算清缴。同时，对有多处收入、年度中间享受扣除不充分等很难在预扣环节精准扣缴税款的，税法规定需办理汇算清缴，具体包括：

一是纳税人在一个纳税年度中从两处或者两处以上取得综合所得，且综合所得年收入额减去"三险一金"等专项扣除后的余额超过六万元的。主要原因：对个人取得两处以上综合所得且合计超过6万元的，日常没有合并预扣预缴机制，难以做到预扣税款与汇算清缴税款一致，需要汇算清缴。

二是取得劳务报酬所得、稿酬所得、特许权使用费所得中的一项或者多项所得，且四项综合所得年收入额减去"三险一金"等专项扣除后的余额超过六万元的。主要原因：上述三项综合所得的收入来源分散，收入不稳定，可能存在多个扣缴义务人，难以做到预扣税款与汇算清缴税款一致，需要汇算清缴。

三是纳税人在一个纳税年度内，预扣预缴的税额低于依法计算出的应纳税额。

四是纳税人申请退税的。申请退税是纳税人的合法权益，如纳税人年度预缴税款高于应纳税款的，可以申请退税。

15. 纳税人无法自行办理汇算清缴的，可以委托哪些人代为办理汇算清缴？

答： 对于依法应当进行汇算清缴的纳税人，如果不具备自行办理汇算清缴能力或者在规定期限内无法自行办理汇算清缴的,可以委托扣缴义务人或者其他单位和个人代为办理汇算清缴。比如,取得工资薪金的纳税人,可以与所在单位协商后,由单位代为办理汇算清缴;纳税人还可以委托涉税专业服务机构及其从业人员代为办理汇算清缴;当然,纳税人也可以委托其信任的其他单位或个人代办汇算清缴。

16. 纳税人、扣缴义务人发现有关纳税申报信息与实际情况不符的,如何处理?

答:对于有关纳税申报信息与实际情况不符的,按照"谁提供、谁负责、谁修改、谁负责"进行处理。

一是扣缴义务人应当按照纳税人提供的信息进行扣缴申报,不得擅自更改纳税人的信息。纳税人提供的信息与扣缴义务人掌握的情况不符的,扣缴义务人可以要求纳税人修改;纳税人拒绝修改的,扣缴义务人无权修改,应当报告税务机关,由税务机关及时处理。

二是纳税人发现扣缴义务人扣缴申报的本人信息、所得、税款等与实际不符的,有权提请扣缴义务人修改。扣缴义务人拒绝修改的,纳税人可以报告税务机关,税务机关应当及时处理。

明确纳税人和扣缴义务人的责任,有利于维护纳税人合法税收权益,保证税收信息的真实完整。

17. 居民个人的劳务报酬、稿酬、特许权使用费所得,应当如何计算个人所得税?

答:2019年1月1日起,根据个人所得税法规定,劳务报酬、稿酬、特许权所得属于居民个人的综合所得。居民个人取得劳务报酬、稿酬、特许权使用费所得时,以收入减除20%的费用后的余额为收入额,其中,稿酬的收入额在上述减征20%费用的基础上,再减按70%计算。

在预扣预缴环节,扣缴义务人在向居民个人支付劳务报酬、稿酬、特许权使用费所得时,每次收入不超过4 000元的,减除费用按800元计算,每次收入4 000元以上的,减除费用按收入的20%计算。劳务报酬所得适用国家税务总局公告2018年第61号文件附件规定的个人所得税预扣率表二,稿酬、特许权使用费所得税适用 20% 的比例预扣率。

居民个人办理年度综合所得汇算清缴时，应当将劳务报酬、稿酬、特许权使用费所得的收入额，并入年度综合所得计算应纳税款，税款多退少补。

18. 如果个人所得税年度预扣预缴税款与年度应纳税额不一致，如何处理？

答：对年度预扣预缴税款与依法计算的个人年度应纳个人所得税额不一致的，按照"补税依法，退税自愿"的原则，由纳税人在取得所得的次年 3 月 1 日至 6 月 30 日内，向任职、受雇单位所在地主管税务机关办理汇算清缴纳税申报，并报送《个人所得税年度自行纳税申报表》，税款多退少补。

二、过渡期政策

19. 2019 年以后发放的全年一次性奖金，如何计算缴纳个人所得税？

答：为确保新税法顺利平稳实施，稳定社会预期，让纳税人享受税改红利，财政部、税务总局制发了《关于个人所得税法修改后有关优惠政策衔接问题的通知》（财税〔2018〕164 号，以下简称《通知》），对纳税人在 2019 年 1 月 1 日至 2021 年 12 月 31 日取得的全年一次性奖金，可以不并入当年综合所得，以奖金全额除以 12 个月的数额，按照综合所得月度税率表，确定适用税率和速算扣除数，单独计算纳税，以避免部分纳税人因全年一次性奖金并入综合所得后提高适用税率。

对部分中低收入者而言，如将全年一次性奖金并入当年工资薪金所得，扣除基本减除费用、专项扣除、专项附加扣除等后，可能根本无需缴税或者缴纳很少税款。在此情况下，如果将全年一次性奖金采取单独计税方式，反而会产生应纳税款或者增加税负。同时，如单独适用全年一次性奖金政策，可能在税率换档时出现税负突然增加的"临界点"现象。因此，《通知》专门规定，居民个人取得全年一次性奖金的，可以自行选择计税方式，请纳税人自行判断是否将全年一次性奖金并入综合所得计税。也请扣缴单位在发放奖金时注意把握，以便于纳税人享受减税红利。

20. 过渡期内，个人取得全年一次性奖金怎么计税？

答：2019年1月1日至2021年12月31日，个人取得全年一次性奖金，可以选择不并入当年综合所得，单独计税。

计算税款时，第一步，按照全年一次性奖金除以12的商数，对照综合所得的月度税率表，查找适用税率（月税率）和速算扣除数；

第二步，全年一次性奖金的收入全额，乘以查找的适用税率，减去对应的一个速算扣除数，即为应纳税额。

个人也可以选择不享受全年一次性奖金政策，将取得的全年一次性奖金并入综合所得征税。

21. 个人取得全年一次性奖金，当月正常工资收入低于5 000元，怎么计税？

答：2019年1月1日起，个人取得全年一次性奖金计算税款时，不再考虑当月正常工资收入是否低于5 000元。主要原因是：高收入者往往选择全年一次性奖金政策，低收入者往往放弃享受全年一次性奖金政策，将全年一次性奖金直接并入综合所得征税，理论上，不再存在减除当月工资低于5 000元差额的问题。

当月工资收入低于5 000元的，其低于5 000元的差额，计算全年一次性奖金的应纳税额时，不再从全年一次性奖金中减除。

22. 为什么允许个人放弃享受全年一次性奖金政策？

答：全年一次性奖金政策的优势是单独计税，不与当年综合所得合并算税，从而"分拆"收入降低适用税率。但对于低收入者而言，适用全年一次性奖金政策反而有可能增加其税负。例如，某人每月工资收入3 000元，年终有2万元的年终奖金，全年收入低于6万元。如其适用全年一次性奖金政策，需要缴纳600元个人所得税，放弃享受全年一次性奖金政策（即将全年一次性奖金并入综合所得征税），则全年无需纳税。

综上，对于低收入者而言，放弃此项政策反而更加有利。

23. 个人取得上市公司股权激励所得，怎么计税？

答：上市公司股权激励对象主要是公司高管和核心技术人员，通过股权激励方式，将个人利益与公司发展业绩"绑在一起"，让个人分享公司发展成果,增强对高管和核心技术人员的"向心力"。个人取得的上市公司股权激励所得,是个人任职受雇的一种报酬方式,属于工资薪金所得。

2005年以来,财政部、税务总局先后印发多份政策文件,明确了个人取得上市公司股权激励所得的个人所得税政策。总体思路是将股权激励所得在不超过12个月(最多为12个月)的期限内分摊计税。

2019年实施新税制后,为保证税收政策延续性,对股权激励所得的计税方法给予三年过渡期,在过渡期内,对上市公司股权激励所得的税收政策暂维持不变。

由于改革后综合所得的税率表为年度税率表,股权激励所得直接适用年度税率表,客观上相当于原来按12个月分摊计税的政策效果。因此,在过渡期内,个人取得上市公司股权激励所得,不并入当年综合所得,全额单独适用综合所得税率表,计算纳税。计算公式如下:

应纳税额=股权激励收入×适用税率-速算扣除数

公式中的上述股权激励收入,为减除行权成本后的收入余额。

24. 个人在一个纳税年度内取得两次或者两项以上股权激励所得,如何算税?

答:上市公司股权激励形式较多,包括股票期权、股票增值权、限制性股票和股票奖励等多种形式。个人在一个纳税年度内取得两次(项)以上股权激励,其取得第一次或者第一项股权激励所得时,按照以下公式计税:

应纳税额=股权激励收入×适用税率-速算扣除数

其取得两次(项)以上股权激励所得时,将纳税年度内各次(项)股权激励所得合并,按照上述公式计算应纳税额,减去本年度此前股权激励所得已纳税额的差额,为本次(项)股权激励所得的应纳税额。

25. 个人取得非上市企业股权激励所得,怎么计税?

答:个人取得符合规定条件的非上市公司股权激励,经向税务机关备案,可以实行递延纳税,即员工在取得股权激励时暂不纳税,递延至转让该股权时纳税;股权转让时,按照股权转让收入减除股权取得成本以及合理税费后的差额,适用"财产转让所得"项目,按照20%的税率计算缴纳个人所得税。根据《财政部 国家税务总局关于完善股权激励和技术入股有关所得税政策的通知》（财税〔2016〕101号）规定，享受递延纳税政策的，非上市公司股权激励须同时满足以下条件：

（1）属于境内居民企业的股权激励计划；

（2）股权激励计划经公司董事会、股东（大）会审议通过，未设股东（大）会的国有单位，经上级主管部门审核批准；

（3）激励标的应为境内居民企业的本公司股权，其中股权奖励的标的可以是技术成果投资入股到其他境内居民企业所取得的股权；

（4）激励对象应为公司董事会或股东（大）会决定的技术骨干和高级管理人员，激励对象人数累计不得超过本公司最近6个月在职职工平均人数的30%；

（5）股票（权）期权自授予日起应持有满3年，且自行权日起持有满1年。限制性股票自授予日起应持有满3年，且解禁后持有满1年。股权奖励自获得奖励之日起应持有满3年；

（6）股票（权）期权自授予日至行权日的时间不得超过10年；

（7）实施股权奖励的公司及其奖励股权标的公司所属行业均不属于《股权奖励税收优惠政策限制性行业目录》范围。

凡不符合上述递延纳税条件的，个人应在取得非上市公司股权激励时，参照上市公司股权激励政策执行。

26. 保险营销员、证券经纪人取得佣金收入怎么计税？

答：保险营销员、证券经纪人取得的佣金收入，由展业成本和劳务报酬两部分构成。考虑到保险营销员、证券经纪人在开展业务时，承担一定的展业成本，对其佣金收入全额计税，不尽合理。税制改革前，为支持保险、证券行业健康发展，适当减轻保险营销员、证券经纪人的税负，经商原保监会、证监会同意，将保险营销员、证券经纪人佣金收入的40%视为展业成本不予征税。税制改革后，保险营销员、证券经纪人的佣金收入应当依法纳入综合所得，新增加每年6万元的减除费用、"三险一金"、专项附加扣除、其他扣除等扣除项目，应纳税所得额的计算发生一定变化，为此，调整了保险营销员、证券经纪人的计税方法，保持税收政策连续稳定。

计税时，保险营销员、证券经纪人取得的佣金收入，以不含增值税的收入减除 20% 的费用后的余额，再减去展业成本以及附加税费后，并入当年综合所得，计算个人所得税。其中，展业成本按照不含增值税的佣金收入减除 20% 费用后余额的 25% 计算。

日常预扣预缴时，综合考虑新旧税制衔接，为最大程度减轻保险营销员、证券经纪人税收负担，依照税法规定，对其取得的佣金收入，按照累计预扣法计算预缴税款。具体计算时，以该纳税人截至当期在单位从业月份的累计收入减除累计减除费用、累计其他扣除后的余额，比照工资、薪金所得预扣率表计算当期应预扣预缴税额。专项扣除和专项附加扣除，在预扣预缴环节暂不扣除，待年度终了后汇算清缴申报时办理。主要考虑是，一方面，依据个人所得税法和实施条例规定，个人取得的劳务报酬，应当在汇算清缴时办理专项附加扣除；另一方面，保险营销员、证券经纪人多为自己缴付"三险一金"，支付佣金单位较难掌握这些情况并为其办理扣除；同时，部分保险营销员、证券经纪人还有任职受雇单位，由支付佣金单位办理可能出现重复扣除。

27. 个人和单位缴存企业年金、职业年金的税收政策有没有变化？

答：税制改革后，单位和个人缴存企业年金、职业年金的税收政策没有变化，仍然按照《财政部 人力资源社会保障部 国家税务总局关于企业年金 职业年金个人所得税有关问题的通知》（财税〔2013〕103号）的规定执行。

具体规定如下：

（1）企业和事业单位根据国家有关政策规定的办法和标准，为在本单位任职或者受雇的全体职工缴付的企业年金或职业年金单位缴费部分，在计入个人账户时，个人暂不缴纳个人所得税。

（2）个人根据国家有关政策规定缴付的年金个人缴费部分，在不超过本人缴费工资计税基数的 4% 标准内的部分，暂从个人当期的应纳税所得额中扣除。

（3）超过上述第（1）项和第（2）项规定的标准缴付的年金单位缴费和个人缴费部分，应并入个人当期的工资、薪金所得，依法计征个人所得税。

税款由建立年金的单位代扣代缴。

28. 个人领取企业年金、职业年金待遇，如何计税？

答：个人达到国家规定的退休年龄，按规定领取的企业年金、职业年金，属于"工资薪金所得"。实施新税制后，个人领取的企业年金、职业年金待遇依法应当并入综合所得按年计税。为避免离退休人员办理汇算清缴带来的税收遵从负担，原则上平移原有计税方法，即对个人领取的企业年金、职业年金待遇由扣缴义务人扣缴税款，单独计算纳税，不计入综合所得，无需办理汇算清缴。实践中，对以下情况，分别处理：

（1）按月领取的，适用月度税率表计算纳税；

（2）按季领取的，平均分摊计入各月，按每月领取额适用月度税率表计算纳税；

（3）按年领取的，适用综合所得税率表计算纳税。

（4）个人因出境定居而一次性领取的年金，或者个人死亡后，其指定的受益人或法定继承人一次性领取的年金，适用综合所得税率表计算纳税。对个人除上述特殊原因外一次性领取年金个人账户资金或余额的，适用月度税率表计算纳税。

29. 个人因与用人单位解除劳动关系取得的一次性补偿收入，如何计税？

答：为维护社会稳定，妥善安置有关人员，对于个人因与用人单位解除劳动关系取得的一次性补偿收入，平移原计税方法，即在当地上年职工平均工资3倍数额以内的部分，免征个人所得税；超过3倍数额的部分，不并入当年综合所得，单独适用综合所得税率表，计算纳税。

计算公式如下：

应纳税额 =3 倍以上数额的一次性补偿金 × 适用税率 – 速算扣除数

30. 外籍个人的住房补贴、子女教育费、语言训练费等津补贴，是否继续给予免税优惠？

答：税制改革前，用人单位为外籍个人实报实销或以非现金方式支付的住房补贴、伙食补贴、洗衣费、搬迁费、出差补贴、探亲费，以及外籍个人发生的语言训练费、子女教育费等津补贴免予征收个人所得税。税制改革后，新增的子女教育、住房租金、住房贷款利息等专项附加扣除在内容上与上述相关补贴性质类似。为公平税负、规范税制、统一内外人员待遇，对上述外籍个人的8项补贴设置3年过渡期。即2019年1月1日至2021年12月31日，外籍个人符合居民个人条件的，可以选择享受个人所得税专项附加扣除，也可以按照《财政部　国家税务总局关于个人所得税若干政策问题的通知》（财税〔1994〕20号）、《国家税务总局关于外籍个人取得有关补贴征免个人所得税执行问题的通知》（国税发〔1997〕54号）和《财政部 国家税务总局关于外籍个人取得港澳地区住房等补贴征免个人所得税的通知》（财税〔2004〕29号）规定，选择享受住房补贴、语言训练费、子女教育费等津补贴免税优惠政策，但上述两类政策不得同时享受。在一个纳税年度内一经选择，不得变更。

自2022年1月1日起，外籍个人不再享受住房补贴、语言训练费、子女教育费等3项津补贴免税政策。

个人所得税专项附加扣除200问

一、子女教育

1. 子女教育的扣除主体是谁？

答：子女教育的扣除主体是子女的法定监护人，包括生父母、继父母、养父母，父母之外的其他人担任未成年人的法定监护人的，比照执行。

2. 监护人不是父母可以扣除吗？

答：可以，前提是确实担任未成年人的监护人。

3. 子女的范围包括哪些？

答：子女包括婚生子女、非婚生子女、养子女、继子女。也包括未成年但受到本人监护的非子女。

4. 子女教育的扣除标准是多少？

答：按照每个子女每年12 000元（每月1 000元）的标准定额扣除。

5. 子女教育的扣除在父母之间如何分配？

答：父母可以选择由其中一方按扣除标准的 100% 扣除，即一人每月 1 000 元扣除，也可以选择由双方分别按扣除标准的 50% 扣除，即一人每月 500 元扣除。只有这两种分配方式，纳税人可以根据情况自行选择。

6. 子女教育的扣除分配选定之后可以变更吗？

答：子女教育的扣除分配，可以选择由父母一方扣除或者双方平摊扣除，选定扣除方式后在一个纳税年度内不能变更。

7. 在民办学校接受教育可以享受子女教育扣除吗？

答：可以。无论子女在公办学校或民办学校接受教育，纳税人都可以享受扣除。

8. 在境外学校接受教育可以享受扣除吗？

答：可以。无论子女在境内学校或境外学校接受教育，纳税人都可以享受扣除。

9. 子女教育专项附加扣除的扣除方式是怎样的？

答：子女教育专项附加扣除采取定额扣除方式，符合条件的纳税人可以按照每名子女每月 1 000 元的标准扣除。

10. 纳税人享受子女教育专项附加扣除，需要保存哪些资料？

答：纳税人子女在境内接受教育的，享受子女教育专项扣除不需留存任何资料。纳税人子女在境外接受教育的，应当留存境外学校录取通知书、留学签证等相关教育的证明资料备查。

11. 有多子女的父母，可以对不同的子女选择不同的扣除方式吗？

答：可以。有多子女的父母，可以对不同的子女选择不同的扣除方式，即对子女甲可以选择由一方按照每月 1 000 元的标准扣除，对子女乙可以选择由双方分别按照每月 500 元的标准扣除。

12. 对于存在离异重组等情况的家庭子女而言，该如何享受政策？

答：具体扣除方法由父母双方协商决定，一个孩子扣除总额不能超过 1 000 元 / 月，扣除人不能超过 2 个。

13. 我不是孩子亲生父母，但是承担了他的抚养和教育义务，这种情况下我可以享受子女教育扣除吗？

答：一般情况下，父母负有抚养和教育未成年子女的义务，可依法享受子女教育扣除；对情况特殊、未由父母抚养和教育的未成年子女，相应的义务会转移到其法定监护人身上。因此，假如您是孩子的法定监护人，对其负有抚养和教育的义务，您就可以依法申报享受子女教育扣除。

14. 前两年在中国读书，后两年在国外读书，现在填写信息选择中国还是境外？证书由境外发放，没有学籍号，怎样填写信息，是否可以扣除？

答：目前，子女教育允许扣除境内外教育支出，继续教育专项附加扣除仅限于境内教育，不包括境外教育。如符合子女教育扣除的相关条件，子女前两年在国内读书，父母作为纳税人请按照规定填写子女接受教育的相关信息；后两年在境外接受教育，无学籍的，可以按照接受境外教育相关规定填报信息，没有学籍号可以不填写，但纳税人应当按规定留存相关证书、子女接受境内外合作办学的招生简章、出入境记录等。

15. 残障儿童接受的特殊教育，父母是否可以扣除子女教育？

答：特殊教育属于九年一贯制义务教育，同时拥有学籍，因此可以按照子女教育扣除。

16. 本科毕业之后，准备考研究生的期间，父母是否可以扣除子女教育？

答：不可以，该生已经本科毕业，未实际参与全日制学历教育，尚未取得研究生学籍，不符合《暂行办法》相关规定。研究生考试通过入学后，可以享受高等教育阶段子女教育。

17. 子女 6 月高中毕业，9 月上大学，7—8 月能不能享受子女教育扣除？

答：可以扣除。对于连续性的学历（学位）教育，升学衔接期间属于子女教育期间，可以申报扣除子女教育专项附加扣除。

18. 大学期间参军，学校保留学籍，是否可以按子女教育扣除？

答：服兵役是公民的义务，大学期间参军是积极响应国家的号召，休学保留学籍期间，属于高等教育阶段，可以申报扣除子女教育专项附加扣除。

19. 参加"跨校联合培养"需要到国外读书几年，是否可以按照子女教育扣除？

答：一般情况下，参加跨校联合培养的学生，原学校保留学生学籍，父母可以享受子女教育附加扣除。

二、继续教育

20. 继续教育专项附加扣除的扣除范围是怎么规定的？

答：纳税人在中国境内接受学历（学位）继续教育的支出，在学历（学位）教育期间按照每月 400 元定额扣除。同一学历继续教育的扣除期限不能超过 48 个月。纳税人接受技能人员职业资格继续教育、专业技术人员职业资格继续教育支出，在取得相关证书的当年，按照 3 600 元定额扣除。

21. 继续教育专项附加扣除的扣除标准是怎么规定的？

答：继续教育专项附加扣除的扣除标准是：

（1）纳税人在中国境内接受学历（学位）继续教育的支出，在学历（学位）教育期间按照每月 400 元定额扣除。

（2）纳税人接受技能人员职业资格继续教育、专业技术人员职业资格继续教育支出，在取得相关证书的当年，按照 3 600 元定额扣除。

22. 继续教育专项附加扣除该如何申报？

答：对技能人员职业资格和专业技术人员职业资格继续教育，采取凭证书信息定额扣除方式。纳税人在取得证书后向扣缴义务人提供姓名、纳税识别号、证书编号等信息，由扣缴义务人在预扣预缴环节扣除。也可以在年终向税务机关提供资料，通过汇算清缴享受扣除。

对学历继续教育，采取凭学籍、考籍信息定额扣除方式。纳税人向扣缴义务人提供姓名、纳税识别号、学籍、考籍等信息，由扣缴义务人在预扣预缴环节扣除，也可以在年终向税务机关提供资料，通过汇算清缴享受扣除。

23. 学历（学位）继续教育支出，可在多长期限内扣除？

答：在中国境内接受学历（学位）继续教育入学的当月至学历（学位）继续教育结束的当月，但同一学历（学位）继续教育的扣除期限最长不得超过 48 个月。

24. 纳税人因病、因故等原因休学且学籍继续保留的休学期间，以及施教机构按规定组织实施的寒暑假是否连续计算？

答：学历（学位）继续教育的扣除期限最长不得超过48个月。48个月包括纳税人因病、因故等原因休学且学籍继续保留的休学期间，以及施教机构按规定组织实施的寒暑假期连续计算。

25. 纳税人享受继续教育专项附加扣除需保存哪些资料？

答：纳税接受学历继续教育，不需保存相关资料。纳税人接受技能人员职业资格继续教育、专业技术人员职业资格继续教育的，应当留存相关证书等资料备查。

26. 没有证书的兴趣培训费用可扣除吗？

答：目前，继续教育专项附加扣除的范围限定学历继续教育、技能人员职业资格继续教育和专业技术人员职业资格继续教育的支出，上述培训之外的花艺等兴趣培训不在扣除范围内。

27. 纳税人终止继续教育是否需要报告？

答：纳税人终止学历继续教育的，应当将相关变化信息告知扣缴义务人或税务机关。

28. 如果纳税人在接受学历继续教育的同时取得技能人员职业资格证书或者专业技术人员职业资格证书的，如何享受继续教育扣除？

答：根据《个人所得税专项附加扣除暂行办法》，纳税人接受学历继续教育，可以按照每月400元的标准扣除，全年共计4 800元；在同年又取得技能人员职业资格证书或者专业技术人员职业资格证书的，且符合扣除条件的，可按照3 600元的标准定额扣除。但是，只能同时享受一个学历（学位）继续教育和一个职业资格继续教育。因此，对同时符合此类情形的纳税人，该年度可叠加享受两个扣除，当年其继续教育共计可扣除8 400元（4 800+3 600）。

29. 继续教育专项附加扣除的扣除主体是谁？

答：继续教育的扣除主体以纳税人本人为主。大学本科及以下的学历继续教育可以由接受教育的本人扣除，暂可以由其父母按照子女教育扣除，但对于同一教育事项，不得重复扣除。

30. 如果在国外进行的学历继续教育，或者是拿到了国外颁发的技能证书，能否享受每月 400 元或每年 3 600 元的扣除？

答：根据《暂行办法》规定，纳税人在中国境内接受的学历（学位）继续教育支出，以及接受技能人员职业资格继续教育、专业技术人员职业资格继续教育支出可以扣除。由于您在国外接受的学历继续教育和国外颁发的技能证书，不符合"中国境内"的规定，不能享受专项附加扣除政策。

31. 我现在处于本硕博连读的博士阶段，父母已经申报享受了子女教育。我博士读书时取得律师资格证书，可以申报扣除继续教育吗？

答：如您有综合所得（比如稿酬或劳务报酬等），一个纳税年度内，在取得证书的当年，可以享受职业资格继续教育扣除（3 600 元/年）。

32. 我参加了学历（学位）教育，最后没有取得学历（学位）证书，是否可以享受继续教育扣除？

答：参加学历（学位）继续教育，按照实际受教育时间，享受每月 400 元的扣除。不考察最终是否取得证书，最多扣除 48 个月。

33. 参加自学考试，纳税人应当如何享受扣除？

答：按照《高等教育自学考试暂行条例》的有关规定，高等教育自学考试应考者取得一门课程的单科合格证书后，省考委即应为其建立考籍管理档案。具有考籍管理档案的考生，可以按照《暂行办法》的规定，享受继续教育专项附加扣除。

34. 纳税人参加夜大、函授、现代远程教育、广播电视大学等学习，是否可以按照继续教育扣除？

答：纳税人参加夜大、函授、现代远程教育、广播电视大学等教育，所读学校为其建立学籍档案的，可以享受学历（学位）继续教育扣除。

35. 同时接受多个学历继续教育或者取得多个专业技术人员职业资格证书，是否均需要填写？

答：对同时接受多个学历继续教育，或者同时取得多个职业资格证书的，只需填报其中一个即可。但如果同时存在学历继续教育、职业资格继续教育两类继续教育情形，则每一类都要填写。

三、大病医疗

36. 大病医疗专项附加扣除的扣除方式是怎样的？

答：在一个纳税年度内，纳税人发生的与基本医保相关的医药费用支出，扣除医保报销后个人负担（指医保目录范围内的自付部分）累计超过15 000元的部分，由纳税人在办理年度汇算清缴时，在80 000元限额内据实扣除。

37. 大病医疗专项附加扣除何时扣除？

答：在次年3月1日至6月30日汇算清缴时扣除。

38. 纳税人配偶、子女的大病医疗支出是否可以在纳税人税前扣除？

答：纳税人发生的医药费用支出可以选择由本人或其配偶一方扣除；未成年子女发生的医药费用支出可以选择由其父母一方扣除。

纳税人及其配偶、未成年子女发生的医药费用支出，可按规定分别计算扣除额。

39. 纳税人父母的大病医疗支出，是否可以在纳税人税前扣除？

答：目前未将纳税人父母纳入大病医疗扣除范围。

40. 享受大病医疗专项附加扣除时，纳税人需要注意什么？

答：纳税人日常看病时，应当留存医药服务收费及医保报销相关票据原件（或者复印件）等资料备查，同时，可以通过医疗保障部门的医疗保障管理信息系统查询本人上一年度医药费用情况。纳税人在年度汇算清缴时填报相关信息申请退税。

41. 夫妻同时有大病医疗支出，想全部都在男方扣除，扣除限额是16万元吗？

答：夫妻两人同时有符合条件的大病医疗支出，可以选择都在男方扣除，扣除限额分别计算，每人最高扣除限额为8万元，合计最高扣除限额为16万元。

42. 大病医疗支出中，纳税人年末住院，第二年年初出院，这种跨年度的医疗费用，如何计算扣除额？是分两个年度分别扣除吗？

答：纳税人年末住院，第二年年初出院，一般是在出院时才进行医疗费用的结算。纳税人申报享受大病医疗扣除，以医疗费用结算单上的结算时间为准，因此该医疗支出属于是第二年的医疗费用，到2019年结束时，如果达到大病医疗扣除的"起付线"，可以在2020年汇算清缴时享受扣除。

43. 在私立医院就诊是否可以享受大病医疗扣除？

答：对于纳入医疗保障结算系统的私立医院，只要纳税人看病的支出在医保系统可以体现和归集，则纳税人发生的与基本医保相关的支出，可以按照规定享受大病医疗扣除。

44. 如何理解大病医疗专项附加扣除的"起付线"和扣除限额的关系？

答：根据《暂行办法》规定，纳税人发生的与基本医保相关的医药费用支出，扣除医保报销后个人负担（指医保目录范围内的自付部分）累计超过1.5万元的部分，在8万元限额内据实扣除。上述所称的1.5万元是"起付线"，8万元是限额。

四、住房贷款利息

45. 住房贷款利息专项附加扣除的扣除范围是什么？

答：纳税人本人或其配偶单独或共同使用商业银行或住房公积金个人住房贷款为本人或其配偶购买中国境内住房，发生的首套住房贷款利息支出。

46. 住房贷款利息专项附加扣除的标准是怎么规定的？

答：在实际发生贷款利息的年度，按照每月1 000元标准定额扣除，扣除期限最长不超过240个月。纳税人只能享受一次首套住房贷款的利息扣除。

47. 住房贷款利息专项附加扣除的扣除主体是谁？

答：经夫妻双方约定，可以选择由其中一方扣除，具体扣除方式在一个纳税年度内不能变更。

48. 住房贷款利息专项附加扣除的扣除方式是怎样的？

答：住房贷款利息专项附加扣除采取定额扣除方式。

49. 住房贷款利息专项附加扣除享受的时间范围？

答：纳税人的住房贷款利息扣除期限最长不能超过240个月，240个月后不能享受附加扣除。对于 2019 年之后还处在还款期，只要符合条件，就可以扣除。

50. 夫妻双方婚前都有住房贷款，婚后怎么享受住房贷款利息专项附加扣除？

答：夫妻双方婚前分别购买住房发生的首套住房贷款，其贷款利息支出，婚后可以选择其中一套购买的住房，由购买方按扣除标准的 100% 扣除，也可以由夫妻双方对各自购买的住房分别按扣除标准的 50%，具体扣除方式在一个年度内不得变更。

51. 住房贷款利息和住房租金扣除可以同时享受吗？

不可以。纳税人及其配偶在一个纳税年度内不能同时分别享受住房贷款利息和住房租金专项附加扣除。

52. 首套房的贷款还清后，贷款购买第二套房屋时，银行仍旧按照首套房贷款利率发放贷款，首套房没有享受过扣除，第二套房屋是否可以享受住房贷款利息扣除？

答：根据《暂行办法》相关规定，如纳税人此前未享受过住房贷款利息扣除，那么其按照首套住房贷款利率贷款购买的第二套住房，可以享受住房贷款利息扣除。

53. 我有一套住房，是公积金和商贷的组合贷款，公积金中心按首套贷款利率发放，商业银行贷款按普通商业银行贷款利率发放，是否可以享受住房贷款利率扣除？

答：一套采用组合贷款方式购买的住房，如公积金中心或者商业银行其中之一，是按照首套房屋贷款利率发放的贷款，则可以享受住房贷款利息扣除。

54. 父母和子女共同购房，房屋产权证明、贷款合同均登记为父母和子女，住房贷款利息专项附加扣除如何享受？

答：父母和子女共同购买一套房子，不能既由父母扣除，又由子女扣除，应该由主贷款人扣除。如主贷款人为子女的，由子女享受贷款利息专项附加扣除；主贷款人为父母中一方的，由父母任一方享受贷款利息扣除。

55. 父母为子女买房，房屋产权证明登记为子女，贷款合同的贷款人为父母，住房贷款利息支出的扣除如何享受？

答：从实际看，房屋产权证明登记主体与贷款合同主体完全没有交叉的情况很少发生。如确有此类情况，按照《暂行办法》规定，只有纳税人本人或者配偶使用住房贷款为本人或者其配偶购买中国境内住房，发生的首套住房贷款利息支出可以扣除。本例中，父母所购房屋是为子女购买的，不符合上述规定，父母和子女均不可以享受住房贷款利息扣除。

56. 丈夫婚前购买的首套住房，婚后由丈夫还贷，首套住房利息是否只能由丈夫扣除？妻子是否可以扣除？

答：按照《暂行办法》规定，经夫妻双方约定，可以选择由夫妻中一方扣除，具体扣除方式在一个纳税年度内不能变更。

57. 如何理解纳税人只能享受一次住房贷款利息扣除？

答：只要纳税人申报扣除过一套住房贷款利息，在个人所得税专项附加扣除的信息系统里存有扣除住房贷款利息的记录，无论扣除时间长短、也无论该住房的产权归属情况，纳税人就不得再就其他房屋享受住房贷款利息扣除。

58. 享受住房贷款利息专项附加扣除，房屋证书号码是房屋所有权证/不动产权证上哪一个号码？

答：为房屋所有权证或不动产权证上载明的号码。如，京（2018）朝阳不动产权第0000000号，或者苏房地（宁）字（2017）第000000号。如果还没取得房屋所有权证或者不动产权证，但有房屋买卖合同、房屋预售合同的，填写合同上的编号。

59. 个人填报住房贷款相关信息时，"是否婚前各自首套贷款，且婚后分别扣除50%"是什么意思？我该如何填写该栏？

答：如夫妻双方婚前各自有一套符合条件的住房贷款利息的，填写本栏。无此情形的，无须填写。

如夫妻婚后选择其中一套住房，由购买者按扣除标准100%扣除的，则购买者需填写本栏并选择"否"。另一方应当在同一月份变更相关信息、停止申报扣除。

如夫妻婚后选择对各自购买的住房分别按扣除标准的 50% 扣除的,则夫妻双方均需填写本栏并选择"是"。

60. 我刚办的房贷期限是 30 年,我现在扣完子女教育和赡养老人就不用缴税了,我可以选择过两年再开始办理房贷扣除吗?

答: 住房贷款利息支出扣除实际可扣除时间为,贷款合同约定开始还款的当月至贷款全部归还或贷款合同终止的当月,扣除期限最长不得超过 240 个月。因此,在不超过 240 个月以内,您可以根据个人情况办理符合条件的住房贷款利息扣除。

五、住房租金

61. 住房租金专项附加扣除的扣除范围是怎么规定的?

答: 纳税人及配偶在主要工作城市没有自有住房而发生的住房租金支出,可以按照规定进行扣除。

62. 住房租金专项附加扣除中的主要工作城市是如何定义的?

答: 主要工作城市是指纳税人任职受雇的直辖市、计划单列市、副省级城市、地级市(地区、州、盟)全部行政区域范围。无任职受雇单位的,为综合所得汇算清缴地的税务机关所在城市。

63. 住房租金专项附加扣除的扣除标准是怎么规定的?

答: 住房租金专项附加扣除按照以下标准定额扣除:

(1)直辖市、省会(首府)城市、计划单列市以及国务院确定的其他城市,扣除标准为每月 1 500 元;

(2)除上述所列城市以外,市辖区户籍人口超过 100 万的城市,扣除标准为每月 1 100 元;市辖区人口不超过 100 万(含)的城市,扣除标准为每月 800 元。纳税人的配偶在纳税人的主要工作城市有自有住房的,视同纳税人在主要工作城市有自有住房。市辖区户籍人口,以国家统计局公布的数据为准。

64. 住房租金专项附加扣除的扣除主体是谁?

答: 住房租金支出由签订租赁住房合同的承租人扣除。夫妻双方主要工作城市相同的,只能由一方(即承租人)扣除住房租金支出。夫妻双方主要工作城市不相同的,且各自在其主要工作城市都没有住房的,可以分别扣除住房租金支出。夫妻双方不得同时分别享受住房贷款利息扣除和住房租金扣除。

65. 纳税人享受住房租金专项附加扣除应该留存哪些资料?

答:纳税人应当留存住房租赁合同、协议等有关资料备查。

66. 夫妻双方无住房,两人主要工作城市不同,各自租房,如何扣除?

答:夫妻双方主要工作城市不同,且都无住房,可以分别扣除。

67. 住房贷款利息和住房租金扣除可以同时享受吗?

答:不可以。住房贷款利息和住房租金只能二选一。如果对于住房贷款利息进行了抵扣,就不能再对住房租金进行抵扣。反之亦然。

68. 纳税人首次享受住房租金扣除的时间是什么时候?

答:纳税人首次享受住房租赁扣除的起始时间为租赁合同约定起租的当月,截止日期是租约结束或者在主要工作城市已有住房。

69. 合租住房可以分别扣除住房租金支出吗?

答:住房租金支出由签订租赁合同的承租人扣除。因此,合租租房的个人(非夫妻关系),若都与出租方签署了规范租房合同,可根据租金定额标准各自扣除。

70. 员工宿舍可以扣除租金支出吗?

答:如果个人不付租金,不得扣除。如果本人支付租金,可以扣除。

71. 某些行业员工流动性比较大,一年换几个城市租赁住房,或者当年度一直外派并在当地租房子,如何申报住房租金专项附加扣除?

答:对于为外派员工解决住宿问题的,不应扣除住房租金。对于外派员工自行解决租房问题的,对于一年内多次变换工作地点的,个人应及时向扣缴义务人或者税务机关更新专项附加扣除相关信息,允许一年内按照更换工作地点的情况分别进行扣除。

72. 个人的工作城市与实际租赁房屋地不一致,是否符合条件扣除住房租赁支出?

答:纳税人在主要工作城市没有自有住房而实际租房发生的住房租金支

出，可以按照实际工作地城市的标准定额扣除住房租金。

73.我是铁路职工，主要工作地在上海和杭州，上海公司提供住宿，杭州自己租房且无自有住房，杭州的房租是否可以专项附加扣除？

答：根据《暂行办法》规定，纳税人及其配偶在纳税人主要工作城市没有自有住房的，纳税人发生的住房租金支出可以扣除。如果您和您配偶均在杭州没有自有住房，而杭州又是您主要工作城市的，杭州的房租可以扣除。

74.公租房是公司与保障房公司签的协议，但员工是需要付房租的，这种情况下员工是否可以享受专项附加扣除，这种需要保留什么资料留存备查呢？

答：纳税人在主要工作城市没有自有住房而发生的住房租金支出，可以按照标准定额扣除。员工租用公司与保障房公司签订的保障房，并支付租金的，可以申报扣除住房租金专项附加扣除。纳税人应当留存与公司签订的公租房合同或协议等相关资料备查。

75.纳税人公司所在地为保定，被派往分公司北京工作，纳税人及其配偶在北京都没有住房，由于工作原因在北京租房，纳税人是否可以享受住房租金扣除项目，按照哪个城市的标准扣除？

答：符合条件的纳税人在主要工作地租房的支出可以享受住房租金扣除。主要工作地指的是纳税人的任职受雇所在地，如果任职受雇所在地与实际工作地不符的，以实际工作地为主要工作城市。按照纳税人陈述的情形，纳税人当前的实际工作地（主要工作地）是北京市，应当按照北京市的标准享受住房租金扣除。

76.主要工作地在北京，在燕郊租房居住，应当按北京还是燕郊的标准享受住房租金扣除？

答：如北京是纳税人当前的主要工作地，应当按北京的标准享受住房租金扣除。

77.我年度中间换租造成中间有重叠租赁月份的情况，如何填写相关信息？

答：纳税人年度中间月份更换租赁住房、存在租赁期有交叉情形的，纳税人在填写租赁日期时应当避免日期有交叉。

如果此前已经填报过住房租赁信息的,只能填写新增租赁信息,且必须晚于上次已填报的住房租赁期止所属月份。确需修改已填报信息的,需联系扣缴义务人在扣缴客户端修改。

六、赡养老人

78. 赡养老人专项附加扣除的扣除范围是怎么规定的?

答:纳税人赡养年满60岁父母以及子女均已去世的年满60岁祖父母、外祖父母的赡养支出,可以税前扣除。

79. 赡养老人专项附加扣除的扣除标准是怎么规定的?

答:纳税人为独生子女的,按照每月2 000元的标准定额扣除。纳税人为非独生子女的,应当与其兄弟姐妹分摊每月2 000元的扣除额度,分摊的扣除额最高不得超过每月1 000元。

80. 赡养老人专项附加扣除的分摊方式有哪几种?

答:赡养老人专项附加扣除的分摊方式包括由赡养人均摊或约定分摊,也可以由被赡养人指定分摊。采取指定分摊或者约定分摊方式的,每一纳税人分摊的扣除额最高不得超过每月1 000元,并签订书面分摊协议。指定分摊与约定分摊不一致的,以指定分摊为准。

81. 赡养老人专项附加扣除的扣除方式是怎样的?

答:赡养老人专项附加扣除采取定额标准扣除方式。

82. 赡养老人专项附加扣除的扣除主体是谁?

答:赡养老人专项附加扣除的扣除主体包括:一是负有赡养义务的所有子女。《婚姻法》规定:婚生子女、非婚生子女、养子女、继子女有赡养扶助父母的义务。二是祖父母、外祖父母的子女均已经去世,负有赡养义务的孙子女、外孙子女。

83. 纳税人父母年龄均超过60周岁,在进行赡养老人扣除时,是否可以按照两倍标准扣除?

答:不能。扣除标准是按照每个纳税人有两位赡养老人测算的。只要父母其中一位达到60岁就可以享受扣除，不按照老人人数计算。

84. 由于纳税人的叔叔伯伯无子女，纳税人实际承担对叔叔伯伯的赡养义务，是否可以扣除赡养老人支出？

答：不可以。被赡养人是指年满60岁的父母，以及子女均已去世的年满60岁的祖父母、外祖父母。

85. 赡养老人的分摊扣除，是否需要向税务机关报送协议？

答：纳税人之间赡养老人支出采用分摊扣除的，如果是均摊，兄弟姐妹之间不需要再签订书面协议，也无需向税务机关报送。如果采取约定分摊或者老人指定分摊的方式，需要签订书面协议，书面协议不需要向税务机关或者扣缴义务人报送，自行留存备查。

86. 赡养岳父岳母或公婆的费用是否可以享受个人所得税附加扣除？

答：不可以。被赡养人是指年满60岁的父母，以及子女均已去世的年满60岁的祖父母、外祖父母。

87. 父母均要满60岁，还是只要一位满60岁即可？

答：父母中有一位年满60周岁的，纳税人可以按照规定标准扣除。

88. 独生子女家庭，父母离异后再婚的，如何享受赡养老人专项附加扣除？

答：对于独生子女家庭，父母离异后重新组建家庭，在新组建的两个家庭中，只要父母中一方没有纳税人以外的其他子女进行赡养，则纳税人可以按照独生子女标准享受每月2 000元赡养老人专项附加扣除。除上述情形外，不能按照独生子女享受扣除。在填写专项附加扣除信息表时，纳税人需注明与被赡养人的关系。

89. 双胞胎是否可以按照独生子女享受赡养老人扣除？

答：双胞胎不可以按照独生子女享受赡养老人扣除。双胞胎兄弟姐妹需要共同赡养父母，双胞胎中任何一方都不是父母的唯一赡养人，因此每个子女不能独自2 000元的扣除额度。

90. 生父母有两个子女，将其中一个过继给养父母，养父母家没有其他子女，被过继的子女属于独生子女吗？留在原家庭的孩子，属于独生子女吗？

答：被过继的子女，在新家庭中属于独生子女。留在原家庭的孩子，如没有兄弟姐妹与其一起承担赡养生父母的义务，也可以按照独生子女标准享受扣除。

91. 非独生子女的兄弟姐妹都已去世，是否可以按独生子女赡养老人扣除2 000元/月？

答：一个纳税年度内，如纳税人的其他兄弟姐妹均已去世，其可在第二年按照独生子女赡养老人标准2 000元/月扣除。如纳税人的兄弟姐妹在2019年1月1日以前均已去世，则选择按"独生子女"身份享受赡养老人扣除标准；如纳税人已按"非独生子女"身份填报，可修改已申报信息，1月按非独生子女身份扣除少享受的部分，可以在下月领工资时补扣除。

92. 子女均已去世的年满60岁的祖父母、外祖父母，孙子女、外孙子女能否按照独生子女扣除，如何判断？

答：只要祖父母、外祖父母中的任何一方，没有纳税人以外的其他孙子女、外孙子女共同赡养，则纳税人可以按照独生子女扣除。如果还有其他的孙子女、外孙子女与纳税人共同赡养祖父母、外祖父母，则纳税人不能按照独生子女扣除。

93. 两个子女中的一个无赡养父母的能力，是否可以由余下那名子女享受2 000元扣除标准？

答：不可以。按照《暂行办法》规定，纳税人为非独生子女的，在兄弟姐妹之间分摊2 000元/月的扣除额度，每人分摊的额度不能超过每月1 000元，不能由其中一人单独享受全部扣除。

94. 非独生子女，父母指定或兄弟协商，是否可以最高某一个子女可以扣2 000元？

答：根据《个人所得税专项附加扣除暂行办法》规定，纳税人为非独生子女的，由其与兄弟姐妹分摊每月2 000元的扣除额度，每人分摊的额度不能超过每月1 000元。因此，非独生子女是不能通过父母指定或兄弟协商享受2 000元扣除标准的。

95. 赡养老人扣除应当填报和报送什么资料？

答：享受赡养老人扣除，只需填报相关信息即可，无需报送资料。填报的信息包括：是否为独生子女、月扣除金额、被赡养人姓名及身份证件类型和号码、与纳税人关系；此外，有共同赡养人的，还要填报分摊方式、共同赡养人姓名及身份证件类型和号码等信息。

七、通用类

96.我们一家人都在农村务农，是不是不能享受专项附加扣除？我能够享受哪些方面的税收优惠？

答：根据修改后的税法规定，纳税人取得工资薪金、劳务报酬、稿酬、特许权使用费等综合所得，可以减除专项附加扣除。如果纳税人从事个体经营，同时没有这些综合所得的，也可以享受专项附加扣除。现在很多人进城打工，也有工资收入，可以享受专项附加扣除。

纳税人在农村务农，没有综合所得，如果从事种植业、养殖业、饲养业和捕捞业取得的所得，国家是予以免征个人所得税的。

97.符合扣除条件的纳税人，什么时候可以办理专项附加扣除？

答：除大病医疗外，其他5项专项附加扣除，只要纳税人在纳税年度内符合其中的一项或多项扣除条件时，就可以向工资薪金的扣缴单位填报相关信息，享受专项附加扣除。大病医疗，或者纳税人年度内未享受或未足额享受的，可在次年3月1日至6月30日办理综合所得汇算清缴时向税务机关填报相关专项附加扣除信息、享受扣除优惠。

98.2019年1月1日起就可以享受专项附加扣除信息，可是还有一些填报事项不明确或其他原因，来不及报送专项附加扣除信息怎么办？

答：对部分专项附加扣除事项不确定，或是其他原因，未能在2019年1月份，或符合专项附加扣除条件的当月报送专项附加扣除信息的，可以在相关事项确定后，再填报相关扣除信息；对之前符合条件应当享受而未享受的，可以在该纳税年度剩余月份补充享受。也可以在次年3月1日至6月30日内，通过向税务机关办理综合所得汇算清缴申报时办理扣除。

99.纳税人填报专项附加扣除信息有哪些注意事项？

答：一是要根据专项附加扣除办法规定的条件，判断自己是否有符合相关条件的专项附加扣除项目。

二是根据自己的实际情况，在电子税务局网页、手机 App、电子模板、纸质报表四种方式中，选择一种专项附加扣除信息的提交方式。

三是根据自己符合条件的专项附加扣除项目，如实填报相应的专项附加扣除信息。

四是姓名、身份证号、手机号码等信息务必填写准确，以保障您的合法权益，避免漏掉重要的税收提醒服务；选填项尽可能填写完整，以便更好地为您提供税收服务。

五是通过电子模板、纸质报表等方式填报专项附加扣除信息的，应留存好本人和扣缴义务人或者税务机关签字盖章纸质信息表备查。

六是纳税人应于每年 12 月份对次年享受专项附加扣除的内容进行确认。如未及时确认的，次年 1 月起暂停扣除，待确认后再享受。

100. 通过手机 App 填报的专项附加扣除信息，是否也需要打印出来交给单位盖章保存？

答：不需要。纳税人通过远程办税端（手机 App、网页）填报专项附加扣除信息并选择扣缴单位办理扣除的，无需将相关信息打印出来交单位盖章保存。

八、信息系统操作类

101. 自然人税收管理系统扣缴客户端在哪可以下载安装？

答：自然人税收管理系统扣缴客户端适用于扣缴义务人代扣代缴个人所得税。扣缴义务人可通过所在省税务局的官方网站下载自然人税收管理系统扣缴客户端。

双击安装包程序，点击【立即安装】，即可安装扣缴客户端到本地电脑。

102. 扣缴客户端如何进行注册？

答：系统安装完成后，需要进行注册。注册的过程大致为通过纳税人识别号从税务系统获取相应的企业信息，保存到本地扣缴客户端的过程，具体为：

点击安装完成界面上的【立即体验】（或点击桌面"自然人税收管理系统扣缴客户端"快捷方式），即进入注册流程。注册共有五步：第一步：录入单位信息；第二步：获取办税信息；第三步：备案办税人员信息；第四步：设置登录密码；第五步：设置数据自动备份。

103. 在扣缴客户端导入专项附加扣除信息提示导入成功 15 个，但是扣除界面只有 13 条信息。

答：扣缴客户端在任何一个专项附加扣除界面都可以导入全部人员的各项专项附加扣除信息。导入完成后，在该专项附加扣除页面只会显示本项专项附加扣除的人员信息，无此项扣除的人员不在此显示，可在其他专项附加扣除页面查看相应的专项附加扣除信息。

104. 扣缴客户端采集完专项附加扣除信息后，再导入工资薪金数据，没有自动生成专项附加扣除金额。

答：正常工资薪金表中专项附加扣除金额可以自行手工填写，也可以选择需要预填的人员范围，然后点击【预填专项附加扣除】按钮，系统会自动按照已采集的专项附加扣除信息计算出可扣除金额。

105. 单位发 2019 年 1 月的工资，怎么在软件里面按新税制计算出应缴纳多少税款？

答：步骤一：打开扣缴客户端，录入并报送员工信息（对已经录入的，可忽略）；

步骤二：可通过标准模版表采集员工专项附加扣除信息，导入扣缴客户端；也可以由员工自己通过"个人所得税"App 或自然人办税服务平台网页报送专项附加扣除信息（每项的申报方式要选定为"通过扣缴义务人申报"并选定给指定的单位），三天后单位再点击【下载更新】按钮下载员工的专项附加扣除信息；

步骤三：导入当月收入正常工资薪金表，并点击【预填专项附加扣除】按钮，扣缴客户端会根据已有的专项附加扣除信息自动进行预填；

步骤四：点击【税款计算】步骤，系统会自动计算当月应纳税额，最后导出计算结果即可。

106. 单位员工如果在 2019 年 1 月份没有采集专项附加扣除项目，3 月份才开始采集，会存在多缴税的情况吗？

答：综合所得采用累计预扣法计税：

本期应预扣预缴税额 =（累计预扣预缴应纳税所得额 × 税率 – 速算扣除数）– 已预扣预缴税额

累计预扣预缴应纳税所得额 = 累计收入 – 累计免税收入 – 累计基本减除费用 – 累计专项扣除 – 累计专项附加扣除 – 累计依法确定的其他扣除

这种情况对于员工个人来说，在专项附加扣除采集前可能会多预缴税款，但在采集后每次申报时会累计扣除前几个月的总和，如果税款为负值的，暂不退税，一直往后留抵，在次年 3—6 月进行个人年度汇算清缴申报时多退少补。

107. 扣缴客户端软件，导入员工提交上来的专项附加扣除电子表格时，无法选择到具体的电子表格？

答：扣缴客户端中专项附加扣除信息批量导入，只能通过文件夹批量导入，系统会把该文件夹里面所有的专项附加扣除电子表格全部导入。

108. 若纳税人选择由扣缴义务人方式扣除个人的专项附加扣除信息，是否需要每月都向扣缴义务人提交专项附加扣除电子表格？

答：对于个人专项附加扣除信息未发生变化的，每个扣除年度只需要向扣缴义务人提供一次专项附加扣除信息即可，无需按月提供。

109. 2019 年新个人所得税法全面实施后，原来正在使用的扣缴客户端怎么升级？需要卸载吗？

答：对原来正在使用扣缴客户端的，直接打开运行后就可以自动升级。若升级失败，建议先备份数据，然后安装新版扣缴客户端软件。安装好后，在"2018 年"版本模式下恢复原备份数据，再切换到"2019 年"版本模式下，这时系统会把当前正常状态的人员信息全部迁移到新界面里面，无需重新导入人员信息。

110. 扣缴客户端软件升级后，怎么查询所属 2018 年及以前的申报数据？

如果涉及补报所属 2018 年及以前年度税款的，该怎么操作？

答：扣缴客户端升级后有两种版本模式："2018 年"和"2019 年"。"2018 年"的版本模式可用于查询历史数据，以及进行税款所属期 2018 年及以前的申报（含更正申报）；"2019 年"的版本模式适用于税款所属期 2019 年以后的申报（含更正申报）。

111. 扣缴义务人应该通过哪个功能菜单来采集专项附加扣除信息？

答：在扣缴客户端中，进入"2019 年"版本模式，通过【专项附加扣除信息采集】菜单，选择单个"添加"或者"导入"方式采集。如果当前版本模式是"2018 年"，则通过系统右上角的【版本切换】按钮，切换到新版模式下操作。

112. 扣缴客户端批量导入专项附加扣除信息后，提示部分导入成功。未导入的信息该如何处理呢？

答：在导入失败情况下，扣缴客户端会在导入文件夹里面生成一张导入失败的错误信息表。请查看具体错误原因，修改完善好对应内容后重新导入即可。

113. 专项附加扣除信息表导入时提示"个人信息在系统中不存在，无法导入"。怎么办？

答：请先在扣缴客户端中导入或录入相关人员信息，并进行人员信息报送。

114. 扣缴客户端中，身份验证状态有哪些？有什么含义？

答：【待验证】：表示人员信息初次添加或修改时的默认状态；

【验证中】：表示尚未获取到公安机关的居民身份登记信息，系统会自动获取到验证结果，无需再进行另外的操作；

【验证通过】：表示采集的人员信息与公安系统的信息是一致的；

【验证失败】：表示该自然人身份信息与公安机关的居民身份登记信息不一致，可以核实后将信息修改正确，如果确认无问题的，可暂时忽略该验证结果，正常进行申报；

【暂不验证】：表示该自然人身份证件类型为非居民身份证（如来华工作

许可证、外国护照等），目前尚无法进行验证，可以忽略该结果，正常进行后续操作。

115. 扣缴客户端中，对已有申报记录的人员信息如何删除？

答：已经在扣缴客户端中申报过的人员，为了保证数据的完整性，不能删除，可以在"人员信息采集"中将"人员状态"修改为"非正常"。若希望在人员信息采集页面中不再显示该人员，点击【人员信息采集】→【更多操作】→【隐藏非正常人员】即可。

116. 扣缴客户端中，如何隐藏非正常状态人员？

答：点击【人员信息采集】→【更多操作】→【隐藏非正常人员】，即可隐藏全部非正常人员。

117. 扣缴客户端中，如何显示隐藏的非正常人员？

答：点击【人员信息采集】→【更多操作】→【显示非正常人员】，即可显示全部非正常人员。

118. 扣缴客户端中，对人员状态被修改为非正常的人员，是否需要报送人员信息？

答：人员信息发生修改，都需要点击【报送】按钮将相关信息报送给税务机关。

非正常表示员工从该单位离职，离职后员工在"个人所得税"App的任职受雇单位中，将不显示该企业信息。

119. 员工没能及时将专项附加扣除信息提交给扣缴义务人，可不可以下个月补报？

答：扣缴义务人根据员工提交的专项附加扣除信息，按月计算应预扣预缴的税款，向税务机关办理全员全额纳税申报。如果员工未能及时报送，也可在以后月份补报，由扣缴义务人在当年剩余月份发放工资时补扣，不影响员工享受专项附加扣除。如员工A在2019年3月份向单位首次报送其正在上幼儿园的4岁女儿相关信息，则3月份该员工可在本单位发工资时累计可扣除子女教育支出为3 000元（1 000元/月×3个月）。到4月份该员工可在本单位发工资时累计可扣除子女教育支出为4 000元（1 000元/月×4个月）。

120. 如果员工一年内都没将专项附加扣除信息提交给扣缴义务人怎么办？

答：在一个纳税年度内，员工如果没有及时将专项附加扣除信息报送给扣缴义务人，以致在扣缴义务人预扣预缴工资、薪金所得税时未享受扣除的，员工可以在次年3月1日至6月30日内，向汇缴地主管税务机关进行汇算清缴申报时办理扣除。

121. 对选择由扣缴义务人申报专项附加扣除的纳税人，若专项附加扣除信息发生变化，应如何处理？

答：若纳税人的专项附加扣除信息发生变化，纳税人可通过"个人所得税"App、"自然人办税服务平台"网页自行更新，通知扣缴义务人在扣缴客户端中点击【下载更新】，下载最新的专项附加扣除信息；或填写《个人所得税专项附加扣除信息表》提交给扣缴义务人。扣缴义务人在扣缴客户端中点击【修改】，更新填报信息。

122. 一个月同时租住两处住房或者年度中间换租造成中间有重叠租赁月份的情况，该如何处理？

答：一个月同时租住两处住房的，只能填写一处；年度中间月份更换租赁住房的，不能填写两处租赁日期有交叉的住房租金信息。若有重叠租赁月份的，则将上次已填报的住房租金的有效期止提前终止，或者新增住房租金信息租赁期起必须晚于上次已填报的住房租赁期止所属月份。

123. 扣缴客户端中，人员的联系方式如何批量修改？

答：步骤一：请点击扣缴客户端上方【代扣代缴】，进入"代缴代缴"模块；

步骤二：请点击软件左侧【人员信息采集】→【导出】→【全部人员】；

步骤三：请在导出的EXCEL人员信息表中对"联系电话"列进行补充或修改；

步骤四：修改保存成功后，再次打开扣缴客户端，点击软件左侧【人员信息采集】→【导入】→【导入文件】→点击【选择】，选择对应的人员信息EXCEL表格→【打开】，导入成功即可。

124. 扣缴客户端登录界面的登录密码忘记了，该如何处理？

答：点击扣缴客户端登录界面的【忘记密码】，填写人员身份信息后再选择一种可用验证方式，验证通过后，然后在"重置密码"页面完成新密码的设置即可。

125. 扣缴客户端中，如何操作人员信息的批量修改非正常？

答：步骤一：打开扣缴客户端中"人员信息采集"，选中所有人员，点击【更多操作】→【批量修改】，【待修改属性】选择【人员状态】，人员状态选择【非正常】，点击【修改】即可；

步骤二：在扣缴客户端标准人员信息模板中输入本月在职员工的信息，点击【人员信息采集】→【导入】→【导入文件】，将做好的模板重新导入即可。

126. 扣缴客户端中，人员信息采集为什么新增【报送】功能？

答：因为扣缴客户端的人员信息采集中员工信息要和公安部进行比对，可增加员工真实性校验，并且也为税改后的汇算清缴申报做准备，只有员工是真实的才能进行汇算清缴。所以采集好人员信息需要点击【报送】。

注：如果该人员状态为"非正常"（即离退人员），则无需进行报送。

127. 扣缴客户端中，点击【申报表报送】提示：以下【x】位人员未完成报送登记，请及时完成报送并获取反馈：姓名：【xx】证照号码：【xxx】，该如何处理？

答：提示的人员没有在扣缴客户端中进行人员信息的报送登记，自2018年8月1日起，人员信息必须先完成报送登记，才可进行申报表报送。

点击左侧【人员信息采集】，将提示中的人员勾选上点击【报送】，再点击【获取反馈】获取身份验证结果，身份验证通过后就可以正常申报。

128. 如何在扣缴客户端中下载人员信息导入模板？

答：请点击扣缴客户端中【人员信息采集】→【导入】→【模板下载】，选择需要保存的路径，点击保存即可。

129. 扣缴客户端中，人员信息如何导出？

答：在"人员信息采集"模块，点击【展开查询条件】，输入查询条件后，勾选需要导出的人员信息，点击【导出】即可。

130. 扣缴客户端中，人员信息如何打印出来？

答：在"人员信息采集"模块，点击【展开查询条件】，输入查询条件后，勾选需要导出的人员信息，点击【导出】保存后，即可选择人员信息进行打印。

131. 扣缴客户端中，人员信息显示的顺序与导入电子表格文件中不一致，该如何处理？

答：情况一：在"人员信息采集"中采集了工号信息，点击【工号】列中出现的三角图标，即可按工号进行排序；

情况二：在"人员信息采集"中没有采集工号信息，可以点击【姓名】列或其他列进行排序，也可以采集工号信息后再进行排序。

132. 纳税人在公安系统中改姓名了，扣缴客户端如何修改？

答：点击【获取反馈】获取的身份验证状态如果显示"待验证""验证中"或"验证不通过"的情况，可直接在人员信息采集模块中进行修改；如果显示"验证通过"的情况，则纳税人需持有效身份证件前往税务大厅进行自然人关键信息变更，更正后通知扣缴义务人在扣缴客户端进行特殊情形处理，下载更新信息。

133. 扣缴客户端中，证件号码录入错误如何修改？

答：对于未申报过的人员，在"人员信息采集"中修改更正证件号码信息，点击【保存】即可。

对于已申报过的人员，在"人员信息采集"中将"人员状态"修改为"非正常"，点击【保存】。随后重新录入正确的人员信息后，再申报当月数据。申报成功后需携带有效身份证件至办税服务厅办理自然人多证同用并档管理。

134. 扣缴客户端中，非正常人员如何修改为正常？

答：在"人员信息采集"模块，勾选非正常状态的人员信息，双击打开页面后将右上方的"非正常"状态改选为"正常"状态，点击【保存】即可。如需批量进行修改，勾选非正常状态的人员信息，点击【更多操作】→【批量修改】，"待修改属性"中选择"人员状态"，将人员状态信息修改为正常，点击【保存】即可。

135. 扣缴客户端中，在人员信息采集界面点击【获取反馈】按钮后，需要多长时间才能获取反馈成功？

答：身份验证具有延时性，但不会影响下一步申报操作。只要报送状态为"报送成功"，均可正常申报。

136. 扣缴客户端中，在人员信息采集界面添加并录入完境内或境外人员信息后，点击【保存】按钮时，为什么系统没有反应？

答：采集人员信息时，带星（*）号的项目是必填项，请注意检查必填项是否已正确录入。保存后，注意检查界面上是否存在标注成红框的项目，若存在则将标注红框的项目填写正确后再点击【保存】。

137. 扣缴客户端中，人员信息采集时错将姓名录成了繁体字，报送状态显示"报送成功"且身份证验证状态显示"验证成功"，但身份证上是简体字，这种情况应如何修改？

答：无需修改，后台可实现简繁体自动转换。

138. 重装扣缴客户端后，人员信息采集信息为空，应如何处理？

答：情况1：若扣缴客户端重装前备份了数据，可进行数据恢复操作。

情况2：若系统重装前没有备份过数据，可通过人员信息采集界面的【添加】按钮或【导入】功能采集人员信息。

139. 扣缴客户端中，人员信息采集时提示"15位身份证不允许保存，请升级为18位身份证"。该如何处理？

答：扣缴客户端要求新增人员的身份证信息必须使用18位身份证号，纳税人身份证号为15位的需升为18位后方可正常申报。

140. 扣缴客户端中，在人员信息导入时提示：已有申报记录，由境内人员证件类型、证件号码、姓名确定唯一的纳税人识别号。该如何处理？

答：出现该提示有两种情况：1、扣缴客户端和正导入的文件中都有所提示的证件号码，但是这个证件号码在扣缴客户端和正导入的文件中对应的姓名不一样。在人员信息中检查一下，如果姓名不正确，可以直接在扣缴客户端中修改；2、正导入的文件中有重复的证件号码，去掉重复人员后再次导入即可。

141. 如何修改扣缴客户端的申报密码？

答：点击扣缴客户端软件左侧菜单【系统设置】→【申报管理】→【申报安全设置】→输入"原申报密码"→再输入"新申报密码"和"确认新申报密码"，即可完成申报密码的修改。

142. 扣缴客户端如何更新办税信息？

答：点击扣缴客户端软件左侧【系统设置】→【申报管理】→【办税信息更新】→【下载】按钮，提示信息获取成功即可。

143. 扣缴客户端中，导入模板时提示：如下系统必导项尚未关联您选择文件的表格列。请问如何处理？

答：出现该提示是因为导入的模板里没有所提示的这一列。请先下载标准模板，然后将刚才导入的表格中的信息复制到标准模板对应列中，再重新导入即可。提醒注意：下载模板时建议重命名，避免覆盖原来的文件。

144. 扣缴客户端中，发送申报表时提示：姓名中间不允许有空格，请修改。请问如何处理？

答：出现该提示是由于人员姓名中存在空格导致。

请点击软件左侧【人员信息采集】，找到提示中的报错人员并双击，再修改姓名并报送，然后点击申报表报送即可。

145. 扣缴客户端中，税延养老保险附表中的年度保费该如何填写？

答：税延养老保险附表中的年度保费是取得个体工商户的生产经营所得、对企事业单位的承包承租经营所得的个人及特定行业取得工资薪金的个人填写，据实填写《个人税收递延型商业养老保险扣除凭证》载明的年度保费金额即可。

146. 扣缴客户端中，税延养老保险附表中的月度保费如何填写？

答：税延养老保险附表中的月度保费是取得工资薪金所得、连续性劳务报酬所得（特定行业除外）的个人填写，填写《个人税收递延型商业养老保险扣除凭证》载明的月度保费金额，一次性缴费的保单填写月平均保费金额。

147. 纳税人通过电子模板方式报送给扣缴义务人的《个人所得税专项附

加扣除信息表》，扣缴义务人是否需要打印下来让纳税人签字？

答：需要打印签字。根据《国家税务总局关于发布〈个人所得税专项附加扣除操作办法（试行）〉的公告》（国家税务总局公告2018年第60号）第四章第二十条第二点的相关规定，纳税人通过填写电子或者纸质《扣除信息表》直接报送扣缴义务人的，扣缴义务人将相关信息导入或者录入扣缴端软件，并在次月办理扣缴申报时提交给主管税务机关。《扣除信息表》应当一式两份，纳税人和扣缴义务人签字（章）后分别留存备查。

148. 扣缴客户端中，专项附加扣除信息导入模板是什么格式的Excel表？单位采集的电子表格格式不一致，该如何处理？

答：扣缴客户端中，专项附加扣除信息采集表的文件格式支持xls和xlsx两种，建议使用xls格式以获取更高的导入效率。

若员工提交的专项附加扣除信息采集表不是以上两种格式，请用办公软件打开该表另存为以上两种格式，再进行导入即可。

149. 扣缴客户端"人员信息采集"的"境外人员"中，录入证照号码时系统提示"港澳居民来往内地通行证的号码只能是9位数字和字母混合"，但该人员的通行证号码为10位数，无法保存。

答：港澳居民来往内地通行证号码格式如下：第1位为字母（香港居民为H，澳门居民为M），第2—9位为数字（为持证人的终身号），第10—11位为换证次数。如H0139133901，录入证照号码时只需录入H01391339即可，换证次数无需录入。

150. 扣缴单位使用的扣缴客户端登录后显示"2018年"和"2019年"两个蓝色按钮，有何不同？

答：为支持新个人所得税法的实施，扣缴客户端进行了较大升级（对原来正在使用扣缴客户端的，直接打开运行后会自动升级）。扣缴客户端升级后有"2018年"和"2019年"两种版本模式："2018年"的版本模式可用于查询2018年及之前的数据，以及进行税款所属期2018年及以前的申报（含更正申报）；"2019年"的版本模式适用于税款所属期2019年以后的申报（含更正申报）。可通过系统右上角的"版本切换"按钮，切换到另一版本模式下操作。新个人所得税法中的专项附加扣除报送等功能在"2019年"版本模式中。

151. 自然人申请个人所得税 WEB 端（App 端）的注册码，如何发放？

答：（1）操作人员点击菜单列表的【发放注册码】，检查证明资料是否准确齐全，如无问题点击【下一步】；

（2）在新弹出的界面选择好身份证类型，依次输入身份证件号码、姓名和国籍后，点击【下一步】，系统弹出"注册码打印单"界面，点击【打印】即可。

152. 自然人申请注册码成功后，不慎遗失或忘记，怎么办？

答：未注册成功的自然人可以重复申请注册码，同一纳税人再次申请注册码时，原注册码失效。

153. 个人所得税 WEB 端（App 端）的登录密码如何重置？

答：（1）操作员点击【个人业务办理】，选择办理事项"重置密码"，可以通过"身份证阅读器"获取身份信息，或者输入"纳税人识别号"（或根据身份证件类型和证件号码），点击回车键，显示"自然人信息"；

（2）检查自然人提交的资料是否准确完整，如准确完整则点击【下一步】，系统提示"重置成功"，点击【确认】；

（3）系统跳转至纳税人重置密码确认单打印界面，点击【打印】。

154. 自然人信息采集主界面的户籍所在地、经常居住地以及境内无住所信息附表的联系地址三者的填写关系？

答：三者之间的填写规则：如采集选择的是居民身份证或中国护照，则户籍所在地必填，经常居住地选填；如采集选择的是非居民身份证或中国护照，户籍所在地非必录，经常居住地和联系地址必录其一。

155. 自然人选择为残孤烈时，为什么残疾人号是必填项，烈属证号是选填项？

答：考虑到烈属证历史遗留问题，如证件遗失走补发流程比较麻烦，故目前暂未要求必填。

156. 自然人变更登记模块中的姓名、身份证件类型、身份证件号码是灰色的，修改不了，如何操作？

答：姓名、身份证件类型、身份证件号码是唯一性信息，唯一性信息修改需要在"自然人关键信息变更"中进行变更操作，并且目前关键信息只支持姓名的变更；其他关键信息错误需修改时，用正确的自然人信息重新建档，建档后对新旧档案并档处理，并选择新档案为主档案。

157.需要在投资方分配比例维护菜单维护分配比例的企业类型有哪些？

答：私营合伙企业、内资合伙、港澳台合伙、外资合伙、民办非企业单位（合伙）。

158.自然人登记的时候把名字登记错了，怎么修改？

答：在"自然人关键信息变更"中进行变更即可。

159.个税投资方分配比例维护主要维护哪些信息？

答：个税投资方信息维护功能仅可对分配比例数据项进行修改，纳税人若需新增、删除投资方信息或对投资方信息中的其他数据项进行修改，需在金三核心系统的"变更税务登记"功能中进行变更。

160.电子资料采集可以采集哪些资料？

答：目前版本可以采集残疾证件、烈属证件两类证件。

161.根据《关于科技人员取得职务科技成果转化现金奖励有关个人所得税政策的通知》（财税〔2018〕58号），非营利性科研机构和高校向科技人员发放职务科技成果转化现金奖励时可以享受税收优惠，符合政策要求的纳税人享受优惠前是否要先进行备案？

答：根据《国家税务总局关于科技人员取得职务科技成果转化现金奖励有关个人所得税征管问题的公告》（国家税务总局公告2018年第30号），非营利性科研机构和高校向科技人员发放职务科技成果转化现金奖励，应于发放之日的次月15日内，向主管税务机关报送《科技人员取得职务科技成果转化现金奖励个人所得税备案表》。

162.根据《关于科技人员取得职务科技成果转化现金奖励有关个人所得税政策的通知》（财税〔2018〕58号），从职务科技成果转化收入中给予科技人员的现金奖励，可减按50%计入科技人员当月"工资、薪金所得"，依法缴纳个人所得税。针对该种场景如何进行个人所得税的申报？

答：符合政策要求的非营利性研究开发机构和高等学校，从职务科技成果转化收入中给予纳税人的现金奖励作为工资、薪金所得，在申报当月工资、薪金所得时，将现金奖励并入当期工资、薪金中，并将现金奖励的 50% 作为免税所得，填入免税所得数据项中，并在减免附表中填列相应的减免事项。

163.【税收优惠日常管理】功能进行管理启动后，后续如何查询受理审批结果？

答：税务人员进行【税收优惠日常管理】功能启动后，可通过【税收优惠日常管理清册】功能查询受理审批结果信息，或出于管理需要查询税收优惠日常管理业务的相关统计信息。

164. 办税人员打印文书出现分页现象，如何处理？

答：（1）请清空 IE 缓存，重新打印；

（2）下载打印组件，运行，卸载；卸载完，重新安装，清除缓存，重新打印；

（3）若上述方法无效，则将电脑 C：\jdlssoft\iitms 目录下的文件夹 print 备份；拷贝能够正常打印的电脑的对应目录下的 print 文件夹，替换，清除缓存，重新打印。

165. 个人所得税定率核定的通知书后期可以在哪进行打印？

答：在个人税收管理系统——大厅发放。

166. 如何把查账征收变更为核定征收？

答：在个人税收管理系统—征收—个人所得税核定申请模块进行操作即可。

167. 中国税收居民身份证明适用的业务场景？

答：根据《国家税务总局关于开具〈中国税收居民身份证明〉有关事项的公告》（国家税务总局公告 2016 年第 40 号）政策规定，个人为享受中国政府对外签署的税收协定待遇，可向其主管所得税的税务机关申请开具《中国税收居民身份证明》。

168. 个人税收管理系统中【非居民纳税人享受税收协定待遇情况报告表（退抵税专用）】菜单点击时提示"登记序号为空；流程实例 ID 为空"。该如何处理？

答：《非居民纳税人享受税收协定待遇情况报告表（退抵税专用）》功能适用于录入退抵税费信息中针对享受非居民待遇退抵税的功能跳转，若需要直接采集非居民税收协定信息可通过《非居民纳税人享受税收协定待遇情况报告表》功能进行采集。

169. 一般征收开票（ITS）缴款方式中为何没有税库联网缴税？

答：在一般征收开票（ITS）模块中，点击【获取最新三方协议信息】，下载成功后在缴款方式中就可以看到了。

170. 扣缴个人所得税报告表（2018）选择 2019 年 1 月所属期，为何申报时系统报错？

答：2019 年以后的预扣预缴申报需要通过"综合所得个人所得税预扣预缴申报表（ITS）"模块进行操作申报。

171. 个人独资企业在注销环节需要申报 2019 年 1 季度经营所得个税，在使用"经营所得个人所得税月（季）度申报（ITS）"时，系统无法选择所属期为 2019 年 1 月至 2019 年 3 月，无法正常受理申报。

答：将所属期改成 2019 年 1 月—2019 年 1 月申报。

172. 自然人 App 端自动出现任职受雇单位，而自己又完全不知情，存在信息冒用嫌疑，该怎么办？

答：只要该公司给您做过雇员个人信息报送，且未填报离职日期的，该公司就会出现在您"个人所得税"App 的任职受雇信息中。解决办法如下：

（1）如果是您曾经任职的单位，您可在"个人所得税"App 个人中心的任职受雇信息中点开该公司，然后在右上角点击"申诉"，选择"曾经任职"方式。税务机关会将信息反馈给该公司，由该公司在扣缴客户端软件中把人员信息修改成离职状态即可；

（2）如果是您从未任职的单位冒用的，您可在"个人所得税"App 个人中心的任职受雇信息中点开该公司，然后在右上角点击"申诉"，选择"从未任职"方式，把情况反馈给该公司的主管税务机关，由税务机关展开调查。

您点击申诉后，"个人所得税"App 相关任职信息将不再显示。后续处理结果会通过"个人所得税"App 主页的消息提醒反馈给您，敬请留意。

173. 纳税人在 App/WEB 端采集好专项附加扣除信息并指定扣缴义务人后，扣缴义务人那边下载不了纳税人的专项附加扣除信息。

答：远程端（App/WEB 端）采集完毕后，扣缴客户端需要过三天才能下载到该纳税人的专项附加扣除信息。

174. "个人所得税"App 为什么要实名注册？

答：实名注册的目的是：

（1）为了验证绑定的账户是否属于本人；

（2）对纳税人信息的真实性进行验证审核；

（3）保障纳税人的合法权益和涉税数据安全；

（4）建立完善可靠的互联网信用基础。

175. 居民个人有哪些渠道可以填报专项附加扣除信息？

答：四个渠道：

（1）自行在"个人所得税"App 填报；

（2）自行在自然人办税服务平台网页报送；

（3）自行到办税服务厅报送给税务机关；

（4）提交给扣缴单位在自然人税收管理系统扣缴客户端软件或到办税服务厅报送。

176. "个人所得税"App 和"自然人办税服务平台"注册用户最后一步提示"登录名被占用"，请问怎么处理？

答：登录名具有唯一性，可按照规则自定义，如果所填写的登录名被别人占用了，请修改重新自定义其他登录名，直至提交保存成功即可。

177. "个人所得税"App 从哪里下载？

答：对于安卓手机系统，可以登录所在省税务局"自然人办税服务平台"网页，首页"个人所得税 App 扫码登录"二维码下方有一个【手机端下载】，点击后，通过手机扫码下载"个人所得税"App 安装即可。也可以通过各大手机应用商城，搜索"个人所得税"下载 App 应用。

对于苹果手机系统，请在苹果应用商场 App Store 搜索"个人所得税"下载 App 应用。

178."个人所得税"App 的注册方式有哪些？

答：目前"个人所得税"App 有两种注册方式：

（1）人脸识别注册（仅适用于居民身份证注册）

通过人脸识别手段对用户进行实人验证，该方式是通过对实时采集的人脸与公安留存的照片进行比对验证，验证通过后即可完成实名注册。

（2）注册码认证注册（适用于所有证件类型注册）

纳税人先行持有效身份证件及其他证明材料到就近的办税服务厅进行实名认证登记后申请发放注册码，然后采用此注册码在"个人所得税"App 中注册账号，以后凭此账号即可远程登录"个人所得税"App 进行办税。

179.什么是注册码？怎么获取？

答：注册码是指自然人为了开通自然人办税服务平台用户账号进行办税的一种认证方式。先行在办税服务厅进行实名认证后获得注册码，然后使用此注册码在自然人办税服务平台或"个人所得税"App 中开通账号，以后凭此账号即可远程登录自然人办税服务平台或"个人所得税"App 进行办税。

自然人可以携带本人有效身份证原件去就近的办税服务大厅申请获取注册码。注册码为 6 位数字和字母。注册码有效期为七天，申请后请及时注册使用。若不慎遗失，可再次申请。

180."个人所得税"App 登录账号有哪些？

答：有三种，分别为登录名、手机号码、证件号码（外国护照除外）。

181."个人所得税"App 如何通过人脸识别认证注册？

答：具体操作如下：

（1）打开"个人所得税"App；

（2）点击【注册】，选择人脸识别认证注册，如实填写身份相关信息，包括：姓名、证照号码，点击"开始人脸识别"按钮后进行拍摄，与后台公安接口比对成功后会跳转到登录设置界面；

（3）设置自己的登录名、密码、手机号（需短信校验）完成注册。

注意事项：

（1）登录名长度是8—16位字符，只能包括大小写字母、数字、中文（中文占2个字符）与下划线；

（2）登录名不支持纯数字；

（3）密码应为8~15位，至少包含字母（大小写）、数字与符号中的两种，不能含空格。

182."个人所得税"App 如何通过注册码注册？

答：具体操作如下：

（1）自然人须先到就近的办税服务厅申请获取注册码；

（2）打开"个人所得税"App，点击【注册】，选择注册码认证注册方式，如实填写身份信息，包括：姓名、证照类型、证照号码等，填写的个人信息与公安系统数据进行比对，不可虚假录入；

（3）设置自己的登录名、密码、手机号（短信校验）完成注册，系统对登录名和密码有规则校验，设置完成后即可通过登录名、手机号或身份证号码登录系统，并进行相关业务操作。

注意事项：

（1）登录名长度是8-16位字符，只能包括大小写字母、数字、中文（中文占2个字符）与下划线；

（2）登录名不支持纯数字；

（3）密码应为8到15位，至少包含字母（大小写）、数字与符号中的两种，不能含空格。

183. 假如更换了手机号码，如何修改手机号？

答：打开【个人所得税】App，登录后可通过【个人中心】—【安全中心】—【修改手机号码】修改自然人已绑定的手机号码。有两种验证方式，一是通过原绑定的手机号码收取验证码后重新录入新手机号码，二是通过本人银行卡及银行预留手机经过验证后重新录入新手机号码。

184. 如何修改"个人所得税"App 的登录密码？

答：打开"个人所得税"App，登录后通过【个人中心】—【安全中心】—【修改密码】，在该界面分别录入原密码和新密码保存成功即可。

185. 忘记"个人所得税"App 登录密码怎么办？

答：忘记密码时，可在"个人所得税"App 登录界面点击【找回密码】重新设置密码。首先需要填写身份信息，再选择一种可用验证方式，验证通过后，然后在重置密码页面完成新密码的设置。

186. "个人所得税"App 登录密码输错多次后账号被冻结了怎么办？

答：密码输错 3 次，会让其输入图片验证码，密码输错超过 5 次会锁定该自然人账号，24 小时后会自动解锁；您也可以通过首页【忘记密码】功能解锁账号。

187. 个人信息需要填写哪些信息项？需要全部填写完整吗？

答：（1）用户基础信息：系统自动带出，使用居民身份证外的其他证照号码注册，需要填写出生年月、性别。

（2）户籍所在地/现居住地址：需选择省市地区，乡/镇/街道为选填项，手动填写详细地址（如街道、小区、楼栋、单元室等）。

（3）学历和民族：选填项，建议完善。

（4）其他：电子邮箱和境外任职受雇国家默认无，可根据实际情况选填。

（5）税收优惠信息：分为残疾、烈属、孤老三种情形，根据实际情况勾选并上传证件的电子资料。

188. 经常居住地经常变更要怎么办？

答：建议实时在系统更新经常居住地地址。

189. 残疾证号忘记了不能保存怎么办？

答：残疾证号为必填项。登录中国残疾人联合会官网：（http：//www.cdpf.org.cn/2dzcx/）输入姓名、身份证号码，即可查询残疾证编号。

190. 残疾、烈属证填写有什么规定？

答：残疾证号为必填项，并上传证件的电子图片资料，最多不能超过 5 张。

烈属证号可填可不填，并上传证件的电子图片资料，最多不能超过 5 张。

191. 银行卡可以添加几张？可以添加其他人员的银行卡吗？

答：目前不限制张数。填写的银行卡必须是本人有效身份证件开户，需要输入银行预留手机号进行验证，添加后的银行卡可以进行解绑和设为默认卡的操作。

192."个人所得税"App 的帮助中心在哪里查看？

答：点击【个人中心】—【帮助】，即可查看 App 相关模块内容。

193."个人所得税"App 和自然人办税服务平台网页的数据会同步吗？

答：两个系统的数据是一致的。

194."个人所得税"App 卸载后，数据还在吗？

答："个人所得税"App 采集的数据都存储在税务机关的服务器上，属于云存储，卸载手机 App 后，手机上的数据会清除，但税务机关服务器上的数据依然都会保留。同一手机再次安装或换了其他手机另行安装"个人所得税"App，登录依然可以看到登录身份人员原来填报的数据。

195. 如何查看"个人所得税"App 版本，如何升级？

答：点击"个人所得税"App【个人中心】—【关于】查看版本号，App 是自动升级的。

196. 自然人办税服务平台网页如何切换账号？

答：登录自然人办税服务平台网页后，点击右上角头像，选择【退出登录】即可切换其他账号进行登录操作。

197. 法人和财务负责人在"个人所得税"App 或自然人办税服务平台网页是否可以解除授权？

答：法人和财务负责人是从各省金税三期系统同步过来的，如果当前自然人的身份是某个公司的法人或者财务负责人，若从原公司离职了，那需要去金三税务登记变更功能里面去变更法人或者财务负责人。这样，离职的法人或者财务负责人在任职受雇信息中才会看不到这家公司。

198. 如果在"个人所得税"App 的任职受雇信息中发现自己当前任职的单位并不在列表中，该如何处理？

答："个人所得税"App 和自然人办税服务平台网页版中"个人中心"里

自动带出的任职受雇信息是根据全国各地各扣缴单位报送的自然人基础信息A表形成,只要扣缴单位当前的税务登记状态不为注销或者非正常,而且扣缴单位报送信息中将您标记为在职雇员,就会将该单位显示出来。

如果显示不出来,有可能是您的任职受雇单位没有将您的任职受雇信息报送给主管税务机关或所报送的信息有误,也有可能是您的任职受雇单位在税务机关的登记状态为注销或非正常,或者没有将您的个人信息选择为雇员,或者填写了离职日期。请联系您当前的任职受雇单位财务人员通过扣缴客户端处理。

199. 手机打开"个人所得税"App后提示"未连接到网络或未获取网络权限,请检查",但手机网络正常,能打开网页,该如何解决?

答:可以尝试如下方式解决:

(1)请检查您手机设置中是否对"个人所得税"App进行了网络限制。常规操作路径如下:先关闭"个人所得税"App,对苹果IOS系统手机,点击"设置→蜂窝移动网络→个人所得税→勾选WLAN与蜂窝移动网";对安卓系统手机,常规操作路径如下:先关闭"个人所得税"App,点击"设置→无线和网络→流量管理→应用联网→个人应用中的个人所得税→勾选移动网络和WIFI"。然后,重新打开"个人所得税"App。

(2)如果确认网络设置没有问题,可能是网络不稳定所致,请切换到WIFI网络环境或稍等片刻再次尝试。

(3)可以在"个人所得税"App的个人中心中,将"工作地或常住地"临时切换到其他省市,等业务办理完成后再切回到实际工作地或常住地。

200. 是否个人通过"个人所得税"App填报专项附加扣除信息就不用再报给扣缴单位?

答:目前,居民个人可以通过以下四种渠道填报专项附加扣除信息:

(1)自行在"个人所得税"App填报;

(2)自行在自然人办税服务平台网页填报;

(3)自行到税务局办税服务厅填报;

(4)提交给扣缴单位在扣缴客户端软件填报。

通过前三个任一渠道成功填报的专项附加扣除信息，若填报时指定由某扣缴单位申报的，该扣缴单位可在您提交的第三天后通过扣缴客户端的"下载更新"功能下载到您所填报的信息。您无需再向扣缴单位另行填报。